浙江省高职院校“十四五”重点教材

“十二五”职业教育国家规划教材
经全国职业教育教材审定委员会审定

新编21世纪高等职业教育精品教材·电子商务类

电子商务实务

（第七版）

（含活页实训手册）

主　编 / 陈月波
副主编 / 张　颖

立德树人　案例生动　内容丰富　资源立体

中国人民大学出版社
·北京·

图书在版编目（CIP）数据

电子商务实务：第七版：含活页实训手册 / 陈月波主编．-- 4 版．-- 北京：中国人民大学出版社，2024. 5

新编 21 世纪高等职业教育精品教材. 电子商务类

ISBN 978-7-300-32752-5

Ⅰ.①电… Ⅱ.①陈… Ⅲ.①电子商务—高等职业教育—教材 Ⅳ.①F713.36

中国国家版本馆 CIP 数据核字（2024）第 082993 号

浙江省高职院校“十四五”重点教材

“十二五”职业教育国家规划教材

经全国职业教育教材审定委员会审定

新编 21 世纪高等职业教育精品教材·电子商务类

电子商务实务（第七版）（含活页实训手册）

主　编　陈月波

副主编　张　颖

Dianzi Shangwu Shiwu

出版发行	中国人民大学出版社		
社　　址	北京中关村大街 31 号	**邮政编码**	100080
电　　话	010－62511242（总编室）		010－62511770（质管部）
	010－82501766（邮购部）		010－62514148（门市部）
	010－62515195（发行公司）		010－62515275（盗版举报）
网　　址	http://www.crup.com.cn		
经　　销	新华书店		
印　　刷	中煤（北京）印务有限公司	**版　　次**	2014 年 8 月第 1 版
开　　本	787 mm×1092 mm　1/16		2024 年 5 月第 7 版
印　　张	21	**印　　次**	2024 年 5 月第 1 次印刷
字　　数	490 000	**定　　价**	55.00 元

前　言

党的二十大报告提出“实施科教兴国战略，强化现代化建设人才支撑”“加快建设教育强国、科技强国、人才强国”。报告还明确提出把大国工匠和高技能人才作为人才强国战略的重要组成部分。本书的编写坚持以为党育人、为国育才，全面提高人才培养质量，着力造就根红苗正的创新人才作为指导思想。

本书是高校电子商务类专业适用的教材，特别适合高职高专学生使用，也适合广大电子商务爱好者。本书总参考课时数宜控制在60～72课时，建议理论课时为36课时，实训课时为24～36课时。本书的特色在于基础理论教学和实训内容紧密结合，实训内容可以利用互联网平台完成，不需要特定的模拟软件。

本书的部分知识点配有视频资源。实训内容实用，结构合理。全书分为电子商务基础理论和活页实训手册两部分。

第一部分共有七章，主要介绍了电子商务涉及的各方面理论知识。第一章为电子商务概述，具体内容包括电子商务的最新发展、电子商务概念与系统组成、移动互联网5F思维。第二章介绍电子商务模式，具体内容包括商业模式与商业模式画布、网络零售与新零售、B2B电子商务、兴趣（抖音）电商、直播电商、移动电子商务、跨境电子商务、农村电商、基于EDI的电子商务、电子商务的其他商业模式等。第三章介绍电子商务技术基础，具体内容包括计算机网络技术、Internet基础知识、Web开发技术、电子商务安全技术、条码与二维码技术、大数据技术、云计算、人工智能、物联网技术等。第四章介绍电子支付技术，具体内容包括电子支付、网上银行与手机银行、第三方支付、移动支付等。第五章介绍网络营销，具体内容包括网络营销概述、网络营销理论、网络营销调研、网络营销产品与价格策略、搜索引擎营销、网络广告营销、软文营销等。第六章介绍新媒体营销与运营，具体内容包括新媒体营销概述、微博营销、微信营销、短视频营销、社群营销。第七章介绍物流管理，具体内容包括电子商务与物流、供应链管理、第三方物流与国际物流等。

第二部分共有七个实训项目。项目一为移动商务平台实训，具体任务包括拼多多平台入驻、抖音电商平台入驻、头条号自媒体创业、生意参谋数据分析等四个任务。项目二为直播与短视频营销实训，具体任务包括直播团队组建与分工、短视频脚本与拍摄等两个任务。项目三为新媒体营销实训，具体任务包括 H5（易企秀）制作实训、企业微博营销、微信公众号创建与推文、微信公众号图文排版、软文营销等五个任务。项目四为社交电商活动方案设计实训，具体任务包括新人专享活动设计、VIP 专区活动设计、平台的其他活动设计等三个任务。项目五为电子（移动）支付实训，具体任务包括网上银行的使用、手机银行的使用、穿戴支付——智能手环支付、数字人民币支付等四个任务。项目六为商业模式与互联网思维实训，具体任务包括 NovaMind 思维导图制作、商业模式画布制作、个性化定制服务等三个任务。项目七为电子商务安全技术实训，具体任务包括加密与解密、移动数字证书安装等两个任务。

本书由浙江金融职业学院陈月波教授主编，张颖老师任副主编。陈月波教授负责本书的编写组织工作，拟定了本书的主体框架，并编写了第一章、第二章（除第五节外）、第三章、第四章（除第四节外）、第七章以及活页实训手册项目一、项目三任务五、项目五任务一和任务二、项目六（除任务三外）和项目七。副主编浙江金融职业学院张颖老师参与了本书的主体框架设计，并编写了活页实训手册项目三（除任务五外）、项目六任务三；浙江金融职业学院刘海老师编写了活页实训手册项目四；浙江金融职业学院邱勋老师编写了本书第四章的第四节和活页实训手册项目五任务三和任务四；浙江金融职业学院林青老师编写了本书第二章第五节和活页实训手册项目二；华语之声传媒（杭州）有限公司徐志清（行业老师）编写了本书第五章、第六章。在本书的编写过程中，我们得到了华语之声传媒（杭州）有限公司董事长徐志清的大力支持与指导，电子商务教研室主任马天有老师负责组织了相关微课的开发，王煜老师、马辉老师参与了微课视频资源的开发，在此向他们表示衷心感谢！

本次修订，编者保留了上一版教材的部分内容，删除了部分陈旧的内容，增加了新媒体营销理论与实训等内容，使本书的结构更加紧凑，内容更加新颖和实用。本书参考了大量文献资料，在此向相关作者表示感谢。有些资料来源因编者工作疏忽而未能列出，谨向资料来源方深表歉意。

编者

目　录

第一章　电子商务概述

知识目标

（1）了解电子商务的最新发展。

（2）掌握电子商务的定义、分类、功能与特性。

（3）掌握电子商务系统的组成，电子商务中的物流、资金流和信息流及其相互间的关系。

（4）掌握电子商务法律关系。

（5）掌握移动互联网 5F 思维。

素养目标

（1）增强学生对新鲜事物的好奇心。

（2）增强学生学习的主动性和自信心。

（3）培养学生关注电商科技发展的良好习惯。

（4）培养学生的团队合作精神与整合资源的能力。

第一节　电子商务的最新发展

党的二十大报告指出，加快发展数字经济，促进数字经济和实体经济深度融合，打造具有国际竞争力的数字产业集群。2022 年，我国数字经济持续保持较快发展，信息传输、软件和信息技术服务业增加值增长 9.1%；全国网上零售额 137 853 亿元，比 2021 年增长 4.0%，为保持国民经济稳定增长做出积极贡献。互联网是承载数字经济发展的重要基础，在网络信息产业发展中扮演着重要角色。

自 1997 年以来，中国互联网络信息中心（CNNIC）牵头组织开展中国互联网络发展状况统计调查，形成了每年年初和年中定期发布《中国互联网络发展状况统计报告》的惯例。2024 年 3 月 22 日，中国互联网络信息中心在京发布第 53 次《中国互联网络发展状况统计报告》（以下简称《报告》）。《报告》显示，截至 2023 年 12 月，我国网民规模达 10.92 亿人，互联网普及率达 77.5%。相关数据显示，我国经济总体回升向好态势持续巩固，互联网在加快推进新型工业化、发展新质生产力、助力经济社会发展等方面发挥重要作用。2023 年，我国持续加快信息化服务普及，缩小数字鸿沟，坚持在发展中保障和改善民生，让更多人民共享互联网发展成果。新型消费潜力迸发，数字经济持续发展，新一代信息技术的引领推动我国高质量发展迈出新步伐。

在移动网络发展方面，截至 2023 年 6 月，我国移动电话基站总数达 1 129 万个，其中累计建成开通 5G 基站 293.7 万个，占移动基站总数的 26%；移动互联网累计流量达 1 423 亿 GB，同比增长 14.6%；移动互联网应用蓬勃发展，国内市场上监测到的活跃 App 数量达 260 万款，进一步覆盖网民日常学习、工作、生活。由 5G 和千兆光网组成的“双千兆”网络，全面带动智能制造、智慧城市、乡村振兴、文化旅游等各个领域创新发展，为制造强国、网络强国、数字中国建设提供了坚实基础和有力支撑。

在物联网发展方面，截至 2023 年 12 月，我国累计建成 5G 基站 337.7 万个，覆盖所有地级市城区、县城城区；发展蜂窝物联网终端用户 23.32 亿户，较 2022 年 12 月净增 4.88 亿户，占移动网终端连接数的比例达 57.5%。

我国工业互联网基础设施持续完善，“5G+工业互联网”快速发展，具体表现如下：

一是工业互联网网络体系快速壮大，平台体系逐步完善。数据显示，全国 5G 行业虚拟专网超过 1.6 万个。工业互联网标识解析体系覆盖 31 个省（自治区、直辖市）。具有一定影响力的工业互联网平台超过 240 家，我国基本形成综合型、特色型、专业型的多层次工业互联网平台体系。

二是数据汇聚初见成效，安全保障日益增强。国家工业互联网大数据中心体系基本建成，工业互联网数据要素登记（确权）平台体系建设持续推进。国家级工业互联网安全技术监测服务体系不断完善，态势感知、风险预警和基础资源汇聚能力进一步增强。

三是融合应用不断涌现，“5G+工业互联网”快速发展。《报告》显示，2023 年一季度，工业和信息化部发布了 5G 工厂、工业互联网园区、公共服务平台等 218 个工业互联网试点示范项目，“5G+工业互联网”融合发展驶入快车道。

2023年上半年，我国各类互联网应用持续发展，多类应用用户规模获得一定程度的增长。一是即时通信、网络视频、短视频的用户规模仍稳居前三。截至2023年6月，即时通信、网络视频、短视频用户规模分别达10.47亿人、10.44亿人和10.26亿人，用户使用率分别为97.1%、96.8%和95.2%。二是网约车、在线旅行预订、网络文学等用户规模实现较快增长。截至2023年6月，网约车、在线旅行预订、网络文学的用户规模较2022年12月分别增长3 492万人、3 091万人、3 592万人，增长率分别为8.0%、7.3%和7.3%，成为用户规模增长最快的三类应用。

第二节　电子商务概念与系统组成

一、电子商务概述

（一）电子商务的定义

电子商务的定义有广义和狭义之分。简单来说，电子商务是指运用电子手段进行商务活动。

电子商务概念

广义的电子商务（Electronic Business，EB）是利用计算机网络和信息技术的一次创新，旨在通过电子手段建立起一种新的经济秩序；它不仅涉及商务活动本身，还涉及各种具有商业活动能力的诸如金融、税务、法律和教育等其他社会层面。其在不同领域的应用形成了不同的研究方向，包括电子政务、电子教务、电子医务、企业资源计划（ERP）、客户关系管理（CRM）、供应链管理（SCM）、移动商务等。

狭义的电子商务（Electronic Commerce，EC）是指各种具有商业活动能力的实体（如企业、政府机构、个人消费者等）以互联网为基础进行的各项商业活动，是在全球范围内进行的商务贸易活动，包括商品或服务的提供者、广告商、消费者、中介商等有关各方行为的总和。

（二）电子商务交易的特点

电子商务交易具有如下特点：交易虚拟化、交易成本低、交易效率高、交易透明化、交易安全性高、交易无时间限制、交易无地域限制。

通过互联网，交易双方从贸易磋商、签订合同到支付等，都不需要当面进行，均可借助互联网完成，整个交易完全虚拟化。

二、电子商务的分类

常见的电子商务的分类方法有以下几种。

（一）按交易对象关系分类

按交易对象关系的不同，电子商务可以分为以下几种常见的类型。

1. B2C （Business to Consumer）

B2C 是指企业与消费者之间的电子商务模式。目前，互联网上已遍布各种类型的网上购物、商业中心，提供各种商品和服务，如鲜花、书籍、计算机、汽车等。B2C 模式的应用领域是以零售业和服务业为主营业务的企业。

2. B2B （Business to Business）

B2B 是指企业与企业之间的电子商务模式。B2B 电子商务模式包括垂直 B2B 电子商务和水平综合 B2B 电子市场。

阿里巴巴是水平 B2B 模式的典型代表，中国化工网是垂直 B2B 模式的典型代表。B2B 商务使用互联网技术或各种商务网络平台来完成商务交易的过程。这些过程包括：发布供求信息，订货及确认订货，支付，票据的签发、传送和接收，确定配送方案并监控配送过程等。

3. C2C （Consumer to Consumer）

C2C 模式是消费者与消费者之间的货物交易或各种服务活动在网络上的具体实现，其涵盖的范围主要包括艺术品交易、网上拍卖、旧货交易、网上人才市场、换房服务、邮票交易等。此模式的典型网站有 eBay、淘宝网、拍拍网等。

4. B2G （Business to Government）

B2G 是指企业与政府之间的电子商务模式。B2G 电子商务可以覆盖企业与政府组织间的许多事务，如政府网上采购、海关报税平台、税务局报税平台等。B2G 也属于电子政务的范围。

5. C2G （Consumer to Government）

C2G 是指消费者与政府之间的电子商务模式。该模式是指政府对个人的电子商务活动，政府职能上网，在网络上实现政府的部分职能。政府可以把电子商务扩展到福利费发放和自我估税及个税的征收等方面。C2G 属于电子政务的范畴。

6. C2B （Consumer to Business）

C2B 模式的核心是通过聚合分散分布但数量庞大的用户形成一个强大的采购集团，以此来改变 B2C 模式中用户一对一出价的弱势地位，使用户享受以大批发商的价格购买单件商品的利益。

7. B2M （Business to Manager）

B2M 是相对于 B2B、B2C、C2C 模式而言的，是一种全新的电子商务模式。B2M 所针对的客户群是企业或者产品的销售者，而不是最终消费者。

8. M2C （Manager to Consumer）

M2C 是在 B2M 基础上出现的延伸概念。在 B2M 模式中，企业通过网络平台发布该企业的产品或服务，职业经理人通过网络获取该企业的产品或服务信息，并为该企业销售产品或提供服务，企业则通过职业经理人达到销售产品或获得服务的目的。

9. O2O （Online to Offline）

O2O是指将线下商务与互联网结合在一起，让互联网成为线下交易的前台。这样，线下服务就可以利用线上服务来揽客，消费者可以通过线上服务来筛选商品，成交也可以在线结算。

O2O是指线上的营销或销售与线下的实体店面或活动相互结合，实现人流在线上与线下的互导，以及全时全域消费者生活全覆盖，在达到商家销售目标的同时，使用户生活便利的一种商业模式。O2O绝非只有“Online to Offline”单向传送，消费者在线下完成消费后，商家能够在取得资料后长期通过线上方式，诱使消费者再至线上或线下商家进行其他消费活动。

10. B2B2C （Business to Business to Consumer）

B2B2C是一种新的网络通信销售方式。第一个B是指广义的卖方（成品、半成品、材料提供商等）；第二个B是指交易平台，即卖方与买方的联系平台，同时提供优质的附加服务；C是指买方。卖方包括公司和个人，即逻辑上的买卖关系中的公司或个人都属于卖方。

11. B2T （Business to Team）

B2T是指以团队形式向商家采购。互不认识的消费者借助互联网的网聚力量来聚集资金，加大与商家的谈判能力，以求得最优的价格。网络团购的主力军是年龄在25～35岁的年轻群体。B2T在北京、上海、深圳等大城市十分普遍。

12. 虚拟世界

这是电子商务的一种非常有趣的模式。它是用户自定义的世界，人们可以在里面互动、娱乐和做生意。最有名的虚拟世界是“第二人生”。其营销方式包括服务营销、体验营销、知识营销、情感营销、教育营销、差异化营销、直销、网络营销等。

（二）按商务活动的内容分类

按商务活动内容的不同，电子商务可分为间接电子商务和直接电子商务。

1. 间接电子商务 （有物流）

间接电子商务是指有形商品的电子订货，仍然需要传统渠道（如邮政服务、快递公司等）完成商品运输。

2. 直接电子商务 （无物流）

直接电子商务是指在网上购买无形商品和服务，如软件、音乐、电影、游戏等，可联机订购及提供服务，直接通过网络支付和交付。

（三）按使用网络的类型分类

按使用网络类型的不同，电子商务可分为EDI商务、Internet商务和Intranet商务三种形式。

1. EDI商务

EDI即基于电子数据交换（Electronic Data Interchange）的电子商务系统。国际标准化组织（International Organization for Standardization，ISO）对电子数据交换的定义是：

“将商业或行政事务按照一个公认的标准，形成结构化的事务处理或文档数据格式，从计算机到计算机的电子传输方法。”也就是说，电子数据交换就是按照商业活动中的常规协定，将商业文件标准化和格式化，并通过计算机网络和专用软件，在贸易合作伙伴的计算机网络系统之间进行数据交换和自动处理。

2. Internet 商务

Internet 商务是基于互联网的电子商务系统，是现代国际贸易的最新形式。

3. Intranet 商务

Intranet 商务即企业网络环境商务，是基于企业网络环境的电子商务系统。企业网络环境是指利用互联网技术组成的企业内部网（Intranet）与企业外部网（Extranet）网络环境，它既可以和互联网相联，也可以不联，能够有效地实现企业各部门之间、企业与企业之间、企业与合作伙伴及客户之间的授权内数据共享和数据交换，并将每一个各自独立的网络通过互联延伸形成共享的企业资源，供用户便捷地查询关联企业的相关数据。

上述三类电子商务之间的关系如图 1-2-1 所示。

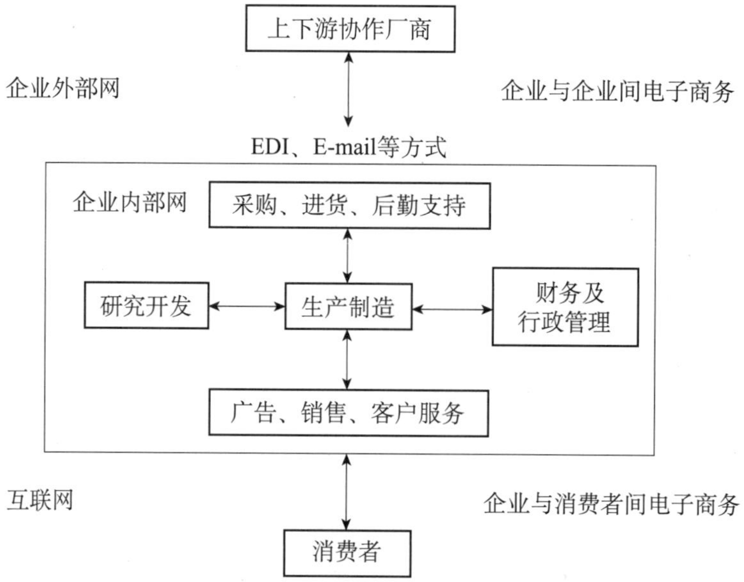

图 1-2-1　EDI 商务、Internet 商务和 Intranet 商务之间的关系

三、电子商务的概念模型

图 1-2-2 为电子商务的概念模型，它由交易主体、电子市场、交易事务，以及物流、资金流、信息流所组成。交易主体是指能够从事电子商务活动的客观对象，如企业、银行、商店、政府机构、科研教育机构和个人等；电子市场是指电子商务实体从事商品和服务交换的场所，是由各种各样的商务活动参与者利用各种通信装置，通过网络形成的一个统一的经济整体；交易事务是指电子商务实体之间所从事的具体的商务活动的内容，如询价、报价、转账支付、广告宣传、商品运输等。

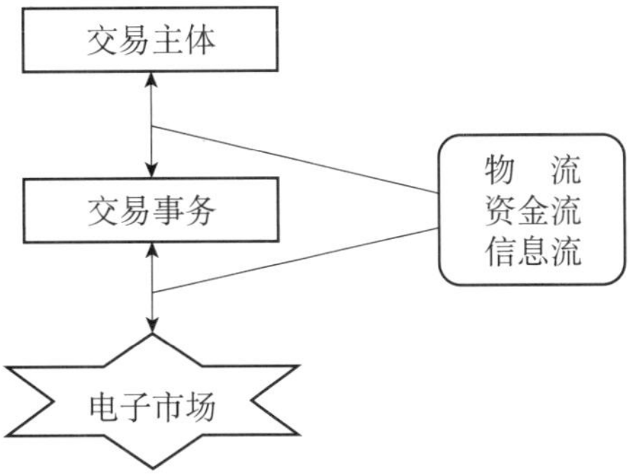

图 1－2－2 电子商务的概念模型

物流主要是指商品和服务的配送及传输渠道。对于大多数商品和服务来说，物流可能仍然经由传统的经销渠道。有些商品和服务可以直接以网络传输的方式进行配送，如各种电子出版物、信息咨询服务、有价信息等。

资金流主要是指资金的转移过程，包括付款、转账、兑换等过程。

信息流既包括商品信息的提供、促销、技术支持、售后服务等内容，又包括询价单、报价单、付款通知单、转账通知单等商业贸易单证，还包括交易方的支付能力、支付信誉、中介信誉等。

四、电子商务系统的组成

（一）电子商务的一般框架

电子商务的一般框架如图 1－2－3 所示。

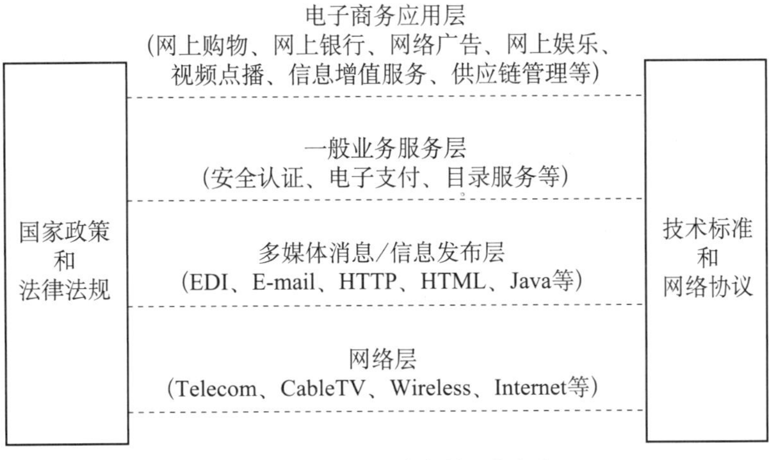

图 1－2－3 电子商务的一般框架

电子商务整体结构分为电子商务应用层和支持应用实现的基础结构。其基础结构包括三个层次和两个支柱。三个层次自下而上分别为网络层、多媒体消息/信息发布层和一般业务服务层。两个支柱分别是国家政策和法律法规、技术标准和网络协议。三个层次之上是各种特定的电子商务应用。可见，三个层次和两个支柱是电子商务应用的条件。

1. 网络层

网络层是电子商务的硬件基础设施，是信息传输系统，包括远程通信网（电报和电话）、有线电视网、无线通信网（移动通信和卫星网）和互联网等。

2. 多媒体消息/信息发布层

网络层提供了信息传输的线路，线路上传输的最复杂的信息就是多媒体信息，它是文本、声音、图像的综合。最常用的信息发布应用就是 WWW，用 HTML 或 Java 将多媒体内容发布在 Web 服务器上，然后通过一些传输协议将发布的信息传送给接收者。

3. 一般业务服务层

这一层次提供的是标准的网上商务活动服务，以方便交易，如标准的商品目录/价目表建立、电子支付工具的开发、保证商业信息安全传送的方法、认证买卖双方合法性的方法等。

4. 国家政策和法律法规、技术标准和网络协议

国家政策的范畴涵盖电子商务的税收制度、信息定价（信息定价围绕的是谁花钱来进行信息高速公路建设）、信息访问的收费、信息传输成本、隐私问题等。安全问题是电子商务的中心问题。电子签名和认证手段目前已经是比较成熟的安全防范手段了。同时，一些安全标准如安全套接层 SSL、安全 HTTP 协议、安全电子交易 SET 等也必须考虑。

（二）电子商务系统各部分的关系

电子商务系统各部分的关系如图 1-2-4 所示。

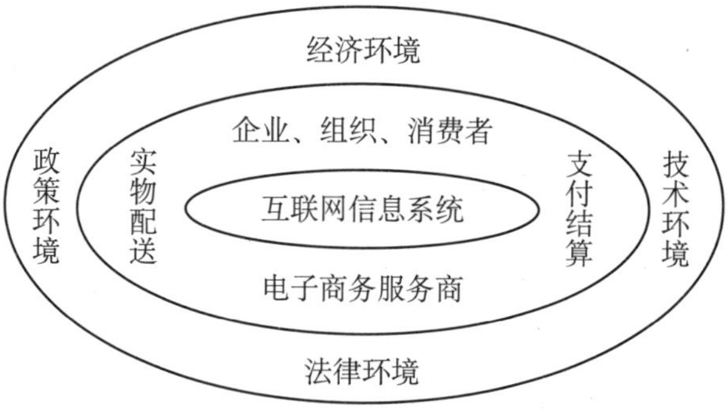

图 1-2-4　电子商务系统各部分的关系

互联网信息系统保证了电子虚拟市场交易系统中信息流的畅通，它是电子虚拟市场交易顺利进行的核心。

企业、组织与消费者是网上市场交易的主体，实现其信息化和上网是网上交易顺利进行的前提。缺乏这些主体，电子商务就失去了存在意义，也就谈不上网上交易。

电子商务服务商是网上交易顺利进行的手段，它可以推动企业、组织与消费者上网和更加方便地利用互联网进行网上交易。

实物配送和支付结算是网上交易顺利进行的保障，缺乏完善的实物配送及支付结算系统，将影响网上交易的完成。

电子商务系统的组成如图 1-2-5 所示。

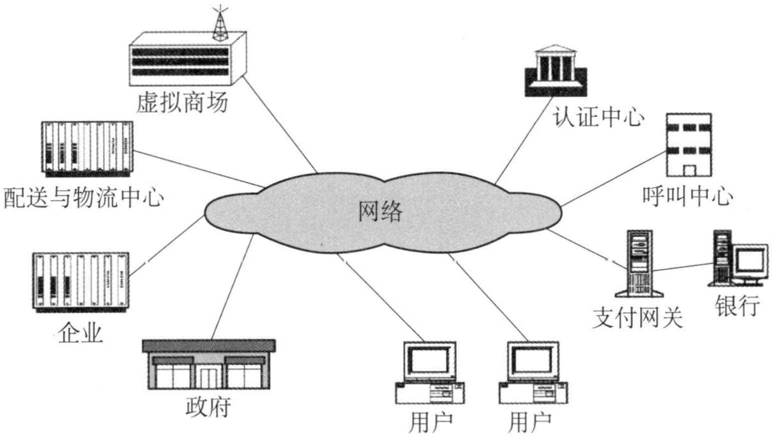

图 1-2-5 电子商务系统的组成

(1) 网络。网络包括移动网络、Internet、Intranet、Extranet。Internet 是电子商务的基础，是商务、业务信息传送的载体；Intranet 是企业内部商务活动的场所；Extranet 是企业与企业以及企业与个人进行商务活动的纽带。

(2) 用户（供应商与采购商）。用户可分为个人用户和企业用户。

(3) 认证中心。认证中心是受法律承认的权威机构，负责发放和管理电子证书，使网上交易的各方能互相确认身份。电子证书是一个包含证书持有人、个人信息、公开密钥、证书序号、有效期、发证单位的电子签名等内容的数字文件。

(4) 配送与物流中心。配送与物流中心接受商家的送货要求，组织运送无法从网上直接获得的商品，跟踪商品的流向，将商品送到消费者手中。一个电子商务系统如果没有高效的实物配送物流系统作为支撑，是难以使交易顺利进行的。

(5) 支付网关。支付网关是信息网与金融网的连接中介，它承担着转换双方的支付信息的任务；支付结算是网上交易完整实现的重要一环，关系到买者是否讲信用、按时支付，卖者能否按时回收资金，从而促进企业经营良性循环等问题。

(6) 呼叫中心。呼叫中心也称客户服务中心，支持电话、Web、E-mail、传真等多种接入方式，使得用户提出的任何疑问都能很快得到响应。

(7) 政府。政府部门包括法律、税收、工商等管理机构，对整个电子商务市场起着控制作用。

五、企业电子商务系统

企业电子商务系统是建立在 Intranet 基础上的。企业内部网络系统将客户分为三个层次：对于特别重要的战略合作伙伴，企业允许它们进入企业的 Intranet 系统直接访问有关信息；对于与企业业务相关的合作企业，企业同它们共同建设 Extranet，实现企业之间的信息共享；对普通的大众市场客户，则可以直接连接到企业的 Internet 站点。

企业电子商务的基本框架如图 1－2－6 所示。企业的上游连接着供应商，下游连接着客户。

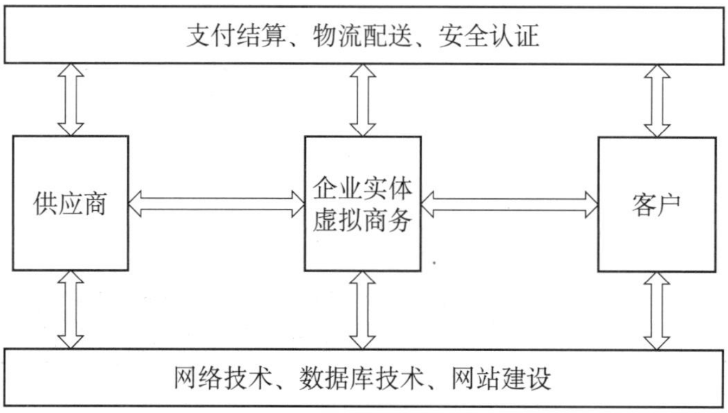

图 1－2－6　企业电子商务的基本框架

供应商管理与客户关系管理已成为企业管理中不可缺少的内容。企业实体除了本身具有的商业场所外，还应有虚拟商厦、虚拟配送中心、虚拟银行等，虚拟商务将成为传统企业的发展方向。

企业内部的电子商务结构如图 1－2－7 所示。企业内部各个部门都通过 Intranet 连接起来，通过使用 OA、CRM、SCM、ERP 等现代化的信息管理软件和管理理念，建立起企业内部的电子商务运行环境。一些企业提出了 B2E（Business to Employee，企业对雇员的电子商务），即企业内部利用电子商务技术增加沟通，在企业内部实现信息的有效发布和共享，建立共识、加强协作、减少浪费、提高效率、降低成本。

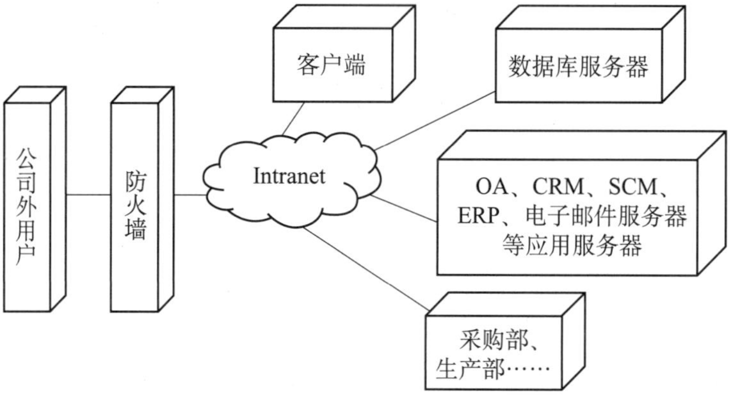

图 1－2－7　企业内部的电子商务结构

企业通过防火墙安全措施将 Intranet 与 Internet 及公司各用户隔离，从而将企业内联网作为一种安全、有效的商务工具，用来自动处理商务操作及工作流程，实现企业内部数据库信息的共享，并为企业内部联系提供快捷的通道。Intranet 的商务应用可以增强企业商务活动处理的敏捷性，对市场状况的变化作出更加灵敏的反应，为客户提供更加全面、优质、高效的服务。

六、电子商务中的物流、资金流和信息流

（一）物流、资金流和信息流的定义

电子商务中的任何一笔交易都包含三种基本的“流”，即物流、资金流和信息流，简称“三流”。其中，信息流是指电子商务交易各主体之间的信息传递过程，是电子商务的核心要素，包括商品信息的提供、付款通知单、交易方的支付能力等。资金流是指资金的转移过程，包括支付、转账、结算等，始于消费者而止于商家账户，中间可能经过银行等金融部门。物流是指物资实体的流动过程，由一系列具有时间和空间效用的经济活动组成，具体指包装、装卸、存储、运输、配送等多项基本活动。

（二）物流、资金流和信息流的关系

在商品价值形态的转移过程中，物流是基础，信息流是桥梁，资金流是目的。信息流处于中心地位，是资金流和物流运转的介质，直接影响和控制商品流通各个环节的运作效率。

“三流”之间的关系如图 1-2-8 所示。以信息流为依据，通过资金流实现商品的价值，通过物流实现商品的使用价值。物流是资金流的前提与条件；资金流是物流依托价值的担保，并为适应物流的变化而不断进行调整；信息流对资金流和物流活动起指导和控制作用，并为资金流和物流活动提供决策的依据。

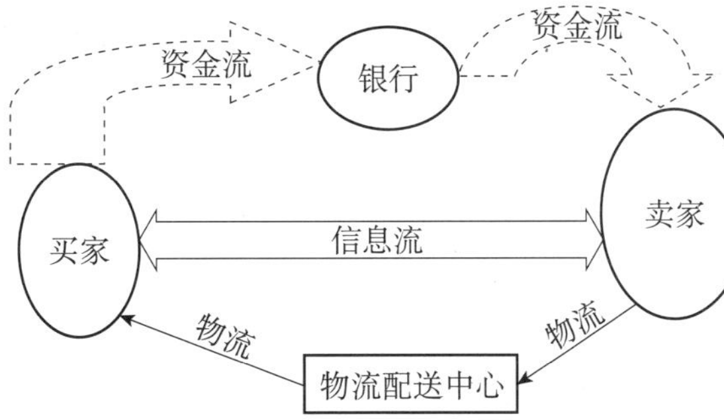

图 1-2-8 “三流”之间的关系

不同的电子商务活动，可以按照物流、信息流、资金流是否参与商务活动来分析，如表 1-2-1 所示。纯虚拟电子商务是未来发展的方向，因为纯虚拟电子商务不涉及物流活动，这样才能真正且充分地发挥电子商务的优越性。

表 1-2-1 “三流”是否参与商务活动分析

划分标准	“三流”			性质	举例
	信息流	资金流	物流		
是否参与商务活动	有	有	有	间接电子商务，传统商务的网络延伸	网上商城等
	有	有	无	纯虚拟电子商务	网络游戏
	有	无	有	免费派送	网络促销
	有	无	无	网络冲浪、获取信息等	娱乐、聊天

第三节　移动互联网 5F 思维

互联网思维是指在互联网、大数据、云计算等科技发展的背景下，对市场、对用户、对产品、对企业价值链乃至对整个商业生态进行重新审视的思考方式。互联网思维结构为：由众多点相互连接起来的，非平面、立体化的，无中心、无边缘的网状结构。它是类似于人的大脑神经和血管组织的一种思维结构。互联网思维的特点是：开放、协作、分享，它讲究小而美，而非大而全。互联网时代，消费者反客为主，拥有消费自主权。

一、移动互联网 5F 思维的内涵

移动互联网思维可概括为：碎片化（Fragment）思维、粉丝（Fans）思维、焦点（Focus）思维、快一步（Fast）思维、第一（First）思维。因上述移动互联网思维的英文首字母均为 F，故移动互联网思维又称移动互联网 5F 思维，如图 1－3－1 所示。

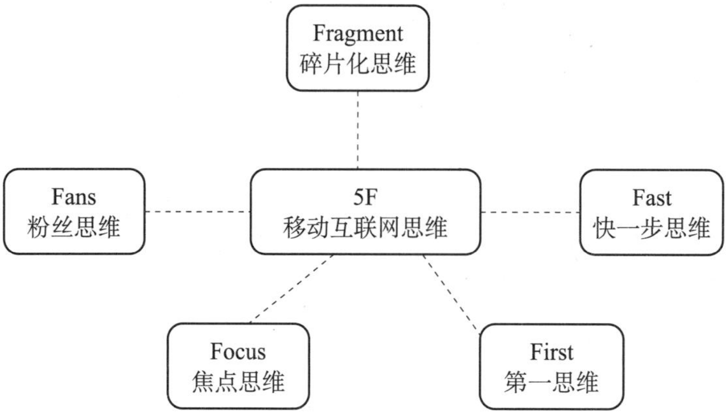

图 1－3－1　移动互联网 5F 思维

（一）碎片化思维

在移动互联网时代，作为全天候的消费群，一天中任何时间，只要产生了购买冲动，就可以立即购买；作为全渠道的消费群，在任何地点，无论是地面店、网店、移动商店还是社交媒体，如果想购买商品就可以立即购买；作为个性化的消费群，“只要我中意，符合我的调调，能够打动我，彰显我的个性”，就可以立即购买。移动互联网加剧了消费者的三个碎片化趋势：一是消费者购物地点的碎片化；二是消费者购物时间的碎片化；三是消费者购物需求的碎片化。

消费者每天通过微博、抖音等各种社交媒体随时随地都在创造碎片化内容，比如他的分享、写的评论、他的转发、他的点赞、他的购物清单、他的心愿单、他的购物车、他的浏览、他发布的此时此刻的心情、他晒的照片、他拍的视频等。同时，这些数量庞大的碎片化内容又在朋友圈或粉丝中大规模传播，铺天盖地的信息每天包围着每一个消费者，一方面打搅了他们的生活和工作，另一方面又影响了他们的购物决策，并产生了大量的即时冲动型需求，从而使消费需求和购物时间更加碎片化。这些碎片化的时间、碎片化的需求、碎片化的口碑，甚至碎片化的投入一旦汇聚起来，就会爆发出巨大的商业力量，蕴含巨大的商业价值。

（二）粉丝思维

移动互联网时代的法则是“得粉丝者得天下”。随着京东、微信、小米的强势崛起，阿里系的地位受到严峻挑战，标志着电商行业重新洗牌的开始，“米粉经济学”大行其道。粉丝就是生产力。粉丝不仅仅是企业品牌忠诚的顾客，也是品牌的传播者和捍卫者。粉丝是一群认同企业价值观，对企业的品牌、产品甚至企业的一切充满期待和热情的用户，是品牌的疯狂爱好者、企业声誉的捍卫者、企业产品潜在的购买者、最忠实的拥趸、免费的宣传员，是最专业、最热心、最挑剔的用户群体。

粉丝不只是用户，因为用户远没有粉丝那么忠诚。粉丝是最优质的目标消费者，一旦注入感情因素，有缺陷的产品也会被接受。进入移动互联网时代，人人都是自媒体人。粉丝对企业的品牌、企业自身拥有高度的忠诚和热情，这些粉丝不仅会经常购买企业产品，而且会通过微博、微信等各种社交媒体向其周围的人，甚至是陌生人讲述其热衷于该品牌的原因，传播企业的口碑，帮助企业的业务获得非线性增长甚至爆炸性增长。

（三）焦点思维

在移动互联网时代，从顾客焦点到需求焦点，从满足一大群人的全部需求到满足一小部分人的某个需求，“不做什么”比“做什么”更重要。

企业一旦认准了战略方向和焦点以后，就要像钉子一样，一直往那里使劲。要看日出的人必须守到拂晓，罗马非一日造就，成功是聚沙成塔的结果。有骆驼一样的耐心，才能找到事业沙漠中的绿洲。真正的成功是需要时间的，而恒心和坚毅就是帮助人们取得最终成功的优良品质。无论是大企业的创新业务还是新创业的企业，做不到专注，就不可能在市场中立足。曾经有人说：“如果企业能坚持一两年，就会发现周围全是对手；如果能坚持三四年，就会发现对手只有几个；如果能坚持五六年，就会发现其他对手已经退出市场。所以选择了，就必须坚持下去。”

（四）快一步思维

在移动互联网时代，企业得到优势的时间和失去优势的时间可能相当，在世界大变革时期，往往是那些取得过辉煌的领导人未对新变化作出及时的反应，最后葬送企业的前途，这是经典的缺乏转型领导力的表现。对于无数新创企业来说，稳定是绝对的坏消息。颠覆从来不是诞生在现有的商业规则、制度和框架之内，要勇于打破现有规则，敢于冒险，果断决策，尝试新事物，快速行动。失败了没什么，但一定不要在相同的事情上因为相同的原因犯相同的错误。企业文化要宽容，宽容是互赠的礼品——你能宽容别人，别人也不会难为你。在处理各种事务时都要能够做到随机应变，因势利导，不墨守成规，不拘一格，从而达到变则通、通则灵、灵则达、达则成的理想效果。在飞速变化的世界，站着不动就是最大的倒退，但没有智慧的变革将比不动死得更快。

（五）第一思维

在移动互联网时代，生存法则是赢家通吃。大自然给每一个物种都提供了一个适应其健康生长的特殊环境生态位，且每一个生态位都具备成为第一的优势，也就是说，要发现自己的生态位，然后做到第一。只有第一，没有第二。如果企业只是第二或第三，只不过是历史车轮下的那块小石头。但等到企业升级成大石头的时候，车轮自然会绕开。

二、移动互联网 5F 思维落地法则

要将 5F 思维落到实处，就得发挥互联网去中心化、开放、民主、自由、平等和分享的特点，围绕每一个消费者，坚持从“营造亲人般的爱”的 LOVE 法则到“简约到极致”的 SIMPLE 法则(见图 1－3－2)，进而使移动互联网 5F 思维落地。上述法则本身不是一成不变的，而是会不断迭代和充实具体内容。

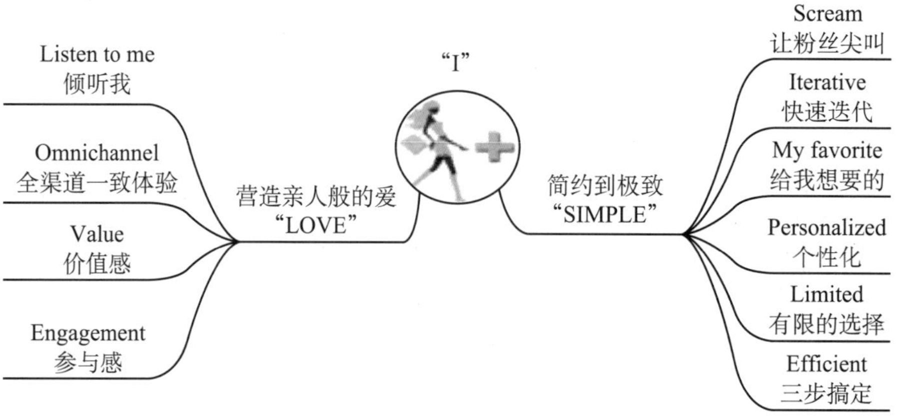

图 1－3－2　移动互联网 5F 思维落地法则

（一）LOVE 法则（营造亲人般的爱）

爱是人内心最柔软的品质，任再大的风波，再糟糕的处境，有一个人、一双手给你温暖，伴你左右，你一定会动心。

法则一：Listen to me（倾听我）

从说服到倾听。企业要善于倾听粉丝的心声，鼓励粉丝自由表达自己的想法，了解粉丝的心理诉求和消费需求，找到消费者真正的痛点，让倾听成为企业的习惯。

倾听是一种责任。加强和粉丝的沟通，倾听粉丝的心声是企业的重要责任。当粉丝想要和企业沟通时，能够找到沟通的渠道，如建立微信、微博私信、企业 BBS；企业应主动邀请粉丝到企业交流，相关人员全神贯注地听粉丝说话，用眼睛注视粉丝，微笑着静静地

听粉丝倾诉，这是企业对粉丝最有效的帮助。

倾听是一种态度。粉丝与企业沟通时会十分在意企业倾听的态度，只有企业表现出浓厚的倾听兴趣，粉丝才会饶有兴致地说出心里话。例如，当粉丝在社交媒体上倾诉时，企业可以通过微信、微博等社交媒体的文字、语音、表情来表达倾听的兴趣，并学会互动。如果企业总是在社交媒体里一言不发、一副漫不经心的样子，就会令粉丝十分失望，自然很难准确把握粉丝的情感和态度。

倾听是一种追求。企业应经常邀请粉丝参加面对面的地面活动，用敏感的眼睛和心灵，通过观察和分析粉丝的一举一动，读懂粉丝的内心世界，了解他们的真实意图，从而作出正确的判断。多支持、鼓励粉丝，平等地和粉丝做朋友。

法则二：Omnichannel（全渠道一致体验）

过去“以产品为中心、以实体店为中心”的传统零售分销模式，已经被新一代的“以顾客为中心、以电子商务为中心”的全渠道体验模式所取代。全渠道是零售业的未来和希望。电子商务贡献在全渠道销售的占比将大大增加，移动电子商务成为全渠道中电商业务的主流渠道，社交处于全渠道的枢纽位置。大数据是全渠道营销、全媒体（包括传统媒体、BBS、微博、微信等社交媒体）传播的基石。没有大数据，就没有竞争高地；大数据是数字石油，可以实现与每个顾客的亲密对话、一对一推荐和一对一精准营销。利用全渠道、全媒体为顾客提供一致性的体验、持久的情感连接和一致性的顾客体验是全渠道的核心工作。

法则三：Value（价值感）

移动互联网颠覆了价值创造的规律，企业必须回归到商业的本质，真正找到用户的痛点，找到用户的普遍需求，为用户创造价值。只有专注用户的价值才会带来财富。同时，如果仅仅是给粉丝提供商品本身的消费价值，粉丝是不会产生动力去购买企业的产品的。企业必须为粉丝创造消费之外的梦想，提供商品之外的人文价值、社交价值和情感价值。

法则四：Engagement（参与感）

移动互联网颠覆了现有的商业价值坐标体系和参照物，参与感是粉丝经济的血脉。移动互联网不再是单个企业或单个品牌的个人演唱会，而更像是一场粉丝们人人热情参加的狂欢舞会。小米公司深谙其道，它通过一场场粉丝见面会、一个个网络社群，形成了热烈的社会反响和经济价值。

企业应倾听粉丝的想法，在产品还没有到达最终用户手中之前的供应链上游就开始邀请粉丝参与到企业的价值创造中。在移动互联网时代，生产者和用户之间的界限被打通了，用户参与到创新中来，这意味着组织要更贴近用户，主动邀请用户一起参与创新。企业与粉丝不是从上往下，也不是平行关系，而是融为一体。粉丝参与价值创造环如图 1-3-3 所示。

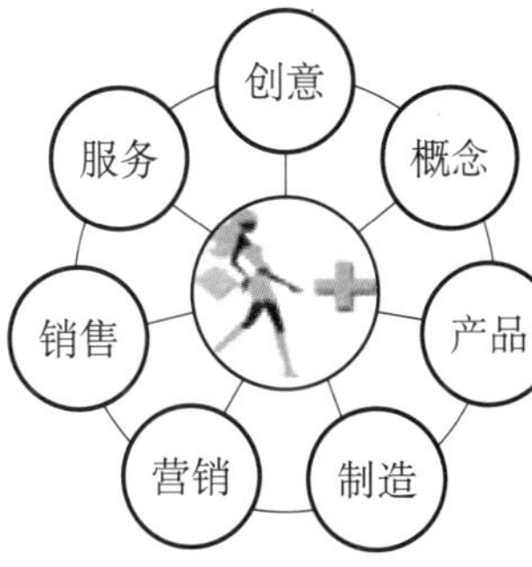

图 1-3-3　粉丝参与价值创造环

互联网剔除了传统渠道中不必要的环节、损耗效率的环节，让服务商和消费者、生产制造商和消费者更加直接地对接，消费者的喜好、反应快速地通过网络反馈，企业只有提供给用户极致的产品体验，才能创造极致的用户口碑。

（二）SIMPLE 法则（简约到极致）

大道至简，悟在天成。大道至简要求企业跳出原来的框架，去粗取精，抓住要害和根本，剔除那些无效的、可有可无的、非本质的东西，融合成少而精、小而美的东西。在移动互联网时代，用户的时间是稀缺资源，如何在碎片时间内抓住用户的眼球，企业就必须在各个方面做到极致：从产品到服务，从流程到用户体验，从关键需求到核心功能。

法则一：Scream（让粉丝尖叫）

超越用户的期望。优秀的企业满足需求，伟大的企业创造需求。企业要能够在用户之前洞察到用户想要什么，并创造出用户做梦也想不到的产品。

用户的每一个抱怨的背后都隐藏着一个未被满足的需求，而每一个需求的背后必然隐藏着一个不可忽视的市场。其实对于任何产品而言，在一开始满足了用户的功能性需求以后，就应该着手升级到精神层面，用户拒绝麻烦，用户需要安慰。企业一定要重视麻烦所带来的希望，而不是去抵触用户的抱怨。只有妥善处理用户的抱怨，企业才能深入人心，才能真正让用户产生情感上的认同，才能产生口碑传播。真正的需求创造者会把所有的时间和精力都投入到对“人”的了解上。一些企业一直在努力了解用户心中的渴望，了解用户需要什么，讨厌什么，什么样的东西能引起用户的情感波动，什么样的东西又能激发出用户内心深处的好感。企业可以在粉丝留言中寻找潜在的推销员或专家，找到之后给对方寄出包裹，为这个可能的“意见领袖”制造惊喜。

法则二：Iterative（快速迭代）

对传统企业而言，企业必须及时、实时地关注消费者的需求，把握消费者需求的变化。要从细微的用户需求入手，贴近用户心理，在用户参与和反馈中逐步改进。“敏捷开发”是互联网产品开发的典型方法，是一种以人为核心、迭代、循序渐进的开发方法，允许有所不足，不断试错，在持续迭代中完善产品。传统的商业思维讲究大而全、周密控制，企业做决策时往往要通盘考虑各方面的影响，调动各方面的资源。传统企业的产品从研发到投放、更新是以年为单位来计算的，对消费者的影响方式是投一轮广告、卖一轮产品，几次推广后才有可能让消费者记住产品。互联网时代讲究小步快跑、快速迭代，更新是以周为单位计算的。

法则三：My favorite（给我想要的）

了解用户，通过大数据推荐给用户其想要的。企业可以通过移动互联网，加速推进数字化进程，建立对用户的洞察，无论何时何地，都要尽可能及时地、精确地收集到每个用户所有购物活动涉及的数据，数字化每一个用户、每一件商品和用户的每一次购物活动，最终还原每个用户的原始需求。用户在网络上一般会产生交易信息、浏览信息、购买行为、购买场景和社交关系等多个方面的大数据，这些数据的沉淀有助于企业进行预测和决策。一切皆可被数据化，企业必须构建自己的大数据平台。根据每个用户的大数据，建立自动化的个性化商品推荐系统，为每一个用户提供精准的、少量的、非常个性化的商品推荐。

法则四：Personalized（个性化）

如今是个性化的时代。从需求来看，用户的需求发生了重大的改变，用户越来越追求个性化，这是一个新的改变。在移动互联网时代，消费者个性化的消费主张不仅可以彰显出来，更应该受到尊重。

法则五：Limited（有限的选择）

用户的碎片时间有限，停留在企业渠道里的时间很短，企业提供的服务、在实体店里陈列的商品、在网店或移动商店陈列的首页商品，如果不能在3～5分钟内吸引用户，打动用户，企业就会错过宝贵的碎片时间。这就需要企业建立碎片化思维，利用大数据，把用户在碎片时间产生的点点滴滴的信息收集起来并建立关联，还原出真实的用户需求，为每一个用户推出个性化的商品。

法则六：Efficient（三步搞定）

简洁比复杂难多了，简洁是应对复杂世界的武器，越简洁越高效。企业为用户设计的一切界面，不仅要讲究内在的逻辑，操作流程更要高效和极简。用户的购物时间越来越碎片化，企业的流程设计要简化，在每个用户与他想要的商品或服务之间建立最短的路径、最快的时间。用户无论从哪个渠道进去，在找到商品前，整个操作流程不要超过三步，越短越好。如果超过三步，用户就没有耐心了，企业就可能失去一次宝贵的与用户对话的机会。

思考题

1. 什么是电子商务？它有什么特性？
2. 电子商务系统是由什么组成的？
3. 目前电子商务存在哪些问题？
4. 试述电子商务的最新发展。
5. 什么是电子商务中的物流、资金流和信息流？试述其相互关系。
6. 移动互联网5F思维是指什么？

第二章 电子商务模式

知识和能力目标

（1）掌握商业模式、BMC 方法。
（2）掌握网络零售、新零售的概念与思想。
（3）掌握兴趣电商、抖音电商的本质。
（4）掌握 EDI 等其他电子商务模式。
（5）掌握移动电商、跨境电商的概念及常用的出口平台。

素养目标

（1）引导学生大胆探索新知识，并形成创新意识。
（2）培养学生团队协作、主动担当的精神。
（3）培养学生运用所学知识分析现实问题的能力。

第一节　商业模式与商业模式画布

一、商业模式概念

企业的商业模式是指企业从事某一领域的市场定位和盈利目标，以及为了满足目标客户主体需要所采取的相对固定的、整体的战略组合。巴黎商学院关于企业管理的黄金法则中最重要的一条是："经商最重要的不是资金，不是人才，而是模式。"商业模式的核心问题是回答以下问题：你的用户是谁？你为用户解决什么问题？你用什么产品解决用户的问题？你如何收费？好的商业模式是企业成功的关键。

麦肯锡管理咨询公司从控制论的角度出发，认为存在三种新兴电子商务商业模式，即卖方控制的商业模式、买方控制的商业模式和中立的第三方控制的商业模式。卖方控制的商业模式是指卖方提供商品信息，接受网络订货的模式；买方控制的商业模式是指采购代理人通过网络发布采购信息，接受商家报价，提供商品信息的模式；中立的第三方控制的商业模式则提供特定产业或产品的搜索工具，包括众多卖方的店面在内的卖场。

电子商务的商业模式除了经典的 B2B、B2C、C2C、G2B 等以外，还出现了 O2O、兴趣电商、短视频电商、新媒体电商、社群电商、内容电商、AI+、元宇宙等新颖的商业运作模式。本书将电子商务的主要商业模式分为 B2B 商业模式（又分为垂直 B2B 电子商务与水平 B2B 电子商务两种）、B2C 商业模式、C2C 商业模式、O2O 商业模式、加盟连锁商业模式和其他电子商务模式，如图 2－1－1 所示。

二、商业模式画布

商业模式画布（Business Model Canvas，BMC）是一种商业模式分析工具。商业模式画布从以下四个视角来图示一个企业的运作模式：为哪类人群提供服务/产品？（Who）；具体提供什么服务/产品？（What）；要怎么提供服务/产品？（How）；要怎么通过这些服务/产品赚钱？（Money）。商业模式画布分为以下九大模块。

（一）客户细分

客户为正在服务的或期望获得的目标人群及机构，是整体商业模式的基础。企业应按客户的需求、行为及特征的不同，将客户分成不同的群体。客户细分示例如下：

（1）大众市场客户群体：基于大众市场，建立在一个庞大的、有着广泛相似需求及问题的客户群。

（2）小众市场客户群体：某一具体的、专门的客户群体，据此类客户提供个性服务或产品。

- 电子商务的主要商业模式
  - B2B商业模式
    - 水平B2B电子商务（综合性）
    - 垂直B2B电子商务（专业性）
  - B2C商业模式
    - 卖方企业—买方个人（B2C）
    - 卖方个人—买方企业（C2B）
  - C2C商业模式
    - 免费开店
    - 拍卖、换客
  - O2O商业模式
    - 团购网
    - 互动交易模式
  - 加盟连锁商业模式
    - 加盟连锁快递
    - 加盟连锁中介
  - 其他电子商务模式

图 2－1－1　电子商务主要商业模式

（3）求同存异的客户群体：需求相似却不同的客户群体，如金融机构按客户资产等级提供不同的金融产品。

（4）多元化的客户群体：需求或问题迥然不同的客户群体，如亚马逊的云计算业务的客户类型，与既有的零售平台客户类型完全不同。

（5）多边平台（多边市场）客户群体：相互独立但又相互依赖的客户群体，只有相关客户群体同时存在时，平台才有价值。如优酷等视频平台一边服务海量用户，一边服务广告商家。

（二）价值主张

价值主张是客户选择 A 而放弃 B 的原因，是为客户提供利益的集合。价值主张可以是创新性的，也可以与既有的产品服务相似，但添加了新的特点和属性。价值主张通过对某个群体的需求定制一套新的元素组合来为该群体创造价值。向客户传递的价值示例如下：

（1）创新：客户之前未察觉的全新需求，如智能手机。

（2）性能：改进产品或服务的性能，是传统且普遍的创造价值的方式，如性能越来越强大的计算机。

（3）定制：针对客户需求定制的服务，如客户参与创造的生产方式。

（4）保姆式服务：简单地帮客户完成任务，如劳斯莱斯对飞机引擎的制造和维护全权负责，使航空公司可以专心于航线管理。

（5）设计：重要但难以量化，如设计咨询公司。

（6）品牌/地位：如技术品牌、设计师品牌、小众乐队。

（7）价格：如 360 免费杀毒。

（8）缩减成本：帮助客户节约成本。

（9）风险控制：帮助客户降低风险，如保修政策、IT 外包服务、艺人合作风险、舆情预警等。

（10）可获得性：帮助客户获得之前无法获得的产品和服务，如共同基金为小额财产所有者提供投资服务。

（11）便利性/实用性：提供更方便、更简洁的产品。

（三）渠道通路

渠道通路是指企业如何与客户达成沟通并建立联系，以客户喜欢的方式向客户传递自身的价值主张。渠道通路的作用如下：使客户更加了解公司的产品和服务；使客户能够购买服务；向客户传递价值主张；向客户提供售后服务。渠道通路可以选择自有渠道（销售团队、自有平台），也可以选择合作方渠道（分销、零售、合作方平台），并找到最佳平衡。

（四）客户关系

客户关系的类型示例如下：

（1）私人服务：基于人际互动，在销售过程中及售后为客户提供帮助，如销售代表、客服等。

（2）专属私人服务：为每个客户提供专属客户经理，需要有长时间的客户关系积累。如私人银行客户经理、大客户经理等。

（3）自助服务：无须维护客户关系，为客户提供自助渠道，如大部分面向 C 端的 App、电商及会员产品等。

（4）自动化服务：相对复杂的客户自助服务，可以模仿人际交互，如书或电影的推荐、AI 客户等。

（5）社区：促进客户联系，如在线社区。

（6）与客户协作，共同创造：如豆瓣、B 站等靠专业用户生产内容的平台。

（五）收入来源

收入来源是指企业从每一个客户那里获得的收益、现金或其他收益（如业界影响力）。如果说客户是商业模式的心脏，收入来源则是商业模式的动脉。收入来源示例如下：

（1）资产销售：销售实物所获得的收入，如销售家电、图书等所取得的收入。

（2）使用费：提供某具体服务而收取的费用，如话费、快递费。

（3）会员费：向用户销售特定的权益所获得的收入，如销售健身会员卡、视频/音乐/游戏平台的会员权益等。

（4）租赁费：将特定资产提供给他人使用所收取的费用，如共享单车/租车服务、办公设备租赁等。

（5）许可使用费：授予他人使用受保护的知识产权所收取的费用，如版权、专利权的使用费。

（6）佣金：提供中介服务所收取的费用，如转账佣金、房产中介佣金等。

（7）广告费：为产品、服务或品牌做广告所收取的费用。

（六）核心资源

核心资源是保证商业模式顺利运行的最重要的资产。核心资源包括实物资源、知识性资源、人力资源和金融资源。核心资源可以是自有的，也可以通过租赁获得，或从重要合作伙伴处获得。核心资源的类型如下：

（1）实物资源：如生产设备、车辆、厂房、管理系统、分销渠道、仓储网络、物流配套等。

（2）知识性资源：如品牌、专利、版权、合作关系、客户数据等。

（3）人力资源：如管理团队、专家团队等。

（4）金融资源：如金融资产、金融保障等。

（七）关键业务

关键业务是保障商业模式运行所需的最重要的事情。关键业务类型示例如下：

（1）生产：生产的数据及质量，包括设计、制造及分销产品。

（2）解决方案：如品牌、专利、版权、合作关系、客户数据等。

（3）平台/网络：网络、平台、软件、平台品牌等。

（八）重要合作

重要合作是保障商业模式运行所需的供应商及合作伙伴网络。企业通过建立联盟来优化自身商业模式、降低风险或获得资源。重要合作的类型可以是非竞争关系的战略联盟、竞争者间的战略合作、为新业务建立合资公司、为保证可靠供应而建立的供应商和采购商关系。建立合作关系的动机如下：

（1）优化资源：建立此类合作关系主要是为了降本增效，如外包或基础设施共享。

（2）降低风险及不确定性：如互为竞争对手的企业在某一领域建立战略联盟，而在其他领域仍保持竞争关系

（3）特殊资源的获得：企业依赖占有某项资源或专注某生产活动的公司来实现其能力的拓展，与该公司合作的动机在于获得知识、资质或接近某用户群体，如预装软件。

（九）成本结构

成本结构是运营商业模式所发生的成本总和。成本最小化是每个商业模式的诉求，低成本结构在某些商业模式中显得尤为重要。商业模式的成本结构可分为两个等级：成本导向型和价值导向型。许多商业模式的成本结构是趋于两者之间的。

成本导向型的成本结构聚焦于最大限度地降低成本，创造并维持极简的成本结构，采用低价的价值主张，如廉价航空。

价值导向型的成本结构较少关注成本，更多关注价值创造，通常提供高端的价值主张及高度个性化的服务，如豪华酒店。

上述商业模式画布九大模块之间的关系如图 2－1－2 所示。

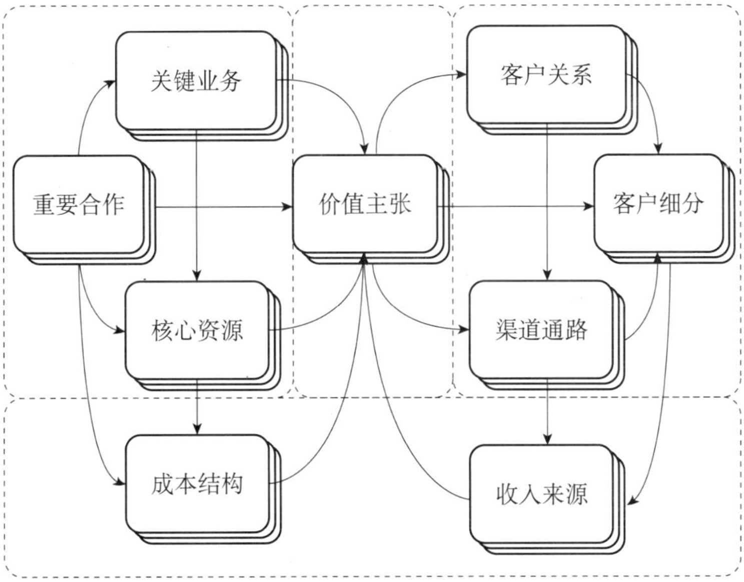

图 2－1－2　商业模式画布九大模块之间的关系

第二节　网络零售与新零售

一、网络零售

网络零售是指交易双方以互联网为媒介进行的商品交易活动，即通过互联网进行的信息组织和传递，实现有形商品和无形商品所有权的转移或服务的消费。买卖双方通过线上实现交易信息的查询（信息流）、交易（资金流）和交付（物流）等。按照平台交易对象的不同，网络零售可分为 B2C 电子商务和 C2C 电子商务两种模式。

（一）B2C 电子商务

B2C 电子商务模式

1. B2C 电子商务的含义

B2C 电子商务即企业与消费者之间的电子商务，是指企业通过网络为消费者提供产品或服务的经营活动。最具有代表性的 B2C 电子商务模式就是网上零售网站，如亚马逊（www. amazon. com）。B2C 电子商务的付款方式是货到付款与网上支付相结合，大多数企业会选择物流外包方式以节约运营成本。

2. B2C 网上购物流程和 B2C 后台管理

B2C 主要有三个基本组成部分：在线购物场所的网上商场、商品配送的物流配送体系、提供支付结算的银行及认证系统。

B2C 网上购物流程（如图 2－2－1 所示）：客户注册会员→商品搜索选购→下订单（放进购物车）→收银台→选择送货方式→选择支付方式（在线支付或货到付款）→购物完成→订单查询，然后客户等待收货就可以了。

B2C 后台管理流程（如图 2－2－2 所示）：

（1）网上客户下订单→订单受理→商品库存查询。

（2）库存有货→生成销售单；库存无货→生成采购单→确认入库→生成销售单。

（3）确认出库→发货确认→结算。

（4）库存综合查询。

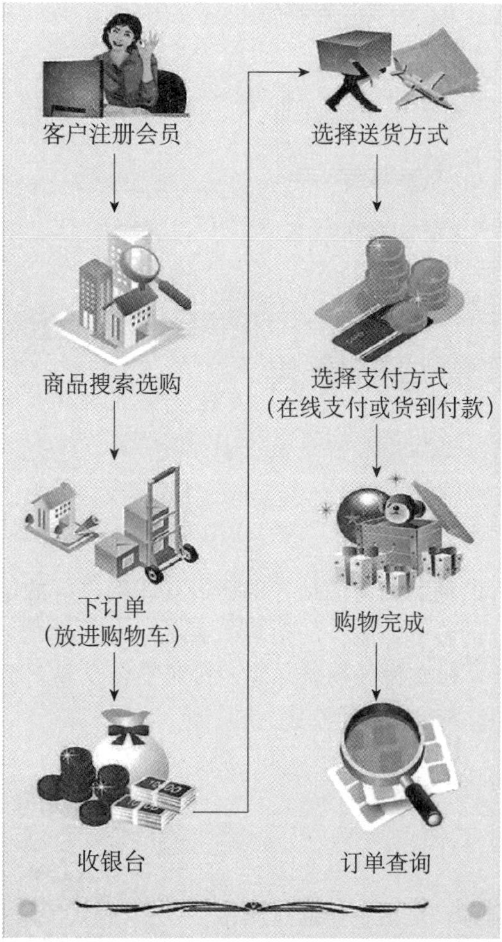

图 2－2－1　B2C 网上购物流程

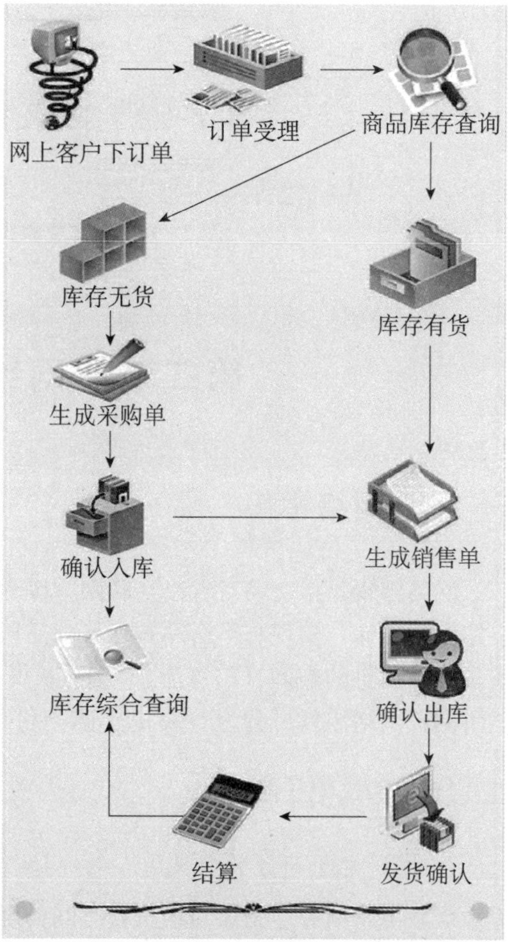

图 2－2－2　B2C 后台管理流程

订单转化率是指有效订单数量与用户总访问次数的比值。转化率越高，说明网站运营水平越高。提高订单转化率可以提高网站的交易金额。

3. B2C 电子商务的盈利模式分析

由于 B2C 经营的范围广泛，内容各有特点，所以在 B2C 网站上建立与网民沟通的社区，开通有效的信息发布与获取的渠道，营造良好的网络环境，对提高 B2C 的盈利能力是非常重要的。B2C 盈利模式如表 2-2-1 所示。

表 2-2-1　B2C 盈利模式

盈利模式	描述	典型网站
本行业产品销售	通过网络平台销售自己生产的产品或加盟厂商的产品	各个行业都有
衍生产品销售	销售与本行业相关的产品	中国吃网出售食品相关报告、就餐完全手册
产品租赁	提供租赁服务	爱租喵开展玩具租赁业务
拍卖	拍卖产品，收取中间费用	汉唐收藏网为收藏者提供拍卖服务
销售平台	接收客户在线订单，收取交易中介费	九州通网、书生之家
特许加盟	运用该模式，一方面可以迅速扩大规模，另一方面可以收取一定的加盟费	OfficeMate、当当网、E 康网等
会员	注册会员，收取会费	各个行业都有
上网服务	为行业内企业提供相关服务，如企业邮局、网站建设等	中国服装网
信息发布	发布供求信息、企业咨询等	中国医药网、中国玩具网等
广告	为业内企业发布广告	各个行业都有
咨询服务	为业内厂商提供咨询服务，收取服务费	中国医药网

(二) C2C 电子商务

C2C 电子商务模式

1. C2C 电子商务的含义

C2C 电子商务模式的产生以 1998 年易趣成立为标志。采用 C2C 电子商务模式的主要有易趣、淘宝、拍拍等公司。C2C 电子商务企业采用的运作模式是通过为买卖双方搭建拍卖平台，按比例收取交易费用，或者提供商务平台给个人在上面开店铺，以会员制的方式收费。B2C 与 C2C 的产业链如图 2-2-3 所示。C2C 电子商务网站的盈利模式如表 2-2-2 所示。

2. C2C 电子商务的分类

(1) C2C 免费开店平台模式。

淘宝网凭借众多注册的淘宝小店已成为中国最大的 B2C+C2C 的购物网站。淘宝网的基本功能如图 2-2-4 所示。

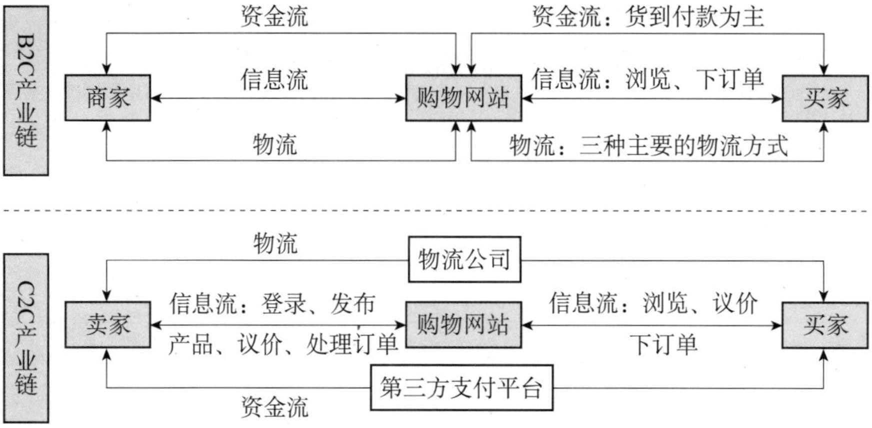

图 2-2-3　B2C 与 C2C 的产业链

表 2-2-2　C2C 电子商务网站的盈利模式

盈利模式	收入的具体形式
店铺费用	年租费/月租费
交易服务费	按交易金额的一定比例提成
商品登录费	产品图片发布费、橱窗展示费
特色服务费	产品的特色展示费用
广告费	推荐位费用、竞价排名
搜索费用	关键字搜索费用
其他辅助服务收费	物流服务费、支付交易费

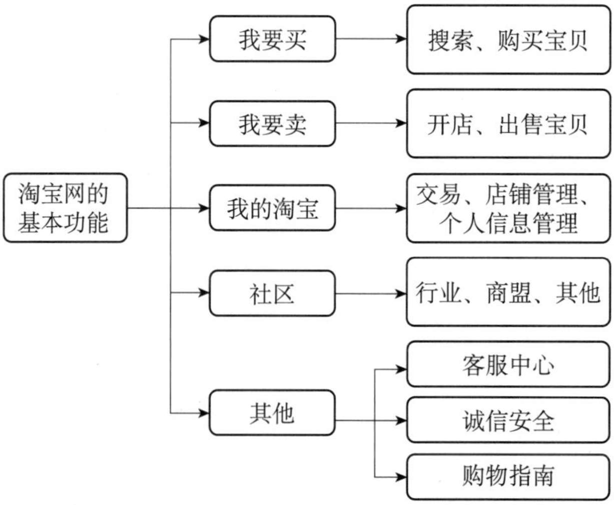

图 2-2-4　淘宝网的基本功能

作为 C2C 平台，淘宝网为网民提供了一个自由的买卖空间。只要合法，任何人都可以在这里买卖任何商品。更多的选择、更丰富的商品、更人性化的服务是网民支持淘宝网的重要原因。自由的交易方式为淘宝网带来了极高的点击率，也带来了难以估量的商机。

安全问题一直是众多消费者质疑网上购物的主要原因。淘宝网的安全支付系统——“支付宝”的流程如图 2－2－5 所示。买家在网站上购买了商品并付款，这笔钱会先汇到支付宝中，当买家收到商品并感到满意时再通过网络授权由支付宝付款给卖家。支付宝从中收取少额费用。淘宝网依靠支付宝将 C2C 的交易风险尽可能降低，因而赢得了买家的青睐。

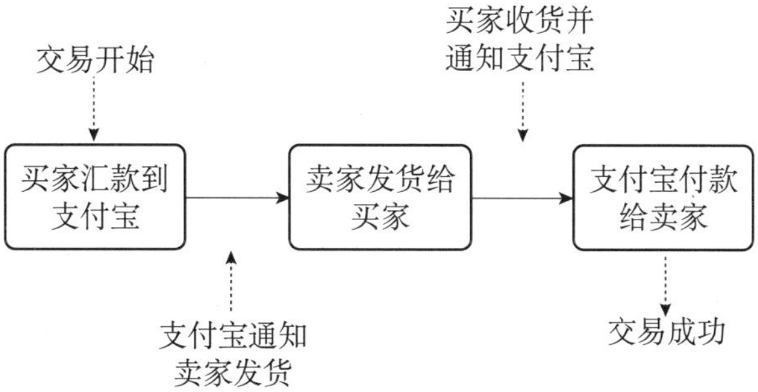

图 2－2－5　支付宝的流程

在中国的 C2C 市场，免费是一个重要的驱动因素。eBay 原本控制着中国近 90％的 C2C 客户群，但是坚持收费使其很快就抵挡不住淘宝网的免费攻势。实际上，中国 C2C 的本土特征应该是“草根性”——平民参与、大众参与，只有便宜才会得到大家的认同。淘宝网的免费策略可以说是 C2C 市场的一剂强心针。利用发展之初的免费期培育客户群，为 C2C 日后的盈利夯实基础，这是一条可行之路。

（2）C2C 网上拍卖模式。

网上拍卖实际上是典型的 C2C 电子商务，买方是消费者，卖方也是消费者，是中国现阶段投机性最大的网上交易。该模式的特点是消费者与消费者讨价还价。网上拍卖的交易过程如下：

1）交易者登录 C2C 网站。

2）卖方发布拍卖商品的信息，确定起拍价和竞价阶梯、截止日期等信息。

3）买方查询商品信息，参与网上竞价。

4）买卖双方成交，买方付款，卖方交货，交易完成。

C2C 的交易流程如图 2－2－6 所示。

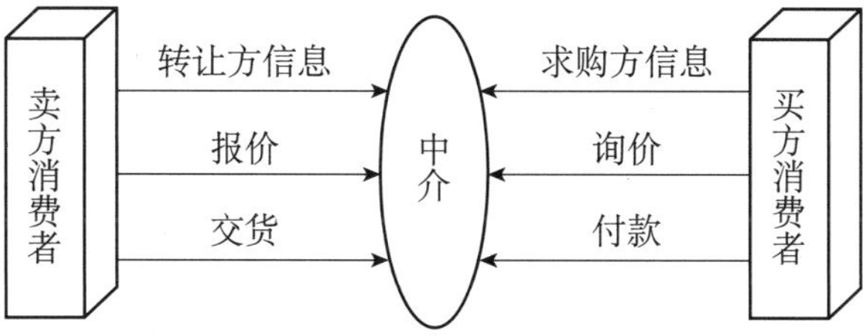

图 2－2－6　C2C 的交易流程

二、新零售

（一）新零售的概念

《阿里研究院新零售研究报告》中将新零售定义为“以消费者体验为中心的数据驱动的泛零售形态”。新零售是从单一零售转向多元零售形态，从“商品+服务”转向“商品+服务+内容+其他”，“内容”是商品在新零售环境中最重要的属性。

新零售是传统线上零售方式及线下零售方式基础上的升级与突破，新零售模式中间各个节点之间也有信息流、物流、资金流等方面的成本，新零售追求的目标是进一步加强制造商、供应商、销售商等之间的协同作用，降低成本。从电商到新零售，是一个从“场-货-人”到“人-货-场”的转变过程，即商家从研发产品去寻找用户的过程，转变成根据用户的需求对应生产符合用户喜好的产品，并为用户提供体验场所的过程。传统的电子商务平台只起到引导商家的作用，不涉及其他业务。新零售平台不只是承担分流的作用，更多承担的任务是提升用户体验（如图 2-2-7 所示）。

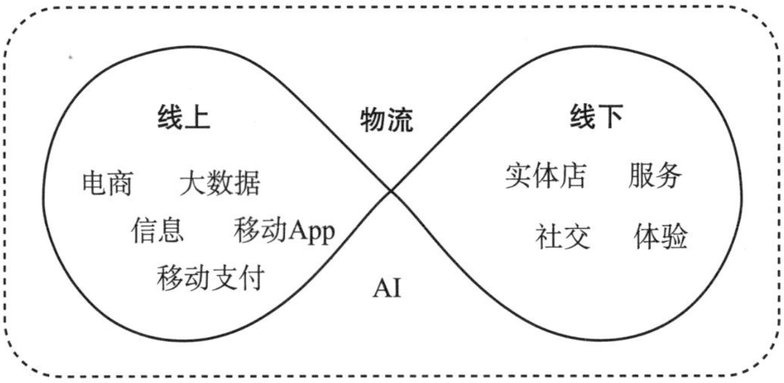

图 2-2-7　新零售示意

新零售进行人、货、场三要素重构，达到满足需求、提升行业效率的目标，从而实现人人零售、无人零售、智慧零售的最终形态。实际上，新零售是以消费者体验为中心，进行“人、货、场”三要素的重构，真正发挥“线上+线下+数据+物流”的系统化优势，以达到满足消费升级的需求、提升行业效率的目标。新零售“人-货-场”示意见图 2-2-8。

新零售的本质是对人、货、场三者关系的重构。人对应消费者画像、数据；货对应供应链组织关系和与品牌关系；场是场景，对应商场表现形式。场是新零售前端表象，人、货是后端的实质变化。

（二）新零售与传统零售的区别

1. 渠道不同

传统零售的渠道比较固定，限于分销商、线下店铺；新零售则强调全渠道的概念。

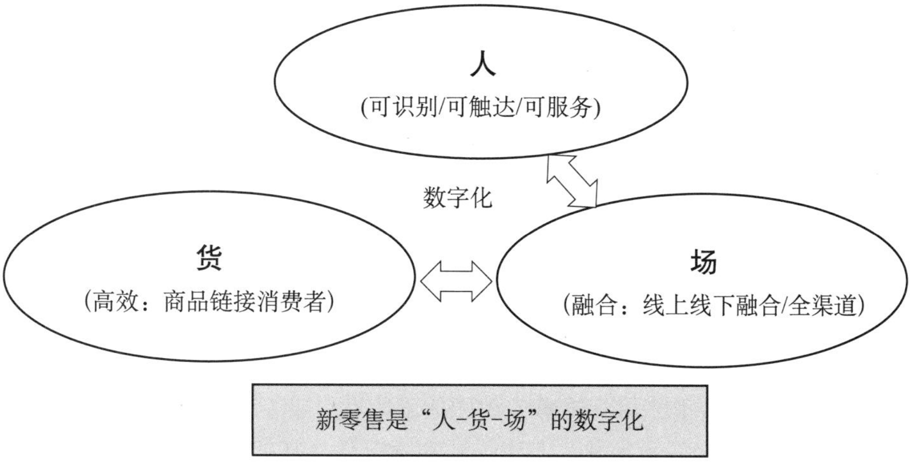

图 2-2-8 新零售“人-货-场”示意

2. 用户体验不同

传统零售的场景是到店、拿货、付款、离店，网店零售的场景是浏览、加入购物车、付款、收包裹。新零售的场景因为时间和空间的变化而变化。新零售用户体验场景如图 2-2-9 所示。

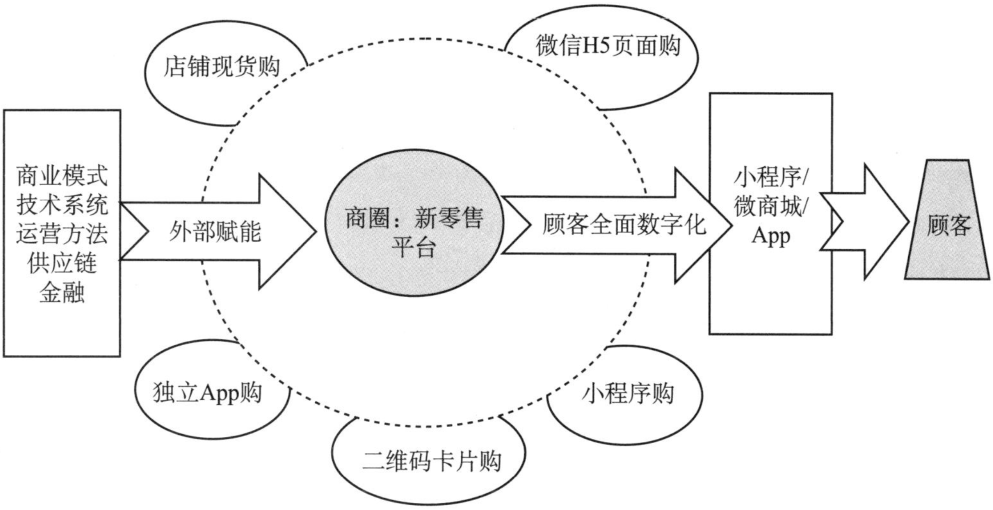

图 2-2-9 新零售用户体验场景

3. 技术基础不同

传统零售集中在 PC 互联网时代；新零售集中在移动互联网时代。

4. 服务角度不同

传统电商，商家向用户展示商品主要通过商品图片、文字甚至视频。新零售不仅要照顾到传统领域用户的需求，还要承担起用户消费升级的任务。

（三）新零售的主要特征

1. 渠道一体化

真正的新零售应是PC网店、移动App、微信商城、直营门店、加盟门店等多种线上线下渠道的全面打通与深度融合，商品、库存、会员、服务等环节皆贯穿为一个整体。零售商不仅要打造多种形态的销售场所，还必须实现多渠道销售场景的深度融合，才能满足消费者的需求。

2. 经营数字化

商业变革的目标是通过数字化把各种行为和场景搬到线上去，然后再实现线上线下融合。零售行业的数字化是依托IT技术实现顾客数字化、商品数字化、营销数字化、交易数字化、管理数字化等经营数字化。其中，顾客数字化是基础和前提。

3. 门店智能化

门店以物联网等新兴技术进行智能化改造，应用智能货架与智能硬件延展店铺时空，构建丰富多样的全新零售场景。门店智能化可以提升顾客互动体验和购物效率，可以增加多维度的零售数据，可以很好地把大数据分析结果应用到实际零售场景中。

4. 物流智能化

（1）新零售要求顾客可以全天候、全渠道、全时段都能买到商品，并能实现到店自提、同城配送、快递配送等，这就需要对接第三方智能配送、物流体系，以此缩短配送周期，实现去库存化。

（2）新零售能够实现库存共享，改变传统门店大量铺陈与囤积商品现状，引导顾客线下体验、线上购买，实现门店去库存化。

（3）新零售从消费需求出发，倒推至商品生产，零售企业按需备货，供应链按需生产，真正实现零售去库存化。

（四）新零售企业搭建

企业以互联网为依托，通过大数据、人工智能等先进技术手段，对商品的生产、流通与销售过程进行升级改造，进而重塑业态结构与生态圈，并对线上服务、线下体验以及现代物流进行深度融合的零售新模式。新零售是“线上+线下+物流”模式，线上是指云平台，线下是指零售门店或制造商、强物流将库存降到最低，减少囤货量，其核心是将以消费者为中心的会员、支付、库存、服务等方面的数据全面打通。企业新零售框架如图2-2-10所示。

（五）案例：盒马鲜生的新零售模式

2016年1月，阿里巴巴的自营生鲜类商超盒马鲜生在上海金桥广场开设了第一家门店，面积达4 500平方米，年坪效高达5万元，是传统超市的3～5倍。盒马鲜生是阿里巴巴对线下超市完全重构的新零售业态，消费者可到店购买，也可以在盒马App下单，实现线上线下为一体的全渠道融通。截至2024年3月，盒马鲜生门店数量已增至360余家，

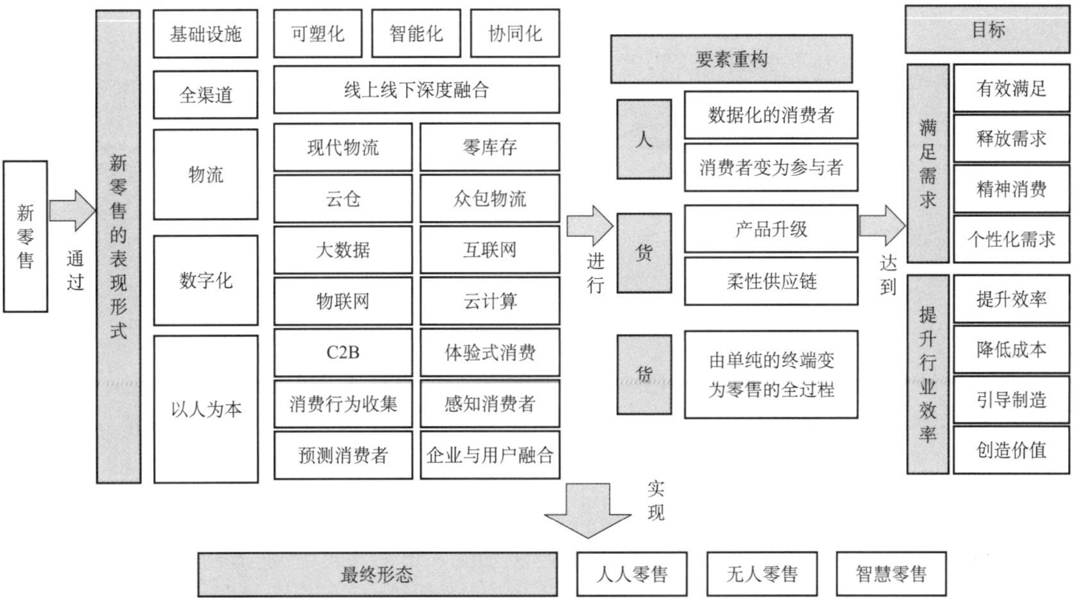

图 2-2-10　企业新零售框架

成功扩张至北京、深圳、广州、成都、杭州、宁波、武汉、西安、南京、重庆、贵阳、青岛、大连等各大城市。

盒马鲜生是一家只做食品这个大品类的全渠道体验店。整个门店完全按全渠道经营的理念来设计，完美实现了线上和线下的全渠道整合。

第三节　B2B 电子商务

一、B2B 电子商务的含义

B2B电子商务模式

B2B 电子商务即企业间的电子商务，是指企业与企业之间通过网络进行产品交易或服务的经营活动。B2B 可以分为面向中间交易市场的水平 B2B 电子商务和面向专业、特定行业的垂直 B2B 电子商务两种模式。B2B 电子商务主要是进行企业间的产品批发业务，因此也称批发电子商务。B2B 电子商务的交易额将在未来电子商务中占据较大比重。

（1）企业内部和外部的电子商务集成化（见图 2-3-1）。企业内部是指参与交易企业内部基于 Web 技术进行的运作，涉及供、产、销、存各个方面；企业外部是指参与交易的企业双方彼此的连接以及企业与为其服务的金融机构之间的联系。只有一体化的供、产、销、存的电子商务网络才可以发挥电子商务的真正优势。

（2）水平 B2B 电子商务。水平 B2B 电子商务的行业范围广，很多行业都可以在同一

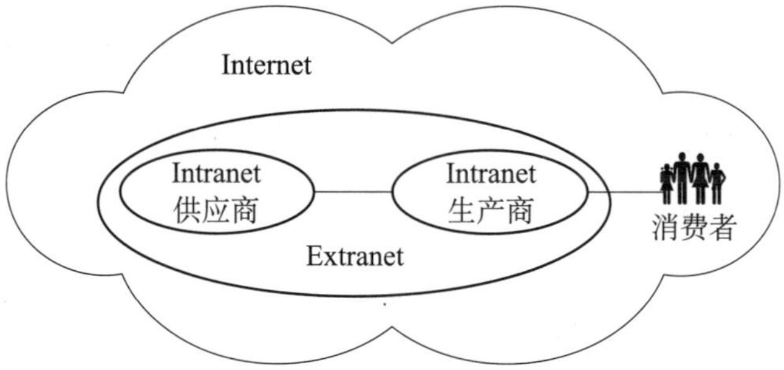

图 2-3-1　企业电子商务集成化

个网站上进行贸易活动。如阿里巴巴、环球资源网等都属于水平 B2B 电子商务。

（3）垂直 B2B 电子商务可以分为两个方向，即上游和下游。生产商或零售商可以与上游的供应商之间形成供货关系，比如戴尔公司与上游的芯片和主板制造商就是通过这种方式进行合作的。垂直 B2B 的供应链如图 2-3-2 所示。供应链被分为三个部分：上游活动，包括供应商的原材料和服务；内部活动，包括生产和包装；下游活动，包括产品分配和将产品销售给分销商和客户。

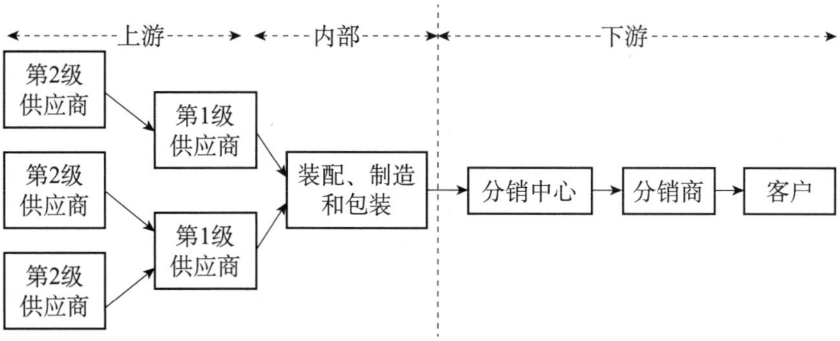

图 2-3-2　垂直 B2B 的供应链

（4）B2B 电子商务交易的优势。

1）距离越远，成本越低。

2）减少了交易的环节。

3）广告费用低。

4）无纸贸易：减少了文件处理费用。

5）最佳库存：使无库存生产和无库存销售成为可能。

二、B2B 电子商务的分类

B2B 电子商务交易模式主要有中介模式和专业服务模式。

（一）中介模式

B2B 中介模式是指通过网络商品交易中心即虚拟网络市场所进行的商品交易。中介机构在网上将商品供应商、采购商和银行紧密地联系起来，为客户提供市场信息、商品交易、仓储配送、货款结算等全方位的服务。多数中介机构通过向客户提供会员资格来收取费用，有的中介机构向销售商收取月租费或单笔交易收费。目前，这种中介模式涉及商业的各个领域。基于中介的网上交易市场运作模式如图 2-3-3 所示，它是指由买方、卖方之外的第三方投资建立一个市场，由中介公司运营，由买方和卖方参与竞价的撮合模式，其交易方式与过程如图 2-3-4 所示。

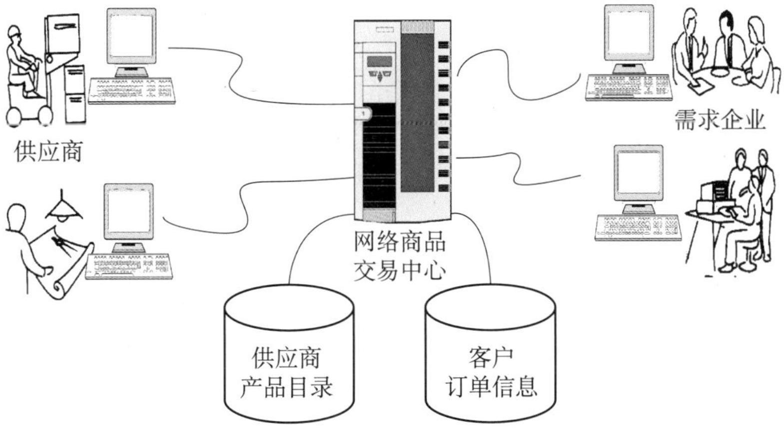

图 2-3-3 基于中介的网上交易市场运作模式

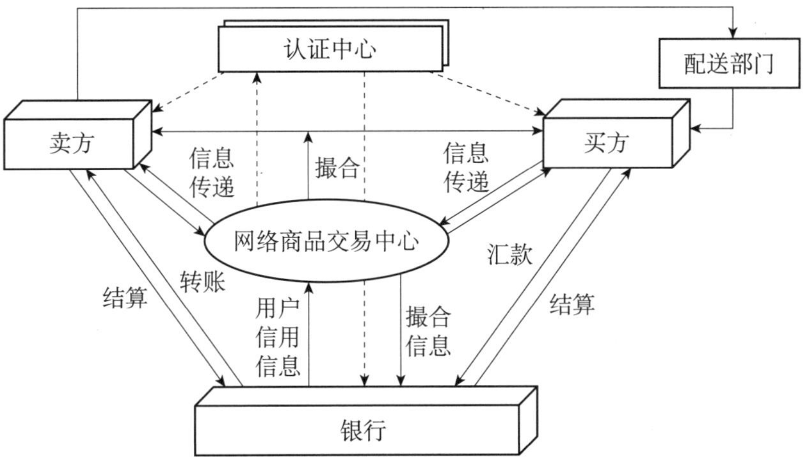

图 2-3-4 商品交易中心的交易方式与过程

参加交易的买卖双方在做好交易前的准备之后，通常都是根据电子商务标准规定开展电子商务交易活动。电子商务标准规定了电子商务交易应遵循的基本程序。中介交易模式的基本流程一般可以分为以下几个步骤：

（1）买卖双方将各自的供应和需求信息通过网络传送至网络商品交易中心，网络商品交易中心通过信息发布向参与者提供大量的、详细的、准确的交易数据和市场信息。

（2）买卖双方根据网络商品交易中心提供的信息，选择自己的贸易伙伴。网络商品交易中心从中撮合，促使买卖双方签订合同。

（3）买方在网络商品交易中心指定的银行办理转账付款手续。

（4）指定银行通知网络商品交易中心买方货款到账。
（5）网络商品交易中心通知卖方将货物送到设在各地的配送部门。
（6）买方验证货物后提货。
（7）网络商品交易中心通知银行买方收到货物。
（8）银行将买方的货款转交给卖方。
（9）卖方将回执送交银行。
（10）银行将回执交给买方。

（二）专业服务模式

B2B 专业服务模式是指只针对某个行业的企业提供企业间贸易的服务模式。其特点是所交易的物品是一种产品链的形式，可提供行业中所有相关产品、互补产品及服务（包括网上信息发布、交流、广告、原材料、半成品、成品）。专业服务模式的专业性强，如果充分挖掘其商业潜力，需要精通专业知识的高级人才，人力方面的投入很大。典型的垂直电子商务市场创办者都有丰富的行业经验，对所从事的行业非常了解，能够准确地把握市场需求情况，并作出正确的反应。如中服网、全球五金网、建材第一网和中国化工网。

这些行业垂直类 B2B 电子商务企业在各自的行业逐渐成为主导行业态势的电子商务平台。垂直电子商务的发展模式逐渐成为电子商务发展的主导模式之一，行业化的、精细化的电子商务平台逐渐成为直接实现行业用户价值的合作伙伴。

三、B2B 电子商务的交易过程

B2B 电子商务通用的交易过程包括交易前的准备、交易谈判和签订合同、办理交易进行前的手续、交易合同的履行和索赔四个阶段。

（一）交易前的准备

交易前的准备主要是指买卖双方和参加交易的各方在签约前的准备活动。

（1）买方根据自己想买的商品准备购货款，制订购货计划，进行货源市场调查和市场分析，反复进行市场查询，了解各个卖方国家的贸易政策，反复修改购货计划和进货计划，确定和审批购货计划，再按计划确定购买商品的种类、数量、规格、价格、购货点和交易方式等，尤其是利用互联网和各种电子商务网站寻找自己满意的商品和商家。

（2）卖方根据自己所销售的商品召开商品新闻发布会，制作宣传广告，全面进行市场调查和市场分析，制定各种销售策略和销售方式，了解各个买方国家的贸易政策，利用互联网和各种电子商务网络发布商品广告，寻找贸易伙伴和交易机会，扩大贸易范围和商品所占的市场份额。其他参加交易的各方如银行金融机构、信用卡公司、海关系统、商检系统、保险公司、税务系统、运输公司等也都为进行电子商务交易做准备。

（二）交易谈判和签订合同

买卖双方针对交易细节进行谈判，将双方磋商的结果以文件的形式确定下来，即以书面文件形式和电子文件形式签订贸易合同。电子商务的特点是可以签订电子商务贸易合同，具体表现为交易双方可以利用现代电子通信设备和通信方法，经过认真谈判和磋商，将双方在交易中的权利和义务，所购买商品的种类、数量、价格、交货地点、交货期、交易方式和运输方式以及违约和索赔等合同条款，全部以电子交易合同的形式作出全面而详细的规定。合同双方可以利用电子数据交换（EDI）进行签约，通过数字签名等方式签名。

（三）办理交易进行前的手续

买卖双方签订合同后到合同履行之前办理各种手续的过程，也是双方贸易前的交易转变过程。交易会涉及有关各方，即可能会涉及中介方、银行金融机构、信用卡公司、保险公司、运输公司、海关、商检、税务系统等。买卖双方要利用 EDI 与有关各方进行各种电子票据和电子单证的交换。

（四）交易合同的履行和索赔

交易合同的履行是指从买卖双方办完所有手续之后开始，卖方要备货、组货，同时进行报关、保险、取证、信用等流程，并将买方所购商品交付给运输公司包装、起运、发货。买卖双方可以通过电子商务服务器跟踪发出的货物，银行和金融机构也按照合同处理双方的收付款、进行结算，出具相应的银行单据等，直到买方收到自己所购买的商品，完成整个交易过程。而索赔是在买卖双方交易过程中出现违约时需要进行违约处理的工作，由受损方向违约方索赔。B2B 电子商务交易模型如图 2－3－5 所示。

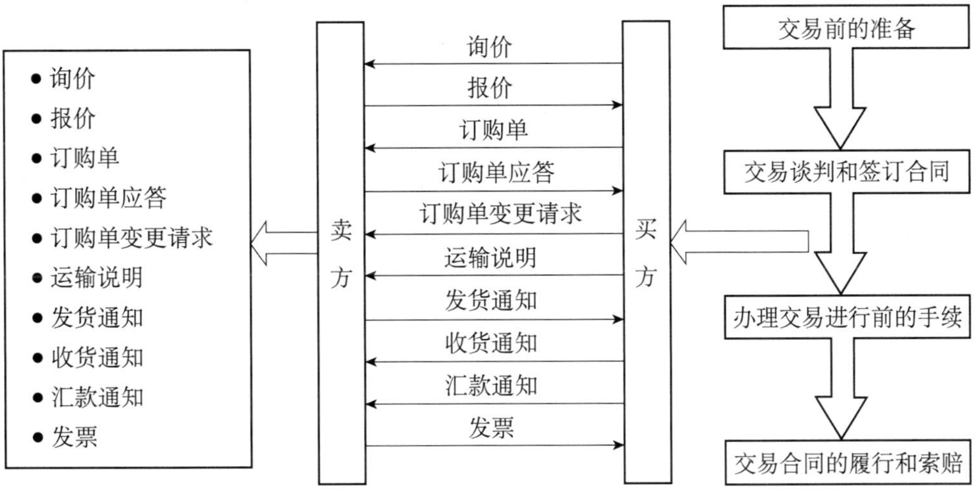

图 2－3－5　B2B 电子商务交易模型

四、B2B电子商务的盈利模式分析

从B2B电子商务的盈利模式来看，主要是会员费收入、交易佣金、出租网上商店、增值收入，以及微不足道的广告费收入，具体如图2-3-6所示。

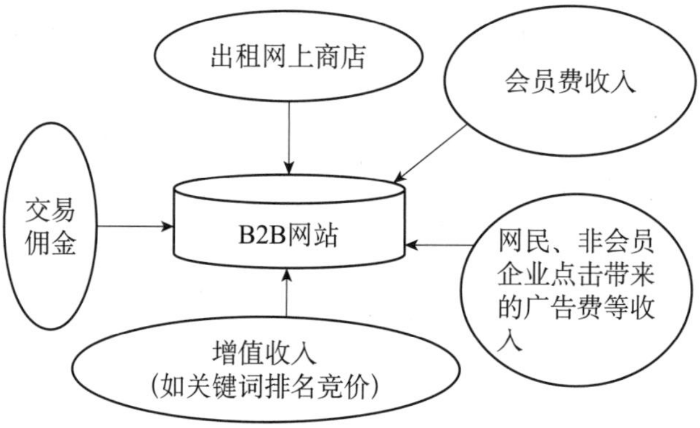

图2-3-6　B2B盈利模式

第四节　兴趣（抖音）电商

一、兴趣电商概述

兴趣电商是一种基于人们对美好生活的向往，满足用户潜在购物兴趣，提升消费者生活品质的电商。由于抖音有良好的内容生态、众多优质创作者、多元化用户和较为成熟的兴趣推荐技术，很多人认为抖音就是一种兴趣电商，其核心是主动帮助用户发现潜在的需求。对于消费者而言，兴趣电商有点像逛街，它能满足消费者潜在的购物需求，帮助消费者发掘新的商品服务，进而提升生活品质；对商家而言，能更精准地找到自己的消费者，更多被激发出的消费需求会带来更大的市场和机会。

（一）兴趣消费的时代来临

随着以“90后”和“00后”为代表的新青年逐渐成为社会消费的新生力量，商品附加的情感价值成为消费的一大动因，兴趣消费成为新生代消费者表现自我的重要形式。以人口比例推算，截至2021年，中国“90后”及“00后”人口数量接近3.2亿人，约占总人口的23%。这些年轻群体在消费理念、消费习惯上都带有个性化特征，追求“自我满足”“乐于尝鲜”的消费特点也为消费市场带来更多变化。数据显示，2022年“抖音618好物节”中，“00后”购买量增幅高于其他各年龄段。

“兴趣”构筑起圈层文化，催生圈层经济蓬勃发展。新青年群体对于同好社群的归属感是圈层消费形成和发展的重要原因。不同圈层有着自身独特的消费产品，不同圈层之间重叠的消费领域又会促进新圈层的出现。不同圈层群体的消费特征如表 2－4－1 所示。对品牌而言，如何实现品牌在兴趣圈层的“入圈与破圈”，是推动品牌在兴趣消费中业务增长的关键所在。

表 2－4－1 不同圈层群体的消费特征

消费特征	注重产品配置 喜爱极简生活	追求个性展示 敢于释放自我	崇尚传统文化 喜爱复古元素	热衷艺术消费 追寻诗与远方	追逐潮流浪尖 不潮不花钱	爱“子”如命 为“主”氪金
消费场景/消费产品	● 3C 数码 ● 硬装家电 ● 简约家居品 ● 解压舒缓品 ● 新能源汽车 ……	● 潮玩积木 ● 漫展/潮展 ● 虚拟偶像打赏 ……	● 汉服/旗袍 ● 非遗手工 ● 考古盲盒 ● 传统美食 ● 国货美妆 ……	● 话剧/歌剧/音乐会 ● 读书会/艺术展 ● 创意文具/饰品 ● 采风/摄影 ……	● 时尚潮服/配饰 ● 美妆美甲 ● 时尚杂志 ● 潮展/走秀 ……	● 宠物食品 ● 宠物玩具/饰品 ● 宠物护理/美容 ● 动物 IP 周边 ……
用户圈层	科技极客	二次元	国潮	文青	时尚潮人	爱宠人士

（二）兴趣消费的特点

1. 追求情感价值，个性化消费

兴趣消费是在社会经济水平不断发展和物质不断丰富的环境下产生的新消费概念，可以被赋予到所有引起人们情感共鸣的消费品上，拥有迭代速度快、附加价值高、文化性强等特点。在消费行为中，人们也会更偏向于能够提升自身的幸福感的产品和服务。能愉悦身心、满足个性化的产品，将更能赢得消费者的共鸣，满足他们的情感诉求。

2. 覆盖范围广泛，与生活消费紧密结合

调研数据显示，新式茶饮/餐饮和潮流服饰是新青年兴趣消费的主要类型，占比均超过 70%；国货美妆、香薰等，也是兴趣消费的重要领域。与生活家居、电子产品、衣服鞋饰、美妆个护等生活消费品类相结合的兴趣消费拥有较强的发展潜力，兴趣消费类产品正持续渗透到消费者的生活中，已形成新的产业风向。

3. 从“种草”强延续到产生消费

数据显示，电商平台、品牌官网和社交媒体等公域流量渠道、私域流量渠道和线下门店均是消费者接触商品的重要渠道。小程序商城、电商直播和线下门店都是新青年兴趣消费的主要途径。目前新青年群体从“种草”到消费的渠道有较强的延续性，以用户全生命周期管理为主的私域流量渠道有助于培养用户黏性，帮助品牌更好地捕捉用户兴趣。

4. 兴趣加速直播电商“种草”转化

直播电商作为一种具有强交互性、氛围感以及陪伴感的消费渠道，深受消费者青睐。数据显示，截至 2023 年 6 月，我国电商直播用户规模达到了 5.26 亿人，电商直播用户占整体网民规模的 48.8%。“兴趣+直播+电商”的组合，也将是未来兴趣消费的趋势之一，消费者能够在直播间营造的兴趣氛围里与主播进行交互，产生陪伴感，从而进一步产生购买欲望。

（三）兴趣消费产品特征

1. “好看”的产品销量增长，产品“颜值”映射精神追求

很多消费者认为产品“颜值”对消费影响较大。相关统计显示，94%的消费者认为产品“颜值”会对消费产生重要影响，高颜值产品的销量增长数据往往更可观。高颜值的产品可以让使用者心情愉悦，所以产品外观及包装的设计、创意是新青年进行兴趣消费决策时的重点关注因素，在这个设计“内卷”的时代，品牌方要更用心地研究消费者的审美需求，让“好看”成为兴趣消费产品的必要元素。

2. “好玩”的产品有更高的青睐度

消费者更倾向于购买设计款/IP 联名款生活日用品。究其原因，IP 联名款产品独特的设计、好玩有趣的风格对新青年独具吸引力，而品牌发展 IP 策略的关键在于识别和挖掘 IP 的价值和影响力，并将其设计打造成为“好玩”的产品。另外，产品的创意性、趣味性同样值得消费品牌深耕，“好玩”的产品才能吸引新青年的目光。

3. “好用”的产品更契合新青年的兴趣消费需求

新青年消费者对生活必需品较为关注实用性和质量；对非生活必需品，除了最关注的质量因素外，产品的时新性、品牌调性、设计等兴趣因素也是他们关注的重点。随着“兴趣元素”不断渗透到各种产品，产品附加的情感价值对于产品的性价比会有一定的影响，但高品质、实用性强的“好用”的产品才能抗住市场经济的考验。

二、抖音电商——全域兴趣电商

（一）抖音电商简介

抖音电商是一个集短视频、直播等多种内容形式于一体的购物平台，它致力于为用户提供个性化、生动和高效的在线购物体验。

1. 抖音电商的优势

（1）抖音电商有巨大的用户基础。抖音拥有超过 6 亿的日活跃用户，为商家提供了庞大的潜在客户群体。

（2）抖音电商有丰富的内容生态。抖音平台上有数百万的电商创作者，月均内容互动超过千亿次，这些丰富的内容帮助商家与消费者有效沟通，促进产品销售。

（3）抖音电商有强大的营销能力。抖音以其领先的营销能力，帮助商家引领消费趋势，打造新品爆款，塑造品牌形象，实现品牌效应与销售效果的合一。

（4）抖音电商有多元化的购物场景。抖音电商通过短视频、直播、搜索、商城、店铺等多元化的购物场景，实现了高效的用户转化和较高的复购率。

（5）抖音电商有优质的合作伙伴。抖音电商积极引入优质的合作伙伴，为商家提供多样化的变现选择，增强了平台的竞争力和吸引力。

（6）抖音电商有多样化的业务形态。抖音电商的业务形态包括短视频内容创作、直播带货、广告体系以及周边业务等多个方面，形成了一个完整的电商生态系统。

综上所述，抖音电商依托于强大的用户基础、繁荣的内容生态、领先的营销能力和全面的购物场景，为商家和消费者提供了一个高效、互动性强的电子商务平台。随着技术的发展和市场的不断扩大，抖音电商有望继续保持其快速增长的势头，成为电商领域的重要力量。

2. 抖音电商发展过程中的几个重要阶段

（1）2020 年，抖音推出了首个平台级的电商大促活动“抖音奇妙好物节”，并推出了多个支持中小企业的扶持计划。

（2）2021 年，抖音电商开始重点发展“兴趣电商”，满足用户对美好生活的购物需求。

（3）2022 年，抖音电商升级为“全域兴趣电商”，覆盖用户全场景、全链路的购物需求。

（4）2023 年，抖音电商的 GMV（商品交易总额）同比增长超过 80%，其中商城 GMV 同比增长 277%，电商搜索 GMV 同比增长 159%。

（5）到了 2024 年，抖音电商开始强调“价格力”，将低价商品作为其核心战略之一。这一策略不仅限于商城和短视频，还包括直播间，目标是实现全年超过 3 万亿元的总成交额。而抖音电商 2023 年的总成交额为 2.2 万亿元，这意味着抖音电商需要实现超过 36% 的增长，远高于整个电商市场的增速。

总的来说，抖音电商已经成为一个重要的电子商务平台，通过结合内容创作和电商销售，为用户提供独特的购物体验，并为商家提供了新的增长机会。

3. 抖音电商的特征

作为全域兴趣电商，抖音电商具有如下特征：

（1）内容激发消费兴趣。

1）带货视频依靠优质内容，“种草”实力持续增长。全域兴趣电商模式（如图 2-4-1 所示）下，具备内容优势的带货短视频能够激发用户兴趣，达到深度“种草”的目的。升级为“全域兴趣电商”后，抖音电商以平台作为庞大的兴趣聚集地，通过标签数据评估，挖掘出 103 个兴趣族群，将品牌方优质的创意内容通过个性化兴趣匹配链接对应族群用户，用户兴趣被内容激发，吸引用户停留、互动、购买转化，同时通过兴趣的延伸、破圈，使用户进入更多的内容场景，激发更多潜在的消费需求。

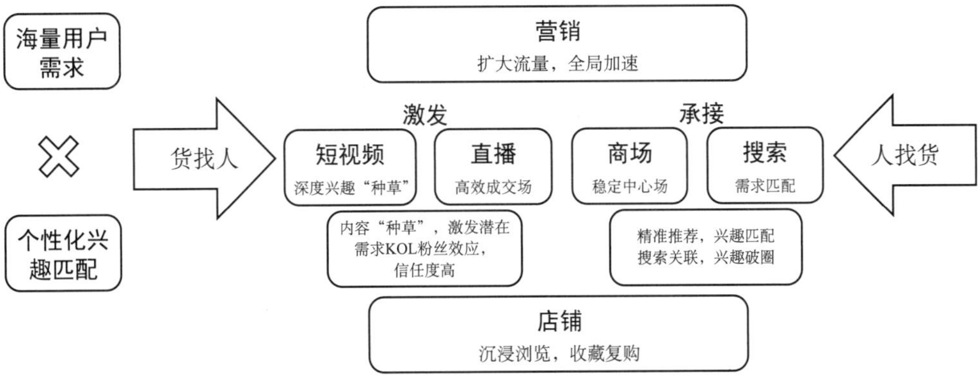

图 2-4-1　全域兴趣电商模式

2）链接多兴趣圈层，打造商家增长新路径。抖音全域兴趣电商通过兴趣圈层的内容匹配激发兴趣消费，在全域经营体系中，中心场、营销场和内容场协同，全场景、全链路支持品牌拓宽兴趣圈层和经营阵地，以丰富的经营工具和服务经验，满足不同的兴趣消费场景中的多元需求。

（2）抖音深耕直播电商。

抖音实现直播场次爆发性增长，团购等类型直播成为互动利器。值得关注的是，越来越多的品牌入场直播带货，场次增长 1 006%。随着本地生活服务需求量增大，团购模式也迎来井喷式发展。直播总场次增加 76%，关联团购场次增加 867%，有销量带货直播场次增加 95%，有声直播场次增加 69%；连麦直播场次 13%，直播销售额同比增长 75%。

（3）抖音更多私域品牌沉淀私域经济。

抖音利用多元场域加速私域建设，“人店一体”有效沉淀品牌流量。相对于公域流量和商域流量来说，私域流量的所有权属于品牌自己，方便品牌随时与消费者展开联系，快速促活、召回沉默的目标用户。抖音也重点强化了“人店一体”建设，帮助更多品牌沉淀私域经济，探索更多流量变现的可能性。

抖音私域电商经营链路如图 2－4－2 所示。直播依旧是品牌增粉主要渠道，品牌粉丝为直播间带来流量，品牌也通过直播反哺品牌涨粉。除了传统通过粉丝团截图抽奖、直播贴片等话术引导外，抖音还迭代了粉丝专项券、福袋等工具，帮助品牌涨粉促活。

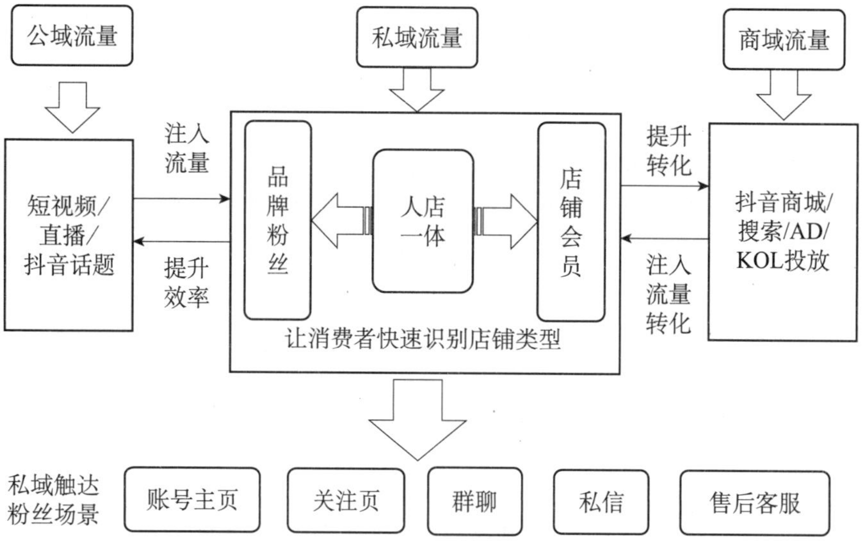

图 2－4－2　抖音私域电商经营链路

抖音店铺经营有助于品牌私域积累大量粉丝与会员，实现长效生意增长。从 2022 年销售额前 30 名的品牌来看，超过 7 成的头部品牌已经开始布局店铺会员精细化运营。除此之外，抖音还在 12 月上线了“周四会员日”的固定会员营销活动，帮助品牌更好地找回消费者，培养用户主动回访的习惯。

搜索和商城两大场景补全“人找货”消费路径，中心场成为品牌营销新阵地。中心场具有两大场景核心策略：1）搜索场景：通过视频/评论区的搜索触点或商城热搜词的布局优化，提升品牌自然流量曝光。2）商城场景：定制商城专属货盘，并通过优化商品卡等动作提升点击，提升转化效率。

2022 年度，抖音商城、搜索、橱窗等自然渠道产生的销售额增幅为 528%，远超短视频和直播渠道的增速，成为品牌商家获得增量的新渠道。其中，服饰内衣、家居用品等成熟类目通过自然渠道再创销售新高；图书音像、3C 数码家电等品类则通过泛商城的布局收获销售基本盘。在货架场景中，用户的主动搜索行为意味着较为明确的购买意图，因此准确有效的品牌词和商品词可以帮助品牌提升曝光和转化效率。商家可以根据用户热搜词进行商品标题、内容标题等信息优化，以及内容和货品的供给，以获得更多自然流量，提高爆款的持续产出能力。

优化商品卡承接搜索流量，卖点突出的主图和标题能有效吸引用户点击。商品卡是指通过非直播、非短视频而直接访问商品所产生订单或流量的载体形式，在货架选购场景下，一张吸睛的商品主图、一句能有效传递商品卖点或促销信息的商品文案，都有可能吸引用户点击，从而提升商品转化率。

（4）国际一线品牌纷纷入驻抖音，开启全域兴趣电商营销新模式。

随着抖音电商生态进一步蓬勃发展，2022 年很多国际一线品牌纷纷入驻抖音电商，推动抖音美妆品牌调性升级。以“雅诗兰黛”集团为例，旗下不少知名品牌在 2022 年均在抖音开启自播，布局自营生态，开启了全域兴趣电商营销新模式。

（二）抖音平台规则介绍

1. 抖音算法

这是平台判定客户类型的一种机制，抖音平台会根据用户的使用性质将用户分为优质用户、沉默用户、流失用户、可挽回用户等。算法的好处是：对于生产者来讲，平台会根据视频类型采取推荐机制，平台会为优质用户分配更多流量及权限。对于消费者来讲，平台会给目标用户推荐其感兴趣的视频，从而吸引用户观看。

2. 审核

视频的内容、标题都会被平台作为审核的标准，一旦被判定为违规就会导致视频被打回、限流（仅自己可见）。

3. 智能分发

平台会给予新用户初始推荐流量，并优先发给新用户附近的人，之后根据用户标签和内容标签进行智能分发。

4. 叠加推荐

（1）播放量（完播量）＞点赞量＞评论量＞转发量。第一次根据不同权重分发 200～500 流量，此时如果有 10%的点赞和几条评论及 60%的完播量，会被评为受欢迎视频，然后平台会推送第二次流量：1 000～5 000；以此类推，视频反映效果好的话，第三次就是上万或几十万的流量。

（2）抖音“挖坟”机制：某账号之前的视频反响不好，但后面有一个视频点赞量高，平台会判定受用户喜欢，就会推荐扶持该账号从而吸引更多用户去主页观看其他视频；反之，有视频反响一直很好，但是视频一旦有违规，就会限流或直接封号。

5. 流量池

流量池可根据账号的数据反馈分为低级流量池、中级流量池、高级流量池。不同流量池享受的曝光量不同。注意：如持续一周发布视频播放量在 100 以下被视为废号或低级号，一个月持续没有超过 300 的播放量会被视为僵尸号。

6. 违禁词

视频中若含有硬广告、LOGO、水印、烟酒、文身、诋毁侮辱他人言语、着装暴露、内容低俗不雅、色情、抄袭、冒充官方抖音工作人员、黄赌毒、血腥暴力等，会导致账号被处罚：限流屏蔽热门、删除视频并封号数日。禁止使用模拟器频繁登录账号、频繁切号、同 IP 挂多账号。

7. 账号优化

（1）前期以养号为主，目的是提高权重。养号方法：每天刷视频（同账号标签视频要看完+点赞+评论+转发）、直播至少观看半小时以上。养号时长：3～7 天，3 天左右绑定个人信息并完善。

（2）后期账号视频每日更新，保持活跃度。

8. 内容优化

内容优化主要包括以下方面：

（1）垂直优化：避免发布与账号标签不相关的视频，否则会导致账号流量少或不精准。

（2）原创：不要照搬照抄。

（3）蹭热点话题和热点音乐。

（4）竖屏拍摄，拍摄内容高清。

（5）参与挑战。

9. 发布优化

（1）发布时间优化：12:00—14:00、18:00—23:00 发布最佳。

（2）充分利用定位机制：定位到人群密集的地点发布。

（3）积极引导点赞、评论、转发、分享。

（4）视频文案描述：参与热门话题、@抖音小助手。

（5）优化封面以吸引用户眼球。

第五节　直播电商

一、直播电商概述

一部智能手机加一根自拍杆即可搭建起一个简易的直播场景，直播电商就这么简单。

我国的直播电商发展可分为快速成长期、商业变现期和商业爆发期三个阶段。

直播电商行业起步于 2016 年淘宝直播正式上线；2017—2018 年是直播电商的拓展期，快手、抖音等短视频平台陆续上线直播带货模式；2019—2020 年是消费者关注度不断提升期，直播电商成为所有电商和社交平台的标配；2021 年开始进入全民直播时代，依托于各类直播平台以及购物平台的直播电商行业得到迅速发展。

数据显示，到 2024 年一季度，中国直播电商行业持续发展，展现出显著的增长趋势。直播电商已经成为电商行业的新业态，其发展速度之快和影响力之广令人瞩目。这种模式通过实时互动和主播与观众的沟通交流，能够更好地满足消费者的需求和体验。同时，通过去中心化的消费模式，让更多中小国货品牌被看见、被发现、被体验、穿戴上身，助力中国原创设计普及、中高端供应链国产化。据艾瑞咨询研究院测算，2023 年中国直播电商市场规模达到 4.9 万亿元，同比增速为 35.2%，直播电商的渗透率高，用户基数极为庞大。在竞争格局方面，抖音、快手、淘宝直播形成了三足鼎立的竞争局面。抖音电商的销售体量和用户黏性优势显著，快手和淘宝直播也占据重要市场份额。此外，京东和微信等平台也在积极布局直播电商，试图改变现有的竞争格局。

直播电商缩短供应链环节。行业迅速从单纯的流量红利挖掘过渡到对整个生态的红利挖掘，尤其是通过精细化运营与供应链渗透实现新的增量。直播电商跳过中间商，直连工厂与消费者。环节的减少可以帮助品牌发掘并覆盖潜在消费群体。同时直播结果可以迅速反馈到生产端，提高供应链定制能力。直播倒逼供应链提高了响应速度，提高了上新频次与数量。同时，仓配一体化需求增加。直播电商的出货特征是集中爆发的碎片化订单，为高效的仓配一体化模式提供了适用场景。

直播电商是利用粉丝经济获取流量、博取关注度，借助精准的营销策略实现了巨大的商业价值，形成了实实在在的销量。直播电商以其即时的互动性、强大的社交性、广泛的关注度、强大的粉丝效应，成为电商行业最好的营销模式。

电商直播的优势：比起线上平台的平面图片，直播更加直观，更加真实，互动性也更强。直播可以让消费者更直观地看到商品的方方面面，主播现场的语言和情绪、观众现场的即时反馈可以使商品更加真实地呈现给用户。

2022 年“双十一”大促期间，直播电商平台成最大亮点，直播电商累计销售额达 1 814 亿元，同比增速超过 100%。用户可从快手直接跳转京东、天猫购物平台购买心仪的产品；小红书与天猫深度合作，打通“种草一搜索一转化”的营销闭环；B 站带货直播间可以添加淘宝、京东、会员购等商品，用户在 B 站带货直播间可直接购买第三方产品。

现在所有的平台都在大力发展直播板块，像头条、百家、腾讯等短视频平台，抖音、快手、微视等小视频平台，都在实施多元化发展战略，纷纷开通了直播业务。

二、直播电商运营

（一）直播电商“人”“货”“场”概念

直播电商运营主要依靠“人”“货”“场”三者的运作。

“人”大多数情况下为主播，以主播的形象、口才、性格为考核标准。一个好的主播的基本要求是在外貌上符合大众审美，是大众所能接受的外表，从而能吸引消费者留在直播间，同时主播须具备良好的讲解商品和沟通的能力，增加消费者留在直播间的时长，提升直播间人气及曝光率。

“货”泛指所有在直播间销售的产品。对“货”最基本的要求是保证产品质量，符合国家对商品的相关规定，在此基础再做到物美价廉，突出与竞品的优势。

“场”为直播间的场景。美观并结合主播特点，同时突出产品优势的直播间，往往能够促使消费者延长停留在直播间的时间。一旦消费者停留在直播间的时间增加，就意味着购买的可能性增加。

“人”“货”“场”三者相辅相成，缺一不可。

（二）直播电商的特性

直播电商主要有以下两大特性：一是真实性。与以往的依赖图文介绍商品详情的方式相比，消费者在直播间能实时观察商品，减少了图文介绍的失真感，避免了实物与照片的差距。二是互动性。在直播的过程中，弹幕架起了用户与主播、用户与用户之间沟通的桥梁，用户与用户之间、用户与主播之间通过弹幕实时互动，减少了主播准备“答案”的时间。

（三）直播电商运营模式

1. 以售卖为主的带货模式

以售卖为主的带货模式的最大的特点是强调“人”在直播间的作用，这个“人”就是主播，也称 KOL，意为“关键意见领袖”，是营销学概念中拥有准确、详细的产品信息，且为相关群体所接受或信任，并对促进该群体的购买有较大影响力的人。发挥“人”的作用就是依靠主播发布商品信息，包括商品优势、痛点、价格等，在此基础上再通过话术如与竞品进行比较等方法，让消费者认识到商品的优势，然后通过红包、优惠券等促销方式，进一步促使消费者购买。

这种模式的特点是依靠主播获利，通过商品佣金（CPS 分成），以实际销售额来计算分成佣金。以头部主播为例，头部主播的 CPS 分成一般在 20%左右，如果售卖的产品实际销售额为 100 万元人民币，该主播将能获得 20 万元人民币的佣金。

2. 以场景为主的推广模式

此类直播电商运营模式不追求商品销售额，而是把重点放在品牌推广上，借助直播间的场景，搭建符合品牌调性的直播间，从而加深消费者对品牌的认知力和认可感。以佰草集为例，其品牌理念为传承并革新中国特色本草护肤，其特点是运用中国特色本草为原材料，目标客户为“国货+本草”的特定人群。在直播时，佰草集不同于其他直播间的现代风，而是将场景打造成古风，从而更加贴合产品传承中国特色本草护肤理念。这不仅有助于与其他直播间相区别，达到差异化的同时增加消费者停留在直播间的时间，提升直播间的曝光率，而且有助于加深消费者对品牌的感知度。这种模式常用于品牌推广，提升品牌影响力，对于销售额的提升远远不如以售卖为主的带货模式。

（四）常见的直播盈利模式

1. 打赏模式

观众付费充值买礼物送给主播，平台将礼物转化成虚拟币，主播对虚拟币提现，由平台抽成。如果主播隶属于某个工会，则由工会和直播平台统一结算，主播获取的是工资和部分抽成。这是最常见的直播类产品的盈利模式。

2. 广告模式

直播平台负责在 App 中（包括 Banner、直播广告图等）、直播间中或直播礼物中植入广告，按展示点击或购买情况与广告主结算费用。

3. 导购模式

一般电商类直播产品/竞拍类产品采用该盈利模式。主播红人有自己的店铺（淘宝店、微店等），或者有店铺需要主播进行营销推广，主播在直播时，推荐店铺商品，用户直接一键购买或者加入购物车，同时有优惠或参与竞拍，最终主播与直播平台按照既定比例分成。

三、直播电商的商业价值

直播电商行业的售卖逻辑实际上是“货找人”，相较于传统的“人找货”的售卖逻辑，“货找人”以红人为载体，以内容为介质，即商家提供的商品通过红人生产的内容触达用户，从而形成购买力。比起传统电商以单品、品类为主的呈现方式，内容电商则是基于人的需求，以人为核心，通过人格化的认同和信任促成商品销售。直播电商行业的主要环节如图 2－5－1 所示，内容型直播产业链路和价值简谱如图 2－5－2 所示。

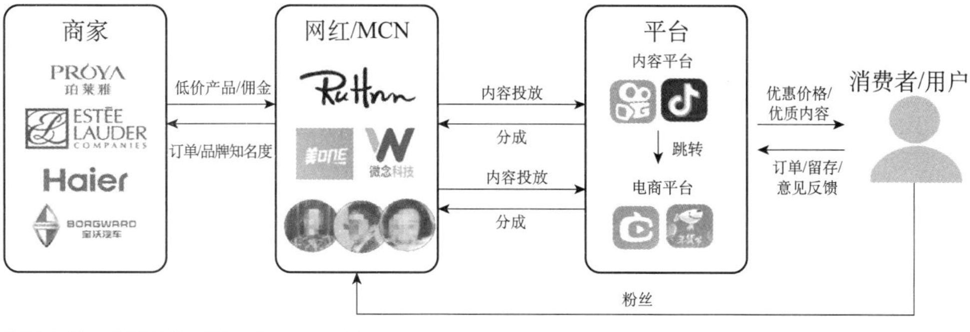

资料来源：艾媒咨询（iiMedia Research）.

图 2－5－1　直播电商行业的主要环节

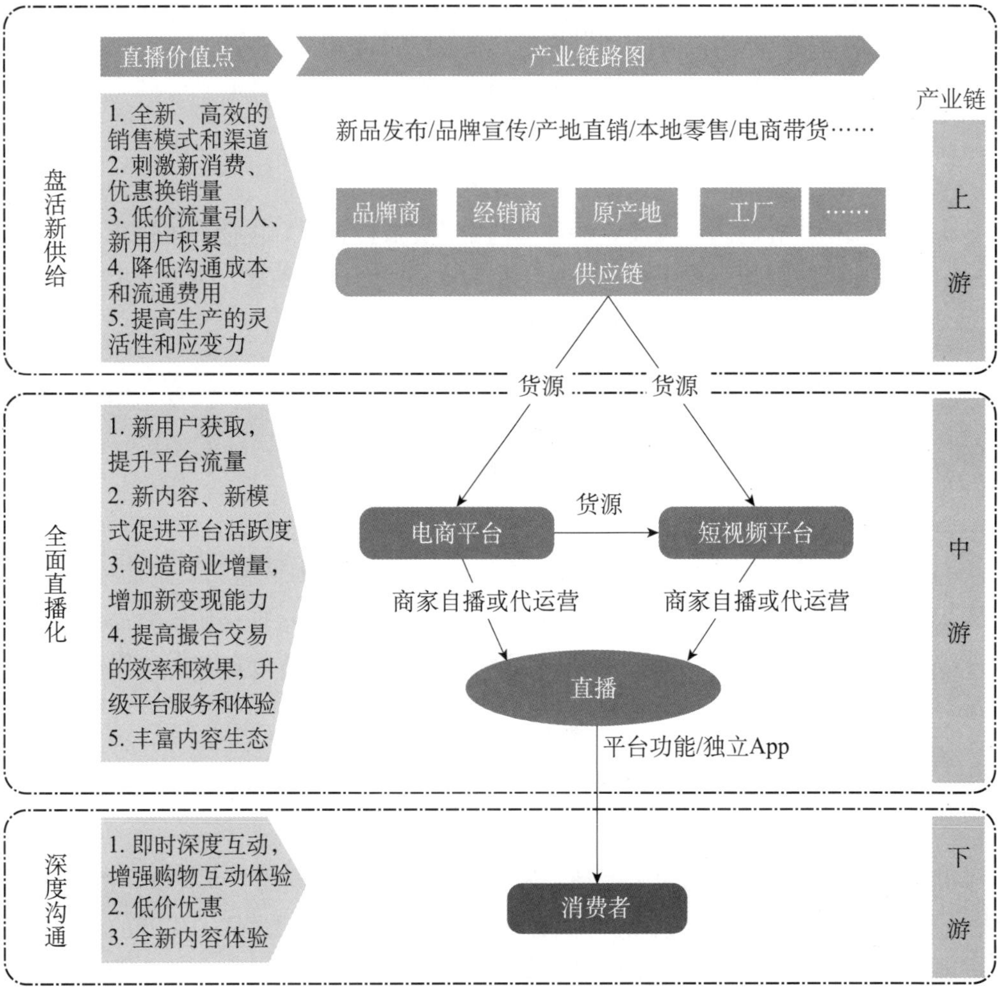

资料来源：巨量算数．2020 年 6 月抖音直播消费报告[EB/OL]．(2020-07-10)[2024-02-25]．https://trendinsight.oceanengine.com/arithmetic-report/detail/161.

图 2－5－2　内容型直播产业链路和价值简谱

（一）企业价值

1. 带来强大的流量

流量对于电商平台的重要性是不言而喻的，而直播可以利用网红的颜值经济迅速聚集粉丝群体，成为新的流量入口。

2. 降低成本

为了改善购物体验，各大电商平台陆续对各种网购问题推出解决方案：设置网上导购达人、在线 3D 试衣间、VR（增强现实）设备……这些方案都面临一定的人力成本和技术成本，效果还不一定好。而利用直播网红则相当于颠覆原来一对一的导购角色，实现一对多地为用户详细地讲解产品、解答各种问题，对比其投入和效果，直播电商能较好地降低成本。

3. 刺激消费

一种是在信息多样化、真实性、信任感增强的情况下，用户没有了顾虑，从而降低了决策成本；另一种是网红作为“意见领袖”能够使用户改变心意，在某种环境和氛围下刺激用户短暂改变，可能是因为网红的颜值，可能是某句话打动了用户，所以网红的能力非常重要。

（二）用户价值

1. 解决信息不对称的问题

直播相较于图文描述的显著优势在于直播包含更多的信息，而用户消费决策难的主要因素之一就是商品信息不完整，用户无法直观地了解产品的好处，直播正好能够较好地解决信息不对称的问题，帮助用户做出决策。

2. 增加内容真实性，构建信任基础

对于用户而言，诸如“这件衣服到底好不好看?”“这款化妆品真的像评论区里说得那么好吗?”“这款海淘产品是正品吗? 过期了没? 真的比线下买便宜吗?”之类的问题都让用户不敢购买，而直播恰好能够真实地还原产品属性，增加内容的真实性，从而构建用户与产品之间、用户与品牌之间的信任基础。

人们都说直播内容比较粗糙，过程也不可控，与电视导购相比有太多的不完美，但正是这些不完美让用户在整个过程中感受到真实，而真实也正是用户想要的。

3. 即时互动，还原真实购物场景

直播是需要即时互动的，主播和用户可以通过弹幕互相交流，除了内容属性外还具备社交属性，这能够很好地提高用户的参与感。同时，直播具备社群属性，集中了相同兴趣或需求的用户一起购物，能够创造一种陪逛街或团购的氛围，而这是传统电商平台和传统电视导购都无法做到的，一定程度上还原了线下真实的购物场景：有人陪你逛，有人为你导购解惑。直播营销的氛围对销售商品有利，场景之下的灯光、背景音乐等都会影响氛围，而氛围在很大程度上又会影响用户的决策。

四、直播电商的不足

直播电商本质上是一种营销方式，因此既不能纯娱乐化，也不能商业味过浓。在直播过程中，电商直播平台要促成用户对商品的了解、兴趣，同时要规范商家遵循公平买卖原则，最后促成交易。目前，直播电商发展中还存在以下问题：

（1）直播时间过长（29.20%）、内容同质性高（24.82%）、夸大宣传（21.90%）和产品丰富性欠缺（16.06%）等。

（2）品牌商在与主播团队的合作过程中存在博弈。与传统电视导购的主持人不同，主播团队的本质是买手团队，他们挑选商品、预估销量、进货、备库存、直播销售、发货，形成一个完整的商业闭环。主播团队推荐商品，但并不完全对品牌扩大影响力负责。主播团队运营的是粉丝，而不是品牌。举个例子，在价格上，头部主播都会在直播过程中强调自己销售的商品是全网最低价，给粉丝最大的“福利”，而这背后是经过多回合谈判确定的低于全网的打折价格。在扣除支付给直播团队的服务费后，品牌方几乎无利可图，因而大部分头部主播直播的品牌依然处于赔本赚吆喝的阶段。

（3）对供应链要求严格。电商直播销售对供应链要求较高，例如：如果品牌服装企业背后的供应链厂商不能进行及时调整，达到电商直播销售下的快速反应，将对电商直播销售带来负面影响。

（4）行业竞争加剧。随着直播市场入局者日益增加，新流量增幅下降，如果电商直播市场竞争进一步加剧，流量会被分散，商家进行直播的效果将难以达到预期。

（5）行业监管日益完善。随着电商直播日益活跃，行业内对于直播内容的监管也在进一步加码，如果主播的行为和直播内容不能满足政策监管的要求，商家的直播销售将难以进行。

（6）直播电商夸大宣传、虚假营销问题突出，具体如图 2－5－3 所示。

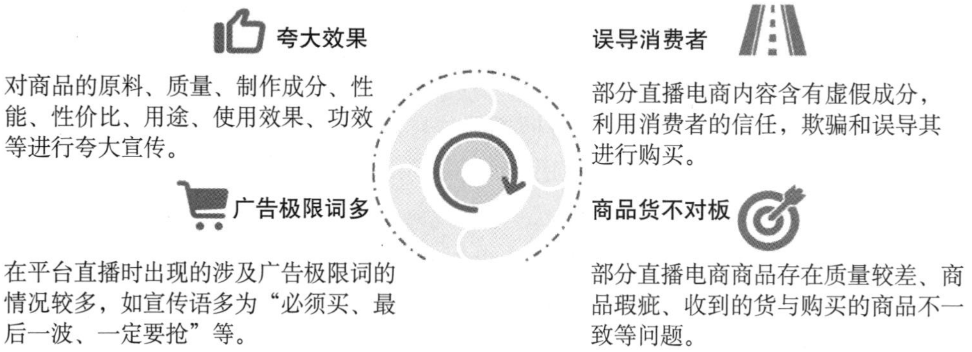

资料来源：艾媒咨询（iiMedia Research）.

图 2－5－3　直播电商夸大宣传、虚假营销问题突出

五、直播电商行业规范与立法工作

2020 年 6 月 24 日，中国广告协会发布《网络直播营销行为规范》，对直播电商中的各类角色、行为都做了全面的定义和规范，规定了商家、主播、平台以及其他参与者等各方在直播电商活动中的权利、义务与责任。其中内容包括：网络直播营销主体不得利用刷单、炒信等流量造假方式虚构或篡改交易数据和用户评价；不得进行虚假或者引人误解的商业宣传，欺骗、误导消费者。

在网络直播营销中发布商业广告的，应当严格遵守《中华人民共和国广告法》的各项规定。中国消费者协会发布的《直播电商购物消费者满意度在线调查报告》指出，近 40％的受访消费者称在直播购物中遇到过消费问题。调查显示，近九成受访者有直播购物经历。受访者在参与直播购物时最关心商品质量和商品价格，其次是商品品牌、商品销量和主播人气。最担心的则是商品的质量问题，以及售后没有保证、虚假宣传和人气数据造假等问题。

直播电商作为一种新业态，对促进消费扩容提质、形成强大国内市场具有积极作用。但要想从根源上治理直播乱象，光靠阶段性的整改还不够，出台标准规范也只是一个新起点。随着相关政策法规的颁布落实、监管部门的重拳整治、直播平台的审核监管、商家主播的严格自律及消费者维权意识的不断提升，直播电商这一新业态有望迎来健康发展。

第六节　移动电子商务

一、移动电子商务概述

移动电子商务
实务概念

移动电子商务（Mobile E-Commerce）是由电子商务（E-Commerce）的概念衍生而来的，是利用智能手机、掌上电脑及平板电脑等无线终端进行的B2B、B2C或C2C电子商务。它将互联网、移动通信技术、短距离通信技术及其他信息处理技术完美地结合，使人们可以在任何时间、任何地点进行各种商贸活动，实现随时随地、线上线下的购物与交易。

手机上网用户数量的攀升、智能手机及平板电脑的普及、上网速度的提升、上网资费的下调等，都为移动电子商务的发展奠定了基础。移动电子商务可以为用户随时随地提供所需的服务、应用、信息和娱乐，同时满足用户及商家安全、社交、互动及自我实现的需求。

二、移动电子商务的特点

与传统的电子商务活动相比，移动电子商务具有如下特点。

（一）更具开放性、包容性

移动电子商务因其接入方式无线化，使得任何人都更容易进入网络世界，从而使网络范围延伸更广阔、更开放；同时，移动电子商务使网络虚拟功能更带有现实性，因而更具有包容性。

（二）具有无处不在、随时随地的特点

移动电子商务的最大特点是“自由”和“个性化”，用户可以随时随地结账、订票或者购物，感受独特的商务体验。

（三）潜在用户规模大

从电脑和移动电话的普及程度来看，移动电话远远超过了电脑。以移动电话为载体的移动电子商务无论是在用户规模上，还是在用户消费能力上，都优于传统的电子商务。

（四）能较好地确认用户身份

随着手机实名制的推行，利用手机SIM卡片上存储的用户信息就可以确定一个用户的身份。

（五）定制化服务

移动商务的生产者可以更好地发挥主动性，为不同客户提供定制化服务。例如：依赖于包含大量活跃客户和潜在客户信息的数据库，利用无线服务提供商提供的人口统计信息和基于移动用户当前位置的信息，商家可以通过具有个性化的短信息服务活动进行更有针对性的广告宣传，满足客户的需求。

（六）移动电子商务领域更易于技术创新

移动电子商务领域涉及 IT、无线通信、无线接入等技术，并且商务方式更多元化、复杂化，因而更容易产生新的技术。随着我国 5G 网络的普及，移动电子商务领域将是下一个技术创新的高地。

三、移动电子商务带来的商机

（一）“移动+社交+定位”带来大商机

从用户层面来说，“移动+社交+定位”给企业和创业者带来了很多机会。移动互联网与传统互联网最大的不同在于“移动”，移动的定位功能是非常有价值的，它可以让用户知道朋友是否在自己附近、附近有什么好吃的、附近的商场里面有什么，等等。另外，社交应用也是移动电商的一个发展方向，通过微博、微信等平台，产品、理念能够进行病毒式传播。移动社交网络是一个低摩擦的信息传递平台，非常有价值。

（二）移动支付带来大商机

随着移动电商快速融入人们的日常生活，移动支付也会带来很大的商机。中国移动支付快速发展，至 2023 年 12 月，其普及率已达 86%。人们已经很少会带现金出门，乘车、吃饭、玩乐、购物都可以扫码移动付款。移动支付已全面渗入人们的生活当中。

第七节　跨境电子商务

跨境电商的发展历史与电子商务的发展是同步的。自 1999 年电子商务产生，就有了跨境电商，其标志是 1999 年阿里巴巴成立。随后敦煌网、兰亭集势成立，跨境电商由最初的线下交易向线上交易发展；随着阿里巴巴速卖通的成立，国内跨境电商开始兴起。

从中国跨境电商的交易模式来看，跨境电商 B2B 交易模式占有绝对优势。从商业模式来看，B2B 交易具有交易量大、订单较为稳定的特点，因此未来跨境电商交易中 B2B 仍然是主流，且此种模式已渐趋成熟。

一、跨境电商的定义及类型

跨境电商是指分属不同关境的交易主体通过电商平台达成交易、进行支付结算，并通过跨境物流及异地仓储送达商品、完成交易的一种国际商业活动。

狭义的跨境电商相当于跨境零售。所谓跨境零售，是指分属于不同关境的交易主体通过计算机网络完成交易，进行支付结算，并利用小包、快件等方式通过跨境物流将商品送达消费者手中的商业活动。

广义的跨境电商基本上指的就是外贸电商，即分属于不同关境的交易主体，利用网络将传统外贸中的展示、洽谈以及成交等各环节电子化，并借助跨境物流运送商品、完成交易的一种国际商业活动。

按照商业模式的不同，跨境电商可以分为 B2B、B2C、C2C 等；按照进出口方向的不同，跨境电商可以分为进口跨境电子商务和出口跨境电子商务；按照平台运营方式的不同，跨境电商可以分为自营平台跨境电商、第三方开放平台跨境电商、外贸电商代运营服务商等；按平台服务类型的不同，跨境电商可以分为交易服务平台、信息服务平台等。上述分类如图 2－7－1 所示。不同类型的跨境电商企业如图 2－7－2 所示。跨境电商第三方服务企业如图 2－7－3 所示。跨境电商的交易流程如图 2－7－4 所示。

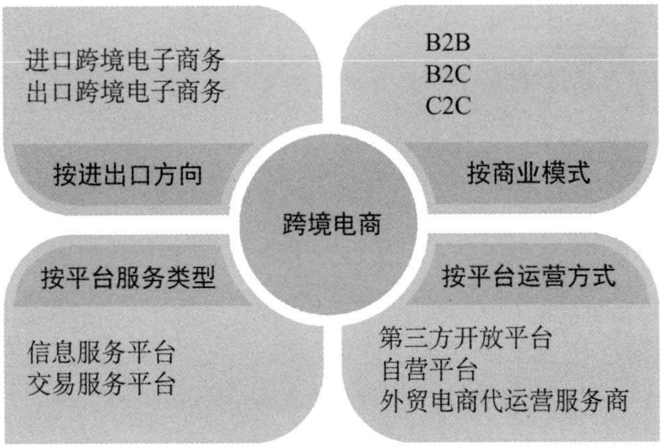

图 2－7－1 跨境电商分类

	B2B		B2C
平台	信息服务平台 中国制造网 环球资源 阿里巴巴国际站	交易服务平台 敦煌网 大龙网 易唐网	全球速卖通 亚马逊 敦煌网 eBay 跨境购 洋码头 兰亭集势 跨境通
自营	进口中国 黎明重工科技 大龙网		DX 米兰网
导购网站	海淘城 海淘贝 什么值得买		

图 2－7－2 不同类型的跨境电商企业

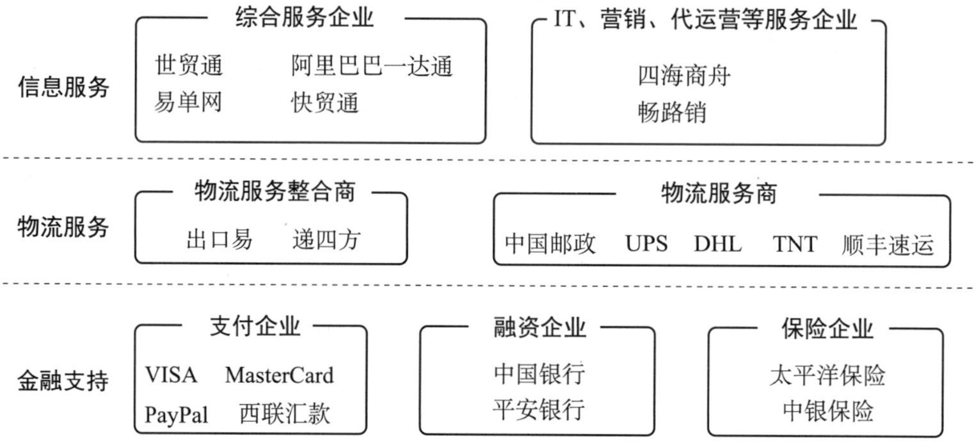

图 2-7-3　跨境电商第三方服务企业

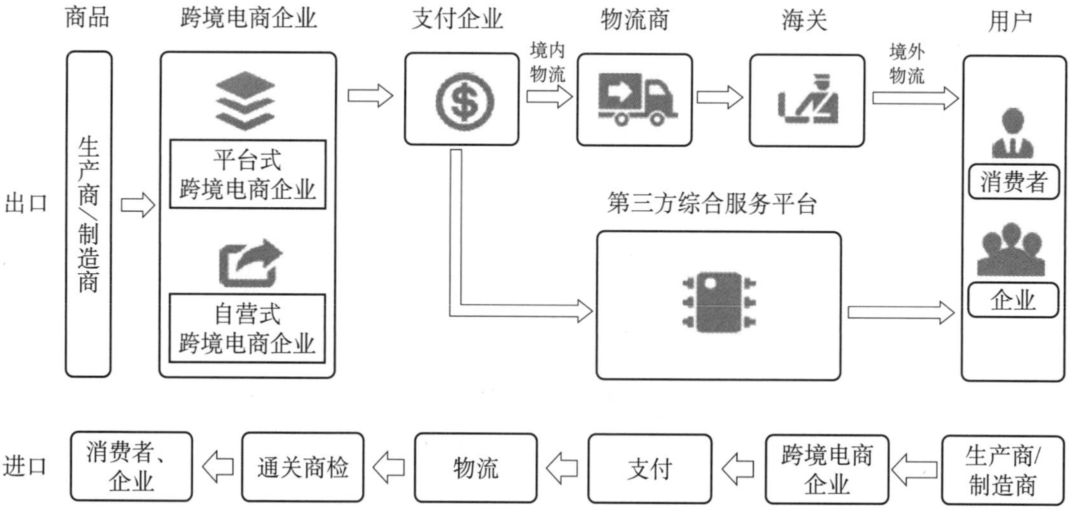

图 2-7-4　跨境电商的交易流程

二、B2C 进口跨境电子商务

B2C 进口跨境电子商务是指分属不同关境的企业直接面向个人消费者在线销售商品和服务，通过电商平台达成交易、进行支付结算，并通过跨境物流送达商品、完成交易的一种国际商业活动。天猫国际、速卖通、网易考拉、兰亭集势、米兰网等都属于此类网站。B2C 跨境电商平台主要有“保税进口+海外直邮”“自营”两种经营模式。

（一）“保税进口+海外直邮”模式

采用“保税进口+海外直邮”模式的典型平台主要有亚马逊、天猫和 1 号店等。

1. 保税进口备货模式

保税进口备货模式是指海外电商企业先将境外货物运至境内保税区存储，即境外仓库转为“境内关外”仓库，再根据订单分批销售给国内消费者的模式。这种模式在时间、质量、退换上更有优势，它的特点包括以下方面：

（1）货物进入保税区时尚无订单，一旦获得消费者订单，即在保税区内进行分包，填写消费者收件信息后以邮件形式出区，海关收取行邮税后予以放行。保税区中的货物以“化整为零”的方式进行销售。

（2）在保税进口备货模式下，货物进入保税区以后往往不发生买卖关系，货物境外至境内运输仅是同一企业货物存放地点的转移，货物物权未发生实质性变化，属于先发货再下单。保税进口备货模式如图 2-7-5 所示。

图 2-7-5　保税进口备货模式

2. 海外直邮模式

海外直邮模式的优势包括个性化、少量化、高价品、商家不压货、资金压力小等，属于先下单再发货。海外直邮模式如图 2-7-6 所示。

（二）自营模式

自营模式是指跨境电商企业直接参与采购、物流、仓储等境外商品买卖流程，对物流监控和支付都有自己的一套体系。典型的自营模式如聚美优品。

三、跨境物流

跨境物流是跨境电商的重要组成部分，是跨境电商运营的关键。

（一）跨境物流的主要模式

跨境物流的主要模式有邮政包裹模式、国际快递模式、国内快递模式、专线物流模式和海外仓储模式等。

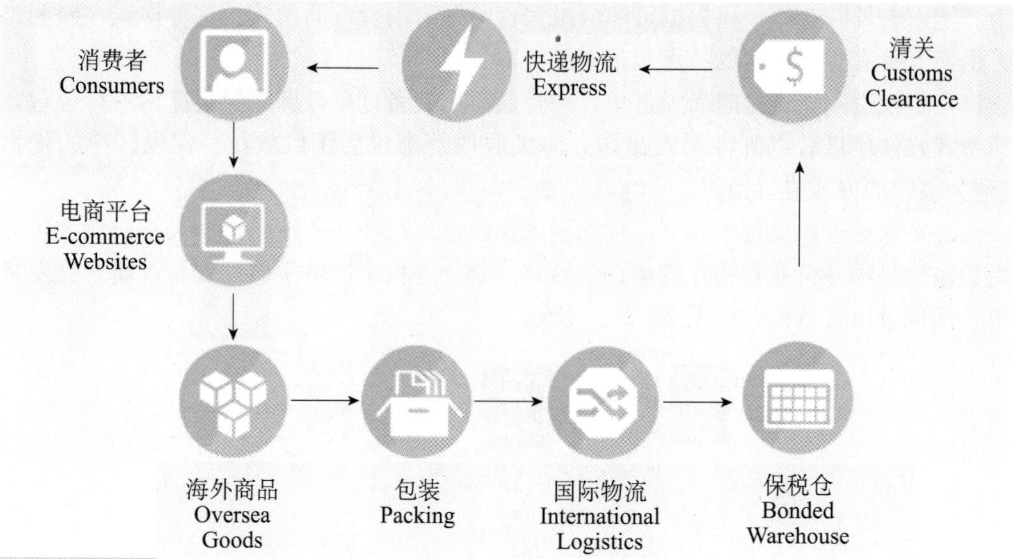

图 2－7－6　海外直邮模式

1. 邮政包裹模式

邮政网络基本覆盖全球，比其他任何物流渠道都要广泛。这主要得益于万国邮政联盟和卡哈拉邮政组织（KPG）。

2. 国际快递模式

国际快递模式主要是指借助四大国际商业快递巨头，即敦豪航空货运公司（DHL）、TNT 快递、美国联邦快递（FedEx）和联合包裹速递服务公司（UPS）的国际快递业务邮寄商品。

3. 国内快递模式

国内快递模式主要是指全球邮政特快专递（EMS）、顺丰和“四通一达”等国内快递企业的跨境物流业务。

4. 专线物流模式

专线物流模式是指卖家先通过航空包舱方式将快件运输到境外，再通过合作公司派送到目的地。

5. 海外仓储模式

海外仓储模式是指由网络外贸交易平台、物流服务商独立或共同为卖家在销售目的地提供商品仓储、分拣、包装和派送等一站式控制与管理服务的跨境物流模式。

（二）跨境电商物流中的通关与报关

通关是出口跨境电商物流中必不可少的一个环节，商品通过海关查验并放行后，才能顺利进入目的国，再通过物流送达买家手中。

跨境电商企业可以通过通关服务平台实现通关一次申报，同时海关、税务、检验检疫、外汇、市场监管等部门也可通过通关服务平台获得跨境电商的商品信息，并对商品交易实现全流程监管。

跨境电商零售进口商品申报前，电商企业或电子商务交易平台企业、支付企业、物流企业应当分别通过跨境电商通关服务平台如实向海关传输交易、支付、物流等电子信息。一般来说，跨境电商出口报关需要经过六个步骤，如图 2－7－7 所示。

1 跨境电商企业在跨境电商服务平台上备案

2 货物售出后，电商、物流、支付企业向“跨境电商服务平台”提交订单、支付、物流三单信息

3 “跨境电商服务平台”完成三单比对，自动生成货物清单，并向“中国电子口岸”发送清单数据

4 货物运往跨境电商监管仓库

5 海关通过“跨境电商服务平台”审核，确定单货相符后，货物放行出口

6 跨境电商企业凭报关单向税务局申请退税

图 2－7－7 出口报关六步骤

四、典型跨境电商出口平台

典型的跨境电商出口平台有全球速卖通（AliExpress）、亚马逊（Amazon）、易贝（eBay）、Wish 等。

（一）速卖通

速卖通是全球领先的外贸在线交易平台。俄罗斯、美国、西班牙、巴西、法国等国是速卖通的重点市场，是交易量排名靠前的国家，占据了速卖通 60％～70％的交易量。速卖通的买家以个人消费者为主，约占平台买家总数的 80％，还有 20％为海外批发商和零售商，所以速卖通的定位是外贸零售网站。

（二）亚马逊

亚马逊（Amazon）是美国最大的网络电子商务公司，是网络上最早开始经营电子商务的公司之一。亚马逊一开始只经营网络的书籍销售业务，现在已成为全球商品品种最多的网络零售商和全球第二大互联网企业。选择亚马逊一般需要有一定的外贸基础和海外资源，尤其是可靠的海外供应商资源、美国本土的人脉资源，需要有稳定的资金长期投入。一般而言，做亚马逊是长期投资，门槛较高，入驻手续复杂，客户相对高端。

（三）易贝（eBay）

易贝是一个可让全球民众上网买卖物品的线上拍卖及购物网站，可以被看作中国的淘宝，它的核心市场在美国和欧洲，主要面向那些比较成熟的市场，其开店手续相对简单，但其交易规则倾向于消费者，产品一旦出现问题遭到投诉，会给商家带来很大的麻烦。此外，虽然易贝开店免费，但上架产品需要收费且审核周期较长。总之，易贝平台的目标市场在欧美，其操作简单、投入不大，但耗时长，适合那些有一定外贸资源的人做跨境电商。

（四）Wish

Wish 是一个新兴的移动电商，其 App 上销售的产品物美价廉，包括非品牌服装、珠宝、智能手机、淋浴喷头等，大部分产品都直接从中国发货。与其他竞争平台相比，Wish 的优势在于所售卖的产品价格较低。大部分情况下，Wish 通过自己的客服处理售后问题，并对买家采取“宽松容忍”原则：只要消费者提出退款，基本都通过。目前而言，该平台上的交易规则还不够成熟，卖家、买家、Wish 平台还不能处于一种相对公平、高效的沟通状态。在移动化的浪潮下，Wish 率先将智能推荐算法技术完全运用到电商中，既实现了自我颠覆，又完善了平台业务。

第八节　农村电商

一、农村电商概述

（一）农村电商的定义

农村电商是农村电子商务的简称，它是通过乡村连锁网点，利用数字化、信息化的手段，通过集约化管理、市场化运作、成体系的跨区域跨行业联合，构筑紧凑而有序的商业联合体，降低农村商业成本，扩大农村商业领域，使农民成为平台的最大获利者，使商家获得新的利润增长。

（二）农村电商发展概况

农业农村部信息中心、中国国际电子商务中心发布的《2022 全国县域数字农业农村电子商务发展报告》指出，县域电商向追求效益、追求质量、追求品质、品牌和服务转型。县域电商仍以 B2B、B2C 等初级阶段业务为主，主要为农民个体用户和乡镇企业服务。目前农业电子商务平台的业务主要体现在乡村旅游、特色经济、农家乐和招商引资等方面。

商务大数据对重点电商平台监测显示，2022 年我国农产品网络零售增势较好，全国农产品网络零售额 5 313.8 亿元，同比增长 9.2%，增速较 2021 年提升 6.4 个百分点。2022 年，全国农村网络零售额达 2.17 万亿元，同比增长 3.6%。其中，农村实物商品网络零售额 1.99 万亿元，同比增长 4.9%。部分商品品类销售实现两位数增长。在 18 类监测商品中，8 类商品销售额增速较快。其中，金银珠宝、烟酒同比分别增长 27.3%和 19.1%。东北和中部地区增速较快。东北和中部地区网络零售额同比分别增长 13.2%和 8.7%，比全国增速分别高出 9.2 和 4.7 个百分点。东部和西部地区网络零售额同比分别增长 3.8%和 3%。全国县域电商网络零售额达 43 828.3 亿元，按可比口径同比增长 15.4%。其中，全国县域农产品网络零售额达 3 895.5 亿元，按可比口径同比增长 7.2%。县域数字农业农村电商在促进农业提质增效、推动农产品供应链优化提升、加速乡村产业转型升级、带动新农人就业创业、拉动县域农村消费等方面做出了积极贡献。

随着兴趣电商、信任电商、社交电商等内容电商的兴起，以农村直播电商、乡村短视频、乡村网红达人分享等电商应用为先导，大大推动乡村旅游的发展，加速了乡村产业融合的进程。

在数字化基础设施建设方面，阿里巴巴在成都、淄博、南宁、昆明、西安建设五大产地仓，覆盖了 18 个省 300 个县域，建设 1 000 个数字农业基地及盒马村。京东升级“京心助农”战略，打造百亿级流量池、培养 100 万农业电商人才、共建 10 万农产品直播基地。阿里巴巴、京东、拼多多、抖音等各大电商平台将农业品牌作为投入重点，推出一批扶持项目，集中开放运营、推广、物流、供应链等资源，涉及农业品牌认证、品牌营销、品牌服务、品牌消费、品牌保护等领域，全面赋能农业品牌化发展。

以直播电商、兴趣电商、信任电商、社区团购、生鲜电商、外卖餐饮为代表的新业态新模式，还将拉动如热带水果、水产品、周边游、在线休闲娱乐等领域的新型消费需求，壮大新型消费，为农村消费市场带来新的增量。

（三）农村电商发展特点

1. 直播电商等新业态新模式爆发式增长

目前，手机变成了“新农具”，数据变成了“新农资”，直播变成了“新农活”。农业农村部信息中心联合北京字节跳动科技有限公司在全国 110 个县开展活动，助力各地农产品销售达 4.5 亿元。直播电商还为经济欠发达地区接入新经济打开了一扇大门，例如，陕西宜川县相关领导在直播中向广大网民展示了壶口瀑布、信天游、剪纸等自然风光和民俗文化，获得了广泛关注和认可。

2. 农村电商向农业生产端深入渗透

农产品的产地直供、订单农业、云养殖等模式进一步发展，带动新一代信息技术在农业生产经营管理中加速渗透与广泛应用；不少电商企业通过互联网手段有效聚合市场资源，加速电商渠道下沉。阿里巴巴通过“基地直采”模式，在农业生产端建立数字化基地，打造数字农场；京东在县域农业农村落地平台、运营、生态等，赋能农业产业链供应链；拼多多通过“拼模式”“多多农园”等，帮助农户搭上社交电商快速通道。

3. 互联网“长尾效应”优势凸显

农村电商帮助越来越多的人实现就地创业、就近就业，成效突出。据监测，中西部地区农村电商高速发展，西南地区县域农产品网络零售量同比增长 52.2%。贵州省纳雍县通过 12316 开展“互联网+”技术服务，联合渠道商、采购商、各大电商平台，创新“保鲜包装+蓄冷剂”物流配送，实现当地自主选育的玛瑙红樱桃种好果、卖好价、卖得远，有效解决了销售难问题。

4. 农村电商区域小流通市场加快发展

随着交通、物流、通信等基础设施的逐步完善，农产品上行带动农村就业和收入增长，农村消费潜力进一步释放，消费升级趋势在农村地区愈加明显。以县域为单元形成自循环的区域性小市场加快发展，吸引了一批企业扎根小区域、做实新流通，抖音、快手等“村播”服务于产品地方化销售也蔚然成风。

《2020 中国淘宝村研究报告》显示，我国共有 5 425 个淘宝村，年交易总额已突破一万亿元，其中有 745 个淘宝村年交易额过亿。这些淘宝村广泛分布于 28 个省、自治区、直辖市，吸纳 828 万人口就业。农村电商成为投资的“新蓝海”，在阿里巴巴、京东等龙头电商企业纷纷宣布全国性的战略举措，抢占农村电商先机的同时，诸多本地电商企业也不断加大投资力度，抢占市场份额。

（四）农村电商发展得到国家政策的大力支持

农村电商作为农村经济中的新兴业态，既可以让农村居民享受到互联网带来的便利，也可以把当地特色农副产品和商品通过物流销往全国各地，帮助农民脱贫致富，推动乡村振兴。国家也发布了一系列的政策支持农村电商的发展。

2019 年 2 月 19 日，《中共中央 国务院关于坚持农业农村优先发展做好“三农”工作的若干意见》提出：深入推进“互联网+农业”，扩大农业物联网示范应用；推进重要农产品全产业链大数据建设，加强国家数字农业农村系统建设；继续开展电子商务进农村综合示范，实施“互联网+”农产品出村进城工程；全面推进信息进村入户，依托“互联网+”推动公共服务向农村延伸。

2019 年 4 月 29 日，财政部、商务部等联合发布《关于开展 2019 年电子商务进农村综合示范工作的通知》（财办建〔2019〕58 号），鼓励各地优先采取以奖代补、贷款贴息等支持方式，通过中央财政资金引导带动社会资本共同参与农村电子商务工作。

2019 年 4 月 15 日，国家发展改革委、财政部、农业农村部、商务部、文化和旅游部、供销合作总社出台《关于推进邮政业服务乡村振兴的意见》，提出了推进邮政业服务乡村振兴的工作思路和目标：到 2022 年，邮政服务乡乡有局所、建制村直通邮，快递服务乡乡有网点、村村通快递，实现建制村电商寄递配送全覆盖。

2021 年 11 月，农业农村部发布《关于拓展农业多种功能促进乡村产业高质量发展的指导意见》（农产发〔2021〕7 号）。文件指出，发挥农村电商在对接科工贸的结合点作用，实施“互联网+”农产品出村进城工程，利用 5G、云计算、物联网、区块链等技术，加快网络体系、前端仓库和物流设施建设，把现代信息技术引入农业产加销各个环节，建立县域农产品大数据，培育农村电商实体及网络直播等业态。

二、主流农村电商平台

（一）淘宝

淘宝是大家熟知的电商平台之一，在淘宝上所卖农产品属于食品类，需要办理工商营业执照和食品流通许可证。在淘宝上开店还需要缴纳保证金、服务费等费用，其中：保证金为 10 000 元（用于交易纠纷的赔付）；服务费＝实时划扣技术服务费+技术服务费年费；实时划扣技术服务费 ＝ 支付宝成交额（不含邮费）×商品对应的技术服务费率（具体费用支付相关问题以协议约定为准）；技术服务年费为 6 000/年（商户需在入驻时一次性缴纳）。

（二）京东

在京东开店卖农产品，商家需要提供食品生产许可证或全国工业产品生产许可证、食品卫生许可证复印件（若商家所在地区以上两证已合并为一个证件，提供食品生产许可证），商家若经营酒类，还需提供商家持有的酒类流通备案登记表（或酒类零售许可证、酒类批发许可证、酒类产销许可证）复印件。其他资质证件如下：

（1）无公害农产品认证证书（适用于声称获得无公害农产品认证的农产品）。

（2）农产品地理标志登记证书（适用于标记农产品产地的农产品）。

（3）绿色食品认证证书（适用于声称获得绿色食品认证的食品）。

（4）有机食品认证证书（适用于声称获得有机食品认证的食品）。

除了以上证件外，在京东售卖农产品，不同类型的食品需要缴纳的保证金也不同。京东的入驻门槛较高，需要的投资也较大，不建议新手入驻。

（三）拼多多

根据 2024 年的《中国农产品电商发展报告》，中国已经成为世界第一大农产品电商国，拼多多的农村电商平台发展取得了显著成就。拼多多的成功主要得益于其对人才和技术的重视，以及对农业新质生产力的培育。拼多多的“农地云拼”系统有效地将分散的农产品需求在线上归集，减少了中间环节，使农产品能够直接到达消费者餐桌，同时降低了终端售价并提高了农户收益。此外，平台还大力投资于生鲜冷链物流体系等数字经济基础设施，承诺生鲜农货 48 小时内发货，边远地区包邮等服务，这些措施极大地提升了物流效率和消费者体验。

拼多多还通过“农云行动”深入农产品产业带，为当地商家提供电商运营培训及定向运营指导，助力乡村产业振兴与就业增长。这一行动也被评为“全国县域振兴典型案例”。

随着中国进入新的经济和消费周期，数字农产品电商也进入了高质量发展时期。电商“下乡”，农产品“出村进城”的规模在持续增长。2023 年，全国农产品网络零售额达 5 870.3亿元，约为 2014 年的 5 倍。农产品物流总额也创新高，2023 年超过 5.3 万亿元。拼多多的这些举措不仅促进了农业的数字化转型，还改变了农产品的传统流通方式，成为农村数字经济发展的突破口和领头羊。未来，拼多多等电商平台将继续在农业数字化升级中发挥重要作用，推动农业新质生产力的发展。

（四）农业电商平台

除去主流的电商平台，也有很多专门做农业产品的电商平台，这些平台的针对性更强，更加适合农产品的售卖。

1. 一亩田

北京一亩田新农网络科技有限公司是一家基于移动互联网技术、深耕农产品产地、促进农产品流通效率的互联网公司。一亩田在售农产品近 1.2 万种，产品来源于 2 500 余个县，是移动端 App 用户数量最多的农业电商平台之一。一亩田采取 B2B 电商业态，主要为具备一定规模的农产品经营主体提供交易撮合服务，平台供应商主要有农村合作社、经纪人、种植大户、家庭农场等。一亩田采购商有农产品批发商、加工企业、超市、餐饮连锁企业、B2C 卖家、出口贸易企业。在一亩田开店需要缴纳 1 000 元的保证金，完成实名认证后就可以进行货源供应。一亩田的销售对象主要是一些批发商，因此对货物的需求量会比较大，相对来说比做零售更容易出手，如果货源充足，可以考虑在一亩田上开店。

一亩田还推出了豆牛代卖功能。豆牛代卖是一亩田平台下的农产品代销平台，覆盖全国 50 多个大型一级批发市场。它提供售前行情调查服务，售卖的价格根据市场行情而定，提供售卖过程全程监督服务，售完 24 小时之内回款。豆牛代卖适合有大量货源需要出售的农户，因为售价随行而定，如果只是少部分货物有可能会导致亏损。

2. 惠农网

惠农网由湖南惠农科技有限公司开发运营，是国内领先的农业 B2B 互联网平台。惠农网平台囊括水果、蔬菜、畜禽肉蛋、水产、农副加工、粮油米面、农资农机、种子种苗、苗木花草、中药材十大类目，涵盖 2 万多个常规农产品品种，是农业从业者的必备工具之一。惠农网的模式与一亩田相似，开店门槛比较低，需要缴纳 2 000 元保证金，同时客户一般都是批发商等，销货速度比零售更快。惠农网网页上还能看到各种产品的产业行情，可以看出产品的涨跌情况。除了和一亩田一样提供代卖服务外，惠农网还提供一件代发功能，也就是农户可以和一些小型商贩合作，当商贩有订单时，农户直接发货。惠农网平台还推出了农技学堂，帮助农户解决农技方面的问题。

三、农村电商发展对策

（一）构建多层次农村电商物流体系

1. 汇聚多方力量，推进农村物流网络建设

物流保障是农村电商发展的必要条件，物流覆盖是市场拓展的基本保证，更是决胜农村市场的关键。农村电商赋能农产品上行效率的进一步提升对农村物流的运输速度和产品存储措施的完善提出了更高的要求。由于大部分农产品单位价值较低，物流体系的高水平建设不能以提高物流价格为前提，加之我国农村居住分散、村镇快递业务点分布不足等导

致了物流建设的投入产出比低，这就要求政府在政策层面上要加强引导，提高对民营快递企业的财政优惠和金融支持力度，结合农产品、主干道物流、宣传、移动入口等方面下沉到乡镇。鼓励快递企业在乡镇、村组设立集中收购、集中配送点，并给予快递企业一定的运营补贴，从而系统化地解决农村电商物流问题。快递企业之间也可以互相借力，自发整合运力，在不增加配送成本的前提下保证配送时效，提升快递行业的规模效益。

2. 完善县乡地区基层物流体系

农村电商中，消费品下行到货时间需要 3～5 天。对于广大农村消费者来说，非现货交易模式是抑制其消费动机的关键因素。非现货交易模式作为网销网购的固有特点不能被剥离，但尽可能地缩短到货时间在现代物流体系下是可以实现的，这就需要在农村县乡地区建立起两级运营体系，即以县级运营中心为依托形成商品分拨节点、以村级服务站作为支撑基层物流网络的关键节点。在村级服务站的布局上，物流企业可通过在高消费密度的农村地区加强网点布局，并在网点布局的基础上依托一站式服务和农户合作关系培养和延续村民的购物习惯，从长期管道建设层面打通“农村电商”发展壁垒。

3. 建立服务站

服务站可承担部分销售、最后一千米送货、售后、代客下单、上门安装、售后维修等业务，从而建立多功能的线下运营体系。

（二）完善和优化农村电商的监管体系

随着直播电商、社交电商的兴起，销售误导、功能夸大等现象陆续发生，农村电商行业问题逐渐凸显，必须由政府整体对农村电商的监管体系进行完善和优化。首先，必须明确政府的主导作用，确定监管内容和职责，并发动其他机构加入农村电商的监管队伍中来，整合资源充分利用。其次，主动发挥第三方电商平台的监管职能，建立完善的销售监管体系，对不法交易加强监控和管理，并进行相关信息的共享，共同维护网络环境的良好秩序。最后，发布相关监管类政策文件，加大宣传和普及力度，倡导网商主体进行自我排查、自我监管的行动。

（三）建立农村电商的专业化和标准化的组织

农村电商发展至今，有的地方已经出现了“淘宝村”和“淘宝镇”、电子商务孵化园区等，形成了一定规模的产业集聚。同时，与此配套的电子商务技术培训、供应链、物流、第三方技术服务等在农村逐渐形成专业化和标准化的组织，随着直播电商、社群电商等兴起，农村电商的“村播”、文旅等产业呈现欣欣向荣之势。

（四）构建和完善农产品上行电商生态圈

目前，农村电商在消费品下行阶段已经依靠互联网企业构建起了相对完整的生态圈，包括平台搭建、信用与支付体系建设、售后服务提供等。各地政府部门应进一步构建包括平台、信用体系、支付体系、售后服务体系等在内的农村电商生态圈，为农村电商提供更完备的发展空间。

（五）培养农村电商管理型和技术型人才

农村电商发展的人才缺口问题是需要重点解决的方面。具体而言，“销售+代购”型人才属于操作性人才，这类人才可以通过技术和技能培训的方式迅速补充。从目前来看，发展农村电商最紧缺的是运营推广、美工设计、数据分析三类人才，对于农村电商人才的培养也需要以这三个方面为重点，做好农村电商技术与管理人才的培训，着重培养复合型电商人才。

（六）加快农村电商配套设施信息化建设

加强农村 5G 网络覆盖工程建设。目前，5G 网络已经开始布局，农村地区的 5G 网络布局已有所发展。

第九节　基于 EDI 的电子商务

一、EDI 的概念

EDI（Electronic Data Interchange）即电子数据交换，是由国际标准化组织推出使用的国际标准，是一种通过电子信息化的手段在贸易伙伴之间传播标准化的商务贸易元素的方法和标准。国际标准化组织于 1994 年确认了 EDI 的技术定义：将对商业或行政事务的处理按照一个公认的标准，形成结构化的事务处理或信息数据结构，利用计算机进行数据传输。电子数据交换又称“无纸贸易”，是广泛流行于贸易伙伴之间、为了提高贸易效率采用电子单证进行传输的国际标准和方法。

EDI 包括如下内容：

（1）国际标准。这包括联合国 EDIFACT 标准、美国 ANSI X.12 标准、联合国 UN/GTDI（联合国贸易数据交换元导则）。

（2）标准内容。每个标准都包括三部分：语法和编码模式（数据转换）、数据字典及每个事务的数据元素的组合。

（3）数据交换。数据交换是 EDI 的核心部分。转换器负责解释商业应用提供的信息，把它转换成标准的 EDI 文件格式。

二、EDI 系统的构成

EDI 系统主要由 EDI 硬件、EDI 软件和 EDI 通信网络构成。

（一）EDI 硬件

EDI 系统在用户端所需要的硬件环境有多种方式，可以是单机方式、主机方式、局域网方式以及客户机/服务器方式等。EDI 的硬件环境如图 2-9-1 所示。EDI 系统所需要的硬件设备包括计算机、调制解调器和通信线路。

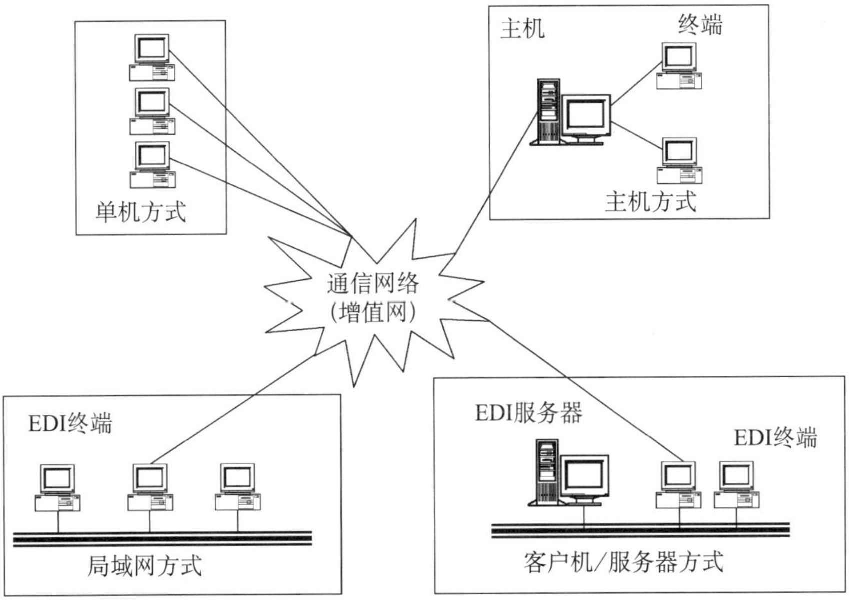

图 2-9-1　EDI 的硬件环境

(二) EDI 软件

EDI 软件具有将用户数据库系统中的信息译成 EDI 的标准格式以供传输交换的功能。EDI 相关软件包括转换软件、翻译软件和通信软件。

1. 转换软件

转换软件的功能是将原有计算机系统的文件转换成翻译软件能够理解的平面文件，或是将翻译软件接收到的平面文件转换成原计算机系统中的文件。该过程的任务就是读取企业数据库中的信息，按照不同的报文结构生成平面文件以备翻译。

2. 翻译软件

翻译软件的功能是将平面文件翻译成 EDI 标准格式或将接收到的 EDI 标准格式翻译成平面文件。翻译是根据报文标准、报文类型和版本，由 EDI 系统的贸易伙伴清单确定，或由服务机构提供的目录服务功能确定。在翻译之前需要对平面文件进行处理，包括对平面文件进行编辑、一致性检查和地址鉴别等。

3. 通信软件

通信软件具有管理和维护贸易伙伴的电话号码系统、自动执行拨号等功能。它可以将 EDI 标准格式的文件外层加上通信信封，再送到 EDI 系统交换中心的邮箱，或从 EDI 系统交换中心将接收到的文件取回。

（三）EDI 通信网络

EDI 通信网络是实现 EDI 的手段。EDI 涉及很多部门和企业，如相关企业、银行、保险公司、商检机关、海关和交通运输公司等。EDI 最早是在贸易伙伴之间建立的专用网。各个贸易伙伴计算机系统的硬件和软件环境不同，加之采用点对点的通信方式，因此存在数据的异构转换问题，并且转换成本高昂。随着互联网的普及，EDI 通信网络已从使用增值网转向使用互联网。

三、EDI 的实现过程及应用范围

（一）EDI 的实现过程

EDI 的实现过程就是用户将相关数据从自己的计算机信息系统传送到有关交易方的计算机信息系统的过程。在有 EDI 增值服务的条件下，这个过程分为以下 6 个步骤，如图 2－9－2 所示。

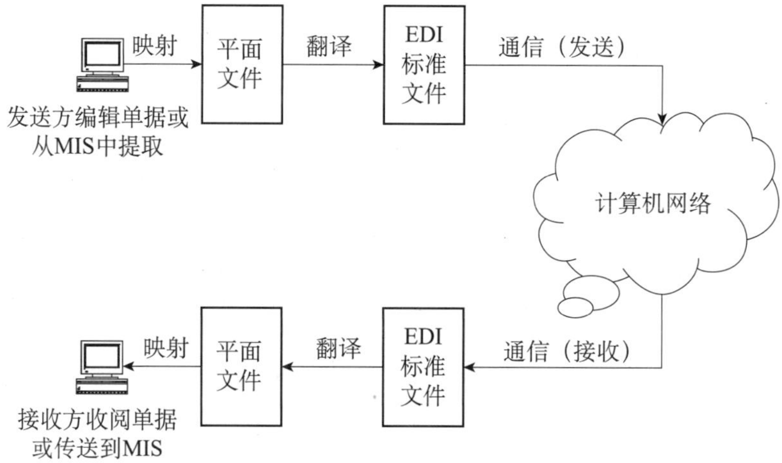

图 2－9－2　EDI 的实现过程

（1）发送方将要发送的数据从信息系统数据库（MIS）中提取出来，转换成平面文件（也称中间文件）。

（2）平面文件被翻译成标准的 EDI 报文。

（3）发送 EDI 信件。

（4）接收方从 EDI 信箱中收取 EDI 信件。

（5）拆开 EDI 信件并翻译成平面文件。

（6）转换平面文件并送到接收方信息系统中进行处理。

（二）EDI 的应用范围

以国际贸易为例，EDI 的应用范围如图 2－9－3 所示。具体应用可参看宁波港口 EDI 中心首页（见图 2－9－4）和宁波港口 EDI 中心业务信息（见图 2－9－5）。

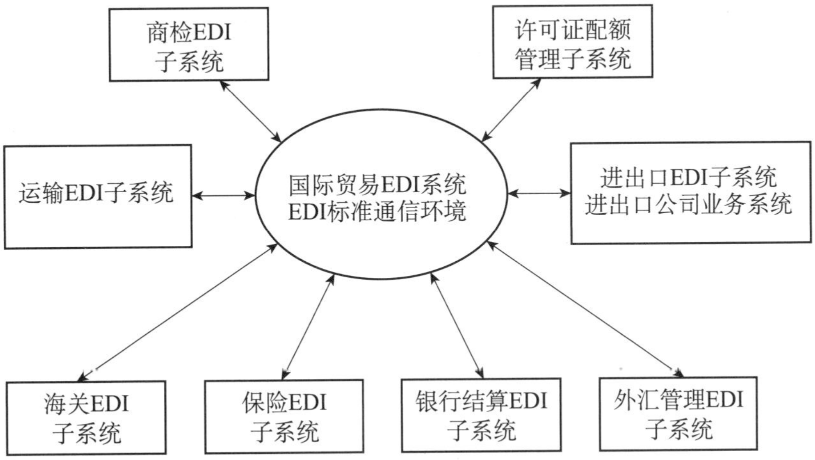

图 2-9-3　EDI 的应用范围

图 2-9-4　宁波港口 EDI 中心首页

宁波港口 EDI 中心是宁波港口物流信息化建设的重要组成部分，有效地改善了宁波口岸集装箱运作环境。宁波港口 EDI 中心始建于 1995 年，是国家“九五”重点科技攻关项目“国际集装箱运输电子信息传输和运作系统及示范工程”的示范单位之一。EDI 中心的建成为宁波口岸的港口码头、船公司船代、集疏运场站、理货、货主及代理和监管职能部门提供了高效、便利、准确、经济的电子数据交换服务。EDI 应用覆盖了宁波口岸多个物流节点，网站查询、一站式服务和报文传输这三大主要服务也得到了充分的实践。

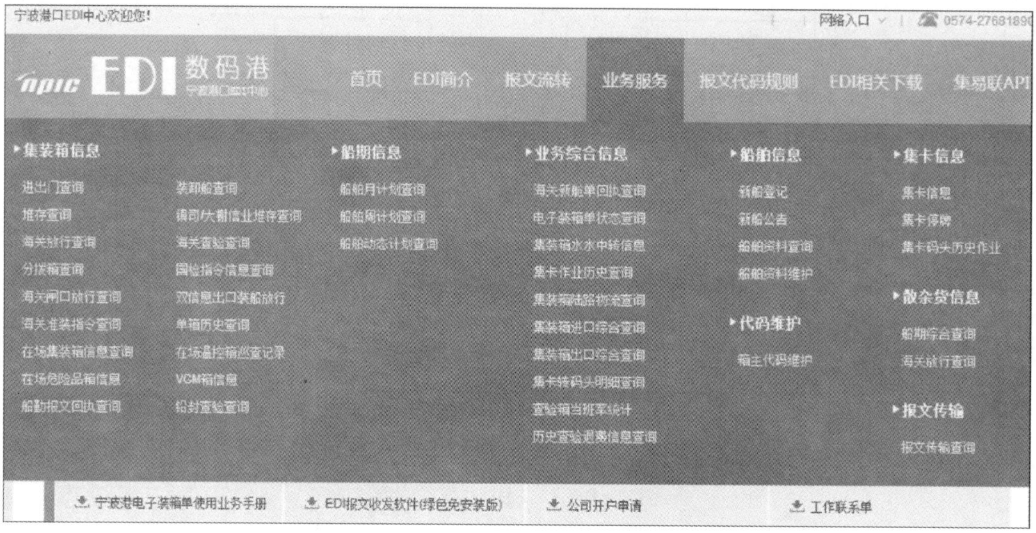

图 2－9－5　宁波港口 EDI 中心业务信息

四、EDI 标准

（一）EDI 标准的两个体系

EDI 标准是国际上制定的一种用于在电子函件中书写商务报文的规范和国际标准。EDI 有两种标准体系：一种是流行于欧洲、亚洲的，由联合国欧洲经济委员会（UNECE）制定的 UN/EDIFACT 标准；另一种是流行于北美地区的，由美国国家标准化委员会（ANSI）制定的 ANSI X. 12 标准。

此外，现行的行业标准还有 CIDX（化工）、VICX（百货）、TDCC（运输业）等，它们应用于特定部门。

（二）UN/EDIFACT 标准的组成

UN/EDIFACT 标准包括 EDI 标准的三要素——数据元、数据段和标准报文格式，具体包括如下 9 部分：

（1）应用语法规则（ISO 9735）。

（2）语法应用指南。

（3）报文设计指南。

（4）数据元目录（EDED）。

（5）复合数据元目录（EDCD）。

（6）代码表（EDCL）。

（7）段目录（EDSD）。

（8）标准报文格式（UNSM）。

（9）贸易数据交换格式构成总览（UNCID）。

（三）UN/EDIFACT 标准报文的结构

UN/EDIFACT 标准报文的结构如图 2－9－6 所示。

服务数据段
- UNH 段　[标题]
- BGM 段　[报文开始]
- DTM 段　[日期]

用户数据段
- 段组 1
  - 数据元
  - ……
- 段组 2
  - 数据元
  - ……

服务数据段——UNT 段　[报文结束]

图 2－9－6　UN/EDIFACT 标准报文的结构

第十节　电子商务的其他商业模式

一、内容电商

内容电子商务（简称内容电商）就是以文字、图片或视频为表现形式，将产品的体验与文化传递给消费者的一种场景销售模式。内容电商最重要的不是以产品为中心，而是以内容为主导、以用户为中心，吸引用户消费。内容电商的出现其实是消费升级的一种必然现象，现在用户购买商品已经不仅仅是考虑商品的价格、质量，而更多的是考虑商品使用之外的附加价值。内容电商可以让用户忘记价格，陷入一种长久的依赖，增强用户黏性。电商大平台也开始纷纷跟风做社区、做内容，例如：淘宝做了微淘，京东做了发现，聚美优品在首页嵌入了一个完整的社区。可见，内容电商已经充斥了整个细分行业，竞争日益激烈。

二、O2O 电子商务

O2O（Online to Offline）是指将线下的商务机会与互联网相结合，让互联网成为线下交易的前台。O2O 的概念非常广泛，只要产业链既涉及线上，又涉及线下，就可以通称为 O2O。实现 O2O 营销模式的核心是在线支付。通过 O2O 模式，将线下商品及服务进行展示，并提供在线支付“预约消费”，这对于消费者来说，不仅拓宽了选择的余地，还可以通过线上对比选择最令人期待的服务，以及依照消费者的区域性享受商家提供的更适合的服务。另外，O2O 的商家也常会使用比线下支付更为优惠的手段来吸引客户进行在线支付。

O2O的优势在于把线上和线下的优势完美结合，通过网购导购机，把互联网与实体店完美对接，实现互联网落地，让消费者在享受线上优惠价格的同时，享受线下的服务。

O2O模式的特点如下：

（1）O2O模式充分利用了互联网跨地域、无边界、海量信息、海量用户的优势，同时充分挖掘线下资源，进而促成线上用户与线下商品或服务的交易，团购就是O2O的典型代表。

（2）O2O模式通过对商家的营销效果进行直观的统计和追踪评估来规避传统营销模式推广效果的不可预测性。O2O将线上订单和线下消费结合，所有的消费行为均可以准确统计，进而吸引更多的商家为消费者提供更多优质的商品或服务。

（3）O2O模式打通了线上和线下的信息与体验环节，让线下消费者避免了因信息不对称而遭受的“价格蒙蔽”，同时实现线上消费者的“售前体验”。O2O模式（见图2-10-1）将会达到“三赢”的效果：

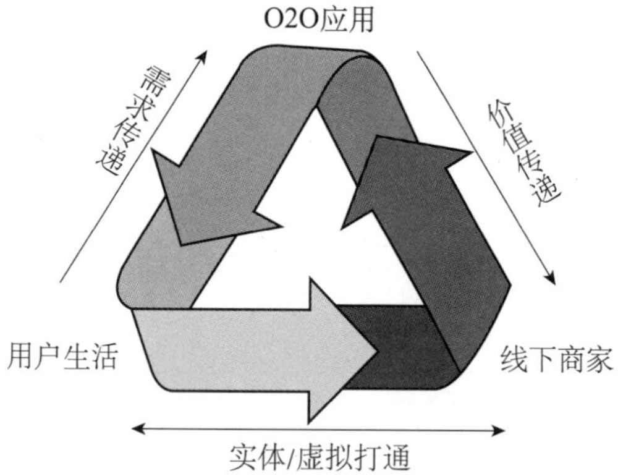

图2-10-1　O2O模式

1）对本地商家来说，O2O模式要求消费者网上支付，支付信息会成为商家了解消费者购物信息的渠道，方便商家收集消费者购买数据，进而达到精准营销的目的，更好地维护并拓展客户。通过线上资源增加的客户并不会给商家增加太多的成本，反而会带来更多利润。此外，O2O模式在一定程度上降低了商家对店铺地理位置的依赖，减少了租金方面的支出。

2）对消费者来说，O2O提供丰富、全面、及时的商家折扣信息，能够帮助消费者快捷筛选并订购适宜的商品或服务，并且价格实惠。

3）对服务提供商来说，O2O模式可以带来大规模、高黏度的消费者，进而争取到更多的商家资源。掌握庞大的消费者数据资源且本地化程度较高的垂直网站借助于O2O模式，还能为商家提供其他增值服务。

三、B2M

B2M（Business to Marketing）是相对于B2B、B2C、C2C的电子商务模式而言的，是一种全新的电子商务模式，与此三种电子商务模式有着本质的不同，根本区别在于目标客户群的性质不同。B2M针对的客户群是企业或者产品的销售者及为其工作者，而不是最终消费者。企业通过网络平台发布该企业的产品或者服务信息，职业经理人通过网络获取该企业的产品或者服务信息并且为该企业提供产品销售或者提供企业服务，企业通过职业经理人达到销售产品或者获得服务的目的。职业经理人通过为企业提供服务来获取佣金。B2M模式能将线上的商品和服务信息完全转到线下，企业发布信息，职业经理人获得商业信息并且将商品或者服务提供给线上和线下的消费者。

四、B2A

B2A（Business to Administration）是指企业与政府机构之间进行的电子商务活动。例如：政府将采购的细节在互联网上公布，通过网上竞价的方式进行招标，企业也要通过电子商务的方式进行投标。政府还可以通过这类电子商务实施对企业的行政事务管理，如政府采用电子商务方式发放进出口许可证、开展统计工作，企业可以在网上办理缴税和退税业务等。

五、C2A

C2A（Consumer to Administration）是指个人与政府机构之间的电子商务活动。随着商业机构对消费者、商业机构对行政机构的电子商务的发展，政府将会向社会成员提供更为全面的电子化服务，如社会福利金的发放等。

六、IBS

IBS（Internet+Business+Service，互联网+商业+服务）是将电子商务与传统商业无缝对接并有机融合，是互联网信息技术在传统商业中的具体应用。新兴的IBS商业模式融入了B2C和C2C的概念，是对现有商业模式的一次升级。

七、X2C

X2C是百度“有啊”提出的电子商务概念。X代表的是一个多方位的供应商群体，可以是企业，可以是个人，也可以是品牌赞助方，等等。X2C更注重后端消费者的体验，更专注于“2C”部分，而对于“X”部分，不管是企业（B）还是个人（C），在百度看来并不重要，重要的是为其提供最优质的服务。百度“有啊”将服务核心锁定在提供丰富的导购信息、降低网民挑选商品的成本、建立消费者对于网购的信心和信任感方面。

八、B2T

B2T（Business to Team）即企业对团队，是指一个团队向商家采购，B是通常意义上的商家，而T则是指团队。B2T就是互不认识的消费者借助互联网来聚集资金，增强与商家谈判的能力，以求得最优的价格。B2T 模式主要包括自发团购模式、商业团购模式和网络营销团购模式三类。

思考题

1. 电子商务系统的主要功能有哪些？
2. B2B 电子商务模式主要有哪几种？
3. B2C 电子商务模式主要有哪几种？
4. 请说说 EDI 的构成、特点和方法。
5. 什么是内容电子商务？有何特点？
6. 什么是社交电子商务？有何特点？
7. 未来电子商务会有哪些新的模式？
8. 什么是 O2O？有哪些形式？
9. 什么是跨境电子商务？它和国内电子商务有何联系和区别？
10. 请上网搜集跨境电子商务销售产品类目，对适合跨境销售的产品类目进行总结。
11. 试比较敦煌网和速卖通网站，具体对比其网站定位、销售品类、市场规模等。如果你要进行跨境电子商务创业，你会选择哪个平台？为什么？
12. 你是怎么看待直播电商的？直播电商的商业价值有哪些？
13. 盒马鲜生是如何实现线下体验的？查阅更多资料了解盒马鲜生，分析其是如何实现全渠道整合的。
14. 什么是“人-货-场”？
15. 新零售的业务平台包括哪些？

第三章 电子商务技术基础

知识和能力目标

(1) 了解电子商务主要的安全技术。
(2) 掌握常用的密码技术。
(3) 掌握数字签名、CA 认证技术。
(4) 掌握 QR 二维码的特点、应用和特征。
(5) 了解大数据的概念，掌握大数据与云计算的关系。
(6) 了解物联网及其与 AI、大数据、云计算的关系。

素养目标

(1) 培养学生的创新意识和创新精神。
(2) 增强学生对新鲜事物的好奇心。
(3) 增强学生学习的主动性和自信心。
(4) 引导学生关注科技发展，养成善于观察的习惯。

第一节 计算机网络技术

一、计算机网络概述

（一）计算机网络的定义

计算机网络就是将两台以上具有独立功能的计算机，通过通信设备和线路连接起来，以实现资源共享的系统。它具有如下特点：

（1）联网的计算机可以独立运行。

（2）计算机之间通过通信线路实现信息交换。

（3）联网的目的是实现资源共享。

（二）计算机网络的分类

按分布区域的大小，计算机网络可分为局域网（LAN）、广域网（WAN）和城域网（MAN）。局域网的分布距离一般为数千米，其基本特征是由某一个组织建立与管理；广域网的地理分布范围较广，一般为数万米，其通信线路一般由通信部门提供；城域网是介于局域网和广域网之间的一种区域性网络，其分布距离小于广域网，但速率较广域网要高。

二、计算机网络的结构与组成

（一）计算机网络的一般结构

计算机网络的一般结构如图 3－1－1 所示。计算机网络一般可分为资源子网和通信子网两部分。资源子网负责网络数据处理，由主计算机、终端及有关软件组成。通信子网负责网络通信，由节点交换机、集中器、网络连接器和通信线路等组成。

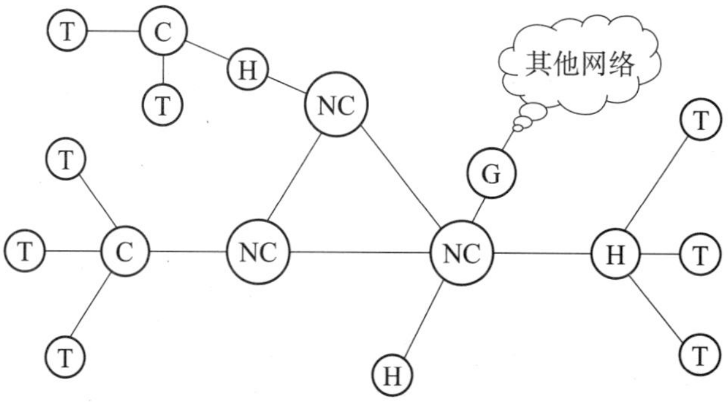

H—主计算机；T—终端；C—集中器；NC—节点交换机；G—网络连接器

图 3－1－1 计算机网络的一般结构

（二）计算机网络各组成部分的作用

（1）主计算机（Host）。主计算机（简称主机）负责数据处理和网络控制，其在网络中的角色可以是服务器或工作站。

（2）终端（Terminal）。终端是网络用户进行网络操作、实现人机对话的工具。

（3）节点交换机（Node Computer）。节点交换机负责网络中的信息传输控制。

（4）集中器（Concentrator）。集中器将多个终端集中起来，再通过远程通信线路与节点交换机或主机连接，以提高通信效率、降低费用。

（5）网络连接器（Gateway）。网络连接器用于连接其他网络，可实现不同网络信息格式、通信协议、寻址方式等的转换。

（6）网络传输线路。信息可以采用有线通信线路（双绞线、同轴电缆、光导纤维电缆）或无线通信线路（无线电、微波、通信卫星等）进行网络传输。

（三）局域网的基本组成

局域网的基本组成如图 3－1－2 所示，具体如下：

（1）网络服务器。

（2）工作站。

（3）网卡。

（4）传输介质，包括双绞线（见图 3－1－3）、同轴电缆（见图 3－1－4）和光导纤维电缆（见图 3－1－5）。

（5）网络操作系统软件。

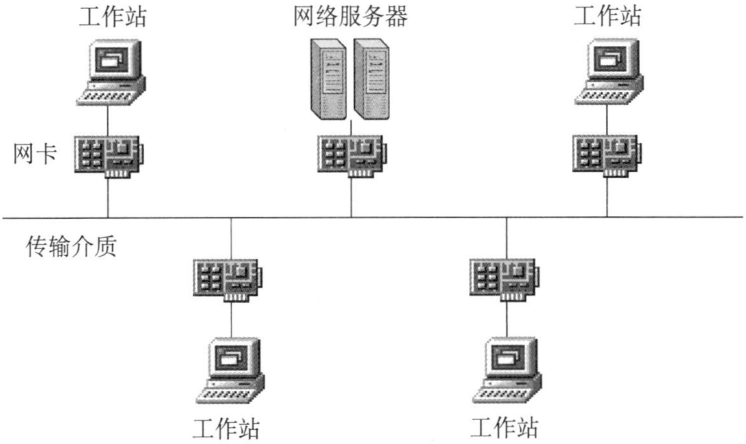

图 3－1－2　局域网的基本组成

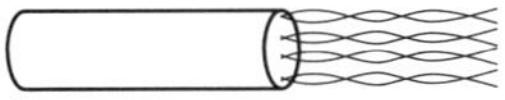

图 3－1－3　双绞线

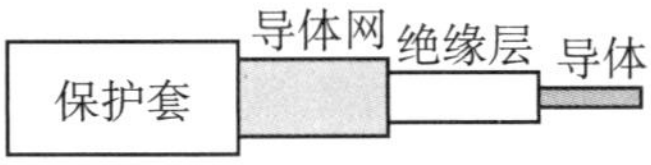

图 3－1－4　同轴电缆

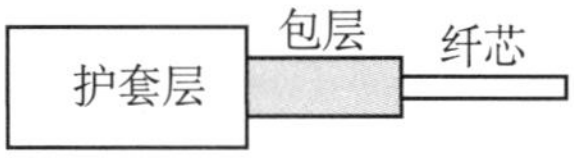

图 3－1－5　光导纤维电缆

三、计算机网络通信协议

（一）计算机网络的分层体系结构

网络技术将复杂的问题划分为若干个彼此相关的功能层次模块来处理，每个层次模块负责处理相对简单的功能，并向下一层提出服务请求。另外，每个层次模块还完成上一层提出的服务请求。这就是所谓的“分层体系结构”。

（二）国际标准化组织的 OSI 参考模型

国际标准化组织（ISO）在 1984 年公布的《开放系统互联（OSI）》国际标准已成为网络体系结构的标准。OSI 参考模型采用了如图 3－1－6 所示的七层体系结构。

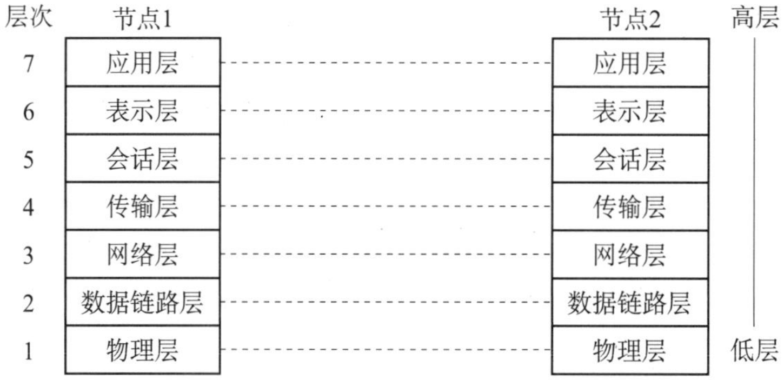

图 3－1－6　OSI 参考模型

OSI 参考模型由低层至高层分别称为物理层、数据链路层、网络层、传输层、会话层、表示层、应用层。各层的功能如下。

1. *物理层*（Physical Layer）

物理层定义硬件接口的电气特性、机械特性、应具备功能等，如多高的电压代表“1”和“0”，电缆如何与网卡连接、如何传输数据等。物理层负责提供并维护线路，检测处理争用冲突。这一层关注的问题大多是机械接口、电气接口、过程接口以及物理层以下的物理传输介质。它的任务是为上层（数据链路层）提供物理连接。

2. *数据链路层*（Data Link Layer）

数据链路层负责在两个相邻节点之间的线路上无差错地传送以帧为单位的数据。帧为数据的逻辑单位，每一帧包括数据和一些必要的控制信息（包括同步信息、地址信息、差错控制信息、流量控制信息等）。数据链路层把上一层送来的数据按照一定的格式分割成数据帧，然后将帧按顺序送出，等待由接收端送回的应答帧。数据链路层主要解决数据帧的破坏、遗失和重复发送与接收等问题。这样，数据链路层就把一条可能出错的链路转变成一条让网络层看起来不会出差错的理想链路。

3. 网络层　(Network Layer)

数据的传送单位是分组或包，网络层的任务就是要选择合适的路由器，使发送站的传输层所传下来的分组能够正确无误地按照地址找到目的站，并交给目的站的传输层。网络层具有寻址功能。通过计算机网络通信的两台计算机之间可能要经过许多节点和链路，或者要经过若干个通信子网。网络层的任务就是保证分组在源节点与目的节点之间正确传送。为了完成这一任务，网络层最主要的工作是选择合适的路由器及处理好流量控制。

4. 传输层　(Transport Layer)

信息的传送单位是报文。传输层的任务是根据通信子网的特性最佳地利用网络资源，并以可靠的方式在两个端系统（即源站和目的站）的会话层之间建立一条传输连接，透明地传送报文。或者说，传输层向上一层（会话层）提供一种可靠的端到端的服务。

5. 会话层　(Session Layer)

会话层在两个互相通信的应用进程之间建立、组织和协调其交互，进行高层通信控制。会话层可以让不同主机上的用户建立彼此间的“会话”。这一层虽不再参与数据传输，但要对数据传输进行管理。

6. 表示层　(Presentation Layer)

表示层主要解决用户信息的语法表示以及数据格式的转换问题。不同的计算机使用不同的编码来表示字符串，表示层所提供的服务是以一致的标准对数据进行编码。此外，对传送信息加密、解密也是表示层的任务之一。

7. 应用层　(Application Layer)

应用层主要是给用户提供一个良好的应用环境，不必担心网络资源如何分配等问题。它定义了某些软件所具备的功能和注意事项，如远程登录的方式、文件的传输与管理方法、信息交换的协议等。应用层为应用实体提供访问 OSI 环境的手段。在七层协议中，应用层包含的协议是最多的，且大有增长之势。如文件传送协议（FTP）、电子邮件协议等，均属于应用层协议。

第二节　Internet 基础知识

一、TCP/IP 协议标准

TCP/IP（Transmission Control Protocol/Internet Protocol）协议即传输控制协议/网际协议，它是 1969 年由美国国防部高级研究所计划署（ARPA）开发的，最初是在分布于全美各地的主机之间建立高速通信连接，实现资源共享，后来成为 Internet 的通信协议。它是最常用的一种协议，同时也是最复杂、最庞大的一种协议。它是世界标准的协议组，是为跨越局域网和广域网环境的大规模互联网络而设计的。TCP/IP 完全撇开了网络的物理特性，把任何一个能传输数据分组的通信系统都视为网络，这些网络可以是 WAN，也可以是 LAN，甚至可以是点到点的连接。这种网络的对等性（Peer to Peer）大大简化了网络互联技术的实现。TCP/IP 实际上是由许多协议组成的协议簇，但是其核心是 IP 协议。IP 协议提供主机之间的数据传送功能，其他协议提供 IP 协议的辅助功能。TCP 协议提供高可靠性的数据传送服务，主要用于一次传送大量报文。利用 TCP/IP 可以方便地实现不同硬件结构、不同软件系统的计算机之间相互通信，如 NetWare、UNIX、Windows NT，大型主机、小型机和微机等。TCP/IP 协议最早用于 UNIX 系统中，现在是 Internet 的基础协议。

TCP/IP 通信协议具有灵活性，支持任何规模的网络，几乎可连接所有的服务器和工作站。其灵活性也造成了复杂性，需要对不同网络进行不同设置，且每个节点至少需要一个 IP 地址、一个子网掩码、一个默认网关和一个主机名。但是在局域网中，微软为了简化 TCP/IP 协议的设置，在 Windows NT 中配置了一个动态主机配置协议（DHCP），可在客户端自动分配一个 IP 地址，以避免出错。

目前 Internet 上使用的 TCP/IP 协议已成为事实上的国际标准，与标准化 OSI 模型不同，TCP/IP 不是作为标准制定的，而是产生于网间网研究和应用实践中的。TCP/IP 模型由以下四个层次组成。

（一）应用层

应用层向用户提供一组常用的应用程序，如文件传输访问、电子邮件等。严格来说，TCP/IP 网间网协议只包含下三层（不含硬件），应用程序不能算 TCP/IP 的一部分。但就上面提到的常用应用程序，TCP/IP 制定了相应的协议标准，因此，也把它们作为 TCP/IP 的内容。

（二）传输层

传输层提供程序间（即端到端）的通信。其功能包括格式化信息流和提供可靠传输。为实现可靠传输，传输层协议规定接收端必须发回确认，并且假如分组丢失，必须重新发送。

传输层有以下两个传输协议：

（1）传输控制协议（TCP），它为应用程序提供可靠的通信连接，适用于一次传输大批数据的情况，并适用于要求得到响应的应用程序。

（2）用户数据报协议（UDP），它提供了无连接通信，且不对传送数据进行可靠保证，适用于一次传输少量数据，可靠性则由应用层来负责。

（三）网间网层

网间网层负责相邻计算机之间的通信。其功能包括以下方面：

（1）处理来自传输层的分组发送请求，收到请求后，将分组装入 IP 数据报，填充报头选择去往信宿机的路径，然后将数据报发往适当的网络接口。

（2）处理输入数据报。首先检查其合法性，然后进行寻址。假如该数据报已到达信宿地（本机），则转发该数据报。

(3) 处理报文路径、流量、拥塞等问题。互联协议将数据包封装成 Internet 数据报，并运行必要的路由算法。这里有四个互联协议：1) 网际协议（IP），负责在主机和网络之间寻址和路由数据包；2) 地址解析协议（ARP），获得同一物理网络中的硬件主机地址；3) 网际控制消息协议（ICMP），发送消息，并报告有关数据包的传送错误；4) 互联组管理协议（IGMP），被 IP 主机拿来向本地多路广播路由器报告主机组成员。

（四）网络接口层

网络接口层负责接收数据报并通过网络发送，或者从网络上接收物理帧。帧是独立的网络信息传输单元。网络接口层将帧放在网上，或从网上把帧取下来，抽出 IP 数据报，交给 IP 层。

二、IP 地址和域名

（一）IP 地址

IP 地址是一种标识符，用于标识系统中的某个对象的位置。在 Internet 中，每一台主机必须有一个 IP 地址，而这个 IP 地址在整个网络中必须是唯一的。

每个 IP 地址由网络地址（NetID）和主机地址（HostID）两部分组成。网络地址的长度决定了整个网间能包含多少个网络，主机地址的长度决定了每个网络能容纳多少台主机。

每个 IP 地址由 32 个二进制位构成，分 4 组，每组 8 个二进制位。实际表示中，每组以十进制数字 0～255 表示，每个组间以“.”隔开，称为点分十进制编址，例如：

202.44.102.13

102.33.2.3

19.29.50.1

常用的 IP 地址有 A 类、B 类和 C 类。它们的二进制位分布如图 3-2-1 所示。从图 3-2-1 中可以看出，A、B、C 三类地址的区别之处在第一组二进制位。

0	NetID	HostID

1	0	NetID	HostID

1	1	0	NetID	HostID

图 3-2-1　IP 地址的二进制位分布

A 类地址第一组数字的首位一定为 0。IP 地址规定第一组数字不能为 0，第一组数字中不能使用 127（十进制）。故 A 类地址的范围是 1～126（00000001～01111110），所以全世界范围内只有126个A类网络。在A类网络中，每个网络能容纳16 777 214台主机。B类地址的范围是128～191（10000000～10111111），即第一组数字的第一位一定为1，第二位一定为0。每个B类网络所能容纳的主机数量为65 534台。C类地址第一组数字的第一位一定为1，第二位一定为1，第三位一定为0，所以C类地址的范围是192～223（11000000～11011111），每个C类网络所能容纳的主机数为254台。使用点分十进制编址很容易识别IP地址属于哪一类，方法是查看第一组数字。例如：193.141.15.163是一个C类地址，184.12.15.6是一个B类地址，23.34.23.1是一个A类地址。

（二）IPv6

IPv6是互联网协议（IP协议）的第6版，是国际标准化组织IETF为解决IPv4地址枯竭而制定的下一代互联网协议版本，能够提供海量的网络地址资源和广阔的拓展空间，其地址数量号称可以为全世界的每一粒沙子编上一个地址。

2017年，中央办公厅、国务院办公室印发《推进互联网协议第六版（IPv6）规模部署行动计划》，加快了我国网络基础设施和应用基础设施升级IPv6的步伐。IPv6的广泛应用是一项系统工程，需要网络端（家庭宽带、4G和5G移动网络等）、应用端（各类App、各类网站等）、用户终端（家庭路由器、智能手机、智能家电等）三个方面都支持才可以，任何一个节点不支持，就无法享受IPv6服务。

2023年4月中央网信办、国家发展改革委、工业和信息化部联合印发的《深入推进IPv6规模部署和应用2023年工作安排》中指出：到2023年年末，IPv6活跃用户数达到7.5亿，物联网IPv6连接数达到3亿，固定网络IPv6流量占比达到15%，移动网络IPv6流量占比达到55%。网络、应用基础设施承载能力和服务质量均优于IPv4，云平台和内容分发网络IPv6服务覆盖范围持续拓展。新出厂家庭无线路由器、家庭智能组网产品、机顶盒等支持IPv6，并默认开启IPv6地址分配功能。县级以上政府门户网站全面支持IPv6，国内主要商业网站及移动互联网应用IPv6支持率达到90%，应用分发平台上架应用支持IPv6的数量明显提升。“IPv6+”创新生态和标准体系更加完善，IPv6网络安全防护能力不断巩固。

IPv6全面普及是大势所趋，代表互联网未来的发展方向。5G、物联网、云计算、无人驾驶等新兴领域的发展，都需要IPv6作为支撑，IPv6最终会取代IPv4成为主流。

（三）域名

在Internet上，所有主机都有一个“名字—地址”及“地址—名字”的映射，完成这一映射的系统称为域名系统（Domain Name System，DNS）。

完成“名字—地址”映射的过程称为正向解析，完成“地址—名字”映射的过程称为反向解析。

域名系统对名字结构做了定义：名字从左到右结构，表示的范围从小到大。这与IP地址表示的顺序正好相反。

一个域名由若干部分组成，各部分用“.”分隔，最后一部分是一级域名，也称顶级域名。例如：在www.sbs.edu.cn中，www表示服务器，sbs表示上海商学院，edu表示教育机构，cn 表示中国。

第三节　Web 开发技术

一、Web 的几个基本概念

（一）超级链接和超文本

超级链接（Hyperlink）是文件中一些特殊的文字和图形，用鼠标单击这些文字和图形时，会从一个文本跳到另一个文本。

含有超级链接的文本称为超文本（Hypertext）。超文本形式上仍然是 ASCII 文件，可以用一般的文字处理软件进行编辑、处理。

（二）HTML 与网页

HTML 是用于编写超文本文件的语言。用 HTML 编写的超文本文件称为 HTML 文件，以 . htm 或 . html 为文件扩展名。

网页（Web）是在 WWW 服务器上发布的 HTML 文件，网站的首页称为主页（Home Page）。

（三）URL 地址

URL（统一资源定位器）地址的格式为：

协议://服务器主机名.域名/目录名/…/html 文件名

（四）HTML 语言

1. HTML 文件的基本结构

HTML 文件的基本结构如下：

〈html〉
〈head〉
〈title〉HTML 文件标题〈/title〉
〈/head〉
〈body〉HTML 文件内容〈/body〉
〈/html〉

HTML 文件以〈html〉开头，以〈/html〉结束，主要包括两个部分，即头部和主体。

2. 常用的 HTML 标记

段落标记〈p〉和〈/p〉；字体变换标记〈font〉和〈/font〉；超级链接标记〈a href〉和〈/a〉；插入图片标记〈img〉和〈/img〉。

（五）Java 和 Java Applet

Java 应用于网页中的程序称为 Java Applet，嵌入 HTML 中的 Applet 在 Web 服务器端被编译成字节代码，通过网络传送到客户端；在客户端，浏览器除了要支持 HTML 外，还要附加一个 Java 字节码的解释器，以解释执行包含 Java 字节码的 HTML 文件。

JavaScript 是一种解释性编程语言，可由浏览器直接解释执行；JavaScript 还是一种脚本语言，用 JavaScript 编写网页程序，不需要有很丰富的编程经验。

VBScript 也是一种脚本语言，不过，VBScript 只能用于微软的 IE 浏览器和 IIS 服务器端，其他服务器和浏览器不一定支持 VBScript。

（六）CSS

CSS（Cascading Style Sheets，层叠样式表）与 HTML 一样，也是一种标记语言，甚至其很多属性都来源于 HTML。利用 CSS 技术可以对页面的布局、字体、颜色、背景和其他效果实现更加精确的控制。

将样式表加入 HTML 文件中的方法有很多，最简单的方法是使用 HTML 的 STYLE 标记，将样式表放置于文件的 Head 部分。

（七）HTML5

HTML5 是 HTML 标记语言的第五次重大修改版。2014 年 10 月 29 日，万维网联盟公开发布 HTML5 标准规范。HTML5 的设计目的是在移动设备上支持多媒体。新的语法特征被引进以支持这一点，如 video、audio 和 canvas 标记。HTML5 还引进了新的功能，可以真正改变用户与文档的交互方式。HTML5 是开放 Web 标准的基石，是一个完整的编程环境，适用于跨平台应用程序、视频和动画、游戏和其他数字内容发布工具等。支持 HTML5 的浏览器包括国外的 Firefox（火狐浏览器）、IE9 及其更高版本、Chrome（谷歌浏览器）、Safari、Opera 等，国内的傲游浏览器（Maxthon）、360 浏览器、搜狗浏览器、QQ 浏览器、猎豹浏览器等。

二、企业电子商务网站技术

（一）企业电子商务网站的体系结构

企业电子商务网站是企业开展电子商务的基础设施和信息平台，是实施企业或商家与服务对象之间的交互页面，是电子商务系统运转的承担者和表现者。其体系结构如图 3－3－1 所示。

（二）客户端与服务器端技术

客户端技术包括以下技术语言与标准：HTML 技术、JavaScript 技术、CSS 技术、XML 技术、WAP 与 WML 技术。服务器端技术包括以下技术语言与标准：ASP 技术、PHP 技术、JSP 技术、CFM 技术。

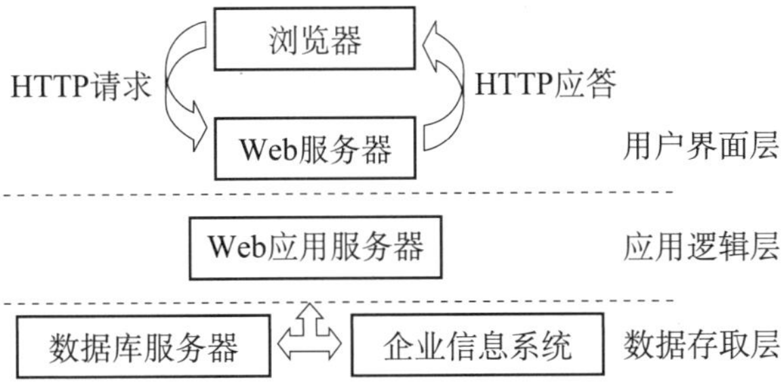

图 3－3－1　企业电子商务网站的体系结构

（三）动态网页技术

1. ASP

ASP（Active Server Pages）是微软开发的一套服务器端脚本环境，通过 ASP 可以结合 HTML 网页、ASP 指令和 ActiveX 元件，建立动态、交互且高效的 Web 服务器应用程序。有了 ASP 就不必担心客户的浏览器能否运行所编写的代码，因为所有的程序都将在服务器端执行，包括所有嵌入普通 HTML 中的脚本程序。当程序执行完毕后，服务器仅将执行的结果返回给客户浏览器，这样就减轻了客户端浏览器的负担，大大提高了交互的速度。

2. PHP

PHP（Hypertext Preprocessor，超文本预处理器）是一种被广泛应用的开放源代码的多用途脚本语言，它可嵌入 HTML 中，尤其适合 Web 开发。PHP 具有如下特点：易学易用、运行速度快、跨多个平台、完全免费以及拥有强大的数据库支持功能、先进的扩展功能等。

三、Web 与数据库连接技术

（一）数据库知识

（1）数据：对事物、事件、活动、交易等的基本描述，可被记录、分类和存储。形式上可以是数字、文字、图形、声音和图像。

（2）信息：对接收者有意义和价值的数据，通过解释可以从中获得结果和提示。数据是信息的载体，信息是数据的语义解释，知识需表达成数据进行处理和传播。

（3）数据管理：数据的收集、整理、组织、存储、维护、检索和传送等操作。

（4）数据库（DB）：统一管理的相关数据。

（5）数据库管理系统（DBMS）：管理和控制数据库访问的软件系统。提供数据库的建立、查询、更新和各种数据控制，可分为层次型、网状型、关系型、面向对象型。

（二）SQL Server

SQL Server 是微软公司开发的一个关系数据库管理系统，以 Transact-SQL 作为它的数据库查询和编程语言。Transact-SQL 是结构化查询语言 SQL 的一种，支持 ANSI SQL-92 标准。

（三）数据库与 Web 集成的方法

一般的数据库应用包括四部分内容：数据库、事务逻辑、应用逻辑、用户页面。

1. 客户端/服务器（C/S）结构

在基于网络的数据处理中，客户端/服务器（Client/Server，C/S）两层计算模式具有里程碑的意义，其基本结构如图 3-3-2 所示。客户端提供用户界面、运行逻辑处理应用，数据库服务器接受客户端 SQL 语句并对数据库进行查询，然后返回查询结果。用一个形象的比喻来描述就是：服务器端像一个仓库，主要功能是存储原材料和成品，但并不进行加工，而客户端就像最后的加工车间，完成从原料到成品的整个制造过程，然后将成品存储到仓库。业务的处理逻辑主要在客户端执行，因此这种结构也称胖客户端（Fat Client）结构。其优点是：结构简单，开发和运行的环境简单。

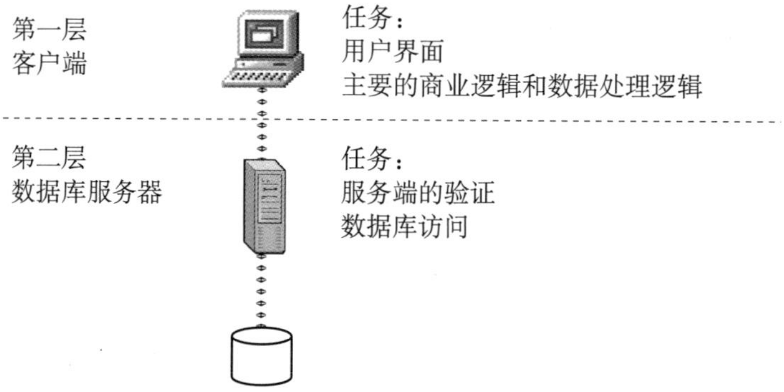

图 3-3-2　客户端/服务器计算模式的两层基本结构

2. 浏览器/服务器（B/S）结构

因为在系统拓展性、维护成本、数据安全性和应用间通信功能障碍等方面存在原生性问题，传统的两层数据处理结构在应用中已是捉襟见肘、力不从心。在这样的背景下，三层数据计算结构应运而生。目前普遍采用的是以浏览器作为瘦客户端（Thin Client）的三层结构，如图 3-3-3 所示。

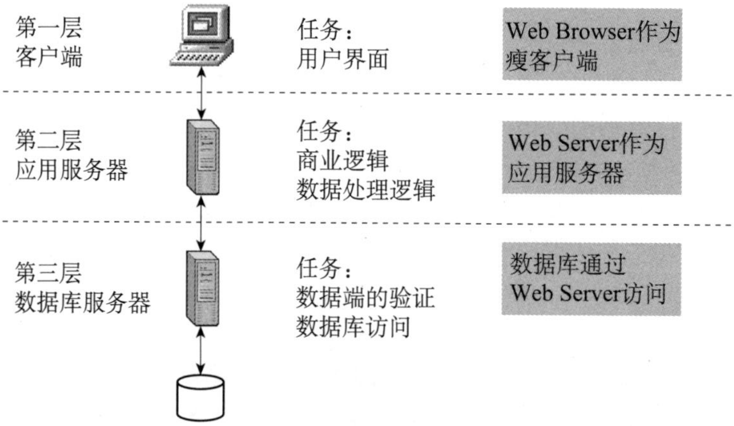

图 3-3-3　浏览器/服务器的三层结构

三层结构在传统的两层结构的基础上增加了应用服务器，将应用逻辑单独进行处理，从而使得用户页面与应用逻辑位于不同的平台上，两者之间的通信协议由系统自行定义。通过这样的结构设计，应用逻辑被所有用户共享，这是两层结构应用软件与三层结构应用软件之间最大的区别。

如图 3－3－4 所示，Web Server 对数据库的访问是通过公共网关接口（Common Gateway Interface，CGI）程序或脚本语言来实现的，CGI 定义了 CGI 程序与 Web Server 传递信息的方式，即将 Web 和 DBMS 连接的问题转换成 CGI 脚本程序与 DBMS 相连的问题。

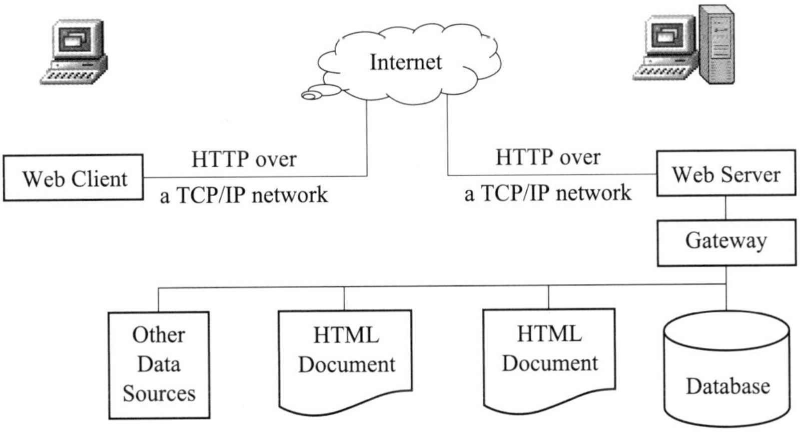

图 3－3－4　通过 CGI 实现 Web 和 DBMS 的集成

第四节　电子商务安全技术

一、信息系统安全概述

（一）信息安全技术概述

信息安全技术主要保护数据免受未授权的泄露、篡改和损坏，主要包含数据保密性（Secrecy）、数据真实性（Authenticity）、数据完整性（Integrity）等内容。确保信息安全的技术措施可分为访问控制技术和密码技术两大类。其中，访问控制技术是对访问的申请、批准、执行、撤销全过程进行控制，以确保只有合法用户的合法访问才给予批准，而且被批准的用户也只能进行已授权的活动。

（二）电子商务中存在的安全威胁

（1）非法入侵者的侵入，造成商务信息被篡改、盗窃或丢失。

（2）商业机密在传输过程中被第三方获悉，甚至被恶意窃取、篡改或破坏。

(3) 虚假身份的交易对象及虚假订单、合同。

(4) 贸易对象的抵赖。

(5) 计算机系统故障对交易过程和商业信息安全造成破坏。

(三) 电子商务系统安全所涉及的因素

电子商务系统安全包括实体安全、运行安全、信息安全和人员安全四个方面的内容。

1. 实体安全

在电子商务系统中，计算机及相关设备、设施（含网络）统称为电子商务系统的“实体”。实体安全是指保护计算机及相关设备、设施（含网络）和其他媒体免遭地震、水灾、火灾、有害气体和其他环境事故（如电磁污染等）破坏的措施、过程。实体安全包括环境安全、设备安全和媒体安全三个方面。

2. 运行安全

电子商务系统的运行安全包括系统风险管理、审计跟踪、备份与恢复、应急四个方面。电子商务系统的运行安全是电子商务系统安全的重要环节，其目标是保证系统能连续、正常地运行。

3. 信息安全

电子商务系统的信息安全是指防止信息财产被故意或偶然非法授权、泄露、更改、破坏或被非法系统辨识、控制，即确保信息的保密性、完整性、可用性、可控性。针对电子商务系统中信息的存在形式和运行特点，信息安全可以包括操作系统安全、数据库安全、网络安全、病毒防护、访问控制、加密和鉴别七个方面。

4. 人员安全

人员安全主要是指计算机内部使用人员的安全意识、法律意识、安全技能等。现阶段电子商务发展面临的最大问题是如何保障电子商务过程中的安全性。交易安全是网上贸易的基础和保障，也是电子商务技术的难点。近年来，国际上已采取了一系列措施来解决网上交易的安全性问题。

(四) 电子商务的安全性需求

1. 信息传输的保密性

交易中的商务信息有保密的要求。例如：信用卡的账号和用户名被人知悉就可能被盗用，订货和付款的信息被竞争对手获悉就可能失去商机。因此，在电子商务的信息传播中一般都有加密的要求。

2. 交易者身份的确定性

网上交易的双方很可能素昧平生，相隔千里。要使交易成功，先要确认对方的身份，对商家而言，要判断客户是不是骗子，而客户也会担心网上商店会不会是一个弄虚作假的黑店。因此，能方便而可靠地确认对方的身份是交易的前提。

3. 交易的不可否认性

由于商情的千变万化，交易一旦达成是不能被否认的，否则必然会损害一方的利益。

4. 交易文件的不可修改性

交易的文件是不可被修改的，如果能改动文件内容，那么交易本身便是不可靠的，客户或商家可能会因此蒙受损失。电子交易文件要做到不可修改，以保障交易的严肃性和公正性。

保证网络安全的四大要素，即信息传输的保密性、交易者身份的确定性、交易的不可否认性、交易文件的不可修改性，主要靠数字证书来实现。

要确保电子商务的安全，使电了交易安全、稳妥，必须综合采取各种措施，除法律、行政、教育及管理等措施外，最重要的是要采取技术保护措施。

密码技术

二、数据加密技术

（一）密码技术

密码技术的基本思想是伪装信息和隐藏信息的真实内容，以使未授权者不能理解信息的真正含义，起到保密的作用，也就是对信息进行一组可逆的数学变换。

（1）伪装前的信息称为明文（Plaintext）。

（2）伪装后的信息称为密文（Ciphertext）。

（3）伪装信息的过程称为加密（Encryption）。

（4）加密在加密密钥（Key）的控制下进行。

用于对数据加密的一组数学变换称为加密算法（Encryption Algorithm）。发信者将明文数据加密成密文，然后将密文传递。被授权的接收者收到密文后，进行与加密变换相逆的逆变换，即加密的逆过程，将密文再还原为明文，这一过程称为解密（Decryption）。解密是在解密密钥（Key）的控制下进行的，用于解密的这组数学变换称为解密算法（Decryption Algorithm）。加密与解密过程如图 3－4－1 所示。

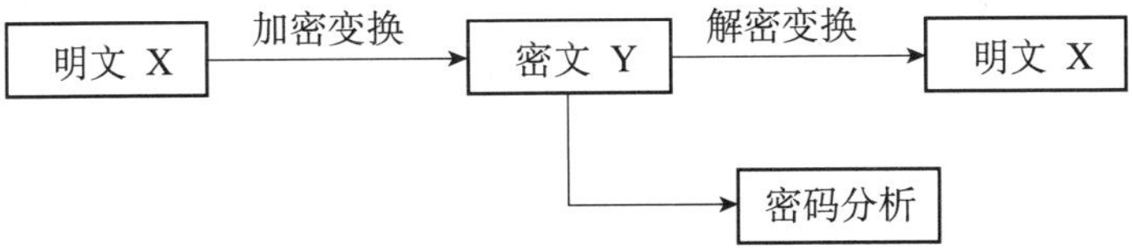

图 3－4－1　加密与解密过程

（二）常见的数据加密方法

1. 替换（Substitution）加密算法

这是一种比较传统的加密算法，加密时每一个字母都被替换成另一个字母，例如：

明文：a b c d e f g h i j k l m n o p q r s t u v w x y z

密文：q w e r t y u i o p a s d f g h j k l z x c v b n m

这样，attack 就被加密成 qzzqea。

上述例子中，密钥长度是 26。如果单就密钥而言，加密强度是比较强的，因为密钥共有 26！个组合。但是这种加密实际上是十分容易被破译的（只要密文长度适当），破译方法采用自然语言的统计特性，在英语中每一个字母都有一定的出现频率，破译时只要对密文的每一个字母进行频率统计，对照自然语言的字母频率，就可以十分方便地进行破译。

2. 变换 （Transposition） 加密算法

这是一种传统的加密算法，在这种算法中，字母并没有被替换成另一个字母，而是把字母出现的位置进行变换。

例如，密钥是 megabuck，对 “pleasetransferonemilliondollarstomyswissbankaccountsixtwotwo”进行加密，加密过程如下（一行不满时用 abcde 等填写）：

megabuck74512836pleasetransferonemilliondollarstomyswissbankaccountsixtwotwoabcd

加密时按列书写，次序按字母顺序。上述明文加密后的密文为：

afllsksoselawaiatoossctclnmomantesilyntwrnntsowdpaedobuoeriricxb

变换加密算法的破译也不难，有兴趣的同学可以自己查找资料研究一下。

3. 古老的加密算法

这种加密就是将明文字母向后移位形成密文。例如：当密钥为 3 时，明文与密文的对应关系如图 3－4－2 所示。

A	B	C	D	E	F	G	H	I	J	K	L	M	N	O	P	Q	R	S	T	U	V	W	X	Y	Z
D	E	F	G	H	I	J	K	L	M	N	O	P	Q	R	S	T	U	V	W	X	Y	Z	A	B	C

图 3－4－2　明文与密文的对应关系

例如：

明文：I L O V E Y O U

密文：L O R Y H B R X

加密算法是将明文字母后移 3 位，解密就是将密文字母前移 3 位，3 就是加、解密的密钥，由它控制加、解密的进行。

（三）密码体制

1. 密码体制的构成

密码体制（Crytosystem）也称密码系统，是指一个加密系统所采用的基本工作方式。密码体制由五个部分组成：

（1）明文空间。它是全体明文的集合。

（2）密文空间。它是全体密文的集合。

（3）密钥空间。它是全体密钥的集合。

（4）加密算法。用到的加密变换。

（5）解密算法。用到的解密变换。

2. 密码体制的分类

根据密钥可以将密码体制分为单密钥密码体制（One-key System，也称对称密码体制或传统密码体制）和双密钥密码体制（Two-key System，也称非对称密码体制或公开密钥密码体制）。

（1）单密钥密码体制。

单密钥密码体制的加密密钥和解密密钥相同，或者虽然不相同，但是由其中一个可以很容易地推导出另一个。对数据进行加密的单密钥系统如图 3-4-3 所示。在这种体制中，信息拥有者（发送方）和被授权者（接收方）拥有的是相同或可互推的密钥，因此必须基于共同保守秘密来实现系统的保密。若一方泄露了密钥就必须停止该密钥的使用。典型的单密钥密码算法有数据加密标准（Data Encryption Standard，DES）和国际数据加密算法（International Data Encryption Algorithm，IDEA）。

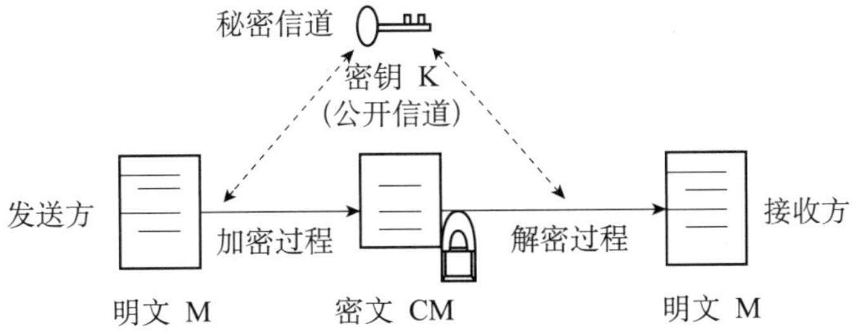

图 3-4-3　单密钥系统

单密钥密码体制具有加、解密速度快和安全强度高等优点。单密钥密码算法存在的弊端主要有：

1）要求提供一条安全的秘密渠道，使交易双方在首次通信时协商一个共同的密钥，这样一来，秘密渠道的安全性就是相对的。

2）单密钥密码体制最大的问题是密钥的分发和管理非常复杂，代价高昂。

3）对称密钥的管理和分发对安全可靠性的要求很高，潜在的隐患也很大。

4）单密钥密码算法无法实现数字签名。

（2）双密钥密码体制。

双密钥密码体制是在试图解决对称加密面临的两个最突出的问题时诞生的，即密钥分配和数字签名。双密钥密码体制中，用户掌握两个不同的密钥：一个是可以公开的，作为加密密钥（常称公钥）；另一个是秘密的，作为解密密钥（常称私钥）。公开的密钥可以作为公用信息发布出来，供任何希望与该用户通信的实体取得。因此，这种密码体制又称公开密钥密码体制（简称公钥密码体制）。

在双密钥密码体制中，用户 A 若想和用户 B 进行保密通信，就可以将其要保密的信息用用户 B 的公开密钥对信息进行加密，再将加密好的信息传递给 B，用户 B 用自己的解密密钥将信息解密，得到明文，如图 3－4－4 所示。

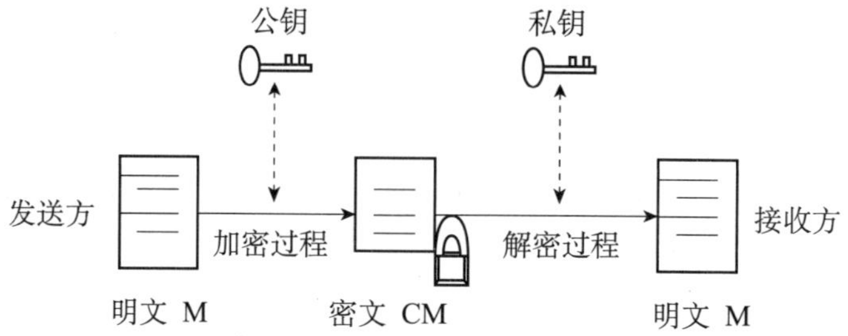

图 3－4－4　双密钥系统

1）典型的双密钥密码体制算法。

● RSA 公钥密码算法。RSA 体制被认为是当前理论上最为成熟的一种公钥密码体制，是目前应用最为广泛的公钥系统。

● ECC 加密密钥算法。ECC 主要基于离散对数的计算困难性。

● PGP 公钥加密算法。PGP 是 Internet 上应用最为广泛的一种基于 RSA 公钥加密体制的混合加密算法。

2）双密钥密码体制的特点。

优点：通信双方可以在不安全的媒体上交换信息，安全地达成一致的密钥，不需要共享通用的密钥，用于解密的私钥不需要发往任何地方，由于没有与公钥相匹配的私钥，公钥在传递与发布过程中即使被截获，交易双方也不用担心信息泄露。简化了密钥的管理，网络中有 N 个用户进行通信加密，仅需要使用 N 对密钥就可以了。

缺点：加密算法复杂，加密和解密的速度比较慢。

（四）数字信封原理

数字信封原理如图 3－4－5 所示。

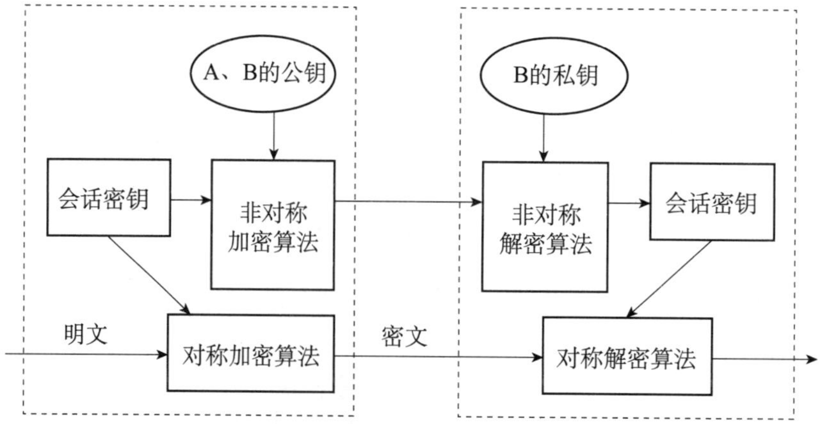

图 3－4－5　数字信封原理

（1）A 生成一随机的对称密钥，即会话密钥。

（2）A 用会话密钥加密明文。

（3）A、B 的公钥加密会话密钥。

（4）A 将密文以及加密后的会话密钥传送给 B。

（5）B 使用自己的私钥解密会话密钥。

（6）B 使用会话密钥解密密文，得到明文。

（五）DES 算法

DES（Data Encryption Standard）是美国国家标准局（NBS）于 1977 年颁布的数据加密标准算法，是一种分组密码技术，是对称密码体制的优秀算法。

分组密码属于对称密码体制，即其加密密钥和解密密钥相同或可以互推。分组密码技术的工作方法是将要加密的明文分为固定长度的组，如 64 位为一组，然后按照同一密钥和算法对每一个明文组进行加密得到密文组，密文组组合成为密文。解密时将密文组和密钥通过解密算法，还原成明文组，组合得到明文。分组密码原理如图 3－4－6 所示。

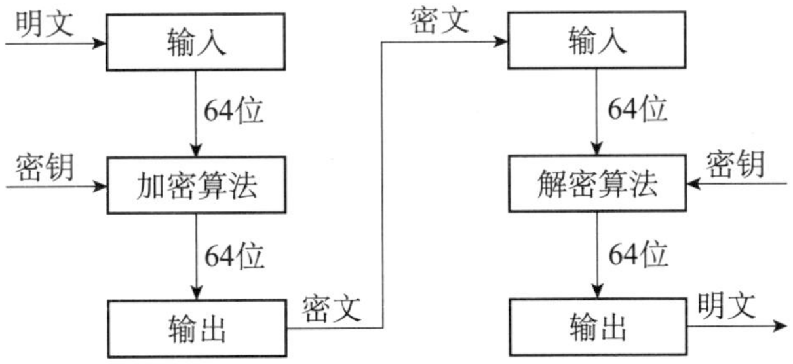

图 3－4－6　分组密码原理

分组密码中最著名的两个分组密码算法是 DES 数据加密标准和 IDEA 国际数据加密算法。

（六）RSA 算法

1976 年，美国斯坦福大学的两位研究人员提出了一种全新的密码体制。这个体制中，加密密钥和解密密钥不同，而且解密密钥不能从加密密钥获得。假设明文为 P，加密法为 E（包括密钥），解密法为 D（包括密钥），要求满足以下三个条件：第一，D［E（P）］＝P；第二，从 E 推导 D 是极困难的；第三，E 不能通过部分明文来破解。

在这三个条件下，没有理由便不能公开加密密钥。

最著名的算法是 1978 年由麻省理工学院的一个研究小组发明的，该算法以这个研究小组成员名字（Rivest、Shamir、Adleman）的首字母命名，称为 RSA 算法，其基础是数论的一些原则。RSA 密码基于数论中的大数因子分解这个数学难题的算法，应用的基本原理是：两个大的素数（质数）相乘之后得到一个大数，在不知两个素数的情况下分解这个大数非常困难，至今也没有有效的算法可以解决。

密钥对的生成可以通过先生成私钥（素数），再由其得到公钥（大数）的方法。这样，在知道公钥的情况下，大数分解是数学难题，因此无法算出私钥，保证了私钥的保密性，也就保证了用公钥加密的信息的保密性。RSA 的安全性基于大数因子分解，也就是说，虽然公开了加密密钥（公钥），但要想由它求得解密密钥（私钥），必须对大数进行因子分解，只要大数足够大，那么分解是非常困难的，而且大数越大，被破译的可能性就越低，这样就保证了信息的保密性。大数长度应大于 512 位，商用的一般为 1 024 位。一般 RSA 只用于少量数据的加密。在实际应用中，通常不采用 RSA 算法对信息量大的信息（如大的 EDI 交易）进行加密，对于加密量大的应用，公开密钥加密算法通常用于对称加密方法密钥的加密，然后由对称密钥对数据加密（数字信封原理）。

1. RSA 算法的实现原理

节点 B 随机生成密钥 e 作为公钥，再由 e 计算出另一密钥 d 作为私钥。对于巨大的质数 p 和 q，计算乘积 $n=p\times q$ 虽非常简便，但逆运算则非常难，如图 3-4-7 所示。

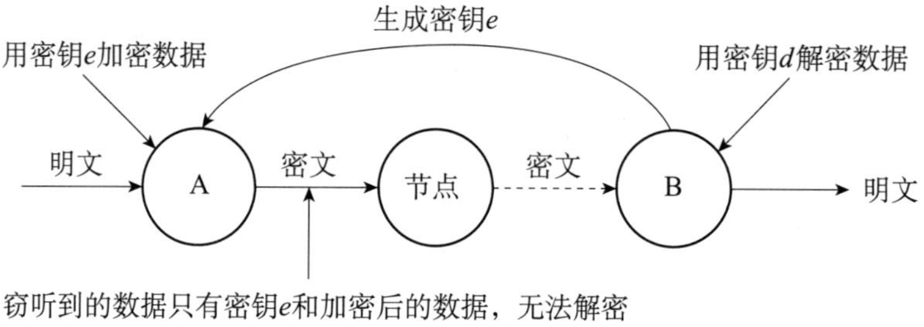

图 3-4-7　RSA 算法的实现原理

2. RSA 密钥的生成体制

生成两个大素数 p 和 q，计算 $n=p\times q$。

计算 $z=(p-1)\times(q-1)$，并找出一个与 z 互质的数 e。

利用欧拉函数计算出 e 的逆，使其满足：$e\times d \bmod (p-1)(q-1)=1$，mod 为模运算；$de=1 \bmod z$。

公钥 PK＝（n，e），用于加密，可以公开。

私钥 SK＝（n，d），用于解密，必须保密。

加密：设 m 为要传送的明文，利用公钥（n，e）加密，c 为加密后的密文，则加密公式为：$c=m^e \bmod n\ (0\leqslant c<n)$。

解密：利用私钥（n，d）解密，则解密公式为：$m=c^d \bmod n\ (0\leqslant m<n)$。

3. 举例

例 1：

选取 $p=11$，$q=13$，则 $n=p\times q=143$，$z=(p-1)\times(q-1)=10\times 12=120$。

选取 $e=17$（大于 p 和 q 的质数），计算其逆，$d=17^{142} \bmod 143=113$。

那么，公钥 PK 为（143，17），私钥 SK 为（143，113）。

例 2：

（1）选两个质数：$p=47$，$q=71$（为了计算方便，只选取十位数，实际加密时应该选取 100 位以上十进数的质数）。

（2）计算：$n=p\times q=47\times 71=3\,337$，$z=(47-1)\times(71-1)=3\,220$。

（3）e 必须与 z 互质，选 $e=79$。

（4）计算：$e\times d=1 \bmod z=1 \bmod (3\,220)$，得出 $d=1\,019$，这是因为 $1\,019\times 79=$

$3\ 220 \times 25+1$。

然后将 $e=79$ 和 $n=3\ 337$ 公布，$d=1\ 019$ 保密，p、q 销毁即可。

如有一明文 $m=6882326879666683$，加密过程如下：

先将 m 分割成多块：$m_1=688$，$m_2=232$，$m_3=687$，$m_4=966$，$m_5=668$，$m_6=3$，将第 1 块 m_1 加密后得密文 $C_1=m_1^e\ (\mathrm{mod}\ 3\ 337)=688^{79}\ (\mathrm{mod}\ 3\ 337)=1\ 570$，依次对各区块加密后得密文 $C=15702756271422762423158$。

解密过程如下：

对 C_1 解密得 m_1：$m_1=C_1^d\ (\mathrm{mod}\ 3\ 337)=1\ 570^{1019}\ (\mathrm{mod}\ 3\ 337)=688$。

依次解密得原文 m。

例 3：

设用户 A 需要将明文信息“HI”通过 RSA 加密传递给用户 B，其操作过程如下：

（1）设计密钥（e，r）和（d，r）。

令：$p=5$，$q=11$，取 $e=3$；

计算：$r=p\times q=5\times 11=55$；

求得：$z=(p-1)\times(q-1)=(5-1)\times(11-1)=40$；

计算：由 $e\times d=1\ (\mathrm{mod}\ z)$，即 $3\times d=1\ (\mathrm{mod}\ 40)$，可得 $d=27$。

至此，得到公钥（e，r）为（3，55），私钥（d，r）为（27，55）。

（2）加密处理。

将明文信息数字化，并按每块两个数字进行分组。假定明文编码为：空格=00，$A=01$，…，$Z=26$，则数字化后的明文信息为 08、09。

用加密密码（3，55）将明文加密。由 $C=me\ (\mathrm{mod}\ r)$ 得：

$C_1=m_1^e\ (\mathrm{mod}\ r)=(08)^3\ (\mathrm{mod}\ 55)=17$。

$C_2=m_2^e\ (\mathrm{mod}\ r)=(09)^3\ (\mathrm{mod}\ 55)=14$。

因此，得到的密文信息为 17、14。

（3）恢复明文。

用户 B 收到密文后，对其进行解密处理：$m=Cd\ (\mathrm{mod}\ r)$，即

$m_1=C_1^d\ (\mathrm{mod}\ r)=17^{27}\ (\mathrm{mod}\ 55)=08$。

$m_2=C_2^d\ (\mathrm{mod}\ r)=14^{27}\ (\mathrm{mod}\ 55)=09$。

用户 B 得到的明文信息为 08、09，将其转化为源码即为“HI”。

很难由公钥（e，r）推导出私钥 d，如果能够将 r 分解为 p 和 q，那么就能得到私钥 d。因此，整个 RSA 的安全性建立在大数分解很难这一假设的基础之上。

4. RSA 的实用性

RSA 的安全性及运算量寻求有效的因数分解的算法是击破 RSA 公开密钥密码系统的关键。因此，选取大数 n 是保障 RSA 算法的一种有效办法。RSA 实验室认为 512 位的 n 已不够安全，个人应用需要用 768 位的 n，其运算量远大于对称算法。

5. RSA 的缺点

密钥生成受到素数产生技术的限制，因而难以做到一次一密。安全性有欠缺，没有从

理论上证明破译 RSA 的难度与大数分解难度等价。另外，目前人们正在积极寻找攻击 RSA 的方法。如攻击者将某一信息进行伪装，让拥有私钥的实体签署，然后经过计算就可得到他所想要的信息。RSA 的速度较慢，而且能处理的数据最多只能有其密钥的模数大小。

6. 重要概念

（1）互质：对两个整数 a 和 b，若两个数的最大公因子只有 1，就称 a 和 b 互质。

例如：数 6 和 11 互质，数 7 和 142 互质。

（2）mod：求出两数相除的余数。

格式：mod（number，divisor）。number 代表被除数，divisor 代表除数。

例如：mod（13，4）＝1。

（3）模 p 乘法逆元（费马小定理）：对于整数 a、p，如果存在整数 b，满足（$a\times b$）mod $p=1$，则说，b 是 a 的模 p 乘法逆元，$b=a^{p-1}\bmod p$。其中 $a^{p-1}\bmod p$ 是 a 的模 p 乘法逆元。

例如：整数 $a=7$，$b=?$，$p=120$，则 $b=7^{119}\bmod 120=103$，是 a 的逆元。

三、数字签名与数字时间戳

（一）数字签名的定义

数字签名的应用

数字签名也称电子签名，是指使用密码算法，对发送的数据进行加密处理，生成一段数据摘要信息，附在原文上一起发送，这段信息类似于现实中的签名或印章，接收方收到签名后进行验证，判定原文的真伪（是否由真实发送方发送）。数字签名应该具有如下功能：

（1）签名者事后不可否认自己的签名。

（2）任何其他人不能伪造签名。

（3）若当事双方出现争执，可以由公正的第三方通过验证确认签名的真伪。

（二）用公钥算法实现数字签名

用公钥密码体制实现数字签名的原理非常简单，如果 A 要发送一篇需要数字签名的文件给 B，只需如下步骤：A 用其私钥对要进行签名的数据加密，这就是签名；将信息传送给 B；B 从公钥库中得到 A 的公钥，用公钥将 A 发来的信息解密，若可读且符合一定要求，B 便可据此确认该信息由 A 发出并有效。

数字签名根据加密信息的不同分为两种：一种是对信息整体的签名；另一种是对摘要信息的签名。

1. 对信息整体的数字签名

将要发送的信息用私钥加密得到数字签名，然后将原文与数字签名一起发给接收方，接收方收到信息后，用发送方的公钥将签名信息解密并与原文比较，若签名可解密并且与发来的原文一致即可证明该发送方的身份和数据的可靠性，如图 3－4－8 所示。这种方法多用于短小信息的签名。

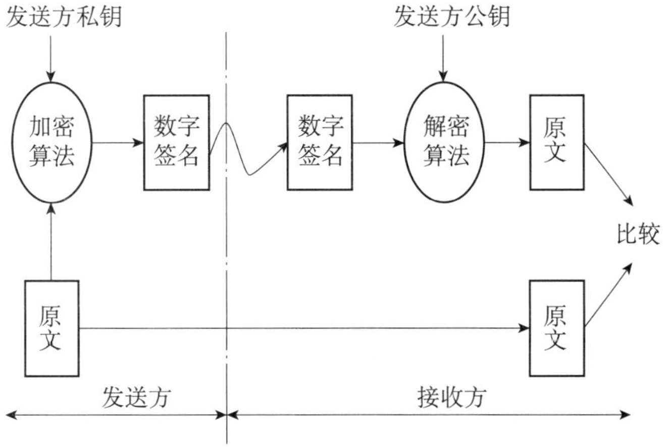

图 3-4-8　对信息整体的数字签名

2. 对摘要信息的数字签名

对摘要信息（也称压缩信息）进行签名的方法是先根据算法对原文信息进行加密压缩形成数据摘要，然后用发送方私钥对数据摘要加密形成签名，发送给接收方，接收方收到信息后，对签名信息解密，同时使用发送方压缩摘要的算法对收到的原文进行重新压缩，将压缩结果与签名解密的结果进行对比，若一致则可证明该发送方的身份和数据的可靠性，如图 3-4-9 所示。具体的压缩算法常用 Hash 单向函数生成 128 位散列值（也称报文摘要）。

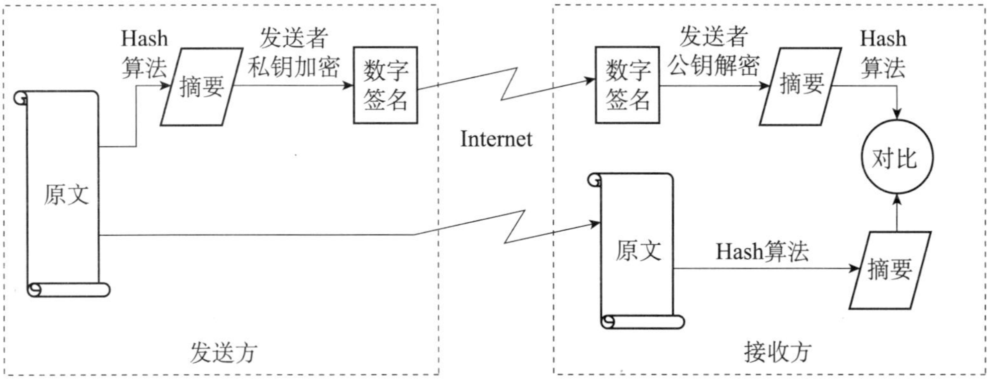

图 3-4-9　对摘要信息的数字签名

对摘要信息的数字签名的具体做法是：

（1）将报文按双方约定的 Hash 算法计算得到一个固定位数的报文摘要。在数学上保证，只要改动报文中任何一位，重新计算出的报文摘要值就会与原先的值不相符。这样就保证了报文的不可更改性。

（2）将该报文摘要值用发送者的私钥加密，然后连同原报文一起发送给接收者，所产生的报文即数字签名。

（3）接收方收到数字签名后，用同样的 Hash 算法计算报文摘要值，然后用发送者的公钥进行解密，与解开的报文摘要值相比较，如一致则说明报文确实来自所称的发送者。

（三）数字时间戳

在电子商务交易中，需要对交易文件的日期和时间信息采取安全措施，而数字时间戳（Digital Time-stamp Service，DTS）就是为电子文件发表时间所提供的安全保护和证明。DTS 是网上安全服务项目，由专门的机构提供。

（1）DTS 解决了电子商务交易中文件签署的日期和时间信息的安全问题。

（2）DTS 提供了电子文件发表时间的安全保护。

（3）Time-stamp 是一个经加密后形成的凭证文档，包括如下内容：

1）需加 Time-stamp 的文件的摘要。

2）DTS 收到文件的日期和时间。

3）DTS 的数字签名。

获得数字时间戳的过程如图 3－4－10 所示。

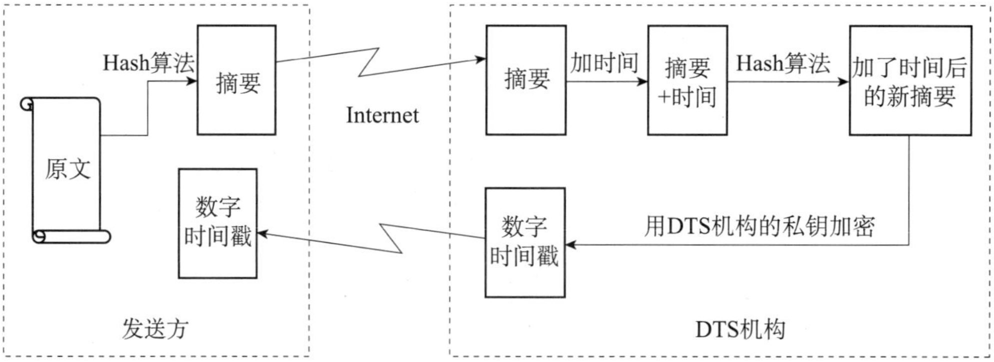

图 3－4－10　获得数字时间戳的过程

数字时间戳的产生过程是这样的：用户首先将需要加数字时间戳的文件用 Hash 编码加密形成摘要，然后将这个摘要发送到 DTS 机构，DTS 机构在加入了收到文件摘要的日期和时间信息后，再对这个文件加密（数字签名）并送回给用户。书面文件的时间是由签署人自己写上的，而数字时间戳则不然，它是由认证单位 DTS 机构来加的，以 DTS 机构收到文件的时间为依据。

四、数字证书与 CA 认证

（一）数字证书的定义

数字证书（Digital Certificate 或 Digital ID）又称数字凭证，是指用电子手段来证实一个实体的身份及其公钥的合法性，并将实体身份与公钥绑定。它是一个数字标识，可以实现身份的鉴别认证、完整性、保密性和不可抵赖等安全要求，是公钥的管理媒介，公钥的分发、传送等都是靠数字证书来完成的。目前，数字证书的格式一般采用 X. 509 国际标准，它是由权威机构——CA 机构发行的。

数字证书采用公钥密码体制，每个用户拥有一把仅为本人所掌握的私钥，用它进行信息解密和数字签名；用户同时拥有一把公钥，并可以对外公开，用于信息加密和签名验证。数字证书可用于：发送安全电子邮件、访问安全站点、网上证券交易、网上采购招标、网上办公、网上保险、网上税务、网上签约和网上银行等安全电子事务处理和安全电子交易活动。最简单的证书包含一个公开密钥、名称以及证书授权中心的数字签名。

（二）数字证书的内容

一般情况下，数字证书中还包括密钥的有效时间、发证机关（证书授权中心）的名称、该证书的序列号等信息，数字证书的格式遵循 X. 509 国际标准。一个标准的 X. 509 数字证书包含以下内容（见图 3－4－11）：

（1）证书的版本信息。

（2）证书的序列号。每个用户都有唯一的证书序列号。

（3）证书所使用的签名算法。

（4）证书的发行机构名称。命名规则一般采用 X. 400 格式。

（5）证书的有效期。现在通用的证书一般采用 UTC 时间格式，它的计时范围为 1950～2049。

（6）证书所有人的名称。命名规则一般采用 X. 400 格式。

（7）证书所有人的公开密钥。

（8）证书发行者对证书的签名。

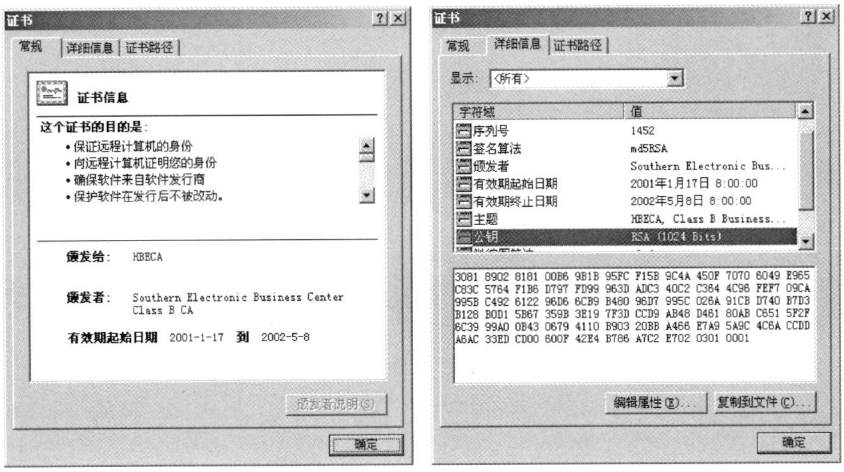

（a）　　　　（b）

图 3－4－11　数字证书的内容

此外，X. 509 证书格式还预留了扩展空间，用户可以根据自己的需要进行扩展。基于 X. 509 证书的认证实际上是将人与人之间的信任转化为个人对组织机构的信任，因此这种认证系统需要有认证中心的支持。

（三）数字证书的类型

数字证书主要有如下类型：

（1）个人数字证书。

（2）单位数字证书。

（3）软件数字证书。

（4）设备数字证书。

（四）认证中心

认证中心（Certificate Authority，CA）是数字证书的签发机构，是电子商务体系中的核心环节，是电子交易中相互信赖的基础。它通过自身的注册审核体系，检查与核实进行证书申请的用户身份和各项相关信息，并将相关内容列入发放的证书域内，使用户属性的客观真实性与证书的真实性一致。

认证中心作为电子商务交易中受信任的第三方，承担着公钥体系中公钥的合法性检验的责任。认证中心为每个使用公开密钥的用户发放一个数字证书，数字证书的作用是证明证书中列出的用户合法拥有证书中列出的公开密钥。认证中心的数字签名使得攻击者不能伪造和篡改证书。认证中心主要应具备证书的登记、审批、产生、发放、撤销、查询、管理等功能。

第五节　条码与二维码技术

一、条码技术及其应用

（一）条码技术简介

条码是由一组不同宽度的条和空组成的标记。“条”是指对光线反射率较低的部分，“空”是指对光线反射率较高的部分。这些条和空组成的数据表达一定的信息，并能够用特定的设备识别，转换成与计算机兼容的二进制或十进制信息。

在应用中，符号被一种红外线或可见光源照射，条吸收光，空则将光反射回扫描器中。扫描器将光波转译成模仿条码中的条与空的电子脉冲，一个解码器将电子脉冲译成一种二进制码并将译码后的资料信息传到个人计算机、控制器或计算机主机中。基于数据库中已建立的条码与商品信息的对应关系，当条码数据传到计算机上，由计算机上的应用程序对条码数据进行转换操作和处理。

条码技术是为实现对信息的自动扫描而设计的。它是实现快速、准确且可靠地采集数据的有效手段。条码技术的应用解决了数据录入和数据采集的“瓶颈”问题，为供应链管理提供了有力的技术支持。

（二）条码编码规则

1. 唯一性

唯一性是指商品项目与其标识代码一一对应，即一个商品项目只有一个代码，一个代码只标识同一商品项目。商品项目代码一旦确定，永不改变。

2. 无含义性

无含义性是指代码数字本身及其位置不表示商品的任何特定信息。商品编码仅仅是一种识别商品的手段，而不是商品分类的手段。无含义性使商品编码具有简单、灵活、可靠、充分利用容量、生命力强等优点，这种编码方法尤其适合较大的商品系统。

3. 永久性

产品代码一经分配，就不再更改，是终生的。即使商品停止生产、停止供应，在一段时间内（有些国家规定为 3 年）也不得将该代码转给其他商品项目，只能搁置。

（三）一维条码

1. ENA－13 码

ENA－13 码为国际物品编码协会规定的国际通用商品代码格式，如图 3－5－1 所示。

ENA－13 码由 13 位数字构成，其结构为 P1/P2/P3＋M1/M2/M3/M4＋I1/I2/I3/I4/I5＋C。P1～P3 为前缀码，是国际物品编码协会分配给其成员的标识代码，实际上就是国家或地区代码，如我国香港特别行政区的代码为“489”。M1～M4 为厂商代码，由 4 位阿拉伯数字组成。我国的厂商代码是由中国物品编码中心来分配的。I1～I5 为商品代码，由 5 位阿拉伯数字构成，用以标识具体的商品项目，即相同价格和包装的同一种商品。“C”为校验码，由 1 位阿拉伯数字组成，用以校验编码的正误，以提高条码的可靠性。

2. UPC 码

UPC 码意为统一产品代码，是一种长度固定的、连续的条形码，主要在美国与加拿大使用，共有 UPC-A、UPC-B、UPC-C、UPC-D、UPC-E 5 个版本。其中，UPC-A 应用于通用商品，UPC-E 是商品短码，如图 3－5－2、图 3－5－3 所示。

图 3－5－1　ENA－13 条码图示

图 3－5－2　UPC-A 条码图示

左侧空白	起始符	系统符 1 位	左侧数据 5 位	中间符	右侧数据 5 位	校验码 1 位	终止符	右侧空白

图 3－5－3　UPC-A 条码的基本构成

3. ITF－14 码

ITF－14 码意为储运单元条码，是一种连续、定长、具有自校验功能，并且条和空都表示信息的双向条码。ITF－14 条码的字符集、条码字符的组成与交叉 25 码相同，如图 3－5－4 所示。

4. UCC/EAN－128 码

UCC/EAN－128 码意为贸易单元 128 条码，如图 3－5－5 所示。UCC/EAN－128 码是一种可变长度的连续型条码，字符集包括全部 ASCII 字符，通过应用标识符可标识所有物流的信息。

图 3－5－4　ITF－14 条码图示

图 3－5－5　UCC/EAN－128 条码图示

5. 39 码

39 码能用字母、数字和其他字符表示，具有全 ASCII 码特性，可将 128 个字符全部编码，同时具有自检功能。条码长度是可变化的，通常用双引号作为起始/终止符，每个字符由 5 条 4 空组成。

6. 库德巴码

库德巴码可用数字 0～9，字符＄、＋、一表示，还有只能用作起始/终止符的 a、b、c、d 四个字符，长度可变，没有校检位，为非连续性条码，每个字符由 4 条 3 空组成。

（四）常用的条码扫描器

（1）光笔条形码扫描器。
（2）手持式枪型条形码扫描器。
（3）台式条形码自动扫描器。
（4）激光自动扫描器。
（5）卡式条形码阅读器。
（6）便携式条形码阅读器。

（五）常用的条码网

常用的条码网主要有中国条码网、条码采购网、物流条码网等。

二、二维码技术

二维码及 QR Code

（一）二维码概述

20 世纪 90 年代，日本的一家公司发明了二维码，它具有信息量大、可靠性高、保密性好、防伪性强等优点。常见的二维码标准有 PDF417、Code 49、Code 16K、Data Matrix、Maxi Code 等，如图 3－5－6 所示。这些二维码的信息密度都比传统的一维码有了较大提高，如 PDF417 码的信息密度是一维码 Code 39 码的 20 多倍。二维码作为一种新的信息存储和传递技术，现已广泛应用在国防、公共安全、交通运输、医疗保健、工业、商业、金融、海关及政府管理等多个领域。二维码可分为堆积式或层排式二维码（Started Bar Code）和棋盘式或矩阵式二维码（Dot Matrix Bar Code）两种类型。

1234567890123456789012

（a）PDF417码　（b）Code 49码　（c）Code 16K码　（d）Data Matrix码　（e）Maxi Code码

图 3－5－6　二维码

二维码是按一定规律在平面上（二维方向上）分布黑白相间的图形以记录数据符号信息的；它在代码编制上巧妙地利用构成计算机内部逻辑基础的“0”“1”比特流的概念，使用若干个与二进制相对应的几何形体来表示文字数值信息，通过图像输入设备或光电扫描设备自动识读以实现信息自动处理。它具有条码技术的一些共性，每种码制有其特定的字符集，每个字符占有一定的宽度，具有一定的校验功能等。此外，它还具有对不同行的信息自动识别及处理图形旋转变化点的功能。

国际自动识别制造商协会（AIM）、美国标准化协会（ANSI）已制定了 PDF417、QR Code、Code 49、Code 16K、Code One 等码制的符号标准。国际标准技术委员会和国际电工委员会还成立了条码自动识别技术委员会（ISO/IEC/JTC1/SC31），已制定了 QR Code 的国际标准（ISO/IEC 18004：2000，即《自动识别与数据采集技术：条码符号技术规范——QR 码》），起草了 PDF417、Code 16K、Data Matrix、Maxi Code 等二维码的 ISO/IEC 标准（草案）。

我国对二维码技术的研究始于 1993 年。中国物品编码中心对几种常用的二维码 PDF417、QR Code、Data Matrix、Maxi Code、Code 49、Code 16K、Code One 的技术规范进行了翻译和跟踪研究。中国物品编码中心在原国家质量技术监督局和国家有关部门的大力支持下，对二维码技术的研究不断深入。制定了两个二维码的国家标准：二维码网格矩阵码（SJ/T 11349—2006）和二维码紧密矩阵码（SJ/T 11350—2006），从而大大促进了我国具有自主知识产权技术的二维码的研发。

（二）二维码的功能

二维码主要有以下几项功能：

（1）信息获取（名片、地图、WiFi 密码、资料）。

（2）网站跳转（跳转到微博、手机网站）。

（3）广告推送（用户扫码，直接浏览商家推送的视频、音频广告）。

（4）手机电商（用户扫码，手机直接购物下单）。

（5）防伪溯源（用户扫码，即可查看生产地，同时后台可以获取最终消费地）。

（6）优惠促销（用户扫码，下载电子优惠券，抽奖）。

（7）会员管理（用户在手机上获取商家电子会员资格、VIP 服务）。

（8）手机支付（扫描商品二维码，通过银行或第三方支付平台提供的手机端通道完成支付）。

三、二维码的分类

（一）按原理分类

二维码是一种比一维码更高级的条码格式。一维码只能在一个方向（一般是水平方向）上表达信息，而二维码在水平和垂直方向都可以存储信息。一维码只能由数字和字母组成，而二维码能存储汉字、数字和图片等信息，因此二维码的应用领域要广得多。

二维码可以分为堆叠式/行排式二维码和矩阵式二维码（见图 3－5－7）。堆叠式/行排式二维码在形态上是由多行短截的一维条码堆叠而成；矩阵式二维码以矩阵的形式组成，在矩阵相应元素位置上用“点”表示二进制中的“1”，用“空”表示二进制中的“0”，以“点”和“空”的排列组成代码。

图 3－5－7　二维码的两种类型

1．堆叠式/行排式二维码

堆叠式/行排式二维码又称堆积式二维码或层排式二维码，其编码原理建立在一维条码的基础之上，按需要堆叠成两行或多行。它在编码设计、校验原理、识读方式等方面继承了一维条码的一些特点，识读设备、条码印刷与一维条码技术兼容。但由于行数增加，需要对行进行判定，其译码算法与软件也不完全与一维条码相同。具有代表性的堆叠式/

行排式二维码有：PDF417、Code 49、Code 16K、MicroPDF417 等。

2. 矩阵式二维码

矩阵式二维码又称棋盘式二维码，它在一个矩形空间通过黑、白像素在矩阵中的不同分布进行编码。在矩阵相应元素位置上，用点（方点、圆点或其他形状）的出现表示二进制中的“1”，用点的不出现表示二进制中的“0”，点的排列组合确定了矩阵式二维码所代表的意义。矩阵式二维码是建立在计算机图像处理技术、组合编码原理等基础上的一种新型图形符号自动识读处理码制。具有代表性的矩阵式二维码有 Code One、Maxi Code、QR Code、Data Matrix、Aztec Code、Veri Code、Han Xin Code、Grid Matrix 等。部分矩阵式二维条码如图 3-5-8 所示。

Maxi Code　QR Code　Data Matrix　Aztec Code　Veri Code

图 3-5-8　部分矩阵式二维条码

（二）按业务分类

根据业务形态的不同，二维码应用可分为被读类业务和主读类业务两大类。

1. 被读类业务

被读类业务是指应用方将业务信息加密、编制成二维码图像后，通过短信或彩信的方式将二维码发送至用户的移动终端上，用户使用时通过设在服务网点的专用识读设备对移动终端上的二维码图像进行识读认证，作为交易或身份识别的凭证来支撑各种应用。

2. 主读类业务

主读类业务是指用户在手机上安装二维码客户端，使用手机拍摄并识别媒体、报纸等上面印刷的二维码图像，获取二维码所存储内容并触发相关应用。用户利用手机拍摄包含特定信息的二维码图像，通过手机客户端软件进行解码后触发手机上网、名片识读、拨打电话等多种关联操作，以此为用户提供各类信息服务。

四、QR Code

QR Code（Quick Response Code）是由日本一家公司研制的一种矩阵二维码符号，它拥有一维条码及其他二维码所具有的信息容量大、可靠性高、可表示汉字及图像等多种信息、保密性好、防伪性强等优点。

（一）QR Code 的主要特点

（1）符号规格从版本 1（21 模块×21 模块）到版本 40（177 模块×177 模块），每提高一个版本，每边增加 4 个模块。

（2）数据类型与容量参照最大规格符号版本 40—L 级。

（3）数字数据为 7 089 个字符；字母数据为 4 296 个字符；8 位字节数据为 2 953 个字符；汉字数据为 1 817 个字符。

（4）数据表示方法：深色模块表示二进制“1”，浅色模块表示二进制“0”。

（5）超高速识读：用 CCD 二维码识读设备，每秒可识读 30 个含有 100 个字符的 QR Code 符号。

（6）可全方位识读。

（7）能够有效地表示汉字。QR Code 用特定的数据压缩模式表示汉字，用 13 bit 可表示一个汉字，在用字节模式表示汉字时，需用 16 bit（2 个字节）表示一个汉字，因此 QR Code 比其他二维码表示汉字的效率提高了 20%。

（8）纠错能力：

1）L 级：约可纠错 7%的数据码字。

2）M 级：约可纠错 15%的数据码字。

3）Q 级：约可纠错 25%的数据码字。

4）H 级：约可纠错 30%的数据码字。

（二）QR Code 的符号结构

QR Code 共有 40 种规格，分别为版本 1、版本 2……版本 40。版本 1 的规格为 21 模块×21 模块，版本 2 为 25 模块×25 模块，以此类推，每一版本符号比前一版本每边增加 4 个模块，直到版本 40，规格为 177 模块×177 模块。QR Code 的符号结构及部分版本的结构如图 3－5－9 和图 3－5－10 所示。

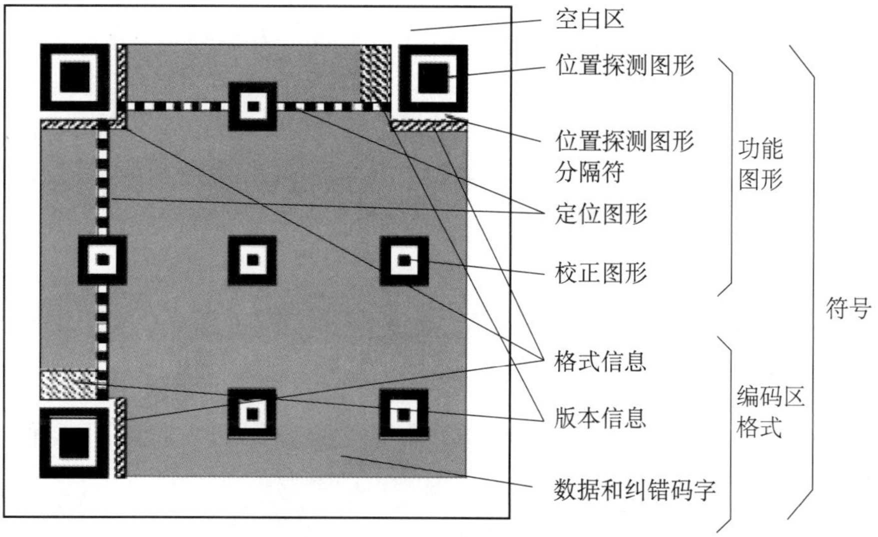

图 3－5－9　QR Code 的符号结构

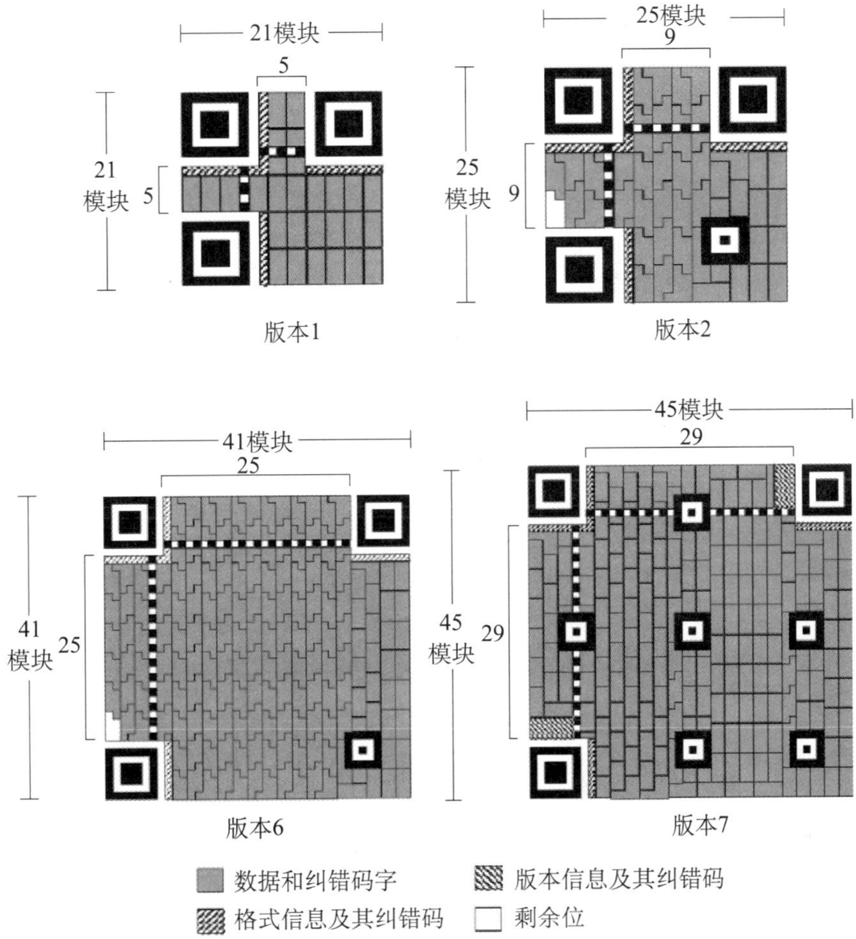

图 3－5－10　QR Code 版本 1、版本 2、版本 6、版本 7 的结构

QR Code 位置探测图形的结构如图 3－5－11 所示。

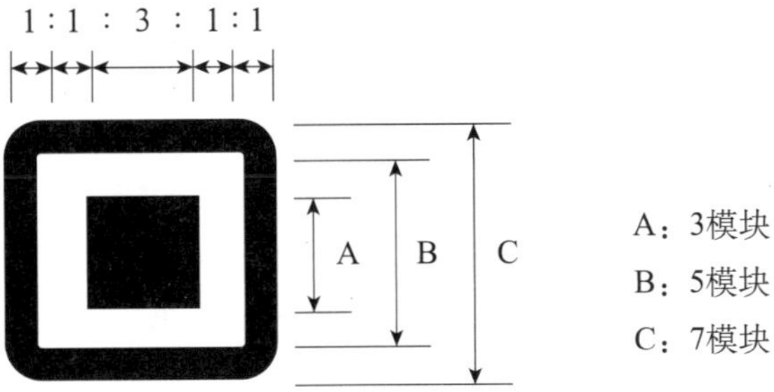

图 3－5－11　QR Code 位置探测图形的结构

QR Code 版本 7 的符号字符布置如图 3－5－12 所示。

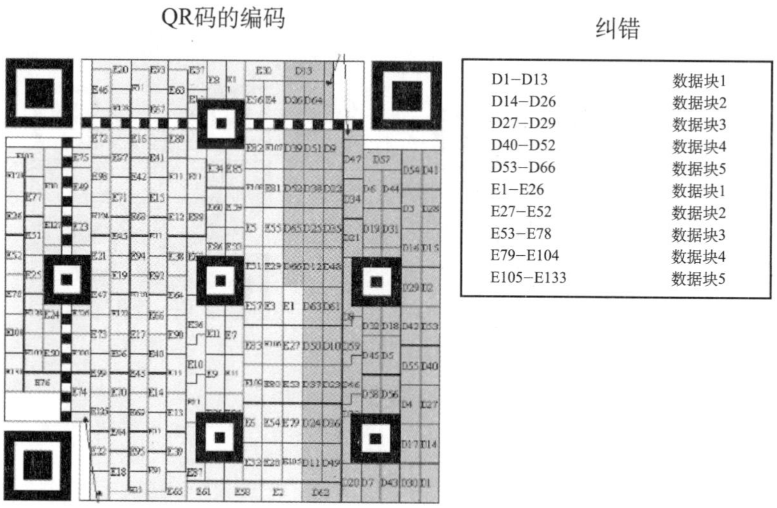

图 3-5-12　QR Code 版本 7 的符号字符布置

第六节　大数据技术

2015 年 8 月，国务院发布《促进大数据发展行动纲要》，大数据正式上升至国家战略层面；十九大报告中提出了要推动大数据与实体经济的深度融合；2019 年 10 月，党的十九届四中全会首次将数据纳入生产要素范畴；2021 年 3 月发布的《国民经济和社会发展第十四个五年规划和 2035 年远景目标纲要》中，大数据标准体系的完善成为发展重点；2022 年 12 月，中共中央、国务院《关于构建数据基础制度更好发挥数据要素作用的意见》发布，以数据产权、流通交易、收益分配、安全治理为重点，系统搭建了数据基础制度体系。

中共中央、国务院印发的《数字中国建设整体布局规划》，将数据要素放到一个更为宏大的“数字中国”图景中。该规划提出：到 2025 年，基本形成横向打通、纵向贯通、协调有力的一体化推进格局，数字中国建设取得重要进展；到 2035 年，数字化发展水平进入世界前列。2023 年 3 月 7 日，十四届全国人大一次会议审议通过了《国务院机构改革方案》的议案，组建国家数据局。国家数据局由国家发改委管理，负责协调数据基础制度建设，统筹数据资源整合共享和开发利用，统筹推进数字中国、数字经济、数字社会规划和建设等。

一、大数据的概念

麦肯锡全球研究所对大数据的定义是：一种规模大到在获取、存储、管理、分析方面大大超出了传统数据库软件工具能力范围的数据集合，具有海量的数据规模、快速的数据流转、多样的数据类型和价值密度低四大特征。

从技术上看，大数据与云计算的关系就像一枚硬币的正反面一样密不可分。大数据必然无法用单台计算机进行处理，必须采用分布式架构。它的特点在于对海量数据进行分布式数据挖掘，但它必须依托云计算的分布式处理、分布式数据库和云存储、虚拟化技术。适用于大数据的技术包括：大规模并行处理数据库、分布式文件系统、分布式数据库、云计算平台、互联网和可扩展的存储系统。

二、大数据的单位

数据的最小单位是 bit，所有单位按从小到大的顺序为：bit、Byte、KB、MB、GB、TB、PB、EB、ZB、YB、BB、NB、DB。其对应关系如下：

1 KB=1 024 Bytes=8 192 bit

1 MB=1 024 KB=1 048 576 Bytes

1 GB=1 024 MB=1 048 576 KB

1 TB=1 024 GB=1 048 576 MB

1 PB=1 024 TB=1 048 576 GB

1 EB=1 024 PB=1 048 576 TB

1 ZB=1 024 EB=1 048 576 PB

1 YB=1 024 ZB=1 048 576 EB

1 BB=1 024 YB=1 048 576 ZB

1 NB=1 024 BB=1 048 576 YB

1 DB=1 024 NB=1 048 576 BB

三、大数据的特征与价值

(一) 大数据的特征

大数据的特征体现在以下方面：

(1) 容量（Volume）：数据的采集、存储和分析超出了传统数据处理能力范围。

(2) 种类（Variety）：数据类型具有多样性。

(3) 速度（Velocity）：包括数据的生成速度和处理速度。

(4) 可变性（Variability）：妨碍了处理和有效地管理数据的过程。

(5) 真实性（Veracity）：数据的质量。

(6) 复杂性（Complexity）：数据量巨大，来源多渠道。

(二) 大数据的价值

有人把数据比作蕴藏能量的矿藏。大数据的价值体现在以下方面：

（1）向大量消费者提供产品或服务的企业可以利用大数据进行“精准营销”。
（2）做小而美模式的中长尾企业可以利用大数据做“服务转型”。
（3）在互联网压力之下必须转型的传统企业需要与时俱进地充分利用大数据的价值。

第七节　云计算

云计算（Cloud Computing）就是一种提供资源的网络，使用者可以随时获取“云”上的资源，按需求量使用，并且可以看成是无限扩展的，只要按使用量付费就可以。“云”就像自来水厂一样，我们可以随时接水，并且不限量，按照自己家的用水量，付费给自来水厂就可以。从广义上说，云计算是与信息技术、软件、互联网相关的一种服务，这种计算资源共享池称作“云”。云计算把许多计算资源集合起来，通过软件实现自动化管理，只需要很少的人参与，就能让资源被快速提供。计算能力作为一种商品，可以在互联网上流通，就像水、电、煤气一样，可以方便地取用，且价格较为低廉。

一、云计算的概念

美国国家标准与技术研究院对云计算的定义是：一种按使用量付费的模式，这种模式提供可用的、便捷的、按需的网络访问，进入可配置的计算资源共享池（资源包括网络、服务器、存储、应用软件、服务），这些资源能够被快速提供，只需投入很少的管理工作，或与服务供应商进行很少的交互。云计算甚至可以达到每秒 10 万亿次的运算能力，拥有这么强大的运算能力可以模拟核爆炸、预测气候变化和市场发展趋势。用户通过电脑、笔记本、手机等方式接入数据中心，按自己的需求进行运算。

二、云计算的优势与特点

与传统的网络应用模式相比，云计算具有如下优势与特点。

（一）虚拟化技术

虚拟化突破了时间、空间的界限，是云计算最为显著的特点。虚拟化技术包括应用虚拟和资源虚拟两种。通过虚拟平台对相应终端操作可完成数据备份、迁移和扩展等任务。

（二）动态可扩展

云计算具有高效的运算能力，在原有服务器基础上增加云计算功能能够使计算速度迅速提高，最终实现动态扩展虚拟化的层次，达到对应用进行扩展的目的。

（三）按需部署

计算机包含了许多应用、程序软件等，不同的应用对应的数据资源库不同，所以用户运行不同的应用需要较强的计算能力对资源进行部署，而云计算平台能够根据用户的需求快速配置计算能力及资源。

（四）灵活性高

虚拟化要素统一放在云系统资源虚拟池当中进行管理，云计算的兼容性非常强，不仅可以兼容低配置机器、不同厂商的硬件产品，还能够通过外设获得更高计算性能。

（五）可靠性高

服务器故障也不影响计算与应用的正常运行。因为单点服务器出现故障可以通过虚拟化技术将分布在不同物理服务器上的应用进行恢复或利用动态扩展功能部署新的服务器进行计算。

（六）性价比高

将资源放在虚拟资源池中统一管理在一定程度上优化了物理资源，用户不再需要昂贵、存储空间大的主机，可以选择相对廉价的 PC 组成云，一方面减少费用，另一方面计算性能不逊于大型主机。

三、云计算的服务类型

云计算在云存储、云物联、云安全、云游戏等领域广泛应用。大数据的特点在于对海量数据的挖掘，但它必须依托云计算的分布式处理、分布式数据库、云存储和虚拟化技术。云计算包括以下几个层次的服务。

（一）基础设施即服务（Infrastructure-as-a-Service，IaaS）

消费者通过 Internet 可以从完善的计算机基础设施获得服务。例如：硬件服务器租用。

（二）平台即服务（Platform-as-a-Service，PaaS）

PaaS 实际上是指将软件研发的平台作为一种服务，以 SaaS 的模式提交给用户。因此，PaaS 也是 SaaS 模式的一种应用。但是，PaaS 的出现可以加快 SaaS 的发展，尤其是加快 SaaS 应用的开发速度。例如：软件的个性化定制开发。

（三）软件即服务（Software-as-a-Service，SaaS）

它是一种通过 Internet 提供软件的模式，用户无需购买软件，而是向提供商租用基于 Web 的软件，来管理企业经营活动。云计算服务如图 3－7－1 所示。

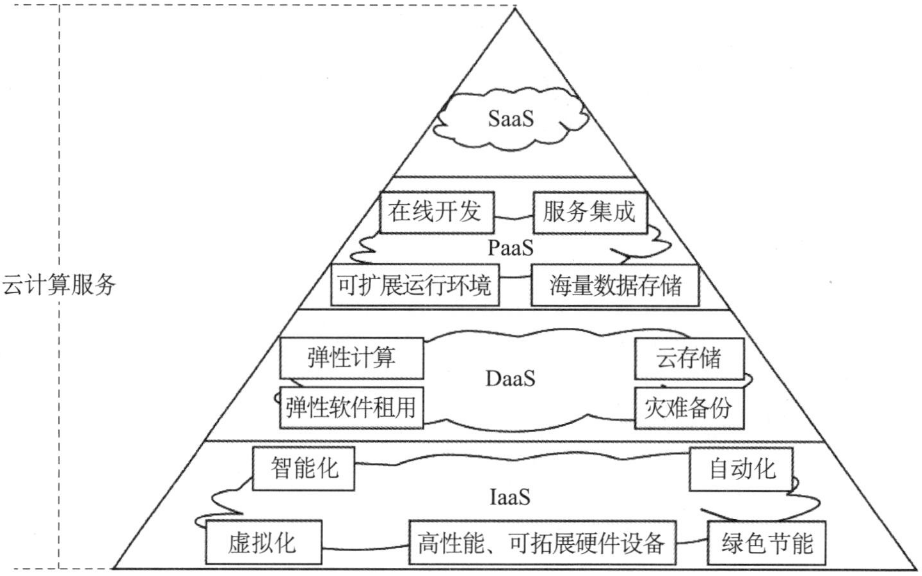

图 3－7－1　云计算服务

云计算的集成应用如图 3－7－2 所示。

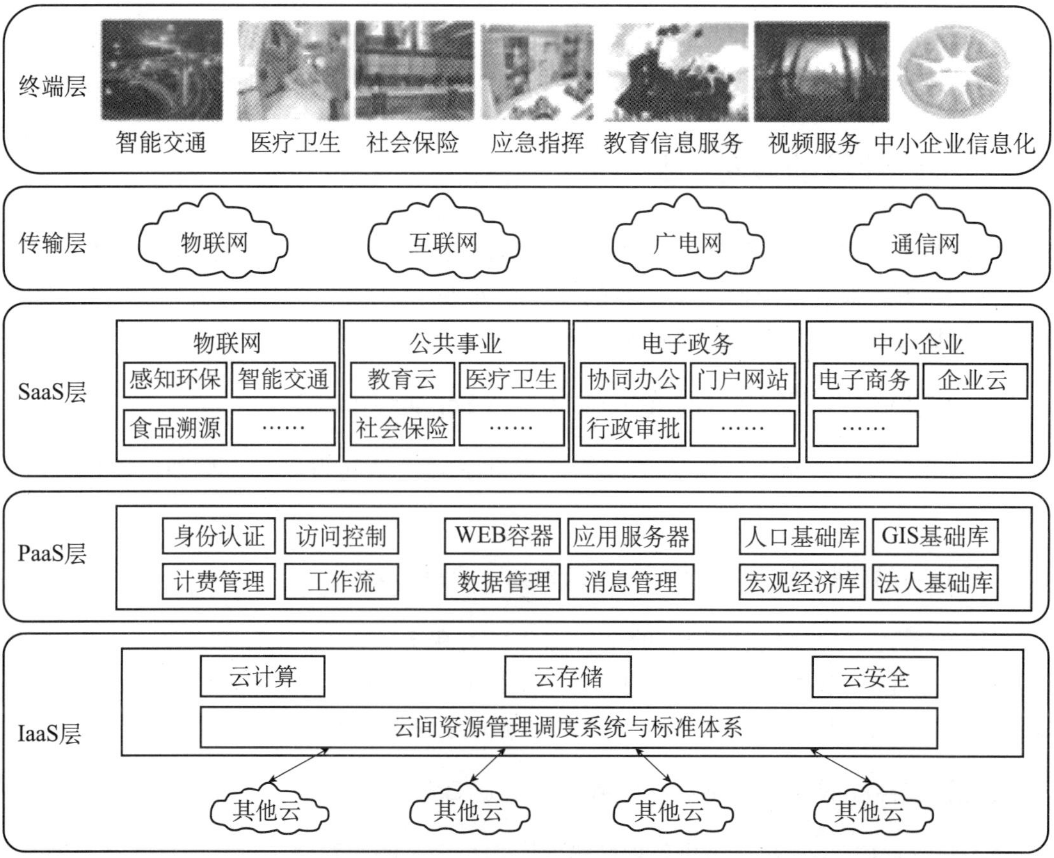

图 3－7－2　云计算的集成应用

第八节　人工智能

一、人工智能概述

人工智能（Artificial Intelligence，AI）是研究、开发用于模拟、延伸和扩展人的智能的理论、方法、技术及应用系统的一门新的科学技术。

人工智能是内容十分广泛的科学，除了计算机科学以外，人工智能还涉及信息论、控制论、自动化、仿生学、生物学、心理学、数理逻辑、语言学、医学和哲学等多门学科。人工智能学科研究的主要内容包括：知识表示、自动推理和搜索方法、机器学习和知识获取、知识处理系统、自然语言理解、计算机视觉、智能机器人、自动程序设计等方面。人工智能研究的一个主要目标是使机器能够胜任一些通常需要人类智能才能完成的复杂工作。

人工智能在计算机上实现时有以下两种不同的方式：一种是采用传统的编程技术，使系统呈现智能的效果，而不考虑所用方法是否与人或生物机体所用的方法相同。这种方法称作工程学方法（Engineering Approach），它已在一些领域有了成果，如文字识别、电脑下棋等。另一种是模拟法（Modeling Approach），它不仅要看效果，还要求实现方法也和人类或生物机体所用的方法相同或相类似。遗传算法（Generic Algorithm，GA）和人工神经网络（Artificial Neural Network，ANN）均属于后一种类型。遗传算法模拟人类或生物的遗传-进化机制，人工神经网络则是模拟人类或动物大脑中神经细胞的活动方式。为了得到相同智能效果，两种方式通常都可使用。采用遗传算法，需要人工详细规定程序逻辑，这个智能系统（模块）开始什么也不懂，就像初生婴儿那样，但它能够学习，能渐渐地适应环境，应付各种复杂情况。这种系统在开始时也常犯错误，但它能吸取教训，下一次运行时就可能改正，至少不会永远错下去，利用这种方法来实现人工智能，要求编程者具有生物学的思考方法，入门难度较大。

二、ChatGPT 概述

ChatGPT（Chat Generative Pre-trained Transformer）是美国 OpenAI 公司研发的聊天机器人程序，于 2022 年 11 月 30 日发布。ChatGPT 是人工智能技术驱动的自然语言处理工具，它能够通过理解和学习人类的语言来进行对话，还能根据聊天的上下文进行互动，真正像人类一样来聊天交流，甚至能完成撰写邮件、视频脚本、文案、翻译、写论文等任务。

ChatGPT 的应用场景：可以用来开发聊天机器人，也可以编写和调试计算机程序，还可以进行文学、媒体相关领域的创作，包括创作音乐、电视剧、童话故事、诗歌和歌词等。在某些测试情境下，ChatGPT 在教育、考试、回答测试问题方面的表现甚至优于普通人类测试者。

《2023年跨境电商职场现状调研报告——亚马逊》显示，跨境企业关于ChatGPT人才的招聘需求持续飙涨。与ChatGPT相关的热门岗位包括NLP经理、NLP产品专家、ChatGPT优化师、ChatGPT工程师等，且薪资待遇较为优厚。随着ChatGPT的火爆，跨境电商行业也掀起了一场追逐AI的浪潮，AI工具已然成为跨境电商从业者撬动效率增长的新方式。一项调查显示，有33%的跨境公司正在使用ChatGPT，有15%的公司预计将投入使用。从前端到后端，AI深入席卷跨境电商各个工作环节，主要表现在以下几个方面：

（1）跨境服务商接入ChatGPT等软件，利用AI开展业务、助力卖家精细化运营。

（2）跨境卖家应用ChatGPT开展相关业务，如上新品、分析数据等。

（3）部分亚马逊、独立站等平台卖家使用ChatGPT辅助完成文案写作、客服沟通、搭建独立站等任务。

三、人工智能国内发展现状

ChatGPT一经发布就震惊了四方，仅仅2个月用户数就突破了1亿，打破世界纪录成为网红产品。相比较而言，TikTok（抖音国际版）达到1亿用户用时9个月，Instagram（照片墙）则花了两年半的时间，Facebook当时也花了852天，可见ChatGPT有多强。

谷歌在2023年2月9日在巴黎发布了Bard，是专门为对抗ChatGPT推出的聊天机器人产品。国内一直在积极推进人工智能技术的研发和应用。国内拥有大量的人工智能企业和专业人才，已经成为人工智能领域的一股重要力量。例如，在人工智能的语音识别和人脸识别方面，国内已经取得了一定的成就，这些技术正在被广泛应用于各个领域。国内的AI行业的进展主要有：

（1）2023年3月16日百度发布了文心一言，它是类似于ChatGPT的产品。

（2）阿里云于2023年4月7日发布了通义千问。

（3）华为于2023年4月8日在由中国人工智能学会主办的人工智能大模型技术高峰论坛上展示了盘古大模型的进展及应用。

（4）2023年2月，京东宣布将于未来发布类似于ChatGPT的应用——ChatJD。

不管是百度的文心一言还是阿里云的通义千问，跟ChatGPT相比还是有些差距的，产生差距主要有如下原因：

（1）训练用的芯片被美国卡脖子。根据升级后的美国禁令条例，英伟达超算和云端训练产品A100和H100、AMD的MI250和MI250X等GPU产品均在禁售范围之内。尤其是Nivida H100系列，这些芯片禁售中国，国内相关企业只能用之前的存货或其他算力较低的芯片。

（2）研发成本高。ChatGPT计算资源成本很高，迭代训练一次费用不菲。此外，人工智能的开发还需要高端人才、科学家等研发成本。

（3）使用成本高。目前，国内的ChatGPT类应用还没有探索出商业化之路，每一次交互都会耗费底层大量的算力资源。

第九节　物联网技术

物联网（the Internet of Things）是指把所有物品通过射频识别（RFID）、红外感应器、全球定位系统、激光扫描器等信息传感设备与互联网连接起来，进行信息交换和通信，实现智能化识别、定位、跟踪、监控和管理。物联网是互联网的一个延伸，本质还是互联网，只不过终端不再是计算机（PC、服务器），而是嵌入式计算机系统及其配套的传感器。为人类服务的计算机呈现出各种形态，如穿戴设备、环境监控设备、虚拟现实设备等。只要有硬件或产品连上网，发生数据交互，就可以称作物联网。

物联网把感应器嵌入电网、铁路、桥梁、隧道、公路、建筑、大坝、供水系统、油气管道等各种物体中，然后与现有的互联网整合起来，实现人类社会与物理系统的整合。在这个整合的网络中，存在能力超级强大的中心计算机群，能够对整合网络内的人员、机器、设备和基础设施实施实时的管理和控制。在此基础上，人类可以用更加精细和动态的方式管理生产和生活，达到“智慧”状态，提高资源利用率和生产力水平，改善人与自然的关系。

一、物联网的原理

物联网得益于大数据和云计算的支持，进一步升级至体验更佳的人工智能时代。在未来，虚拟世界的一切将真正实现物理化。物联网主要通过各种设备（RFID、红外传感器等）的接口将现实世界的物体连接到互联网上，或者使它们互相连接，以实现信息的传递和处理。物联网肩负着一个至关重要的任务：数据收集。物联网可连接大量不同的设备及装置，包括家用电器和穿戴式设备。嵌入在各个产品中的传感器会不断地将新数据上传至云端。这些新的数据可以被人工智能处理和分析，以生成所需要的信息并继续积累知识。物联网的终极效果是万物互联，不仅是人机和信息的交互，还有生物功能的识别、读取等。

物联网可分为以下三层：感知层、网络层和应用层。

（1）感知层包括二维码标签和识读器、RFID标签和读写器、摄像头、GPS、传感器、终端、传感器网络等，主要是识别物体、采集信息，与人体结构中皮肤和五官的作用相似。

（2）网络层包括通信与互联网的融合网络、网络管理中心、信息中心和智能处理中心等。网络层将感知层获取的信息进行传递和处理，类似于人体结构中的神经中枢和大脑。

（3）应用层是指物联网的“社会分工”与行业需求结合，实现广泛智能化。应用层是物联网与行业专业技术的深度融合，与行业需求结合，实现行业智能化，类似于人的社会分工。

二、物联网的开展步骤

一般来说，物联网的开展步骤如下：

（1）对物体属性进行标记，物体属性包括静态属性和动态属性，静态属性可以直接存储在标签中，动态属性需要先由传感器实时探测。

（2）利用识别设备完成对物体属性的读取，并将信息转换为适合网络传输的数据格式。

（3）将物体的信息通过网络传输到信息处理中心（处理中心可能是分布式的，如家里的计算机或手机；也可能是集中式的，如中国移动的IDC），由信息处理中心完成相关计算。

三、物联网产品的主要应用领域

（一）智能家居

智能家居产品集自动化控制系统、计算机网络系统和网络通信技术于一身，将各种家庭设备（如音/视频设备、照明系统、窗帘控制、空调控制、安防系统、数字影院系统、网络家电等）通过智能家庭网络联网实现自动化，通过宽带、固话和无线网络，实现对家庭设备的远程操控。与普通家居相比，智能家居不仅能提供舒适宜人且高品位的家庭生活空间，实现更智能的家庭安防系统，还能将家居环境由原来的被动静止结构转变为具有能动智慧的工具，提供全方位的信息交互功能。

（二）智能医疗

智能医疗系统借助简易实用的家庭医疗传感设备，对家中病人或老人的生理指标进行测量，并将生成的生理指标数据通过固定网络或无线网络传送给护理人或有关医疗单位。

（三）智能城市

智能城市产品包括对城市数字化管理和城市安全的统一监控。前者利用“数字城市”理论，基于地理信息系统、全球定位系统、遥感系统等关键技术，深入开发和应用空间信息资源，建设服务于城市规划、城市建设和管理，服务于政府、企业、公众，服务于人口、资源环境、经济社会的可持续发展的信息基础设施和信息系统。后者基于宽带互联网的实时远程监控、传输、存储、管理的业务，利用宽带和网络，将分散、独立的图像采集点联网，实现对城市安全的统一监控、统一存储和统一管理，为城市管理和建设者提供一种全新、直观、视听范围延伸的管理工具。

（四）智能环保

以水质监测为例，相关智能环保产品通过对地表水水质的自动监测，可以实现对水质的实时连续监测和远程监控，及时掌握主要流域重点断面水体的水质状况，预警及预报重大或流域性水质污染事故，解决跨行政区域的水污染事故纠纷，监督总量控制制度落实情况。太湖环境监控项目通过安装在环太湖地区的各个监测点的环保和监控传感器，将太湖的水文、水质等环境状态提供给环保部门，实时监控太湖流域水质等情况，并通过互联网将监测点的数据报送至相关管理部门。

（五）智能交通

智能交通系统包括公交行业无线视频监控平台、智能公交站台、电子票务、车管专家和公交手机一卡通五种业务。公交行业无线视频监控平台利用车载设备的无线视频监控和GPS定位功能，对公交运行状态进行实时监控。

四、物联网与云计算、大数据等的关系

物联网、云计算、大数据、人工智能之间的层次结构如图 3－9－1 所示。

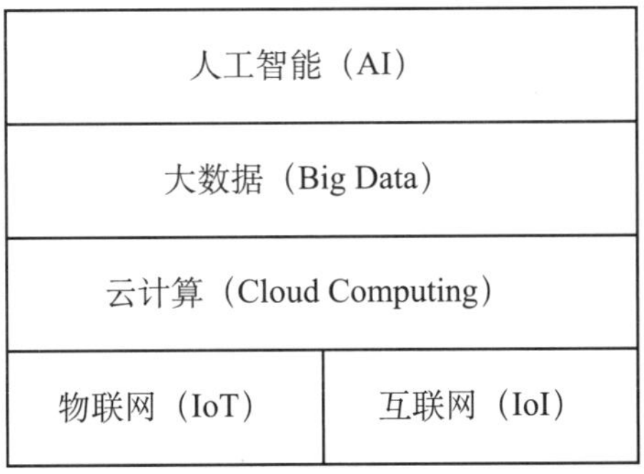

图 3－9－1　物联网、云计算、大数据、人工智能之间的层次结构

物联网与云计算、大数据的关系如图 3－9－2 所示。

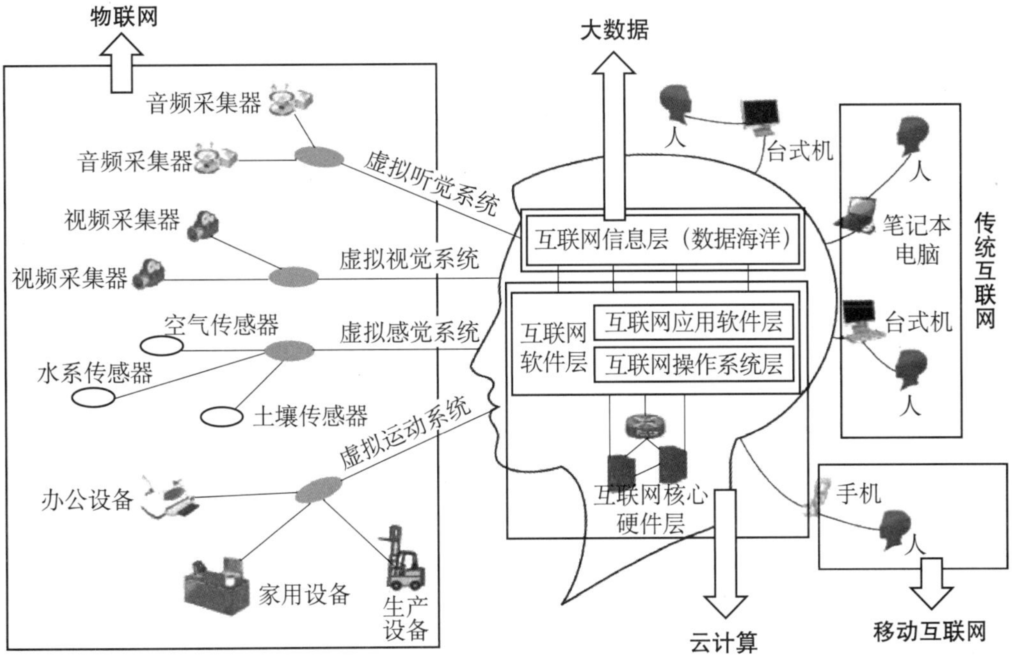

图 3－9－2　物联网与云计算、大数据的关系

思考题

1. 电子商务对安全控制有哪些方面的要求？
2. 数字证书有什么作用？
3. 请阐述一下数字签名的实现过程。
4. 什么是二维码？二维码与一维条码有什么区别？
5. 什么是 QR Code？有哪些版本？如何设计个性化的 QR Code？
6. 什么是大数据？大数据具有什么特征？其价值体现在哪些方面？
7. 什么是 ChatGPT？你如何看待它的前景？

第四章 电子支付技术

知识和能力目标

(1) 了解电子支付的概念和发展情况。
(2) 掌握电子货币与电子支付的应用技术。
(3) 了解网上交易的模型及安全认证。
(4) 掌握网上银行的概念、功能。
(5) 掌握第三方支付的理论与方法。
(6) 掌握移动支付的概念和主要支付方式。

素养目标

(1) 培养学生的创新意识和创新精神。
(2) 增强学生对新鲜事物的好奇心。
(3) 增强学生学习的主动性和自信心。
(4) 培养学生关注科技发展、善于观察的品格。

第一节　电子支付

一、电子支付的定义

电子支付是指电子交易的当事人，包括消费者、厂商和金融机构，以电子化设备和各类交易卡为媒介，以计算机技术和通信技术为手段，以二进制为存储形式，通过网络系统进行的货币支付或资金流转。

与传统的支付方式相比，电子支付具有如下特征：

(1) 电子支付是采用先进的技术通过数字流转来完成信息传输的，其各种支付方式都是通过数字化的方式进行款项支付的；传统的支付方式是通过现金的流转、票据的转让及银行的汇兑等物理实体来完成款项支付的。

(2) 电子支付的工作环境是一个开放的系统平台（即互联网），而传统支付则在较为封闭的系统中运作。

(3) 电子支付使用的是最先进的通信手段，而传统支付使用的是传统的通信媒介。电子支付是跨时空的电子化支付，能够真正实现全球 7 天×24 小时的服务。

(4) 电子支付具有方便、快捷、高效、经济的优势。用户只需拥有联网的个人电脑或手机，便可足不出户，在很短的时间内完成整个支付过程。支付费用仅相当于传统支付的几十分之一，甚至为零。电子支付有助于降低交易成本，最终为消费者带来更低的价格。

电子支付方式可以分为三大类：第一类是电子货币类，如电子现金、电子钱包等；第二类是电子信用卡类，包括智能卡、借记卡等；第三类是电子支票类，如电子支票、电子汇款等。这些方式各有其特点和运作模式，适用于不同的交易过程。

二、电子商务支付协议

电子商务发展的核心问题是交易的安全性问题，要构筑一个安全的电子交易模式，应达到以下五个方面的标准：第一，数据保密：防止信息被截获或非法存取而泄密。第二，对象认证：通信双方对各自通信对象的合法性、真实性进行确认，以防第三者假冒。第三，数据完整性：阻止非法实体对交换数据的修改、插入、删除，防止数据丢失。第四，防止抵赖：用于证实已发生过的操作，防止交易双方对已发生的行为抵赖。第五，访问控制：防止非授权用户非法使用系统资源。

电子交易安全的主要协议标准有安全超文本传输协议、安全套接层协议、安全电子交易协议。

电子交易主要的安全技术有虚拟专用网、数字认证、信息加密技术、电子商务认证中心。认证中心的基本功能是核发证书、管理证书、搜索证书、验证证书。信息加密技术包括对称密钥密码体制和非对称密钥密码体制。信息认证技术的整个认证机制包含数字证书和证书授权机构。

目前有两种安全在线支付协议被广泛采用，即 SSL 协议和 SET 协议，两者均是成熟和实用的安全协议。

（一）SSL 协议

SSL（Secure Socket Layer，安全套接层）协议是在网络传输层之上提供的一种基于 RSA 和保密密钥的用于浏览器和 Web 服务器之间的安全连接技术。它是国际上最早应用于电子商务的一种由消费者和商家双方参与的信用卡/借记卡支付协议。

1. SSL 协议提供的主要服务

（1）认证用户和服务器，确保数据发送到正确的客户端和服务器。

（2）加密数据以防止数据中途被窃取。

（3）维护数据的完整性，确保数据在传输过程中不被改变。

2. SSL 协议的工作流程

（1）服务器认证阶段。客户端向服务器发送开始信息“Hello”，以便开始一个新的会话连接；服务器根据客户的信息确定是否需要生成新的主密钥，如需要则服务器在响应客户的“Hello”信息时将包含生成主密钥所需的信息；客户根据收到的服务器响应信息，产生一个主密钥，并用服务器的公钥加密后传给服务器；服务器恢复该主密钥，并将用主密钥认证的信息返回给客户，以此让客户认证服务器。

（2）客户认证阶段。在此之前，服务器已经通过了客户认证，这一阶段主要完成对客户的认证。经认证的服务器发送一个提问给客户，客户则返回（数字）签名后的提问和其公钥，从而向服务器提供认证。

在 SSL 3.0 中，通过数字签名和数字证书可实现浏览器和 Web 服务器双方的身份验证。但是 SSL 协议仍存在一些问题，比如：只能提供交易中客户与服务器间的双方认证，在涉及多方的电子交易中，SSL 协议并不能协调各方间的安全传输和信任关系。在这种情况下，VISA 和 MasterCard 两大信用卡组织制定了 SET 协议，为网上信用卡支付提供了全球性的标准。

（二）SET 协议

SET（Secure Electronic Transaction，安全电子交易）协议是美国 VISA 和 MasterCard 两大信用卡组织联合推出的用于电子商务的行业规范，其实质是一种应用在 Internet 上、以信用卡为基础的电子付款系统规范，目的是保证网络交易的安全。SET 妥善地解决了信用卡在电子商务交易中的交易协议、信息保密、资料完整以及身份认证等问题。

1. SET 支付系统的组成

SET 支付系统主要由持卡人、商家、发卡银行、收单银行、支付网关、认证中心六个部分组成。相应地，基于 SET 协议的网上购物系统至少包括电子钱包软件、商家软件、支付网关软件和签发证书软件。参与 SET 协议的交易对象之间的关系如图 4-1-1 所示。

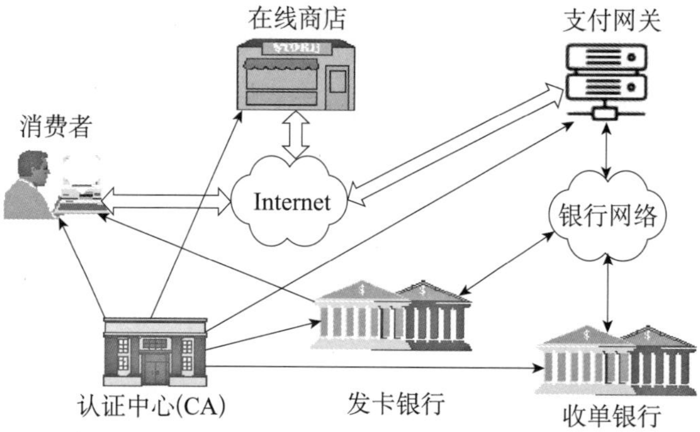

图 4-1-1　参与 SET 协议的交易对象之间的关系

2. SET 协议的工作流程

（1）消费者利用自己的终端设备，通过互联网选定所要购买的物品，并在终端设备输入订单，订单上须包括在线商店、购买物品名称及数量、交货时间及地点等相关信息。

（2）通过电子商务服务器与有关在线商店联系，在线商店做出应答，告诉消费者所填订单的货物单价、应付款额、交货方式等信息是否准确，是否有变化。

（3）消费者选择付款方式，确认订单，签发付款指令。此时 SET 开始介入。

（4）在 SET 中，消费者必须对订单和付款指令进行数字签名，同时利用双重签名技术保证商家看不到消费者的账号信息。

（5）在线商店接受订单后，向消费者所在银行请求支付认可。信息通过支付网关到收单银行，再到电子货币发行公司确认。批准交易后，返回确认信息给在线商店。

（6）在线商店发送订单确认信息给消费者。消费者终端软件可记录交易日志，以备将来查询。

（7）在线商店发送货物或提供服务并通知收单银行将钱从消费者的账号转移到在线商店账号，或者通知发卡银行请求支付。在认证操作和支付操作中间一般会有一个时间间隔，如在每天下班前请求银行结一天的账。

从步骤（3）SET 起作用开始，一直到步骤（6），在处理过程中，SET 对通信协议、请求信息的格式、数据类型的定义等都有明确的规定。在操作的每一步，消费者、在线商店、支付网关都通过认证中心来验证通信主体的身份，以确保通信的对方不是冒名顶替，所以也可以简单地认为 SET 协议充分发挥了认证中心的作用，以维护在任何开放网络上的电子商务参与者所提供信息的真实性和保密性。

三、电子支付工具

电子支付又称电子资金划拨（EFT），是指电子交易的当事人（包括消费者、厂商和金融机构）使用安全电子支付工具，通过网络进行的货币支付或资金流转。常见的电子支付工具有：电子现金、信用卡、电子钱包等。

(一) 电子现金

电子现金(E-Cash)又称数字现金,是纸币现金的电子化,可以用来表示现实中各种金额的币值。它包含安全性、私密性及便利性,改进了纸币的缺点,其可变通性更是开启了新市场与应用方面的用途。银行把现金数值转换成一系列加密序列数,通过这些序列数来表示现实中各种金额的币值,用户在开展电子现金业务的银行开设账户并在账户内存钱后,就可以在接受电子现金的商店购物了。

1. 电子现金的基本特性

电子现金在经济领域起着与普通现金同样的作用,具有方便、费用低(或者没有交易费用)、防伪性、不记名等特性。与其他电子支付手段相比,电子现金还具有如下特性:

(1) 货币价值。电子现金必须有一定的现金、银行授权的信用或银行证明的现金支票作为支持。

(2) 可交换性。电子现金可以与纸币、商品/服务、信用卡、银行账户存储金额、支票或负债等进行互换。

(3) 可存储性。可存储性是指用户在家庭、办公室或途中对存储在一台计算机的外存、IC 卡,或者其他更易于传输的标准或特殊用途的设备中的电子现金进行存储和检索。电子现金的存储是指从银行账户中提取一定数量的电子现金,存入上述设备中。这种设备应该有一个友好的用户页面以顺利通过密码或其他方式进行身份验证,以及查询卡内信息。

(4) 不可重复性。必须防止电子现金的复制和重复使用。因为客户可能用同一个电子现金在不同国家、地区的网上商店同时购物,这就会造成电子现金的重复使用。

(5) 独立性。电子现金不依赖于所用的计算机系统。电子现金的优势在于完全脱离了实物载体,使用户在支付过程中更加方便,但必须通过电子现金自身使用的各项密码技术来保证电子现金的安全。

(6) 匿名性。电子现金可以隐藏用户的购买历史,即便银行和商家相互勾结,也不能跟踪电子现金的使用。

(7) 不可伪造性。用户不能造假币,这包括两种情况:一是用户不能凭空制造有效的电子现金;二是用户从银行提取 N 个有效的电子现金后,也不能根据提取和支付这 N 个电子现金的信息制造出有效的电子现金。

(8) 可传递性。电子现金能像普通现金一样在用户之间任意转让,且不能被跟踪。

(9) 可分性。现实生活中,现金有多种面值,消费现金的数量由不同面值的现金组成。同样,电子现金不仅能作为整体使用,还能像普通现金一样被分为更小的部分多次使用,只要各部分的面额之和与原电子现金面额相等,就可以进行任意金额的支付。

2. 电子现金的支付流程

采用电子现金支付方式实现电子商务的流程如下:

(1) 用户为了获得电子现金,要求其开户行将其存款转到电子货币发行机构,电子货币发行机构根据用户存款额向用户兑换等值的电子现金,所兑换的电子现金需经其签字。

（2）用户开户行从用户的账户向电子货币发行机构转账。

（3）电子货币发行机构给用户发放电子现金，用户将电子现金存入其计算机或智能卡（IC卡）中。

（4）用户浏览商家的站点，选购合适的商品或服务，并把电子现金发送给商家。商家验证电子现金的真假后，向用户提供商品或服务。

（5）商家将电子现金发送给电子货币发行机构，要求兑换现金。

（6）电子货币发行机构把钱发送给商家的开户行，商家的开户行为商家入账。

3. 电子现金的系统

电子现金系统最简单的形式包括三个主体（商家、客户、银行）和四个安全协议（初始化协议、提款协议、支付协议、存款协议）。电子现金在其生命周期中要经过提取、支付和存款三个过程，涉及客户、商家和银行三方。

（1）电子现金的基本流通模式（以E-Cash数字现金为例）包括：

1）用户在电子现金发行银行开立E-Cash账号并购买E-Cash。要在网上的货币服务器或银行购买数字现金，首先要在银行建立一个账户，将足够的资金存入该账户以支持今后的支付。

2）使用计算机E-Cash终端软件从E-Cash银行取出一定数量的E-Cash存在硬盘上。一旦账户建立，用户就可以使用数字现金软件产生一个随机数，它是银行使用私钥进行数字签名的随机数。

3）用户向接受E-Cash的商家订货，并用商家的公钥加密E-Cash后，传给商家。

4）接受E-Cash的商家与E-Cash发行银行进行清算，在交易中，数字现金被发给商家，商家再把它直接发给E-Cash发行银行，由其检验货币的有效性。像纸币一样，数字现金通过一个序列号进行标识，银行将从商家处获得的数字现金与已经使用的数字现金数据库进行比对，并确认它没有被重复使用，然后将它转入商家账户。

（2）电子现金协议。用户从自己的银行账户上提取数字现金，为了保证用户在匿名的前提下获得带有银行签名的合法数字现金，用户将与银行交互执行盲签名协议，同时银行必须确认数字现金上包含必要的用户身份。

1）支付协议（Payment Protocol）。用户使用数字现金从商店中购买货物，通常也应该分为两个子协议：验证数字现金签名（用于确认数字现金是否合法）和知识泄露协议（买方将向卖方泄露部分有关自己身份的信息，用于防止买方滥用电子现金）。

2）存款协议（Deposit Protocol）。用户及商家将数字现金存入自己的银行账户。在这一步银行将检查存入的数字现金是否被合法使用，如果发现有非法使用的情况发生，银行将使用重用检测协议跟踪非法用户的身份，对其进行惩罚。

4. 电子现金的安全保障

电子现金以数字签名的密码系统为基础。数字签名安全可靠，与手写签名相比，不容易被仿造。电子现金在保密性上表现为：（1）交易内容的保密性，即通过对所有在协议执行过程中传递的敏感数据进行加密，实现支付保密性；（2）不可跟踪性，包括两个方面的内容：一方面，通过强有力的密码学技术，银行不但可以检测到电子现金的任何非法性插入，而且能追踪到应对欺诈行为负责的一方；另一方面，给那些诚实账户所有者提供强有力的支付保密性功能。

（二）信用卡

1. 信用卡的概念

信用卡是商业银行向个人和单位发行的，凭以向特约单位购物、消费和向银行存取现金，具有消费信用的特制载体卡片。其形式是一张正面印有发卡银行名称、有效期、号码、持卡人姓名等内容，背面有磁条、签名条的卡片。按是否向发卡银行交存备用金，信用卡分为贷记卡和准贷记卡两类。贷记卡是发卡银行给予持卡人一定的信用额度，持卡人可在信用额度内先消费、后还款的信用卡；准贷记卡则是先按发卡银行要求交存一定金额的备用金的信用卡。信用卡一般单指贷记卡。

信用卡的种类繁多，按不同的标准，可分为如下几大类：

(1) 按发行机构的不同，信用卡可分为银行卡（金融卡）和非银行卡。

(2) 按发行对象的不同，信用卡可分为公司卡和个人卡。

(3) 按流通范围的不同，信用卡可分为国际卡和地区卡。

(4) 按从属关系的不同，信用卡可分为主卡和附属卡。

(5) 按资信状况的不同，信用卡可分为金卡和普通卡。

信用卡的功能主要有 ID 功能、结算功能、信息记录功能。附加功能包括消费信用、消费信贷、吸收储蓄、转账结算、通存通兑、自动取款、代发工资、代理收费、信誉标志。

信用卡应用的基本特点是：特约商店不需要太多投入即能使用；无论何时均能使用；能受理信用卡的商店在全世界数量众多；法律和制度方面的问题较少。

2. 使用信用卡需要注意的事项

(1) 单位账户的资金一律从基本存款账户转账存入，不得交存现金，不得将销货收入的款项存入信用卡。

(2) 信用卡仅限于合法持卡人本人使用，持卡人不得出租或转借信用卡。

(3) 单位信用卡不得用于 10 万元以上的商品交易、劳务供应款项的结算。

(4) 持卡人带卡购物，消费时需将信用卡和身份证一并交特约单位并在签购单上签名确认。

(5) 特约单位不得通过压卡、签单和退货等方式支付持卡人现金。

(6) 单位卡一律不得支取现金。

(7) 信用卡透支有一定的额度限制和期限要求。

(8) 持卡人不得恶意透支。恶意透支是指持卡人超过规定限额或规定期限，并经发卡银行催收无效的透支行为。

(9) 持卡人不需要继续使用信用卡的，应持信用卡主动到发卡银行办理销户。销户时，单位卡账户余额转入其基本存款账户，不得提取现金。

(10) 信用卡丢失后，持卡人应立即持本人身份证件或其他有效证明，向发卡银行或代办银行申请挂失。

3. 信用卡结算的特点

信用卡结算具有如下特点：

(1) 方便。持卡人可以凭卡在全国各地大中城市的有关银行提取、存入现金或在同城、异地的商店、饭店、宾馆消费。

(2) 通用。可用于支取现金，进行现金结算，还可以办理同城、异地的转账业务，代替支票、汇票等结算工具，具有银行户头的功能。

(3) 透支。信用卡的持卡人取现或消费以卡内存款余额为限度，当存款余额减少到一定限度时，应及时补充存款，一般不透支，如急需，允许在规定限额内小额善意透支，并计付透支利息。

4. SET 信用卡支付

(1) SET 信用卡支付流程。SET 信用卡支付流程与实际的购物流程非常接近，只是它的一切操作都是通过 Internet 完成的，如图 4-1-2 所示。

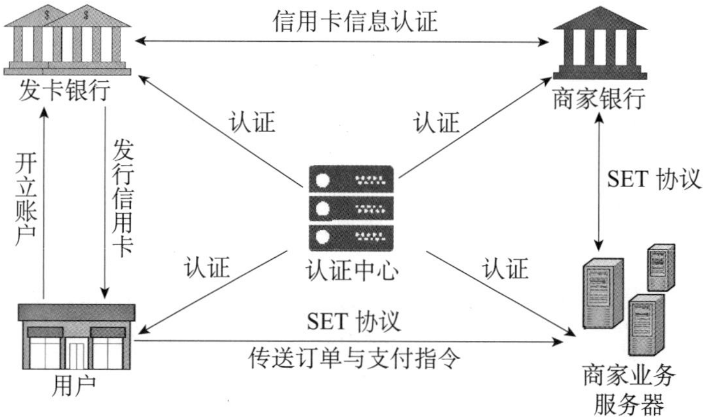

图 4-1-2 SET 信用卡支付流程

其具体流程如下：

1) 用户在银行开立信用卡账户，获得信用卡。

2) 用户在商家的 Web 主页上查看商品目录，选择所需商品。

3) 用户填写订单并通过网络传递给商家，同时附上付款指令。订单和付款指令要有用户的数字签名并加密，使商家无法看到用户的账户信息。

4) 商家收到订单后，向发卡银行请求支付许可。

5) 发卡银行确认后，批准交易，并向商家返回确认信息。

6) 商家发送订单确认信息给用户，并发货给用户。

7) 商家请求银行支付货款，银行将货款由用户的账户转移到商家的账户。

(2) 参与 SET 交易的成员及其关系。

1) 用户。持有信用卡的购买货物的人。

2) 发卡银行。用户开立信用卡账户、获得信用卡的银行机构。在交易过程中，发卡银行会先查验用户的信用卡数据，只有查验无误，整个交易才算结束。

3）商家银行。接受商家端送来的交易付款数据，待发卡银行验证无误后，取得信用卡付款授权以供商家清算。

4）认证中心。专门验证交易双方身份的权威机构，主要接受用户、商家银行、商家业务服务器发卡银行的电子证书申请，并管理电子证书的相关事宜。

5）商家业务服务器。主要在商家的服务器上运行，处理支付卡交易与认证等。

（3）SET 协议技术。

1）共享密钥加密。用同一个密钥加密和解密数据。常用的算法包括 DES 等，共享密钥加密是 SET 加密协议的基础。

2）公开密钥加密。常用的算法是 RSA 等。公开密钥技术解决了密钥发布和管理问题，商家可以公开其公钥，而保留私钥。购物者可以用人人皆知的公钥对发送信息加密，安全送至商家后，用商家的私钥解密。

3）电子数字签名。将报文与签名同时发送作为凭证。利用公开密钥加密技术将一定的报文摘要加密成电子签名，以起到凭证作用。

4）电子安全证书。解决身份验证的问题，方案是采用第三方认证 CA，在核实网上某一实体的真实身份后，向实体发送一份签名文件，其中包括实体名称和实体的公钥。该文件称为“电子证书”，以后该实体在网上的发文都将附上该“电子证书”，以做验证。

（4）SET 标准的安全措施。

1）加密技术。同时使用私钥与公钥加密法加密。

2）数字签名技术。

3）进行电子认证。在电子交易过程中，必须确认用户、商家及其他相关机构身份的合法性，这就要求建立专门的电子认证机构。

4）使用电子信封。为了保证信息传输的安全性，交易所使用的密钥必须经常更换，SET 使用电子信封的方式是更换密钥。方法是由发送方自动生成专用密钥，用它产生机密明文，再将生成的密文同密钥一起用公钥的手段加密传出去。收信人用公钥方法解密后，得到专用密钥，再次解密。

（三）电子钱包

1. 电子钱包的概念

电子钱包（Electronic Wallet，E-Wallet）是用户在电子商务购物活动中常用的一种支付工具。电子钱包有两种概念：一是纯粹的软件，主要用于网上消费、账户管理，这类软件通常与银行账户连接在一起；二是小额支付的智能储值卡，持卡人预先在卡中存入一定的金额，交易时直接从储值账户中扣除交易金额。

电子钱包是用户在小额购物或购买小商品时常用的新式钱包。使用电子钱包购物，通常需要在电子钱包服务系统中进行。电子商务活动中的电子钱包软件通常都是免费提供的，用户可以直接使用与自己银行账号相连接的电子商务系统服务器上的电子钱包软件，也可以从 Internet 上调出来，采用各种保密方式利用 Internet 上的电子钱包软件。目前世界上有 VISA Cash 和 Mondex 两大电子钱包服务系统，其他电子钱包服务系统还有 MasterCard Cash、EuroPay 的 Clip 和比利时的 Proton 等。

在电子钱包内只能装电子货币，即装入电子现金、电子零钱、安全零钱、电子信用卡等。这些电子支付工具都可以支持点击支付的方式。

2. 电子钱包的功能

（1）电子安全证书的管理。包括电子安全证书的申请、存储、删除等。

（2）安全电子交易。进行 SET 交易时辨认用户的身份并发送交易信息。

（3）交易记录的保存。保存每一笔交易记录以备日后查询。持卡人在进行网上购物时，账户信息（如账号和到期日期）及支付指令可以通过电子钱包软件进行加密传送和有效性验证。

（4）设置相关选项和更改口令。

（5）实现自动支付流程。

3. 使用电子钱包购物的步骤

（1）用户通过 Internet 登录电子商务网站，进行信息的搜寻，选择想购买的物品。

（2）用户在计算机上输入订单，包括从哪个销售商店购买什么商品、购买多少、在什么时间送到什么地方以及交给何人等信息。

（3）通过电子商务服务器与有关商店联系并立即得到应答，告诉用户所购货物的单价、应付款额、交货时间等信息。

（4）用户确认后，下载电子钱包软件并将电子钱包装入系统，单击电子钱包的相应项目或电子钱包图标，立即打开电子钱包，输入保密口令，在确认是自己的电子钱包后，从电子钱包中取出其中的一张电子信用卡来付款。

（5）电子商务服务器对此信用卡号码采用某种保密算法计算并加密后，发送到相应的银行，同时销售商店也收到了经过加密的购货账单，销售商店将自己的用户编码加入电子购货账单后，再传送到电子商务服务器上。

（6）如果经商业银行确认后拒绝并且不予授权，则说明用户的这张信用卡上的钱不够用了或者是没有钱了，甚至是已经透支。遭到商业银行拒绝后，用户可以单击电子钱包的相应项再打开电子钱包，取出另一张电子信用卡，重复上述操作。

（7）如果商业银行证明这张信用卡有效并授权，销售商店就可发货。与此同时，销售商店留下整个交易过程中发生往来的财务数据，并且出示一份电子收据发送给用户。

（8）上述交易成交后，销售商店就按照用户提供的电子订单将货物发送给电子订单中指明的收货人。

四、数字人民币

数字人民币（Digital Currency Electronic Payment，DCEP）是由人民银行发行，由指定运营机构参与运营并向公众兑换，以广义账户体系为基础，支持银行账户松耦合功能，与纸钞和硬币等价，并具有价值特征和法偿性的可控匿名的支付工具。数字人民币由人民银行发行，是由国家信用背书、有法偿能力的法定货币。与比特币等虚拟币相比，数字人民币是法币，与法定货币等值，其效力和安全性是最高的，而比特币是一种虚拟资产，没有任何价值基础，也不享受任何主权信用担保，无法保证价值稳定。这是央行数字人民币与比特币等加密资产的最根本区别。数字人民币的特点如下。

（一）双层运营体系

数字人民币采取了双层运营体系，即人民银行不直接对公众发行和兑换央行数字货币，而是先把数字人民币兑换给指定的运营机构，比如商业银行或者其他商业机构，再由这些机构兑换给公众。运营机构需要向人民银行缴纳100%准备金，这就是1∶1的兑换过程。这种双层运营体系和纸钞发行基本一样，因此不会对现有金融体系产生大的影响，也不会对实体经济或者金融稳定产生大的影响。

（二）以广义账户体系为基础

央行数字货币体系下，任何能够形成个人身份唯一标识的东西都可以成为账户。比如说车牌号就可以成为数字人民币的一个子钱包，通过高速公路或者停车的时候进行支付。这就是广义账户体系的概念。而银行账户体系是非常严格的体系，一般需要提交很多文件和个人信息才能开立银行账户。

（三）支持银行账户松耦合

这是指用户不需要银行账户就可以开立数字人民币钱包。对于一些农村地区或者边远山区群众、来华境外旅游者等，不能或者不便持有银行账户的，也可以通过数字钱包享受相应的金融服务，有助于实现普惠金融。

（四）双离线支付

数字人民币可以像纸钞一样满足飞机、邮轮、地下停车场等网络信号不佳场所的电子支付需求。

（五）安全性更高

如果真的发生了盗用等行为，对于实名钱包，数字人民币可提供挂失功能。

（六）多终端选择

不愿意用或者没有能力用智能手机的人群，可以选择IC卡、功能机或者其他的硬件。

（七）多信息强度

根据掌握客户信息强度的不同，数字人民币钱包可分成几个等级。如大额支付或转账，必须通过信息强度高的实名钱包。

（八）点对点交付

通过数字货币智能合约的方式，可以实现定点到人交付。例如，民生资金可以发放到群众的数字钱包上，从而杜绝虚报冒领、截留挪用的可能性。

（九）高可追溯性

在有权机关严格依照程序出具相应法律文书的情况下，可对数字人民币账户进行相应的数据验证和交叉比对，为打击违法犯罪提供信息支持。数字人民币使得交易环节对账户的依赖程度大为降低，有利于人民币的流通和国际化。同时数字人民币可以实现货币创造、记账、流动等数据的实时采集，为货币的投放、货币政策的制定与实施提供有益的参考。

第二节　网上银行与手机银行

一、网上银行的含义

电子银行通常是指银行依托先进的计算机、通信和网络技术，向客户提供各类便捷、高效、优质、安全的银行服务。它包括多种形态，如 ATM、自助银行、家居银行、电话银行、手机银行和网上银行等。目前，世界各国的商业银行纷纷加大对客户自助渠道的建设投资，电子银行的服务形态正日益发展，传统的网点式银行经营服务模式将逐渐被新型的电子银行服务所取代。

网上银行是在 Internet 上的虚拟银行柜台，利用 Internet 和 Intranet 技术，为客户提供综合、统一、安全、实时的银行服务，包括提供对私、对公的各种零售和批发的全方位银行业务，还可以为客户提供跨国支付与清算等其他贸易或非贸易银行业务服务。

二、网上银行的系统组成、金融服务内容和业务功能

（一）网上银行的系统组成

（1）办公自动化系统。
（2）客户服务支持系统。
（3）业务处理系统。
（4）信息发布系统。
（5）支付系统。
（6）网上银行。

（二）网上银行的金融服务内容

网上银行的金融服务内容如图 4－2－1 所示。

（三）网上银行的业务功能

（1）银行业务项目：个人银行服务、网上信用卡业务、对公业务、其他付款方式、国

- 金融服务
  - 基础网上服务
    - 银行电子化
      - 银行零售业务
      - 银行批发业务
      - 银行同业清算转账
    - 网上支付系统
  - 增值网上服务
    - 各类信息
    - 在线交易
    - 新型服务

图 4－2－1 网上银行的金融服务内容

际业务、信贷、特色服务。

（2）商务服务：投资理财、资本市场、政府服务。

（3）信息发布：国际市场外汇行情、兑换利率、储蓄利率、汇率、国际金融信息、证券行情、银行信息等。

三、银行手机客户端

手机银行 App 近年来非常受欢迎，随着各大银行纷纷推出手机银行客户端，很多业务不再需要去柜台办理，为用户节约了更多时间成本，用户可以在手机端轻松完成转账、充值、生活缴费等多种操作，使用方便而且不收取任何手续费。

手机银行客户端既是产品，又是渠道。手机银行开始逐步替代银行的网点成为银行服务客户的重要手段。手机银行 App 也成为银行对抗流量巨头、线上获客的“急先锋”、智能化服务的载体，成为银行服务的衍生。如建设银行手机银行客户端全面融入智能手机性能特点，为广大 Android 手机用户带来前所未有的操作体验，用户可享受畅快自如的移动金融生活，充分挖掘智能手机平台特点，摆脱了手机浏览器对于用户操作和业务展现的局限性，操作界面更加友好、使用更加便捷，是客户移动理财的好帮手。

四、云闪付 App

在移动互联网趋势下，支付宝、微信支付迅速崛起，支付行业格局发生深刻变革。云闪付 App 是一种非现金收付款移动交易结算工具，是在中国人民银行的指导下，由中国银联携手各商业银行、支付机构等产业各方共同开发建设、共同维护运营的移动支付 App，其权威性、安全性毋庸置疑。

云闪付提供三大核心功能：收付款、享优惠、卡管理。此外，它还提供银联手机闪付、银联二维码支付等。

云闪付实现了银行卡一站式、全流程服务，可一次性绑定多张银行卡，支持借记卡余额查询、跨行交易动账通知、交易明细查询服务，以及包括信用卡账单查询、信用卡还款在内的信用卡全流程服务。通过云闪付进行信用卡还款无需支付任何手续费。

云闪付支持借记卡余额以及信用卡账单查询的功能，意味着用户不用分别打开各个银行的 App 逐一查账，登录云闪付便可浏览所有银行账户的信息。没有其他任何机构可以复制云闪付的这个功能。

云闪付免手续费进行信用卡还款的功能，微信和支付宝也做不到。微信和支付宝都会向用户收取超额还款部分的 0.1%的手续费。

微信支付和支付宝曾经也可以免手续费进行信用卡还款，在 2018 年 8 月之后相继向用户收费。主要支付平台的海量用户所带来的交易量往往数以万亿计，即使付给银联的通道费只有交易量的千分之几，即使信用卡还款只占交易量的一半以内，通道费也会是个巨额数字，会侵蚀掉企业的大量利润。

云闪付正是依靠这两个以特殊背景获得的不可复制的功能，将广大持卡用户牢牢拴住。云闪付不断进化。今天的云闪付 App 可以说是个宝藏应用，集合超过百余家银行营销活动及重点卡产品权益展示，在云闪付 App 首页可一次性查看各家银行餐饮、住宿、出行等各类优惠权益。云闪付 App 还支持绑定银行卡权益自动识别，可基于地理位置主动推荐附近优惠及权益。

银联的调研数据显示，用户最常用的银行 App 功能分别是手机支付、充值缴费、查账还款。这三项功能，用户全都可以通过云闪付实现。

云闪付是商业银行、中国银联等产业各方共建共享的移动支付产品，云闪付的功能与银行 App 的重叠度越来越高。

2021 年 1 月央行发布《非银行支付机构条例（征求意见稿）》，首次提出强化反垄断监管措施。2021 年 9 月 30 日、10 月 2 日，微信支付、支付宝先后发布消息，宣布与云闪付实现互联互通。据《互联网周刊》发布的 2021 年中国第三方支付 50 强企业名单，在独立支付 App 中，支付宝 App、云闪付 App、壹钱包 App 位居前列。在注册用户方面，到 2022 年 3 月，中国银联官方发文称，云闪付 App 累计注册用户已达 4.6 亿，已支持 757 家银行借记卡余额一键查询。云闪付的短板是用户体验，这方面目前与竞争对手差距明显。云闪付最实用的功能如下：

（1）可以绑定你所有银行卡（包括信用卡）。

（2）可以查看所有储蓄卡余额和信用卡还款金额。

（3）银行卡之间转账和信用卡还款免手续费。

（4）它的“活期+”类似于余额宝。

第三节　第三方支付

一、第三方支付概述

一个典型的电子商务交易由三个阶段组成，分别是信息搜寻、支付以及物流配送。第三方安全支付平台运作流程如图 4－3－1 所示。

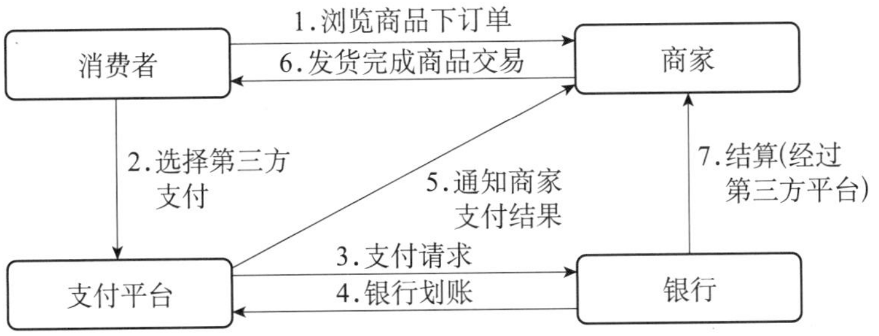

图 4-3-1　第三方安全支付平台运作流程

目前，有名的第三方安全支付平台有阿里巴巴的支付宝、易趣的安付通以及微信支付等。支付宝拥有独立账户，是保障付款安全的第三方平台，安全、快捷、简单。安付通是单纯的第三方保障，无独立账号。另外，腾讯的财付通是完全按照支付宝的模式来做的。这里重点介绍阿里巴巴的支付宝。

二、支付宝

（一）支付宝的概念

支付宝是支付宝公司针对网上交易而特别推出的安全付款服务。其运作的实质是以支付宝为信用中介，在买家确认收到商品前，由支付宝替买卖双方暂时保管货款的一种增值服务。

电子支付使用者通过电子终端，借助网络实现资金转移的行为，主要通过信用卡、电子支票、数字现金、智能卡等方式来实现。支付宝的安全交易流程如图 4-3-2 所示。

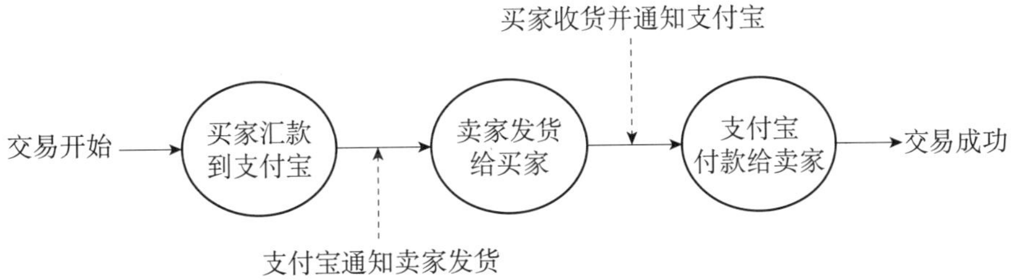

图 4-3-2　支付宝的安全交易流程

（二）支付宝的安全保障措施

在认证方面，个人或公司必须凭有效身份证件和营业执照进行注册和认证。

在买卖过程中，买家必须将货款以转账的形式支付到支付宝中。卖家发货并承担相应义务后，如无正当理由，支付宝将会在买家确认下将货款划拨到卖家账户中。如果买家不作明确指示，既不作收货确认，也不作退货处理，或未表明未收到货物，支付宝仍将在规定时间内将货款划拨到卖家账户中，以确保卖家利益。如果买家未收到货物，或认为卖家未尽所承诺的义务，可以申请退货，买卖双方同意解除交易的，支付宝将货款返还给买家；如果在此问题上双方意见出现分歧，可提交网站客服进行调解，以双方达成一致意见为准，确认货款处置方法，以确保买家利益。

（三）支付宝的充值

开通网银后，用户就可以通过充值入口进行支付宝账户的充值操作。充值后没有进行过购买行为的资金不能申请提现，如果急需提取，可申请退回到充值账户中。

（四）使用支付宝的好处

1. 买家使用支付宝的好处

（1）货款先支付给支付宝，收货满意后才付钱给卖家，安全放心。

（2）不必跑银行汇款，在线支付，方便简单。

（3）付款成功后，即时到账，卖家可以立刻发货，快速高效。

（4）在线支付，交易手续费全免。

2. 卖家使用支付宝的好处

（1）无须去银行查账。支付宝会告诉卖家买家是否已付款，可谓省心、省力、省时。

（2）账目分明。交易管理帮卖家清晰地记录每一笔交易的交易状态，即使有多个买家汇入同样的金额也能区分清楚。

（3）支付宝认证是卖家信誉的保证。

第四节　移动支付

一、我国移动支付的发展现状

随着以支付宝、微信支付为代表的第三方移动平台的崛起，中国移动支付蓬勃发展。移动支付是一个新型的支付体系，是通过互联网、终端设备、金融机构等联合形成的，能让移动端用户通过电子产品来完成电子货币的支付，其中包括转账、缴纳话费、燃气费、水电费等。

移动支付极大便利了城乡居民的日常支付，也成为新时代的“中国名片”。根据相关调查数据，在 2023 年，我国移动支付使用率为 86%，位居全球第一，是美国的两倍以上，是全球平均水平的 2.5 倍。中国支付清算协会数据显示，2013 年至 2022 年，全国移动支付业务笔数从 54.51 亿笔增长至 11 412.97 亿笔，增长了 208 倍，交易金额从 10.83 万亿元增长至 816.95 万亿元，增长了 74 倍。移动支付多领域广覆盖，形成了全球领先的示范效应。移动支付打破了时空的约束，使得消费不再局限于“面对面”。在移动支付的助推下，我国已连续 11 年保持全球规模最大的网络零售市场地位。2023 年，全国网上零售额达 15.4 万亿元，连续 11 年稳居全球第一。中国移动支付的普及不仅体现了金融业的发展成果，也是国家科技实力和经济活力的象征。

二、我国移动支付的发展历程

（一）短信移动支付

我国最早的移动支付可以追溯到 1998 年左右国内一些银行推出的短信银行，即用短信传输资金操作指令来完成相应的支付、转移货币资金的服务。短信银行要求用户拥有一个手机号码，手机号码绑定一个银行卡账户。用户使用手机根据相应的银行操作代码，发送短信到银行指定的接收号码来实现相应的移动支付操作。短信银行功能很简单，但在当时是一个巨大的支付创新，用户通过手机就可以完成支付操作。当然，短信银行也存在诸多弱点：一是短信银行只能远程支付，无法近场支付；二是短信银行受到当时技术条件的限制，使得操作步骤烦琐且需要牢记指令；三是发送短信需要 0.1 元左右的成本。因此，短信银行并没有在普通人群中普及。

（二）WAP 移动支付

2000 年，随着无线应用协议（Wireless Application Protocol，WAP）的成熟，Internet 的丰富信息及先进的业务也可以引入当时的非智能手机等无线终端。2001 年，中国移动推出“移动梦网”业务，于是银行推出了 WAP 银行，即移动互联网的网上银行。

WAP 仍然没有流行起来，其主要原因如下：一是当时不是所有手机都能上 WAP，即使能上 WAP，由于当时的流量费用非常昂贵，普通人也无法承受这么高昂的使用成本；二是当时的主流手机没有触摸屏功能，界面虽友好，但操作起来还是非常不方便；三是移动互联网技术是一种全新的技术，远未普及，因此 WAP 银行也没有流行起来。

（三）芯片移动支付

短信银行也好，WAP 银行也罢，都无法实现近场支付。我国银行与移动通信公司合作的常用路径，就是把银行卡 IC 卡集成至 SIM 卡之中。比如：浦发银行推出的 RDIF-SIM 银行，用户把拥有无线通信功能的银行卡 IC 贴片与 SIM 卡保持近距离以实现近场支付的功能。然而，一是由于各种芯片银行的技术标准并不统一，用户无法相互兼容，必然极大地影响用户规模；二是芯片银行涉及银行、银联、移动通信运营商、手机制造商、技术（专利）提供商多方主体，利益分配极其复杂，参与方都想成为移动支付的主导者；三是用户使用成本太高，要使用芯片银行通常需要更换手机和安装芯片，办理起来比较烦琐，最终无法受到用户的青睐。

（四）App 移动支付

App 移动支付是以智能手机使用 App 为主流支付手段的支付模式。App 移动支付分为第三方 App 移动支付和银行 App 移动支付。

1. 第三方支付机构的账户支付

第三方 App 移动支付是非银行支付机构提供的 App 移动支付服务，典型的服务主体有支付宝和微信支付。第三方 App 移动支付主导了普通人的日常移动支付。其中重要的原因是第三方支付将银行账户支付模式引入自身系统内。

2. 第三方支付机构的扫码支付

2014 年左右，第三方移动支付开始通过扫码支付创新。2016 年 8 月，央行下发《条码支付业务规范（征求意见稿）》，让线下小额支付模式进入全新时代。由于二维码收款成本低廉且便利，从大型商超到餐厅、便利店乃至小贩几乎都能够使用二维码，生活中一些高频支付场景都可以采用扫码支付方式，如公交、地铁、高速公路收费站收费等。线下移动支付的普及忽如一夜春风来，使中国的手机支付比例在 2016 年攀升至世界第一，达到 77%。移动支付的发源地日本也只有 27%，西方发达国家美国和德国也只有 48%。

3. 银行机构 App 移动支付

央行在 2015 年 7 月出台了《非银行支付机构网络支付业务管理办法（征求意见稿）》，允许尝试创新手段，到 2016 年 8 月央行解禁扫码支付后，银行机构才大力发展扫码支付，受使用场景、生态和使用习惯等各种因素影响，效果非常有限，因此没有哪家银行的扫码支付成为移动支付的主流。

4. 银行机构的云闪付

在 2015 年前后，银行和银联联手推出了基于 NFC-HCE（安卓系统）和 NFC-SE（苹果系统）技术的移动支付产品，以下称为 NFC 支付。其原理是利用 HCE 和 SE 技术，在手机银行 App 中模拟了一张银行卡，然后刷手机支付时，HCE 和 SE 服务在相应的系统后台运行，在不必打开支付 App 的情况下就相当于刷了那张银行卡，用户只需在 POS 机上输入银行卡密码（如果用户设置了小额免密支付，就不需要这个步骤）即可完成支付，整个使用过程确实非常方便。银联为了能更快速、更广泛地推广云闪付，还联合了苹果、三星等移动终端巨头。

NFC 云闪付的推出，解决了银行卡近场移动支付的软肋，用户可以将所有支持云闪付的银行卡都绑定手机进行云闪付，但从目前来看，使用云闪付的用户和频率都远低于支付宝、微信支付等支付工具。主要原因有：一是并不是所有的手机都支持 NFC；二是收款终端都要升级为支持云闪付的 POS 机；三是应用场景远没有支付宝、微信那么高频和丰富，NFC 应用生态也比较单一。

5. 银行机构的扫码支付

虽然国内多数银行都参与了以银联为主导的云闪付，云闪付也给银行带来了一定的支付市场和数据，但凭借扫码支付，用户可在任何时间、任何地点、使用任何智能手机完成支付，这种轻量、快速、低成本支付优势是云闪付所不具备的。在 2016 年 8 月央行解禁扫码支付后，各大银行机构开始不遗余力地布局自己的扫码支付以获得更多的交易数据、更强的用户黏性、更高的中间业务收入。例如：中国工商银行、中国建设银行等大银行在 2017 年左右不但推出了自己的扫码支付功能，也与支付宝、微信支付、银联等合作推出聚合支付扫码，与合作的第三方支付机构的二维码互认互扫。

三、数字货币

中国人民银行是全球第一家把法定数字货币应用到流通支付的央行。

（一）数字人民币的定义

数字人民币是中国人民银行发行的数字形式的法定货币，由指定运营机构参与运营，以广义账户体系为基础，支持银行账户松耦合功能，与实物人民币等价，具有价值特征和法偿性。根据数字人民币的定义，其主要包括以下几方面的内容。

1. 数字人民币是央行发行的法定货币

数字人民币具备货币的价值尺度、交易媒介、价值贮藏等基本功能，与实物人民币一样是法定货币。数字人民币是法定货币的数字形式。数字人民币是央行对公众的负债，以国家信用为支撑，具有法偿性。

2. 数字人民币采取中心化管理、双层运营

数字人民币的发行权属于国家，中国人民银行在数字人民币运营体系中处于中心地位，负责向作为指定运营机构的商业银行发行数字人民币并进行全生命周期管理，指定运营机构及相关商业机构负责向社会公众提供数字人民币兑换和流通服务。

3. 数字人民币与实物人民币具有同等法律地位和经济价值

数字人民币主要定位于现金类支付凭证，将与实物人民币长期并存。数字人民币与实物人民币都是央行对公众的负债，具有同等法律地位和经济价值。

4. 数字人民币是一种零售型央行数字货币，主要用于满足国内零售支付需求

央行数字货币根据用户和用途不同可分为两类：一类是批发型央行数字货币，主要面向商业银行等机构类主体发行，多用于大额结算；另一类是零售型央行数字货币，面向公众发行并用于日常交易。数字人民币属于后者。

5. 数字人民币属于现金类支付工具

在未来的数字化零售支付体系中，数字人民币和指定运营机构的电子账户资金具有通用性，共同构成现金类支付工具。

（二）数字人民币的设计

数字人民币体系设计突出以广义账户为基础、与银行账户松耦合等特征，适应线上线下各类支付环境，尽量减少因技术素养、通信网络覆盖等因素带来的使用障碍，满足公众对支付工具安全、易用的要求。数字人民币运营系统满足高安全性、高可用性、高可扩展性、高并发性、业务连续性要求。

数字人民币设计坚持开放包容，发挥指定运营机构各自优势和专业经验，按照长期演进技术方针，通过开展技术竞争及技术迭代，保持整体技术先进性，避免系统运营风险过度集中；支持与传统电子支付系统间的交互，充分利用现有金融基础设施，实现不同指定

运营机构钱包间、数字人民币钱包与银行账户间的互联互通，提高支付工具交互性。

数字人民币设计兼顾实物人民币和电子支付工具的优势，既具有实物人民币的支付即结算、匿名性等特点，又具有电子支付工具成本低、便携性强、效率高、不易伪造等特点。

（三）数字人民币钱包

数字钱包是数字人民币的载体和触达用户的媒介（如图 4－4－1 所示）。在数字人民币中心化管理、统一认知、实现防伪的前提下，中国人民银行制定相关规则，各指定运营机构采用共建、共享方式打造移动终端 App，对钱包进行管理并对数字人民币进行验真。

图 4－4－1　数字人民币钱包

数字人民币钱包可进行如下分类。

1. 按照客户身份识别强度的不同分为不同等级的钱包

指定运营机构根据客户身份识别强度对数字人民币钱包进行分类管理，根据实名强弱程度赋予各类钱包不同的单笔、单日交易及余额限额。最低权限钱包不要求提供身份信息，以体现匿名设计原则。用户在默认情况下开立的是最低权限的匿名钱包，可根据需要自主升级为高权限的实名钱包。

2. 按照开立主体的不同分为个人钱包和对公钱包

自然人和个体工商户可以开立个人钱包，按照相应客户身份识别强度采用分类交易和余额限额管理；法人和非法人机构可开立对公钱包，并按照临柜开立还是远程开立确定交易、余额限额，钱包功能可依据用户需求定制。

3. 按照载体的不同分为软钱包和硬钱包

软钱包基于移动支付 App、软件开发工具包（SDK）、应用程序接口（API）等为用户提供服务。硬钱包基于安全芯片等技术实现数字人民币相关功能，依托 IC 卡、手机终端、可穿戴设备、物联网设备等为用户提供服务。软硬钱包结合可以丰富钱包生态体系，满足不同人群需求。

4. 按照权限归属的不同分为母钱包和子钱包

钱包持有主体可将主要的钱包设为母钱包，并可在母钱包下开设若干子钱包。个人可通过子钱包实现限额支付、条件支付和个人隐私保护等功能；企业和机构可通过子钱包来实现资金归集及分发、财务管理等特定功能。

四、移动支付发展趋势

（一）进入无现金时代

随着移动支付的不断普及，支付宝、微信支付等支付平台的不断发展，越来越多的用户开始使用手机进行移动支付。人们乘车可以扫码付款，吃饭可以扫码付款，玩乐可以扫码付款，购物也可以扫码付款。移动支付已全面渗入人们的生活当中，有时人们外出游玩仅靠一部手机就足够了。我国将会进入无现金时代。

（二）注重信息安全

移动支付平台与人们的银行卡进行关联，保存了个人的隐私信息，一旦这些信息被泄露，将给人们的生活带来很多麻烦，如：个人财产可能会被窃取，财产安全得不到保障；可能会被骚扰，从而影响正常生活等。未来随着移动支付技术的不断完善和发展，移动支付的信息安全系数将会逐渐提高。

思考题

1. 什么是电子货币？
2. 什么是电子钱包？其通常的使用步骤有哪些？
3. 信用卡使用过程中要注意哪些问题？
4. 什么是电子现金？电子现金的基本特征有哪些？
5. 什么是移动支付？它有什么特点？
6. 移动支付有哪些类别？
7. 什么是云闪付？它有什么特点？
8. 什么是数字人民币？

第五章　网络营销

知识要点

(1) 掌握网络营销的概念、特点、职能。
(2) 掌握网络营销理论。
(3) 了解网络营销调研的步骤和方法。
(4) 掌握网络营销的产品、价格策略。
(5) 掌握网络广告的特点和类型。
(6) 掌握搜索引擎关键词广告。
(7) 掌握软文营销的类型及方法。

素养目标

(1) 引导学生大胆探索新知识。
(2) 培养学生的团队协作精神与创新意识。
(3) 培养学生运用所学知识分析现实问题的能力。

第一节 网络营销概述

一、网络营销的定义

认识网络营销

网络营销三步骤

网络营销（On-line Marketing 或 E-Marketing）是以互联网为传播手段，利用数字化的信息和网络媒体的交互性来辅助实现营销目标的营销方式。从“营销”的角度出发，网络营销是企业整体营销战略的一个组成部分，是建立在互联网基础之上、借助互联网来更有效地满足客户的需求和欲望，从而实现企业营销目标的一种手段。

网络营销不只是网上销售。网上销售是网络营销发展到一定阶段产生的结果，网络营销是为实现网上销售目的而进行的一项基本活动。网络营销本身并不等于网上销售，这是因为网络营销的效果可能表现在多个方面，如企业品牌价值的提升、加强与客户之间的沟通等。作为一种对外发布信息的工具，网络营销活动并不一定能实现网上直接销售的目的，但是很可能有利于增加总销量。此外，网上销售的推广手段也不仅仅靠网络营销，往往还要采取许多传统的方式，如投放传统媒体广告、发布新闻、印发宣传册等。

网络营销作为新的营销方式和营销手段，其内容是非常丰富的。它的主要内容可以概括如下：

(1) 网上市场调查。网上市场调查是指利用互联网交互式的信息沟通渠道搜集信息的过程。其调查的内容包括对消费者、竞争对手以及整个市场情况的及时报道和准确分析。在互联网环境和技术的支持下，营销调研成本低、信息量大，从而可以进一步了解消费者的现实和潜在需求，深化个性营销的观念和规则，并且对传统的细分市场做进一步细分。

(2) 网上产品和服务的策略。在网上进行营销，必须结合网络的特点重新考虑产品的设计、开发、包装和品牌策略，低价位和快速反应有可能成为网上产品和服务的策略。

(3) 网络公共关系。网络公关的目的是通过营销传播媒介从第三方立场的评论来树立企业和产品的形象，提高企业和产品的知名度，以增强产品对客户的吸引力。

(4) 网络广告。网络广告最大的特点是交互性和直接性，沟通双方可以突破时空限制直接进行交流，简单、高效、费用低廉。

二、网络营销的特点

网络营销的实质是着眼于信息流，通过计算机网络传输信息的市场营销。这种全新的营销方式在经营环境、范围、手段、运作形式，以及供求双方的沟通等方面，有着其他营销方式所不可比拟的优势。网络营销具有以下特点：

（1）无限的运作时空。

（2）公平自由的竞争环境。

（3）便捷有效的沟通渠道。

（4）营销目标定位准确。

（5）经营成本降低。

（6）供应链缩短，经营效率提高。

（7）营销形式丰富多样。

（8）具有高技术条件支撑的营销手段。

三、网络营销的职能

网络营销可以在网络品牌、网站推广、信息发布、销售促进、在线销售、客户服务、客户关系、在线调研等八个方面发挥作用。

网络营销的实验模型如图 5－1－1 所示。

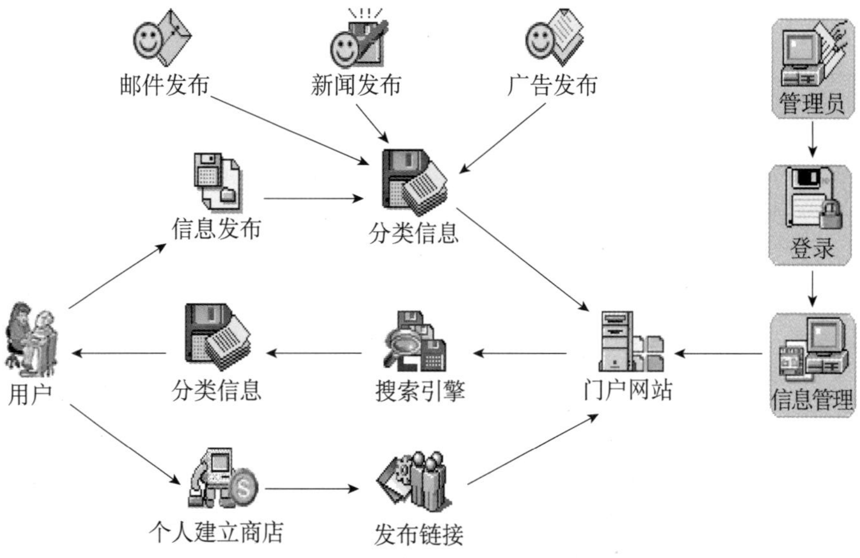

图 5－1－1　网络营销的实验模型

网络营销的层次及其主要活动如图 5－1－2 所示。

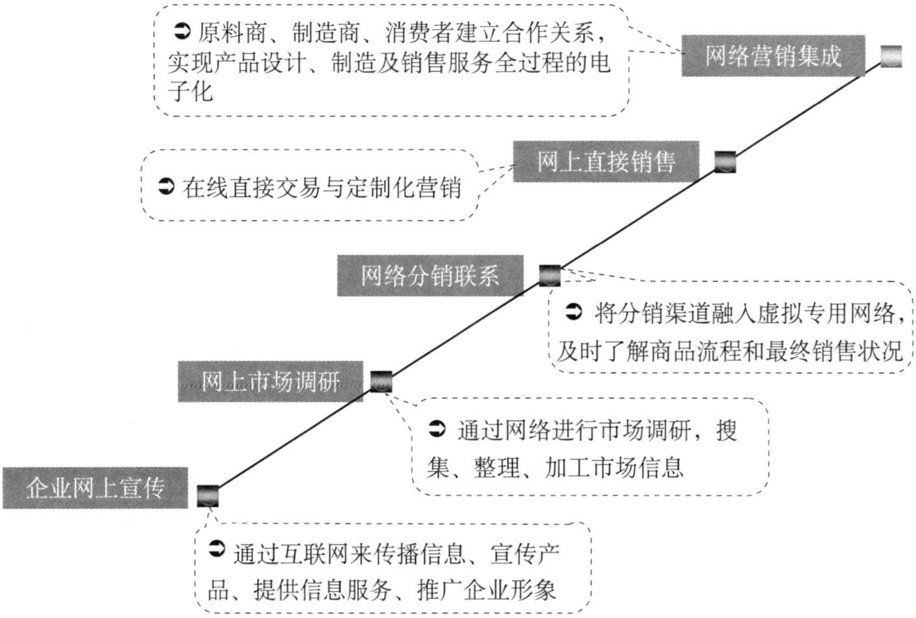

图 5－1－2　网络营销的层次及其主要活动

第二节　网络营销理论

常用的营销理论包括 4P 营销理论、4C 营销理论、4R 营销理论、4V 营销理论、4I 营销理论、AIDMA 法则、AISAS 法则、长尾理论等。这些理论也适用于网络营销。

一、4P 营销理论

1960 年，美国密歇根州立大学的杰罗姆·麦卡锡（E. J. McCarthy）在其撰写的《基础营销》一书中将营销要素概括为 4P，即产品（Product）、价格（Price）、渠道（Place）和促销（Promotion）（如图 5－2－1 所示），奠定了现代市场营销学的基石。4P 理论的经济学基础是厂商理论，即产品利润最大化。1967 年，菲利普·科特勒进一步确认了以 4P 为核心的营销组合。

二、4C 营销理论

20 世纪 90 年代，随着市场竞争日趋激烈，媒介传播速度越来越快，4P 营销理论受到的挑战日益增多。1990 年，美国学者罗伯特·劳特朋（Robert F. Lauterborn）提出了与传统 4P 营销理论相对应的 4C 营销理论（如图 5－2－2 所示）。4P 营销组合向 4C 营销组合的转变，具体表现为产品（Product）向消费者（Consumer）转变，价格（Price）向成本（Cost）转变，渠道（Place）向便利（Convenience）转变，促销（Promotion）向沟通（Communication）转变，4C 营销组合即消费者（Consumer）、成本（Cost）、便利（Convenience）和沟通（Communication）。4C 营销理论真正将消费者置于核心位置。

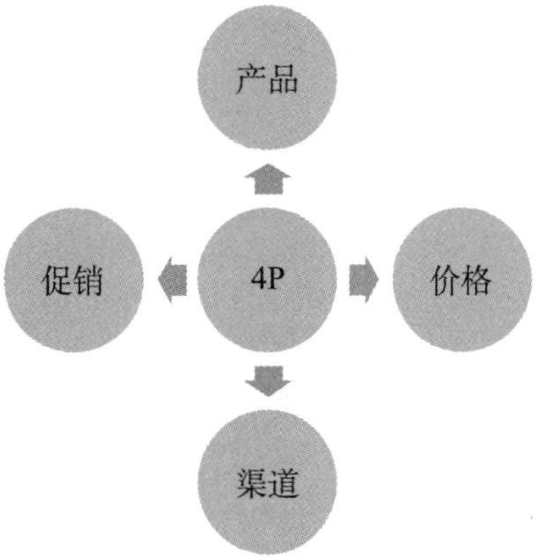

图 5-2-1　4P 营销理论

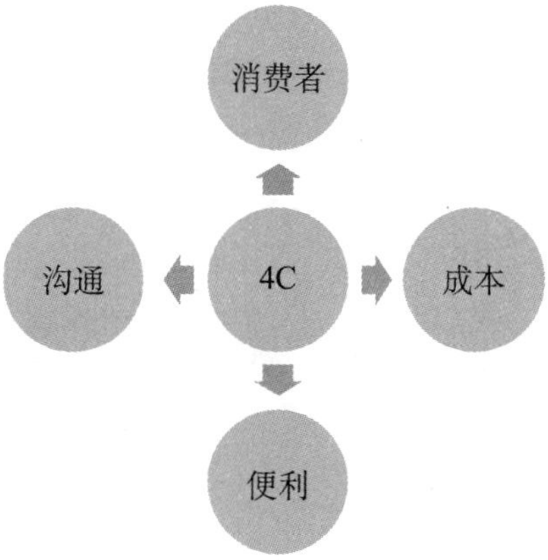

图 5-2-2　4C 营销理论

三、4R 营销理论

2001 年，美国营销学者艾略特·艾登伯格（Elliott Ettenberg）在其《4R 营销》一书中提出了 4R 营销理论（如图 5-2-3 所示）。4R 营销理论以关系营销为核心，重在建立顾客忠诚度，它阐述了 4 个全新的营销组合要素，即关联（Relativity）、反应（Reaction）、关系（Relation）和回报（Retribution）。该营销理论认为，随着市场的发展，企业需要在更高层次上以更有效的方式在企业与客户之间建立起新型的主动性关系。

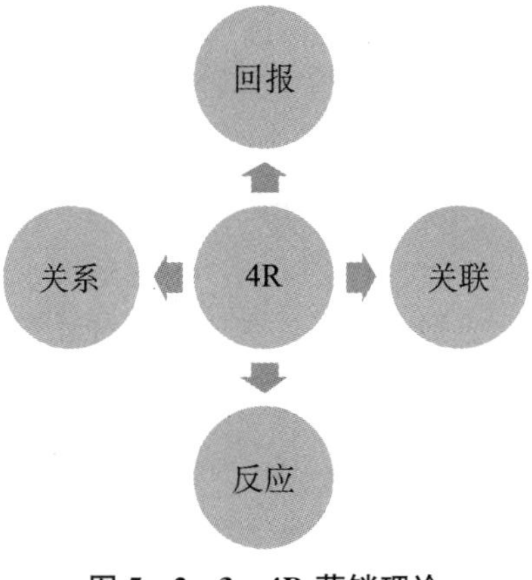

图 5-2-3　4R 营销理论

四、4V 营销理论

进入 20 世纪 80 年代之后，随着高科技产业的迅速崛起，高科技企业及产品与服务不断涌现，营销观念、营销方式不断丰富与发展，学界也形成了独具风格的新型营销理念，我国学者（吴金明等）综合性地提出了4V营销理论（如图5-2-4所示），即差异化（Variation）、功能化（Versatility）、附加价值（Value）、共鸣（Vibration）的营销组合理论。

五、4I营销理论

2010年前后，营销专家刘东明提出4I营销理论（如图5-2-5所示），即趣味原则（Interesting）、利益原则（Interests）、互动原则（Interaction）、个性原则（Individuality）。4I营销理论不仅是实施电商社会化媒体营销的理论基础，更是新媒体营销的突围方向，可帮助企业增加营销深度。

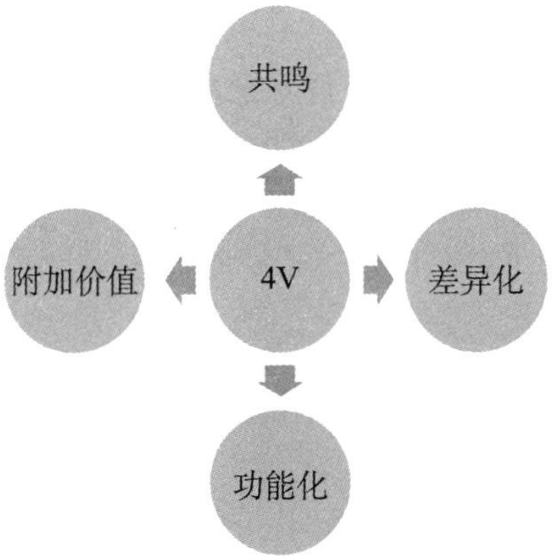

图5-2-4　4V营销理论

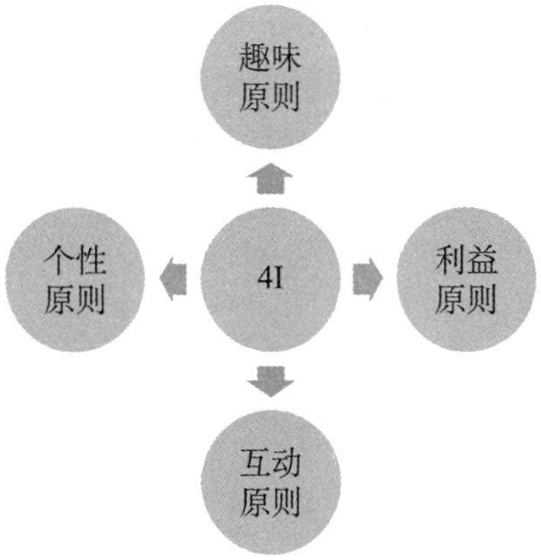

图5-2-5　4I营销理论

六、AIDMA法则

AIDMA法则（如图5-2-6所示）反映了传统媒体环境下的营销关系。新闻、娱乐、广告等信息经过编辑后，以图片、文字、视频等形式在电视、广播、报纸、杂志上发布，用户甚至无法选择或筛选自己接收到的信息，同时用户并没有及时、畅通的渠道与发布信息的媒体产生连接。这种一对多、单向的传播技术，形成了用户对于营销信息的AIDMA反应模式，进而使以“媒体”为核心、以“引起注意”（Attention）为首要任务的营销策略产生。随着互联网行业的发展，尤其是互联网社交媒体服务的出现，适用于传统媒体的AIDMA法则逐渐无法完全满足新媒体的营销要求。

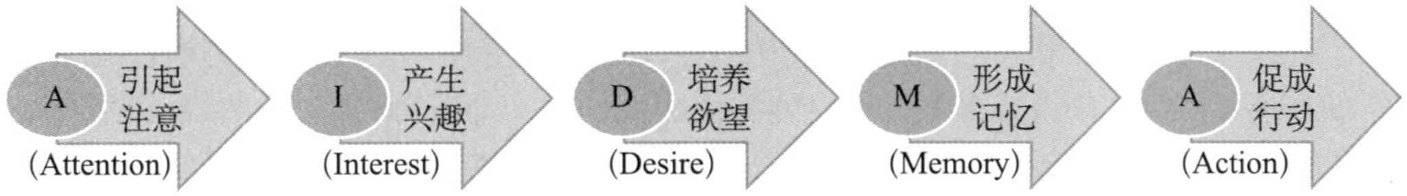

图5-2-6　AIDMA法则

七、AISAS 法则

2005 年，国际 4A 广告公司日本电通广告提出 AISAS 法则（如图 5－2－7 所示），AISAS 的含义为 A（Attention）——引起注意，I（Interest）——产生兴趣，S（Search）——主动搜索，A（Action）——付诸行动，S（Share）——口碑分享。AISAS 法则是指通过引起用户的注意（Attention），使用户对信息产生兴趣（Interest），用户开始主动搜索（Search）产品的其他信息，进而付诸行动（Action），即产生购买行为，并通过网络进行分享（Share），用户的网络分享可以影响其他潜在用户，引起对方的注意，进而使他们产生兴趣、主动搜索，甚至购买、分享。

AISAS 法则充分反映了环境的变化对用户行为产生的影响，用户开始在社交媒体上花费越来越多的时间，社交平台逐渐成为互联网上的集市。但用户的时间是有限的，争夺用户的时间、引起用户的注意开始成为营销的重要目标。

搜索引擎技术的进步同样为用户的决策提供了支持，用户一旦对某个营销内容产生兴趣，便会主动通过搜索引擎对感兴趣的内容进行搜索，进而采取行动，即产生消费，再通过社交媒体进行关于购买过程或产品体验的分享。随着兴趣电商的兴起，笔者认为改为 AIAS 更合适，AIAS 的含义为：A（Attention）——引起注意，I（Interest）——产生兴趣，A（Action）——付诸行动，S（Share）——口碑分享。

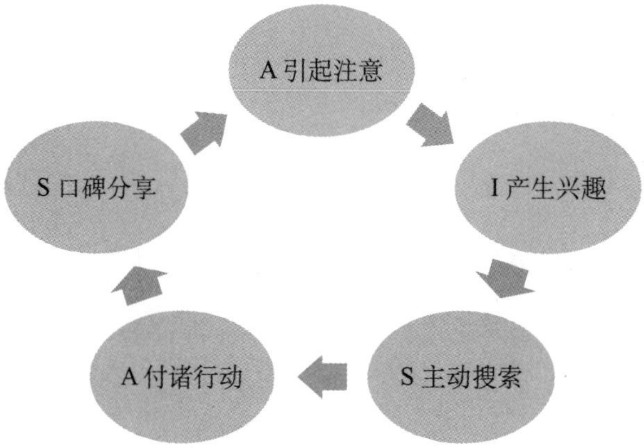

图 5－2－7　AISAS　法则

八、长尾理论

长尾市场也被称为“利基市场”。菲利普·科特勒（Philip Kotler）在《营销管理》中给利基下的定义为：利基是更窄地确定某些群体，这是一个小市场并且它的需要没有被服务好，或者说“有获取利益的基础”。过去人们只能关注重要的人或重要的事，如果用正态分布曲线来描绘这些人或事，人们只能关注曲线的“头部”，而将处于曲线“尾部”、需要更多的精力和成本才能关注到的大多数人或事忽略。在网络时代，由于关注的成本大大降低，人们有可能以很低的成本关注正态分布曲线的“尾部”，关注“尾部”产生的总体效益甚至会超过“头部”。长尾理论如图 5－2－8 所示。

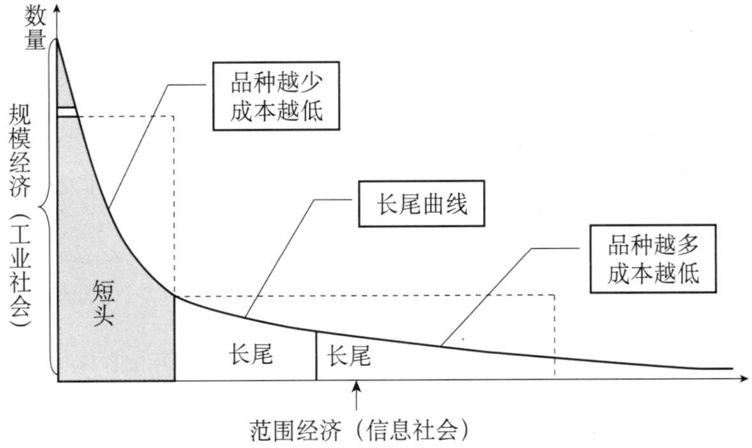

图 5-2-8 长尾理论

第三节 网络营销调研

一、网络营销调研的含义

人们通常把基于互联网进行市场营销信息收集、整理、分析和研究的过程称为网络市场调研，就是利用各种网站、App、搜索引擎、第三方信息平台等，收集整理竞争对手信息、市场环境信息、客户信息、供求信息的过程。网络营销调研是指企业通过互联网开展收集市场信息、了解竞争者的情报及调查客户对产品服务的意见等市场调研活动，以此为企业网上营销决策提供数据支持和分析依据。网络营销调研主要在于进行市场可行性研究、分析不同地区的销售机会和潜力、研究影响销售的各种因素。网络营销调研是企业开展网络营销的首要任务，它为将要开展的所有网络营销活动奠定基础。

网络营销调研的主要内容包括以下方面。

（一）消费者对产品的需求信息

网络消费者的需求特征，特别是需求及其变化趋势调查是网络营销调研的重要内容。在了解消费者个人特征的基础上调查消费者需求。调查中要采取一些技巧，从侧面了解、印证与推测有用的信息。

（二）企业产品或服务信息

企业现有产品或服务的相关信息包括产品供求状况、市场容量、市场占有率、顾客满意度、产品或服务销量变化、顾客建议等。

（三）目标市场信息

目标市场信息主要包括市场容量、产品供求形势、销售份额、市场开发潜力、市场存在的问题、竞争格局等。

（四）竞争对手及其产品信息

竞争对手分析的内容包括主要的竞争对手是谁、实力如何、竞争策略、网络营销战略定位、发展潜力等。竞争产品调研则主要了解产品的市场占有率、广告手段、顾客满意度、销量变化等。

（五）市场宏观环境信息

这包括政治、法律、经济、文化、地理、人口、科技等各方面。

二、网络营销调研的步骤

网络营销调研的步骤如图 5-3-1 所示。首先要明确网络营销调研问题与确定调研目标，接下来依次是制订调研计划、通过网络收集资料、对收集的资料进行分析，最后是撰写调研报告。

图 5-3-1　网络营销调研的步骤

（一）确定调研目标

明确调研问题和调研工作所要达到的目标是网络营销调研的首要任务。调研目标既不可过于宽泛，也不能过于狭窄，要明确地界定调研目标并充分顾及网络调研成果的时效性。在确定网络调研目标时，要注意调研样本的代表性等一系列问题。确定调研目标也要符合 SMART 原则（如图 5-3-2 所示）。

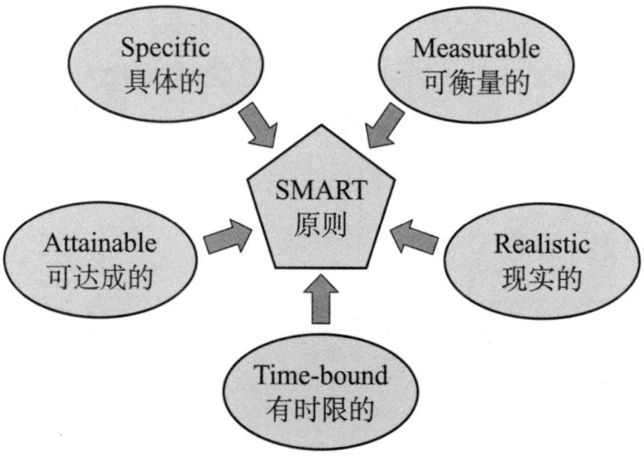

图 5-3-2　SMART 法则

(二) 制订调研计划

确定资料来源、调研对象、调查方法、调查手段、抽样方案、调研进度及经费预算。

(三) 收集资料

将访问者反馈的信息进行下载、归集，或直接从网上下载相关数据。要注意对无效数据的处理。

(四) 分析资料

调研人员要具有耐心细致的工作态度，善于归纳总结、去粗取精、去伪存真。分析资料时还需要掌握相应的数据分析技术和借助先进的统计分析工具。常用的数据分析技术包括交叉列表分析、概括分析、综合指标分析和动态分析等。目前国际上较为通用的分析软件有 SPSS、SAS 等。

(五) 撰写调研报告

调研报告一般包括标题、摘要、目录、引言、正文（调研目的、调研方法、调查数据统计分析等)、结论、启示及建议、附件等部分。

三、网络营销调研的方法

网络营销调研的方法主要有网络问卷调查法、网络讨论法、网络观察法和网络文献法。其中，前三种方法多用于网络一手资料的获取，而网络文献法多用来收集二手数据。网络营销调研过程中具体应采用哪一种方法收集数据资料，还要根据实际调查的目的和需要而定。

(一) 网络问卷调查法

网络问卷调查法在网络营销调研中应用最为广泛。网络问卷调查法是调查者将其所要获取的信息，设计成调查问卷在网上发布，让访问者通过网络填写问卷并提交的一种调查形式。

调查问卷一般包括卷首语、问题指导语、问卷的主体及结束语四个组成部分。其中，卷首语是说明由谁执行此项调查、调查目的和意义。问题指导语，即填表说明，用来向受访者解释怎样正确地填写问卷。问卷的主体包括问题和选项，是问卷的核心部分。问题的类型分为封闭型问题、开放型问题和半封闭型问题三类。结束语用来表示对参与者的感谢，或提供一些奖品、优惠券等。

1. 网站（页）发布

网站（页）发布即调查者将设计好的问卷放在网站的某个网页上。这要求问卷设计要有吸引力，并易于回答。发布方法可以是在网站上设置有调查问卷的标志或链接文字，使访问者通过单击链接进入问卷页面，并完成问卷的填写。

2. 弹出式调查

调查者在网站上设计一个弹出窗口，当访问者进入网站时，自动弹出窗口，请求参与网上调查。若访问者有兴趣参与，单击窗口中的“是”按钮，就可以在问卷窗口填写问卷并在线提交。

3. E-mail调查

E-mail调查是将问卷直接发送到被访者的个人电子邮箱中，让被访者主动参与调查，填写并回复邮件。这类似于传统调查中的邮寄问卷调查，需要调查者收集目标群体的电子邮箱地址作为抽样样本。该类调查的不足之处在于：问卷以平面文本格式为主，无法实现跳答、检查等较复杂的问卷设计；抽样的完备性和问卷的回收率较难保障，这将影响到问卷调查的质量。

4. 讨论组调查

讨论组调查是指在相关的讨论群组中发布问卷，邀请访问者参与调查。该调查也属于主动型调查，但在新闻组和BBS上发布问卷时，应注意调查的内容与讨论组主题的相关性，否则容易引发受访者的反感或抵制情绪，无法完成调研。

5. 专业的问卷调查平台

专业的问卷调查平台功能强大，能够为用户提供全面的问卷调查解决方案，提供的服务包括问卷设计、问卷发布、数据采集、统计分析、生成报表和报告等。

（二）网络讨论法

网络讨论法是指通过网络平台，让来自不同地区、领域的人们参与讨论交流。

（三）网络观察法

网络观察法是利用相关软件和人员记录网络浏览者的活动，包括浏览企业网页时所点击的内容、浏览时间等。

（四）网络文献法

网络文献法包括利用搜索引擎收集资料、利用网络社区收集资料、利用E-mail收集资料等。

四、调研报告的撰写

撰写调研报告是整个网络营销调研活动的最后阶段。在撰写调研报告前，要先了解报告阅读者希望得到的报告形式及期望获得的信息。调研报告要清晰明了、图文并茂。营销调研报告一般包括以下部分。

（一）标题

标题是营销调研报告本质内容的高度概括。一个好的调研报告标题不仅能直接反映出报告的核心思想和基本内容，还会因为它揭示的深刻内涵引发读者强烈的阅读欲望，所以，标题要开宗明义，做到直接、确切、精练。

（二）摘要

摘要是对本次营销调研的情况作简明扼要的说明，主要是用高度概括的语言介绍此次营销调研的背景、目的、意义、内容、方法和结论等。

（三）目录或索引

营销调研报告如果内容较丰富，页码较多，从方便阅读对象的角度出发，应当使用报告目录或索引，将报告文本的主要章、节、目及附录资料的标题列于报告之前，在报告目录中写明章、节、目的标题及页码。

（四）正文

正文是营销调研报告陈述情况、列举调查材料、分析论证的主体部分。在正文部分，必须真实、客观地阐明全部有关论据，包括从问题的提出到引出的结论、论证的全部过程及分析研究的方法等。

（五）结语

结语是对正文的概括和归纳，是对营销调研报告主要内容的总结。有的在结束语中强调报告所论及问题的重要性，以提示阅读者关注；有的提出报告中尚未解决的问题，以引起重视；有的则和盘托出解决问题的办法、建议或措施。

（六）附录

附录是对正文内容的必要补充，是论证、说明或进一步阐释正文的某些资料，如调查问卷、调查抽样细节、原始资料的来源、调研获得的原始数据图表（正文一般只列出汇总后的图表）等。

第四节　网络营销产品与价格策略

一、网络营销的产品策略

认识网络营销产品

产品是企业市场营销组合中的重要因素。产品策略直接影响和决定其他市场营销组合因素的策略，与企业市场营销的成败关系重大。

（一）网络营销产品的含义

产品是市场营销组合中最重要的因素。产品是向市场提供的能满足人们某种需求的任何东西，包括有形物品和无形服务。产品的这个广义概念具有两方面的特点：一方面，并不是具有物质实体的才是产品，能满足人们某种需要的劳务也是产品，如运输服务、存储服务、安装修配服务、咨询服务、保险服务、金融服务等；另一方面，对工业企业来说，其产品不仅包括具有一定形状和用途的实体本身，也包括随实物出售的相应服务。

网络营销产品的内涵与传统产品的内涵有一定的差异性，主要是网络产品的层次比传统营销产品的层次大大扩展了。网络产品需求层次如图 5-4-1 所示。

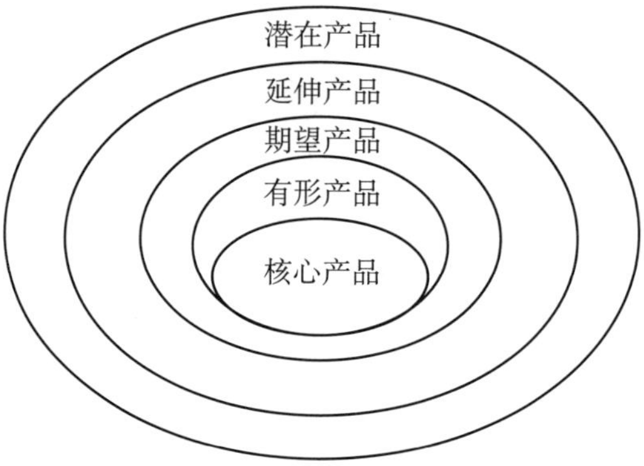

图 5-4-1　网络产品需求层次

1. 核心产品层次

这是产品最基本的层次，是满足客户需要的核心内容，是客户要购买的实质性东西。

2. 有形产品层次

这是产品在市场上出现时的具体物质形态，企业的生产和设计人员将核心产品通过一定的载体，转化为有形的物体而表现出来。它包括产品的质量水平、功能、款式、特色、品牌和包装等。

3. 期望产品层次

在网络营销中，消费需求呈现个性化的特征，不同的消费者可以根据自己的爱好对产品提出不同的要求，因此产品的设计和开发必须满足客户的个性化消费需求。客户在购买产品前对可购产品的质量、使用方便程度、特点等方面的期望值，就是期望产品。现代社会已由传统的企业设计开发、客户被动接受的时代，进入了以客户为中心，企业按照客户提出的要求辅助其设计和开发产品，从而满足客户个性化需求的新时代。

4. 延伸产品层次

这是指客户在购买产品时所得到的附加的服务或利益，主要是为了帮助客户更好地使用核心利益和服务，如提供信贷、质量保证、免费送货及售后服务等。

5. 潜在产品层次

这是在延伸产品层次之外，由企业提供的能满足客户潜在需求的产品层次。它是产品的一种增值服务。

网络营销产品选择

（二）网络适销产品

企业利用网络沟通的广泛性、便利性，可以更主动地向更多人展示创意独特的新产品的别致之处，从而满足那些品位独特、需求特殊的客户“先睹为快”的心理。在网络上销售的产品，按照产品性质的不同，可以分为实体产品和虚体产品两大类（见表 5-4-1）。

表 5-4-1 实体产品与虚体产品的种类

商品形态	类别	商品品种	营销方式
实体产品	普通	消费品、工业品等实体产品	在线浏览购物
虚体产品	软件	电脑软件、电子游戏等	在线销售
	在线服务	订票、旅游预约、预约挂号、网上选号、代购服务	网络预约服务
		网络援助、交友、在线游戏、远程医疗、远程教育	互助（互动）服务
		咨询、中介服务、股市行情分析、数据库检索、电子新闻、研究报告	信息咨询服务

（三）网上品牌的内涵

1. 网上品牌的含义

在现代西方营销领域，品牌是一种企业资产、一种信誉，由产品品质、商标、企业标志、广告口号、公共关系等混合交织形成。

2. 网上品牌的特征

网上品牌与传统品牌有很大的不同，传统优势品牌不一定是网上优势品牌，网上优势品牌的创立需要重新进行规划和投资。某著名咨询公司的一份调查报告中指出：“品牌知名度与网站访问量之间没有必然的联系。”“通过对年龄为 16～22 岁的青年人的品牌选择倾向和他们的上网行为进行比较，研究人员发现了一个似是而非的现象：尽管可口可乐、耐克等品牌仍然受到广大青少年的青睐，但是这些公司网站的访问量却并不高。既然知名品牌与网站访问量之间没有必然的联系，那么公司到底要不要建设网站就是一个值得考虑的问题。从另一个角度看，这个结果也意味着公司要在网上取得成功，绝不能指望依赖传统的品牌优势。”

3. 企业域名品牌的内涵

域名是企业站点联系地址，是企业被识别和选择的对象，因此提高域名的知名度，也就是提高企业站点的知名度以及企业被识别和选择的概率。域名在互联网上可以说是企业形象的化身，是在虚拟网上市场环境中商业活动的标识。因此，必须将域名作为一种商业资源来管理和使用。

域名具有商标特性，某些域名已具有潜在的商标价值。如以 IBM 作为域名，使用者很自然会联想到 IBM 公司，联想到该站点提供的服务或产品同样具有 IBM 公司一贯承诺的品质和价值。一旦被他人抢先注册，注册者就可以很自然地利用该域名所附带的一些属性和价值，这会令受害企业不但丧失商业利润，还要承担品牌形象受到无形损害的风险。

国际域名在全世界是统一注册的，因此在全世界范围内，如果一个域名已被注册，其他任何机构都无权再注册和使用此域名。国际互联网上的检索信息显示，我国大量的知名企业、驰名商标和其他具有特定意义和称谓的域名已被他人抢先注册了，然而还有相当多的企业没有认识到自己企业域名的珍贵性，本应属于自己的域名却被别人捷足先登，这不能不说是一个损失。

（四）网络营销服务

营销大师菲利普·科特勒将服务定义为：服务是一方能够向另一方提供的基本上是无形的任何功效或礼仪，并且不导致任何所有权的产生，它的产生可能与某种有形产品密切联系在一起，也可能毫无联系。网络营销服务也具有同样的内涵，只是网络营销服务是通过互联网来实现服务的。

服务是企业围绕用户需求提供的功效或礼仪，网络营销服务的本质也就是让用户满意，用户是否满意是衡量网络营销服务质量的唯一标准。要让用户满意，就要满足用户的需求。用户的需求一般是有层次性的，企业提供的服务越能满足用户的需求，用户的满意度就越高。网络营销服务利用互联网的特性可以更好地满足用户不同层次的需求。

企业要实现个性化服务，就需要改造企业的业务流程，改造成按照用户需求来进行产品的设计、制造、销售、配送和服务的业务流程。用户了解和参与整个过程意味着企业与用户需要建立一种“一对一”的关系。互联网可以帮助企业更好地改造业务流程以适应对用户的“一对一”营销服务。

二、网络营销的价格策略

定价就是一个公司怎样把它提供给消费者的利益转变成它可得到的利润。任何企业都不能只凭直觉随意定价，而必须借助科学且行之有效的定价方法。

（一）网络营销定价方法

在网络市场中，企业重点研究如何满足客户的需要，以成本为导向来确定产品价格将逐渐被淡化，而以需求为导向来确定价格将成为企业确定价格的主要方法。同时，竞争导向定价法中的招投标定价法和拍卖定价法将不断被强化。

1. 需求导向定价法

在网络环境下，价值法和区分需求定价法得到了充分的应用。价值法的关键问题，即如何准确地进行价值评估，在网络市场中得到了很好的解决。企业可以利用网络的互动性和快捷性的特点，及时、准确地掌握和了解消费者或用户的预期价格，从而比较正确地确定商品的价格，避免估价过高或偏低现象的发生。

2. 竞争导向定价法

在网络市场中，同样存在竞争，而且这种竞争并不逊色于传统市场的竞争。在网络市场中，目前以竞争为导向进行定价的方法主要有招投标定价法和拍卖定价法。

（1）招投标定价法。招投标定价法是招标单位通过网络发布招标公告，由投标单位进行投标而择优成交的一种定价方法。它是买方引导卖方通过竞争成交的一种方法，通常用于建筑包工、大型设备制造、政府大宗采购、劳务贸易等。这种定价法一般是由买方公开招标，卖方竞标、密封递价，买方按物美价廉的原则择优录取，到期公开开标，中标者与买方签约成交。对于招标单位来说，这种定价法扩大了招标单位对投标单位的选择范围，从而使企业能在较大范围内以较优的价格选择投标单位；对于投标单位来说，这种定价法不仅增加了投标的营销机会，而且使企业能获得较为公平的竞争环境，为企业的发展创造良机。

（2）拍卖定价法。拍卖定价法是市场经济中常用的一种定价法，是指拍卖行受出售者委托在特定场所公开叫卖，引导买方报价，利用买方竞争求购的心理，从中选择最高价格的一种定价方法。目前，许多拍卖行在网上进行有益的尝试，使拍卖定价法在网络营销中得到了较快的发展。例如，日本的 AUC 网在网上实施旧车拍卖，并取得了明显效果。相信在不远的将来，拍卖定价法将会在网络市场中得到广泛的应用。拍卖价格与投标价格的形成有所不同，其区别在于前者是买方公开竞价，后者是卖方密封递价。

（二）网络营销定价策略

前述定价方法是依据成本、需求和竞争等因素决定产品基础价格的方法，尚未考虑顾客心理、运费、折扣、产品组合等因素。因此，企业还需考虑或利用灵活多变的定价策略，修正用上述定价方法确定的价格，以利于销售。

1. 新产品定价策略

目前，国内外关于新产品的定价策略主要有如下几种：

（1）撇脂定价策略。这种策略也称偏高定价策略，主要是指新产品上市之初，将新产品的价格定得较高，在短期内获取高额利润，尽快收回投资。其适用条件是：新产品上市初期，在市场上奇货可居且有大量的消费者；需求价格弹性较小，短期内没有类似的替代品；高价刺激竞争出现的可能性不大。

（2）渗透定价策略。这种策略也称偏低定价策略，主要是指新产品上市之初，将新产品的价格定得较低，甚至可能低于产品成本，利用物美价廉迅速占领市场，取得较高的市场占有率。实际上，它是一种薄利多销的策略。其适用条件是：新产品的需求价格弹性较大；新产品存在规模经济效益；产品市场规模较大，存在普遍的竞争。

（3）满意定价策略。这种策略又称温和定价策略或君子定价策略。在新产品上市之初，通常采用对买卖双方都有利的温和策略。撇脂定价策略定价较高，对消费者不利，既容易引起消费者的不满和抵制，又容易引起市场竞争，具有一定的风险；渗透定价策略定价过低，虽然对消费者有利，但企业在新产品上市初期收入甚微，投资回收期长。满意定价策略居于两者之间，既可避免撇脂定价策略因价高而具有的市场风险，又可避免渗透定价策略因价低而带来的困难；既有利于企业自身的利益，又有利于消费者。

2. 地区定价策略

企业在制定价格策略时，针对不同地区的消费者，采用不同的价格策略，特别是运费在变动成本中占较大比重时，更不可忽视。主要的地区定价策略如下：

（1）产地定价。产地定价是指以产地价格或出厂价格为标准，运杂费和运输损失等费用全部由买方承担。这对于卖主是最省事、最方便的定价。产地定价一般适用于市场供应较为紧张的商品和地区的买主，对于路途较远、运费较高和风险较大的买主是不利的。

（2）统一运输定价。统一运输定价也称邮票定价法，是指对所有的买主，不论路程远近，由卖主将货物运往买主所在地，收取同样的运费。这种定价策略适用于商品价值高而运杂费占成本比重小的商品，使买主感觉运送是免费的附加服务，有利于扩大和巩固市场。

（3）津贴运费定价。对于路途较远的中间商，定价太高，不利于销售和竞争，也不易调动中间商进货的积极性，这时企业补贴一部分运费甚至不收运费，这就是津贴运费定价，它可弥补产地定价法的缺点。

（4）基点定价。基点定价是指卖方选定一些中心城市为定价基点，按基点到客户所在地的距离收取运费。采用这一定价策略对中小客户具有很大的吸引力，能够迅速提高市场占有率、扩大销售。这种定价策略适用于产品笨重、运费成本比例较高、生产分布较广、市场范围较大、需求弹性较小的产品。

（5）区域定价。区域定价是指卖方把销售市场划分为多个区域，不同区域实行不同的价格，同一区域内实行统一价格。

3. 心理定价策略

心理定价策略是企业根据消费者购买商品时的心理动机相应采取的定价策略。它具体又可分为如下两种：

（1）尾数定价。相关的调查证明：价格尾数的微小差别，往往会产生不同的效果。尾数定价能使消费者产生定价认真的感觉，认为有尾数的价格是经过认真的成本核算才产生的价格，使消费者对定价产生信任感。尾数定价不适用于名牌高档商品的定价，价格尾数的存在也会给计价收款增加不便。

（2）整数定价。价格不仅是商品的价值符号，也是商品质量的指示器。对价格较高的产品，如高档商品或礼品，或者是消费者不太了解的商品，则可采取整数定价策略，以迎合消费者“一分价钱一分货”“便宜无好货，好货不便宜”的心理，鼓励消费者购买。

4. 声望定价策略

这种定价策略适用于以下两种情况。第一种情况，在消费者心中有声望的名牌企业、名牌商店、名牌商品，即使在市场上有同质同类的商品，消费者也会愿意支付较高的价格购买它们的商品。质量不易鉴别的商品最适合采用此法，因为消费者有崇尚名牌的心理，往往以价格判断质量，认为高价代表高质量。第二种情况，为了适应某些消费者，特别是高收入阶层的虚荣心理，把某些实际价值不大的商品价格定得很高，如首饰、化妆品和古玩等，定价太低反而卖不出去，但定价也不能高得离谱，使一些消费者不能接受。

5. 招徕定价策略

零售商利用部分消费者求廉的心理，特意将某几种商品的价格定得较低以吸引消费者。某些商店随机推出降价商品，每天、每时都有1～2种商品降价出售，吸引消费者经常来采购廉价商品，同时选购其他正常价格的商品。有的零售商则利用节假日或换季时机举行“节日大酬宾”“换季大减价”等活动，把部分商品降价出售以吸引消费者。

网络营销免费策略

6. 免费价格策略

在网络营销中，免费价格不仅是一种促销策略，还是一种非常有效的产品和服务定价策略。具体来说，免费价格策略就是将企业的产品和服务以零价格形式提供给消费者使用，满足消费者的需求。免费价格的形式有以下几类：第一类是产品和服务完全免费，即产品和服务从购买、使用到售后服务所有环节都实行免费；第二类是对产品和服务实行限制免费，即产品和服务可以被有限次使用，超过一定期限或者次数后，取消这种免费服务；第三类是对产品和服务实行部分免费，如一些著名研究公司的网站公布部分研究成果，如果要获取全部成果必须付款成为公司客户；第四类是对产品和服务实行捆绑式免费，即购买某产品和服务时赠送其他产品和服务。

7. 折扣与让利定价策略

企业为了调动各类中间商和其他用户购买商品的积极性，对某些产品的销售采取减价、降价、附赠品或给予一定的津贴等，以鼓励消费者的积极性，或吸引消费者长期购买。折扣与让利定价策略的具体形式很多，常用的有如下几种：

（1）现金折扣。企业对现金交易的消费者或按约定日期提前以现金支付货款的消费者给予一定折扣。在分期供货的交易中常采用这种折扣方式，目的在于鼓励消费者提前付款，以加速企业资金周转。现金折扣的大小，一般应比银行存款利率稍高一些，比贷款利率稍低一些，这样对企业和消费者双方都有好处。

（2）数量折扣。数量折扣是指按购买数量的多少，分别给予消费者不同的折扣，消费者购买数量越多，折扣越大，鼓励大量购买或集中购买。数量折扣实质上是将大量购买时所节约费用的一部分返回给购买者。数量折扣分为累计折扣和非累计折扣。

（3）功能折扣。功能折扣又称交易折扣，是根据各类中间商在市场营销中的作用和功能差异，分别给予不同的折扣。折扣的大小主要依据中间商所承担工作的风险而定。一般给予批发商的折扣较大，给予零售商的折扣较小。通常的做法是先定好零售价格，然后按不同的差价率顺序相加，依次制定各级批发价。

（4）季节折扣。经营季节性商品的企业，对在销售淡季购买产品的消费者给予折扣优惠，鼓励中间商及消费者提早购买，以减轻企业的仓储压力，加速资金周转，调节淡、旺季之间的销售不均衡。

（5）推广让价。推广让价是指生产企业为了鼓励中间商开展各种促销活动，给予某种程度的报酬，或以补贴形式、让价形式推广。

第五节　搜索引擎营销

一、搜索引擎概述

搜索引擎是指根据一定的策略、运用特定的计算机程序搜集互联网上的信息，在对信息进行组织和处理后，为用户提供检索服务的系统。从使用者的角度看，搜索引擎提供一个包含搜索框的页面，在搜索框内输入关键词，通过浏览器提交给搜索引擎后，搜索引擎就会返回与用户输入内容相关的信息列表。搜索引擎并不真正搜索互联网，它实际上搜索的是预先整理好的网页索引数据库。搜索引擎按其工作方式主要可分为四种：全文搜索引擎、目录索引类搜索引擎、元搜索引擎、集成搜索引擎。

搜索引擎营销

（一）全文搜索引擎

全文搜索引擎的“网络机器人”或“网络蜘蛛”是一种网络上的软件，它遍历网页空间，能够扫描一定 IP 地址范围内的网站，并沿着网络上的链接从一个网页到另一个网页、从一个网站到另一个网站采集网页资料。为保证采集的资料最新，它还会回访已抓取过的网页。网络机器人或网络蜘蛛采集的网页，还要有其他程序进行分析，根据一定的相关度算法进行大量的计算，建立网页索引，才能添加到索引数据库中。搜索引擎不同，网页索引数据库不同，排名规则也不尽相同，因此，同一关键词用不同的搜索引擎查询时，搜索结果也不尽相同。

（二）目录索引类搜索引擎

目录索引类搜索引擎是通过人工的方式收集整理网站资料形成数据库的，比如雅虎中国以及国内的搜狐、新浪、网易分类目录。另外，在网上的一些导航站点，也可以归属为原始的分类目录，比如“网址之家”。目录索引类搜索引擎的整个工作过程也同样分为搜集信息、分析信息和查询信息三部分，只不过分类目录的收集、信息分析主要依靠人工完成。

目录索引类搜索引擎一般都有专门的编辑人员，负责搜集网站的信息。随着收录站点的增多，现在一般都是由站点管理者递交自己的网站信息给目录索引类搜索引擎，然后由目录索引类搜索引擎的编辑人员审核递交的网站，以决定是否收录该站点。如果该站点审核通过，目录索引类搜索引擎的编辑人员还需要分析该站点的内容，并将该站点放在相应的类别和目录中。所有这些收录的站点同样被存放在一个索引数据库中。用户在查询信息时，可以选择按照关键词搜索，也可按分类目录逐层查找。若以关键词搜索，则返回的结果跟全文搜索引擎一样，也是根据信息关联程度排列网站。

全文搜索引擎和目录索引类搜索引擎在使用上各有长短。全文搜索引擎依靠软件进行，虽然数据库的容量非常庞大，但是它的查询结果往往不够准确；目录索引类搜索引擎依靠人工搜集和整理网站，虽然能够提供更为准确的查询结果，但搜集的内容却非常有限。为了取长补短，现在的很多搜索引擎，都同时提供这两类查询，一般对全文搜索引擎的查询称为搜索“所有网站”或“全部网站”，如谷歌的全文搜索；对目录索引类搜索引擎的查询称为搜索“分类目录”或搜索“分类网站”，如新浪搜索。

（三）元搜索引擎

这类搜索引擎一般没有自己的网络机器人及数据库，它们的搜索结果是通过调用、控制和优化其他多个独立搜索引擎的搜索结果并以统一的格式在同一页面集中显示。元搜索引擎虽没有网络机器人或网络蜘蛛，也无独立的索引数据库，但在检索请求提交、检索接口代理和检索结果显示等方面，均有自己研发的特色元搜索技术。比如“MetaFisher 元搜索引擎”，它就调用和整合了谷歌、百度和 OpenFind 等多家搜索引擎的数据。

（四）集成搜索引擎

集成搜索引擎是通过网络技术，在一个网页上链接若干个独立搜索引擎，查询时，点选或指定搜索引擎，一次输入，多个搜索引擎同时查询，搜索结果由各搜索引擎分别以不同页面显示。

二、搜索引擎的原理

搜索引擎的工作原理如下：从互联网上抓取网页→建立索引数据库→在索引数据库中搜索排序。

（一）从互联网上抓取网页

搜索引擎利用能够从互联网上自动搜集网页的 Spider 系统程序自动访问互联网，并沿着任何网页中的所有网址链接其他网页，重复这一过程，并把链接过的所有网页搜集回来。

（二）建立索引数据库

由分析索引系统程序对搜集回来的网页进行分析，提取相关网页信息（包括网页所在网址、编码类型、页面内容包含的关键词、关键词位置、生成时间、大小、与其他网页的链接关系等），根据一定的相关度算法进行大量复杂计算，得到每一个网页针对页面内容以及超链接中每一个关键词的相关度（或重要性），然后用这些相关信息建立网页索引数据库。

（三）在索引数据库中搜索排序

在索引数据库中搜索排序，相关度越高，排名越靠前。当用户输入关键词搜索后，由搜索系统程序从网页索引数据库中找到符合该关键词的所有相关网页。因为所有相关网页针对该关键词的相关度早已算好，所以只需按照现成的相关度数值排序，相关度越高，排名越靠前。最后，由页面生成系统将搜索结果的链接地址和页面内容摘要等内容组织起来返回给用户。

搜索引擎的 Spider 一般要定期重新访问所有网页（各搜索引擎的周期不同，可能是几天、几周或几个月，也可能对不同重要性的网页有不同的更新频率），更新网页索引数据库，以反映网页内容的更新情况，增加新的网页信息，去除无效链接，并根据网页内容和链接关系的变化重新排序。这样，网页的具体内容和变化情况就会反映在用户查询的结果中。

归纳起来，搜索引擎通常由搜索器、索引器、检索器、用户接口组成。

(1) 搜索器。搜索器的功能是在互联网上发现和搜集信息。

(2) 索引器。索引器的功能是在搜索器搜索所得的信息中抽取出索引项，用以表示文档及生成文档库的索引表。索引器通常使用集中式索引算法或分布式索引算法。

(3) 检索器。检索器的功能是根据用户查询在索引库中检索出文档，进行文档与查询的相关度评价，对将要输出的结果进行排序，并实现一定的用户相关性反馈机制。

(4) 用户接口。用户接口的作用是输入用户查询内容、显示查询结果、保证用户相关性反馈机制，主要的目的是使用户在使用搜索引擎时能够高效、方便地从搜索引擎中得到所需信息。

三、搜索引擎营销的含义

搜索引擎营销就是基于搜索引擎的网络营销，利用用户对搜索引擎的依赖和使用习惯，将营销信息精准且定向传递给目标用户。根据用户使用搜索引擎的方式，搜索引擎可利用用户检索信息的机会尽可能地将营销信息传递给目标用户。

搜索引擎营销思想就是确保被搜索引擎收录，同时尽量在搜索结果中排名靠前。首先让用户发现信息，并通过点击打开网站或网页进一步了解其所需要的信息。

搜索引擎营销利用关键词来锁定不同人群，通过相关搜索结果页和网站上有针对性的信息与搜索引擎用户进行互动，以达到营销的目的。搜索引擎营销的常用手段是竞价排名、购买关键词广告、引擎优化、PPC广告。

利用搜索引擎工具可以实现四个层次的营销目标，具体如图 5-5-1 所示。

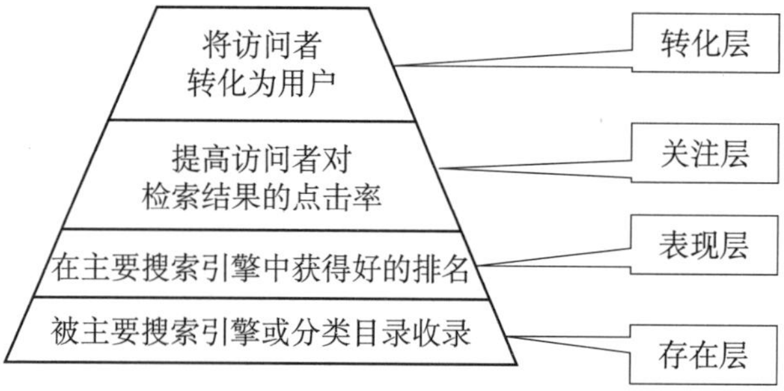

图 5-5-1 搜索引擎工具可以实现四个层次的营销目标

四、搜索引擎优化

所谓搜索引擎优化（Search Engine Optimization，SEO），就是通过对网站栏目结构和网站内容等基本要素进行优化设计，提升网站对搜索引擎的友好性，使得网站中尽可能多的网页被搜索引擎收录，并且在搜索中获得好的排名结果，从搜索引擎的自然检索中获得尽可能多的潜在用户。

（一）关键词优化

企业在选择关键词时应该注意以下几点：（1）仔细揣摩潜在客户的心理，设想其查询有关信息时可能会使用的关键词。（2）挑选的关键词必须与企业自身的产品或服务有关。（3）根据企业的业务或产品的种类，尽可能选取具体的词作为关键词，避免以含义宽泛的一般性词语作为主打关键词。（4）选用较长的关键词，分析错拼词。

（二）网站栏目结构优化

网页级别（Page Rank，PR）是搜索排名算法中的一个组成部分。PR值越高，说明该网页在搜索排名中的地位越重要。不完善的网站内容管理系统会导致网站结构散乱，非常不适合网站PR值的传递，并会影响搜索引擎收录。尽管网站结构问题在中小型站点中并不突出，但对于存在较多二级域名的大型网站来讲，网站结构就变得非常重要。

（三）网页优化

静态网页是指网页文件中没有程序，只有HTML代码，一般以.html或.htm为后缀名的网页。静态网页内容不会在制作完成后发生变化，任何人访问都显示同样的内容，如果需要内容的变化就必须修改源代码，然后再上传到服务器上。静态网页上都有一个固定的URL，且网页URL以.htm、.html、.shtml等常见形式为后缀，不含有动态网页的“?”。搜索引擎一般不会从一个网站的数据库中访问全部网页，搜索引擎蜘蛛也不去抓取网址中“?”后面的内容，所以采用动态网页的网站在进行搜索引擎推广时，需要做一定的技术处理才能适应搜索引擎的要求。

（四）网站的内部链接优化

内部链接简称网站内链，是指在一个网站域名下的不同内容页面之间的互相链接。内链可以分为通用链接和推荐链接。合理的内链布局有利于提高用户体验和搜索引擎蜘蛛对网站的爬行索引效率，有利于网站权重的有效传递，从而增加搜索引擎的收录与提升网站权重。内部链接的优化包括相关性链接、锚文本链接、导航链接等。如果网站有两个以上的域名，要避免两个或更多域名同时指向一个空间。因为搜索引擎可能会认为这是网页复制，从而把其中一个URL收录，将另一个URL列为复制站点。当网站存在复制站点时，搜索引擎会认为网站有作弊的嫌疑，对排名极为不利。

（五）外部链接优化

外部链接优化可以从以下几方面着手：首先，尽量保持链接的多样性，外部链接的类别有博客、论坛、新闻、分类信息、贴吧、知道、百科、相关信息等。其次，每天增加一定数量的外部链接，可以使关键词排名获得提升。最后，与一些网站相关性比较高、整体质量比较好的网站交换友情链接，可以巩固关键词排名。

（六）网站内容优化

网站内容推广策略是搜索引擎推广策略的具体应用，有效的网站内容是网站推广的基础。从直接浏览者的角度来看，网上的信息通常并不能完全满足所有用户的需要，每增加一个网页的内容，就意味着进一步满足了用户的信息需求。因此，网站内容策略的基本出发点是可以为用户提供有效的信息和服务，这样，无论用户通过哪种渠道来到网站，都可以获得尽可能详尽的信息。

五、搜索引擎关键词广告

（一）关键词广告

关键词就是用户输入搜索框中的文字，其形式多样，可以是中文、英文或中英文混合体，长度可以是一个字、两个字、三个字，甚至是一句话。按照搜索目的的不同，关键词大致可以分为导航类关键词、交易类关键词和信息类关键词。

关键词广告是当用户利用某一关键词进行检索时，在检索结果页面会出现与该关键词相关的广告内容的一种搜索引擎营销手段。关键词广告是在发生特定关键词检索时才出现在搜索结果页面的显著位置的，其针对性比较强，被认为是性价比较高的网络营销方式，近年来已成为搜索引擎营销中发展最快的一种营销方式。

搜索引擎推广页面分为左右两栏，左侧上方和下方都放置了1～4条推广链接，中间是自然搜索结果，右侧下方也出现了几条推广链接（如图5-5-2所示）。相对而言，左上角的广告比左下角和右下角的广告有更高的点击率，所以其价格也相对较高。

推广区	相关内容
自然搜索结果	推广区
推广区	

图5-5-2 搜索引擎推广页面

（二）关键词选择策略

1. *产品词*

产品词应考虑使用一些缩写、别称，例如：“雅思”“雅思英语”与IELTS，“干洗机”与“干洗设备”；“英语培训”“鲜花”“宠物用品”等搜索量较大，覆盖面广，竞争较为激烈；“雅思听力班”“买玫瑰花”“皇家猫粮”等搜索意图较为明确，有利于促成转化。

2. 通俗词

广告主应该根据自身业务特点选择通俗词。如“我想开干洗店”“哪家英语培训机构好”“怎样才能学好英语”等。

3. 地域词

广告主在创意中应该突出产品/服务的地域便利性，将产品词、通俗词等与地域名称组合使用。如“杭州法语培训班”“宁波同城速递”。

4. 品牌词

品牌词即含有企业自有品牌或专有品牌资产名称的关键词。注意不能提交侵犯他人产权的关键词。

5. 人群相关词

网民未直接表达对产品/服务的需求，但搜索词表达了其他相关的兴趣点。如关注美国留学、美企招聘的网民，都可能有学习英语的潜在需求，可能是英语培训机构的潜在客户，英语培训机构可以吸引他们的关注，激发他们的购买欲望。

第六节　网络广告营销

一、网络广告概述

广告作为一种有偿的信息传播形式，与媒体的发展是紧密相关的。从广告发展的历史来看，在所有与品牌推广有关的网络营销手段中，网络广告的作用最为直接，同时网络广告也常用来促销产品、推广网站，它已成为网络营销中最重要的营销促进手段。

（一）网络广告的特点

网络广告是指利用互联网这一载体，通过图文、多媒体形式发送的旨在推广产品、服务或站点的信息传播活动。它是一种由广告主自行或者委托他人设计、制作，在网络上发布或向目标消费者传送的非人员推广形式的有偿信息传播。

随着科学技术和网络营销的发展，网络广告的形式越来越广泛。从营销活动的信息传播角度看，主页、电子邮件、论坛、新闻组、专业网站数据库、公共黄页、聊天室、网络传真等都可能因为承载了广告信息而被列入网络广告的范围。

凭借互联网具有的不同于传统媒体的交互、多媒体和高效率的特性，网络广告在以下方面呈现出不同于传统媒体广告的特点。

1. 传播范围广泛

网络广告的传播范围极其广泛，不受时间和空间的限制。互联网已覆盖了全世界绝大多数国家和地区，通过互联网可以把网络广告传播到它所涉及的所有地域。网络广告突破了传统广告只能局限于一个地区、一个时间段的不足，不但可以把广告信息 24 小时不间断地传播到世界各地，而且可以随时发布在任何地点的互联网网站上，受众可于任何时间在其连接互联网的地点浏览广告。

2. 交互性强

在网络上，广告的受众对某一广告产生兴趣时，可以点击进入该广告的主页，进一步详细了解有关信息，甚至可以直接与商家进行咨询和交易洽谈，它是一对一的直接沟通，而商家也可以随时得到宝贵的用户反馈信息。网络广告改变了传统广告传播中信息单向流通、相互隔离及有时差的缺点，形成了广告发布者和接收者的即时互动关系。网络广告不但根据个人需求提供信息，而且根据个人不同的兴趣来展现详略不同的信息，在网络广告面前，受众具有更大的自主性。

3. 灵活快捷

在传统广告媒体上，从策划、制作到发布广告需要经过很多环节的配合，广告一旦发布，信息内容很难改变，且改动费用昂贵，因而难以实现广告信息的及时调整。而在互联网上做广告，能很容易地按照需要及时变更广告信息，更正广告中的错误，这使企业经营决策的变化可以灵活地实施和推广。同时，网络广告的信息反馈也非常快捷，消费者可以直接与商家交流，商家也可以从网络广告的统计情况中了解网络广告的效果。

4. 拉动与推动相结合

网络的交互性使得网络广告改变了传统广告单纯的推动方式，由受众主动向企业索要特定的信息、广告主的强势推广，转变为顺势拉动，形成了推动与拉动相结合的模式。典型的情况是，用户可以通过关键词来查看广告，不用“搭配”阅读自己不感兴趣的内容。从网络广告的各种形式来看，网址、企业网站、旗帜广告、活动页面、赞助内容及下载按钮都需要引发消费者的兴趣才能吸引消费者进入，这属于拉动式的情况；而插入式广告、电子邮件广告等则属于推动模式了。消费者的主动性并不意味着广告主从此处于被动寻找的地位，广告主一方面被动地等待消费者自己找上门来，另一方面积极搜集客户资料，建立数据库，伺机而动，把信息推到消费者面前。

5. 广告成本低

作为新兴的媒体，网络媒体的收费低于传统媒体。网络广告的费用目前大约是报纸的 1/5、电视的 1/8。这是由于网络广告有自动化的软件工具进行创作和管理，能以低廉费用按照需要及时变更广告内容。广告主如果能直接利用网络广告进行产品的销售，则可节省更多的销售费用。

6. 受众针对性明确

网络广告可以锁定目标消费者，针对具体受众，提供有针对性的内容环境；可以实现在适当的时间把适当的信息发送给适当的人。点阅信息者即为有兴趣的用户，因此网络广告可以直接命中潜在购买者。尤其是对于电子商务站点而言，浏览用户大都是企业界人士，网络广告在受众范围上就更具有针对性了。

7. 传播效果易于控制

在传统媒体上做广告，广告主很难准确地知道有多少人看到了广告信息，对广告效果的评价与控制比较困难，而网络广告可通过有关的访问量统计系统很容易地、及时精确地统计出每条广告被多少个用户看过，以及这些用户查阅的时间分布、地域分布和反馈情况等。广告主可以对广告效果进行评价，审定广告策略的合理性并进行相应调整，从而避免传统广告的失控性和无效性。

（二）网络广告的类型

网络广告的表现形式丰富多样，目前在国内外的网站页面上常见的网络广告大致有以下类型。

1. 巨幅广告

巨幅广告是新闻内容页面中出现的大尺寸图片广告，用户在认真阅读新闻的同时会对广告投以更多的关注。

2. 旗帜广告

旗帜广告位于页面的最上方，具有较强的视觉冲击力。网络媒体在自己网站的页面中分割出一个一定大小的画面（视各媒体的版面规划而定）发布广告，因其像一面旗帜，又称“旗帜广告”。其最常用的广告尺寸是 486 像素×60（或 80）像素，以 GIF、JPG 等格式建立的图像文件，定位在网页中，大多用来表现广告内容，同时可使用 Java 等语言使其产生交互性，用 Shockwave 等插件工具增强表现力。它通常有四种规格：全幅，尺寸为 468 像素×60 像素；全幅加直式导航条，尺寸为 392 像素×72 像素；半幅，尺寸为 234 像素×60 像素；直幅，尺寸为 120 像素×240 像素。

3. 通栏广告

通栏广告是占据主要页面宽度的图片广告，具有极强的视觉效果。

4. 弹出广告

弹出广告可以是图片，也可以是图文介绍，是在页面下载的同时弹出的第二个迷你窗口。

5. 按钮广告

按钮广告是动态的图片推广方式，是网络广告最早的和最常见的形式。它显示的只是公司、产品或品牌的标志，点击它可以链接到广告主的主页或站点。按钮广告通常有 4 种规格，即 125 像素×125 像素（方形按钮）、120 像素×90 像素、120 像素×60 像素、88 像素×31 像素（小按钮）。按钮广告的不足之处在于其被动性和有限性，它要求浏览者主动点选，方能了解到有关企业或产品的更为详尽的信息，并且其尺寸偏小，表现手法较简单。

6. 分类广告

分类广告是一种极具成本效益的推广方式，精彩的文字创意同样会收到意想不到的效果。它类似于报纸杂志中的分类广告，通过一种专门提供广告信息的站点来发布广告。在站点中提供按照产品目录或企业名录可以分类检索的深度广告信息。这种类型的广告对于那些想查找广告信息的访问者来说，无疑是一种快捷而有效的途径。

7. 摩天楼广告

摩天楼广告是指出现在文章页面的两侧、竖型的广告幅面。

8. 主页广告

主页广告是指将广告主所要发布的信息内容分门别类地制作成主页，放置在网络服务商的站点或企业自己建立的站点上。这种广告可以详细地介绍广告主的各种信息，如企业营销发展规划、主要产品与技术特点、商品订单、年度财务报告、企业联盟、主要经营业绩、售后服务措施、联系办法等，从而使用户全方位地了解企业及其产品与服务。

9. 文字广告

文字广告采用文字标识的方式，往往放置在热门站点的网页上，一般是企业的名称，点击后链接到广告主的主页上。它一般出现在网站的分类栏目中，其标题显示相关的查询字，所以也可称为商业服务专栏目录广告。这种广告非常适合中小型企业，因为它既能产生不错的宣传效果，又花费不多。它可以直接访问其他站点的链接，通过对热门站点的访问，吸引一部分流量到链接的站点上去。

10. 邮件列表广告

邮件列表广告又称直邮广告，它是利用网站电子刊物服务中的电子邮件列表，将广告加在读者所订阅的刊物中，发放给相应的邮箱所属人。其广告形式多种多样，有旗帜、按钮、文字等。文字格式的广告是一段文字叙述，在其下面有网址链接到该广告网页或产品网站。直邮广告的优点是传输速度快，各种电子邮件软件都能接收；其缺点是表现方式较为单调。这种广告形式还可以将广告主的广告内容连同网站服务商每日更新的信息，一起准确地送到网站注册会员的电子信箱中。

11. 墙纸式广告

墙纸式广告是指把企业所要表现的广告内容体现在墙纸上，并安排在具有墙纸内容的网站上，以供感兴趣的人下载。

12. 赞助式广告

赞助式广告分为内容赞助、节目赞助、节日赞助三种形式。赞助式广告形式多样，企业可根据自己所感兴趣的网站内容或网站节目进行赞助。网站节目特指时效性网站，如世界杯网站。

13. 竞赛和推广式广告

企业可以与网站一起合办它们认为大众感兴趣的网上竞赛或网上推广活动。

14. 插页式广告

插页式广告又称弹跳广告，企业可选择自己喜欢的网站或栏目，在该网站或栏目出现之前插入一个新窗口显示广告。

15. 互动游戏式广告

互动游戏式广告是指在一段页面游戏开始、中间、结束的时候出现的广告，它也可以是根据企业的产品要求为之量身定做一个专属企业产品的互动游戏广告，如新年的互动游戏贺卡，在欣赏完整个贺卡之后，广告会作为整个游戏贺卡的结束页面。

除了以上介绍的十几种广告类型外，还存在流媒体广告、全屏广告、视频广告、对联广告、翻卷广告等诸多广告形式。

二、网络广告的计价模式

（一）CPM

CPM 即广告显示 1 000 次所应付的费用。它所反映的定价原则是按显示次数给广告定价，这种定价思路与传统广告中的定价思路源出一脉。

（二）CPC

CPC 即按点击率计费。在这种模式下，广告主仅为用户点击广告的行为付费，而不再为广告的显示次数付费。

（三）CPA

CPA 即按交易成功率计费。在这种模式下，广告主按照用户的每一交互行为付费。

目前，中国互联网广告主要是以广告在网站中出现的位置、时间段和广告形式为基础向广告主收取固定费用。这种计费模式是与广告发布位置、时间和广告形式挂钩的，而不是与显示次数和访客行为挂钩的。在这一模式下，发布商按照自己所需来制定广告收费标准。

第七节　软文营销

一、软文概述

软文就是一种文字广告，多由公司内部策划人员或广告公司文案来撰写，即在一篇新闻稿、使用心得、趣味故事等文章里嵌入广告，以此来宣传企业或产品。狭义的软文是指企业付费在报纸、杂志等宣传载体上发表的纯文字性的广告，如某机构在某报刊上刊登的寒假招生广告。广义的软文是指企业通过策划在报纸、杂志或新闻媒体等宣传载体上刊登的，可以提升企业品牌形象和知名度，或促进企业产品销售的宣传性、阐释性文章，包括特定的新闻报道、深度文章、付费短文广告、产品测评、案例分析等。

二、软文营销的内涵

软文营销是指通过特定的概念诉求，以摆事实、讲道理的方式使消费者走进企业设定的“思维圈”，以强有力的针对性心理攻击迅速实现产品销售的文字模式和口头传播。不同的软文形式决定了其营销的价值型。软文的主要表现形式有：软文报道型，用户体验型，故事讲述型，专访、采访型，利用网络事件、民生热点型，评论、批评型，网络热帖型，总结归纳型等。

（一）软文营销特点

（1）软文营销本质上是广告，追求低成本和高效回报，不回避商业的本性。

（2）软文营销的重要特性是口碑传播性，使受众“耳软”。

（3）软文营销的着力点是兴趣和利益，使受众“嘴软”。

（4）软文营销的关键要求是把产品卖点说得明白透彻，使受众“脑软”。

（5）软文营销需要伪装形式，是新闻资讯，管理思想，企业文化，技术、技巧文档，评论，包含文字元素的游戏等一切文字资源。

（6）软文营销的宗旨是制造信任，使受众“心软”。

（二）软文营销策划要点

1. 标题策划要点

软文的标题要突出关键词、具有很强的吸引力、要具体不要太抽象、短小简练易记。新闻式标题以发布新闻的姿态传递某种信息；悬念式标题设置悬念以引起诉求对象的好奇心；叙事式标题以直白的方式表达核心内容。

2. 内容策划要点

软性广告的植入要巧妙；利益与争议要能够引起目标受众的好奇心和围观；题材和内容要新颖、奇特，具备软文性。

3. 发布平台的选择

就用户数和发展潜力而言，企业可首选微博进行软文的发布。国内有四大微博平台——新浪、腾讯、网易、搜狐。

（三）软文的写作技巧

1. 准备工作

首先是调研，掌握真实的情况，提前做好软文的广告计划，选择好网络载体。然后是构思，确定软文的主题，同时还要考虑一个好的标题和组织好正文的结构，准备落笔。在软文写作时，要确定软文的落脚点，要善于利用新闻词汇，把想要表达的广告信息巧妙地融合进去。

2. 确定标题

可以从抓住客户心理、关注网络事件等角度着手确定标题。

3. 确定撰写类型与方法

如新闻式、悬念式、故事式、情感式、恐吓式、促销式等。如针对品牌形象、针对意见领袖类、针对第三方个人体验、针对服务质量和满意度、针对服务升级、针对企业形象宣传报道、针对服务细节创新和跨界营销、针对服务升级转型、针对促销等。

总结起来，软文营销的写作要求主要有：第一，要保证原创；第二，文章标题要足够吸引人；第三，文章的内容一定要有特点，要有主题；第四，文章一定要紧跟社会热点；第五，适当配有评论及图片；第六，要符合读者的阅读习惯。

（四）软文营销的类型

1. 品牌推广软文

这类软文是企业为树立品牌形象、积累品牌知名度、沉淀品牌资产而撰写的软文。范例：《如果父爱有标价，是他 40 岁辞掉百万年薪，和老东家保洁竞争……》。

2. 产品推广软文

这类软文是企业为推广新品或促进热销单品的销售而撰写的软文。范例：《酸奶测评｜好吃到想舔盖的 11 款网红酸奶》。

3. 活动推广软文

这类软文是指企业为推广其线上/线下活动并刺激读者参与而撰写的软文。范例：《人生最痛苦的是，怎么选都是错的!》。

4. 自媒体类软文

这类软文是关键意见领袖或企业的微信公众号、微博头条等自媒体账号发布的软文。这类软文具有知识性、趣味性和分享性的特点。范例：《Office 学习的三大误区，你有没有中枪?》。

5. 问答类软文

这类软文是指以百度知道、悟空问答、知乎问答等平台为依托，以设置问题并回答问题的形式创作的软文。范例：《如何去西藏旅游?》。

三、软文营销数据分析

（一）转载率

软文只有被转载，它的作用才能得以发挥。但这有个前提，那就是转载者在转载软文时保留了相关的版权链接。因此，转载率不是指软文被多少个站点转载了，而是被多少个站点转载后，保留了版权链接的比例。比如，某篇软文被转载了 100 次，保留了链接的有 25 个，那么该软文的转载率就是 25%。

（二）被浏览的次数

一篇软文发布之后，是能看到浏览次数的。如果一篇软文没有被推荐到首页，能有 300 次的浏览量就是一篇相当不错的软文了。因为软文没有被推荐到首页，那就只能在软文对应的那个栏目里去浏览。如果说前 100 次的浏览是一批习惯阅读的人点击的话，那么后 200 次浏览，就是因为软文的标题吸引了其他人，由此可见一篇软文的标题的重要性。

（三）被顶、踩的次数

一篇软文，如果顶、踩之和能达到 20 次，就说明这篇软文是成功的，因为有了 20 次的顶、踩，一般而言这篇软文就能上排行榜了。

（四）被评论的次数

不管软文好坏，要想让别人去发表评论是非常难的。所以，如果一篇软文有多个人评论过，并且评论不是发的广告的话，那么这篇软文就是一篇相当好的软文了。

思考题

1. 什么是网络营销？它有什么特点？
2. 简述网络营销的职能。
3. 简述网络营销产品的定义和分类。
4. 简述网络适销产品的特点。
5. 论述你对网络营销新产品的看法。
6. 简述网络营销的定价策略。
7. 什么是搜索引擎营销？搜索引擎营销有哪些种类？
8. 什么是网络广告？它有什么特点？它的主要表现形式是什么？
9. 什么是软文营销？它有哪些类型？
10. 请为一款全自动家用扫地机写一篇软文，产品的目标客户群是“80 后”职场妈妈。你会采用什么形式来写？如何写？
11. 题目自拟，设计一份调查问卷并开展调查，撰写调研报告。

第六章 新媒体营销与运营

知识要点

(1) 掌握新媒体营销的概念。
(2) 掌握微博营销的方法与策略。
(3) 掌握微信营销的方法与途径。
(4) 掌握短视频营销的方法
(5) 掌握社群营销的方法。

素养目标

(1) 引导学生大胆探索新知识。
(2) 培养学生的团队协作与创新意识。
(3) 培养学生运用所学知识分析现实问题的能力。

第一节　新媒体营销概述

一、新媒体的定义

新媒体（New Media）是1967年由美国哥伦比亚广播电视网（CBS）技术研究所所长戈尔德马克（P. Goldmark）提出的。美国《连线》杂志这样定义新媒体：所有人对所有人的传播。资深媒体分析师 Vin Crosbie 对新媒体的定义是：能对大众同时提供个性化内容的媒体，是传播者和接收者融合成对等的交流者，而无数的交流者互相之间可以同时进行个性化交流的媒体。联合国教科文组织对新媒体的定义是：以数字技术为基础，以网络为载体进行信息传播的媒介。

新媒体是一种新的传播形态，如微信、微博、SNS、BBS、RSS、WIKI、App 等媒体形态。新媒体具有信息公开透明、双向互动、及时、有丰富的数据信息、营销成本低、传播范围广等特点。

二、新媒体平台的特点

新媒体出现后，普通用户也可以通过大众平台自主传播信息。平台从论坛、社区到博客，再到微博、微信公众平台、知乎、抖音、快手等，媒体变得越来越个性化、个人化，普通用户发言的渠道也越来越多。不同的新媒体平台具有不同的特点。

微博的特点是开放性强，传播属性强，广告投放资源丰富，在广告资源方面，微博自身的推广广告位和第三方营销公司及各行业资源账号都非常丰富。

微信的特点是封闭性强，人与人之间属于强关系连接，打开频率较高，对于 H5 的交互支持较为丰富，企事业单位或个人可以通过开通微信公众账号在微信平台开展推广营销活动。

短视频的特点是视频形式能够承载的内容更丰富，传播性依托于微博、微信等社交媒体平台，广告资源有短视频平台自身广告位和短视频制作团队或短视频博主。

知乎的特点是在某一垂直领域的问答较为全面、专业，形式以图文为主，有利于垂直领域答案知识的沉淀，但传播性较差，广告营销形式以知乎平台广告位、问答和作家专栏为主，软文投放较多。

今日头条的特点是根据用户的阅读习惯，有针对性地向用户推荐用户喜欢阅读的内容，内容的传播性较低，属于资讯类平台，广告资源以今日头条自身资源广告和第三方头条号推广为主。

三、新媒体营销的概念

新媒体营销是指利用新媒体平台进行营销的方式。新媒体营销借助新媒体中的受众广泛且深入的信息发布，使受众卷入具体的营销活动中。新媒体营销是在特定产品的概念诉求的基础上，对消费者进行心理引导的营销推广方式。

新媒体营销的渠道，或称新媒体营销的平台，主要包括但不限于：门户、搜索引擎、微博、微信、SNS、博客、播客、BBS、RSS、百科、手机、App 等。新媒体营销并不是单一地通过上述渠道中的一种进行营销，而是需要多种渠道整合营销，甚至在营销资金充裕的情况下，可以与传统媒介营销相结合，形成全方位立体式营销。

与传统媒体营销相比，新媒体营销可以点赞、转发、评论、分享等。通过新媒体平台的用户注册信息、身份验证、消费记录、浏览轨迹等可以进行全方位的用户信息梳理，有效信息量越大，则消费者画像越清晰，通过这些用户信息可以在新媒体营销平台开展更为精准的营销活动。传统媒体营销因无法与用户取得直接沟通，无法直接掌握消费者的信息，对于消费者画像的描述只能通过媒介渠道的地理位置、人流量信息、购买媒介信息等进行简单粗略估算，无法实现精准营销活动的开展。

本章主要介绍当前最流行的新媒体营销平台：微博营销、微信营销、短视频营销、社群营销等。

第二节　微博营销

一、微博概述

微博是微型博客（Microblog）的简称，是一个基于用户社交关系的分享、传播以及获取信息的平台。在微博发展初期，用户可以通过微博平台发布 140 字以内的文字信息，并实现即时分享（现在的微博已取消 140 字的发布字数限制）。微博的起源是美国的“Twitter”，这个词的原意是“鸟的叽叽喳喳”。Twitter 用户可以在这个小小的平台上即时发表自己的想法、心情或感悟等。Twitter 的大红大紫让国内一些人士看到了一条新路。2009 年 8 月，新浪网推出了“新浪微博”内测版，微博开始正式进入人们的视野。2010 年，微博正式进入高速发展期，国内的四大门户网站（新浪、搜狐、腾讯和网易）纷纷推出了自己的微博。新浪微博由于抢占了先机并利用了名人效应，很快成为最具人气的微博平台。

微博的兴起和智能手机的普及关系密切，用户可以利用 PC 端、移动端等各种可连接网络的终端访问微博，随时随地发布文字、图片、音频、视频等形式的信息，再将自己的最新动态以短消息、短信等形式发送给关注者。微博逐步取代博客，除了它更适应移动互联网的发展趋势之外，还有以下原因：

（1）入门简单。在微博平台，博主可以随时发表所思所感。一句话、一张图片、一段音频或视频均可发布。这一方面大大降低了博主创作及分享的难度，提高了博主的内容发布和分享热情。另一方面，用户可以充分利用碎片化时间对博主发布的内容进行阅读、观看、倾听、点赞、评论、转发等，提高了博主与其他用户的交流效率，降低了交流成本。

（2）互动性强。微博有关注功能，即用户可以对其感兴趣的博主进行单向关注或互相关注。同时，即使双方并未互相关注，用户也可以对博主发布的微博内容进行转发或评论。微博弱化了用户之间的圈层属性，普通用户发微博“@”某名人，名人发微博回应的例子也屡见不鲜。微博平台的这种机制，大幅提高和增强了用户的互动热情和效果。

（3）传播快速。微博平台的强社交属性使得用户乐于在微博上发布、分享、扩散各种内容，平台上的信息也因此得以快速传播。例如，人民日报账号发布的一条新闻可在极短时间内成为热门内容，许多用户得以迅速知悉该条新闻的相关信息。

二、微博平台的营销策略

企业可以通过微博加强与用户的沟通、互动；根据自身的需求策划微博营销活动，吸引用户购买商品；借助微博热点来打造企业形象，提高企业知名度。

（一）注重账号认证

微博的“ V 认证”主要有两种：一种是“橙 V/金 V”标志，属于个人认证的标志；另一种是“蓝 V”标志，属于企业、机构认证的标志。随着微博的普及和网络舆论的开放性越来越强，微博“大 V”已不仅仅局限于艺人群体，开始延展至权威媒体、自媒体、企业家、学者及其他拥有专业背景或一技之长的机构和个人。

（二）打造账号“人设”

因为在微博平台上可以较为容易地实现用户导流，所以企业的新媒体营销人员在策划和执行微博营销活动时，倾向于利用企业自己的官方微博账号开展营销活动，打造用户认识产品、了解活动、下单购物、留存复购的闭环。从传播互动角度来看，企业和品牌可以为自己的官方微博账号打造一定的“人设”，令账号本身更加人性化、更具亲和力。例如，“故宫淘宝”的官方微博账号头像是一个卡通版的皇帝形象；小米本着“和用户做朋友”的理念，通过策划各种微博促销活动和“宠粉”活动，吸引大量用户参与、转发微博活动，推动了产品的宣传与曝光，也提高了小米的微博粉丝的忠诚度。

（三）打造账号矩阵

入驻微博平台的企业一般以企业品牌宣传及产品销量增加为目的。除了官方微博账号外，企业通常还会注册多个相关账号，共同打造企业的微博账号矩阵，形成合力以增强企业品牌的影响力。企业的新媒体营销人员在开展微博营销活动时，一方面要做好宣传和用户维护工作，注意培养自己的忠实用户群体，做好内容定位，多与用户交流、互动，多发布用户喜闻乐见的内容；另一方面需做好公关、带动产品销量，注重维护与商品相关的

“大 V”的关系，如为品牌代言的艺人等。企业开展微博营销活动时，借助“大 V”在粉丝中的影响力推广产品，往往可以取得更好的效果。

三、微博营销案例——华为 Mate40 系列上市推广

（一）华为 Mate40 系列上市背景与运作

2020 年 10 月 23 日，华为发布了一系列旗舰手机——华为 Mate40 系列。为了进行新机上市的宣传与推广，让更多用户知悉新机信息，华为的新媒体营销人员以“华为中国”“余承东”等华为的微博矩阵内的账号作为主要推广阵地，针对华为 Mate40 系列在微博平台上开展了一系列上市推广活动。

2020 年 10 月 19 日，华为的官方微博账号“华为中国”率先发布预热微博，告知用户华为 Mate40 系列即将发布的消息；随后，“华为中国”又连续发布了多条预热微博，并@了同属华为微博矩阵的“华为终端公司”，并带上了“＃华为 Mate40＃”等热门话题，为新机上市宣传、造势。

2020 年 10 月 22 日，“华为中国”的官方账号和“余承东”的个人账号，均根据华为此次新款旗舰机 Mate40 的核心卖点——超级快充、麒麟 9000 芯片、超广角摄像头等，开始了新一轮的微博宣传，继续维持新机上市消息的热度。

2020 年 10 月 23 日 0 时，华为 Mate40 系列按时在华为商城及线上授权电商平台、线下授权零售渠道开启预约，同时也在其官方微博账号“华为中国”开启预约。

从 2020 年 10 月 23 日开始，微博平台的多位数码博主分别上传了华为 Mate40 系列的第一批“开箱”视频，对华为 Mate40 系列进行了进一步的曝光和推广。

华为 Mate40 系列上市当天，用户在微博平台搜索关键词“华为”，搜索页面就会变成华为 Mate40 系列的宣传广告。同时，华为 Mate40 登上了当时的微博潮物榜，在华为的微博矩阵、相关知名艺人及众多科技博主的共同推动下，华为 Mate40 系列上市的消息得到了有效扩散，一大批数码产品爱好者及华为的粉丝纷纷加入新机的预热讨论、消息转发与扩散以及新机预约的行列。在新机上市当天，与华为 Mate40 系列相关的超级话题“＃华为 Mate40＃”的讨论数达到 22.4 万，阅读量达 9.9 亿，超级话题“＃华为 Mate40 Pro＃”的阅读量也达到了 2.2 亿。

华为 Mate40 系列的上市推广活动是 2020 年年末数码界联合华为的微博矩阵共同打造的专属事件营销，华为 Mate40 系列上市的消息连续登上热搜榜，华为赚取了大量的人气与用户关注，取得了良好的曝光和推广效果。

（二）案例分析

1. 推广有重点

用户浏览新媒体平台消息的时间有限，要想在有限的时间里赢得用户的关注，新媒体营销人员就必须在企业的新媒体推广活动中做到有的放矢、循序渐进，不可把所有产品卖点和盘托出，而应将聚焦于产品定位的核心卖点作为推广的主要宣传点，这样才能在用户注意力

转瞬即逝的新媒体平台上、在有限的时间里加深用户对新产品的印象，助力产品的曝光，促使产品进入用户的购买清单。华为 Mate40 的核心卖点是“麒麟 9000 芯片”“超广角摄像头”等，华为公司的新媒体营销人员从预热阶段就着重对华为 Mate40 系列手机本身的强大功能和涉及的顶尖科技一步一步进行揭晓，让用户对华为 Mate40 系列产生良好的印象。

2. 内容形式多样

内容形式的多样性有利于增强内容的趣味性，使内容可以覆盖不同喜好的用户。同时，不同创意、不同风格的内容对于发布形式的要求各不相同，要想引起更多用户的注意，新媒体营销人员必然需要重视内容形式的多样性。在华为 Mate40 系列手机的推广过程中，华为的新媒体营销人员使用了多种宣传手段，如创意海报、H5、趣味视频、发布会直播讲解等，采用多种形式，从多方面推广华为 Mate40 系列手机，让用户可以更加直观和全面地了解新机。

3. 内容质量高

在信息泛滥的网络上，用户往往不会为粗劣制作的内容付出自己的浏览时间，内容质量高且制作精美的海报、视频等，更有可能抓住用户的眼球。“华为中国”“华为终端公司”“余承东”等微博账号发布的文案、配图、视频、话题页，以及外部的数码博主、摄影师所发布的微博内容整体都有着较高的制作水平，具备观赏性，并以统一的视觉效果成功地达到了宣传效果。

4. 寻找更多的曝光

随着媒体的发展与信息的开放，普通用户的“出镜率”会越来越高，越来越多拥有专业知识或一技之长的普通用户成为垂直领域具备影响力的 KOL（关键意见领袖），微博平台亦是大量 KOL 汇聚的平台。华为看准垂直领域内作为 KOL 的数码博主们的曝光度及“带货”能力，以“开箱”视频、“种草”测评作为另一种广告形式，在数码圈层及 KOL 的粉丝中获得了关注并取得了较好的传播效果。优质博主的二次创作内容也成为华为 Mate40 系列广告的一部分。

第三节　微信营销

一、微信营销概述

（一）微信营销的特点

微信是腾讯公司 2011 年推出的一款为智能终端提供即时通信服务的免费应用程序，已从最初的社交通信工具发展为连接人与人、人与商业的平台。微信平台有以下特点。

1. 用户量大且黏性强

随着我国互联网的发展及智能手机的普及，微信越来越大众化，用户越来越多，作为一款社交软件，微信逐渐成为人们日常沟通交流的主要工具。

2. 微信朋友圈为熟人社交

微信朋友圈是用户社交的私密“领地”，在不是对方好友的情况下无法完整查看对方朋友圈。

3. 微信生态强链接

微信平台试图用多种功能打造强大的微信生态，成为单位及个人信息的宣传入口，让用户实现社交、娱乐、支付等多方位链接。

4. 广告系统成熟

微信的广告业务可以实现精准的投放，降低了对用户的干扰。企业通过有影响力的微信公众号和个人号投放广告来实现产品的曝光和销售。

微信营销是一种创新的网络营销模式，主要利用手机、iPad 中的微信进行区域定位营销，并借助微官网、微信公众平台、微会员、微推送、微活动、微支付等开展营销活动。微信营销就是通过微信来宣传自己的产品，进行营销活动。微信不存在距离的限制，用户注册微信后可与周围同样注册的“朋友”形成一种联系。它是一种由用户订阅自己所需信息、商家通过向用户提供其需要的信息来推广自己产品的点对点营销方式。

微信不同于微博，作为纯粹的沟通工具，对于商家、媒体和用户之间的对话不需要公之于众，所以微信的亲密度更高，完全可以做到点对点精准营销，形式多样，曝光率高。微信公众平台相当于一个自媒体平台，个人和企业均可以申请公众平台账号。在微信公众平台上个人或企业可以发送文字、图片、语音、视频等信息来和特定用户沟通、互动，从而进行营销和宣传。

（二）微信公众平台

企业可以通过微信公众平台开展营销活动，通过后台的用户分组和地域控制，实现精准的商品信息推送。目前，微信公众平台主要包括服务号、订阅号和小程序。由于微信小程序是在服务号、订阅号、企业号之后推出的，所以使用方法有所不同。微信服务号旨在为客户提供服务；微信订阅号旨在为客户提供信息；微信小程序是基于微信平台开发的应用，能够随时使用，方便、快捷，并且成本更低，是微信营销和获取流量的有效渠道。订阅号与服务号的功能对比如表 6-3-1 所示。

表 6-3-1 订阅号与服务号的功能对比

账号类型	订阅号		服务号	
业务介绍	为媒体和个人提供一种新的信息传播方式，构建与读者之间更好的沟通与管理模式		给企业和组织提供一个强大的业务服务与用户管理平台，使其能够更有效地与粉丝和用户互动	
功能权限	普通订阅号	微信认证订阅号	普通服务号	微信认证服务号
消息直接显示在好友账号列表中			✓	✓
消息显示在“订阅号”文件夹中	✓	✓		
每天可以群发 1 条消息	✓	✓		

续表

功能权限	普通订阅号	微信认证订阅号	普通服务号	微信认证服务号
每个月可以群发4条消息			✓	✓
基本的消息接收/回复接口	✓	✓	✓	✓
聊天界面底部，自定义菜单	✓	✓	✓	✓
高级接口能力		部分支持		✓
微信支付——商户功能		部分支持		✓

二、微信公众号的认证

微信公众号对不同账号的认证权限不同，订阅号与服务号认证权限如表6－3－2所示，微信公众号认证所需材料如表6－3－3所示。

表6－3－2　订阅号与服务号认证权限

<table>
<tr><th rowspan="2">账号类型</th><th rowspan="2">认证类型</th><th colspan="2">微信认证</th><th rowspan="2">认证后特权</th></tr>
<tr><th>微信认证</th><th>微信认证费用</th></tr>
<tr><td rowspan="9">订阅号</td><td>个人</td><td>无需认证</td><td></td><td></td></tr>
<tr><td>企业</td><td rowspan="6">支持</td><td rowspan="6">300元/次</td><td rowspan="8">（1）自定义菜单（可跳转外部链接）；（2）部分高级功能接口；（3）可以申请广告主功能；（4）可以去申请卡券功能；（5）公众号头像及详情资料中会显示“V”</td></tr>
<tr><td>网店商家</td></tr>
<tr><td>媒体</td></tr>
<tr><td>其他组织</td></tr>
<tr><td>事业单位</td></tr>
<tr><td>政府</td></tr>
<tr><td>其他组织-免费类型：基金会、国外政府机构驻华代表处</td><td>支持</td><td>免费</td></tr>
<tr><td rowspan="7">服务号</td><td>企业</td><td rowspan="6">支持</td><td rowspan="6">300元/次</td><td rowspan="7">（1）全部高级接口；（2）申请微信支付高级功能；（3）申请微信小店；（4）申请广告主功能；（5）申请卡券功能；（6）公众号头像、详细资料中会显示“V”</td></tr>
<tr><td>网店商家</td></tr>
<tr><td>媒体</td></tr>
<tr><td>其他组织</td></tr>
<tr><td>事业单位</td></tr>
<tr><td>政府</td></tr>
<tr><td>其他组织-免费类型：基金会、国外政府机构驻华代表处</td><td>支持</td><td>免费</td></tr>
<tr><td colspan="5">提示说明：
（1）个人类型公众号暂时不支持微信认证（2014年8月26日前注册成功且条件满足的公众号可以认证）。
（2）个人类型公众号已不再支持微博认证。
（3）高级接口权限微信认证的服务号使用：一旦微信认证被取消，高级接口中的所有接口将被停用。
（4）政府以及部分其他组织类型的公众账号，免收认证费用。
（5）申请微信认证时，填写认证主体须与当前公众号主体信息保持一致，否则可能无法通过审核。
（6）选择微信认证类型时，可根据“组织机构代码证”上显示的机构类型进行选择</td></tr>
</table>

表 6-3-3　微信公众号认证所需材料

主体类型	需要提交的资质材料（包括但不限于）
企业法人	企业工商营业执照等
个体工商户	个体工商营业执照
媒体	组织机构代码证；企业工商营业执照副本或事业单位法人证书；广播电视应上传广播电视播出机构许可证或广播电视频道许可证；报纸需上传中华人民共和国报纸出版许可证；期刊需有中华人民共和国期刊出版许可证；网络媒体需要提供互联网新闻信息服务许可证或信息网络传播视听节目许可证
政府及事业单位	组织机构代码证
社会团体	组织机构代码证；社会团体登记证证书；如果是宗教团体，还需要提供宗教事务管理部门的批文或证明
民办非企业	组织机构代码证；民办非企业登记证书；非事业单位的培训教育机构，需要提交其自身所有权的办学许可证。非事业单位的医疗机构包括美容机构，需要提交其自身所有权的医疗机构执业许可证等
其他组织：免费类型	组织机构代码证；相关登记证书、批文或证明等；基金会须上传基金会法人登记证书，外地常设机构须上传其驻在地政府主管部门的批文，外国驻华机构须上传国家有关主管部门的批文或证明，居民委员会、村民委员会、社区委员会等其他组织须上传主管部门的批文或证明，独立核算的附属机构须上传主管部门的基本存款账户开户许可证和批文
其他组织：盈利类型	组织机构代码证；相关登记证书、批文或证明等

三、微信平台的营销策略

微信营销主要指企业或个人通过“微信”对微信用户所开展的营销活动，其最常见的渠道有微信订阅号、微信朋友圈、微信小程序。

（一）微信订阅号

微信订阅号是微信公众平台账号的一种，企业和个人均可注册，注册成功后，可在其订阅号下推送文本、图片、视频等形式的内容，以供关注的用户观看。微信订阅号作为营销的一种途径，订阅号内容的好坏、推广运营的技巧都将成为订阅号营销能否取得成效的重要因素。做好订阅号内容的关键是：新、精、趣、准。

（二）微信朋友圈

利用微信朋友圈开展营销工作，在进行图文展示时应该注意：文字简明扼要，图片清晰具有吸引力。在制作图片时，用户可以通过美图秀秀等工具将图片以趣味的形式展示。在发送时间方面，一般选择在 8:00—9:00、18:00—22:00。

目前，微信朋友圈的营销方式主要有两种：一种是在朋友圈中植入广告，即企业或品牌利用微信朋友圈本身的流量进行商业推广。另一种是个人用户在朋友圈中发布个人广告，即产品销售信息或广告软文，进而吸引目标用户与其进行一对一私聊，促成商品转化和交易。

（三）微信小程序

微信小程序是微信打造的一款帮助企业和个人用户实现线上开店、“引流”获客，开展数据化营销和管理的工具，其特点是“无须下载，即用即走”，大大降低了企业和个人的软件开发成本，有助于线下企业和零售商进行线上转型，也成为众多企业和个人连接微信用户、进行产品营销和宣传的重要途径。

四、微信推文选题技巧

企业要提供优质的微信推文内容，除了要坚持原创之外，选题也非常重要。标题要有吸引力，能迅速抓住眼球；能激发粉丝的阅读兴趣；标题的长度合适，不宜过长，13 个字以内比较合适；多条图文的题目字数差别不要太大。

（一）标题写作常用技巧

（1）紧抓热门事件，借势炒作，如《最近火爆的武媚娘里隐藏的……》《每个家庭都有一个跑男》。

（2）多用提问、疑问、反问方式，如《微信企业营销该何去何从?》《职业生涯瓶颈怎么破?》

（3）采用设置悬念，让人渴望得到答案的方式，如《中国人 90％“不会”喝茶》《为什么你做事坚持不下去》。

（4）采用出点子、提建议的方式，如《如何写好软文标题》《写给那些战“痘”的青春》等。

（二）发散式思维的选题

（1）选题可以从用户需求角度出发，了解用户有哪些相关困惑，有哪些相关诉求，有哪些相关咨询。如果选题是行业新闻，则要与行业内最新的热点消息相关；如果选题是深度解读，则要提供能抓住用户眼球的干货；如果选题是名家观点，就需要邀请名家就某些事情发表意见等。

（2）选题曼陀罗思考法。假如把“美食”“西安”作为关键词，用曼陀罗思考法可列出至少 8 个有关的推文选题，如图 6－3－1 所示。

（3）选题采用时间、地图法。时间上可以按照法定节假日、国际纪念日、民俗节假日等进行选题；地理位置上可以根据本地文化节、网络搞笑节等方式进行。

舌尖上的中国	食谱	妈妈做的菜
营养	**美食**	火锅
减肥	小吃	甜点

秦始皇	历史	兵马俑
美食街	**西安**	西安交大
阿房宫	秦腔	丝绸之路

图 6-3-1　曼陀罗思考法

五、运营案例："深夜××"时尚类微信公众号

"深夜××"微信公众号主要发布时尚资讯、穿搭/护肤/美妆攻略等时尚内容，致力于打造一个影响年轻女孩生活方式的品牌。"深夜××"品牌旗下拥有多个微信公众号，粉丝矩阵超 500 万人。其特点如下：

（1）欢迎语设计独特。

该微信公众号的欢迎语包含自我介绍等内容，如图 6-3-2 所示。

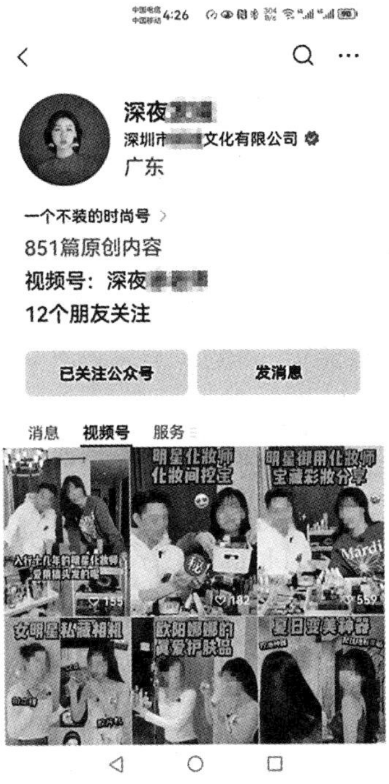

图 6-3-2　欢迎语设计

（2）内容特色突出。

1）穿美美：穿搭干货如图 6-3-3 所示，穿搭模板如图 6-3-4 所示，店铺推荐如图 6-3-5 所示。

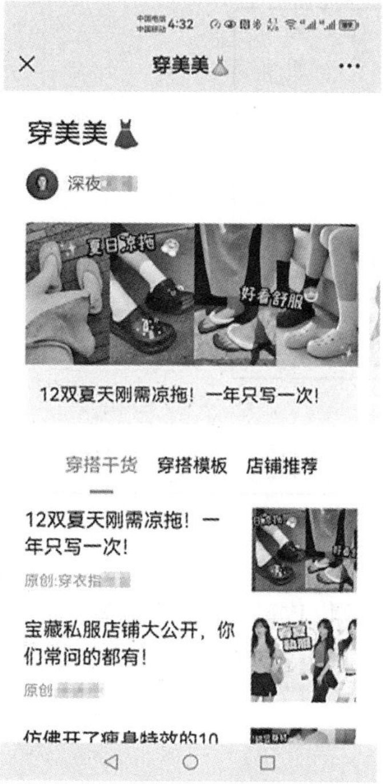

图 6-3-3 穿搭干货

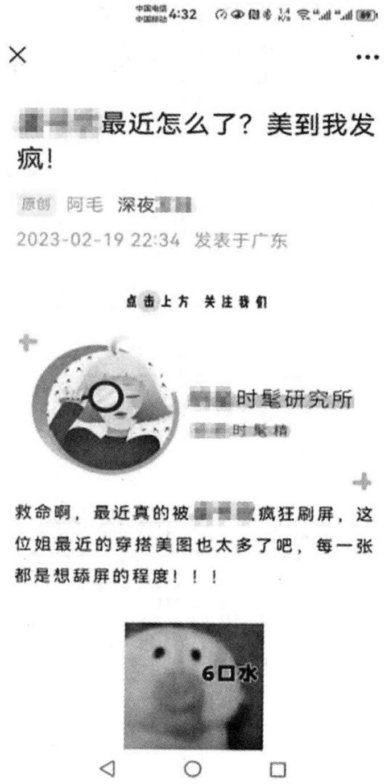

图 6-3-4 穿搭模板

图 6-3-5 店铺推荐

2）玩美妆：玩美妆界面如图 6-3-6 所示，美妆干货如图 6-3-7 所示。

图 6-3-6 玩美妆界面

图 6-3-7 美妆干货

3）学干货：设置的栏目有摄影、健身、居家、医美、大师联动等（见图 6-3-8），其中大师联动如图 6－3－9 所示。

（3）语言诙谐、人格化。

（4）平面设计风格都是当下比较受年轻人追捧的风格。

（5）增加粉丝的技巧：文末引导关注、设置“仅关注后可留言”、大号带小号、多平台布局、举办各种活动等。

（6）与粉丝互动的方法：发起互动话题、欢迎用户投稿、增加福利活动，调动用户参与互动的积极性。

（7）菜单设计三栏四横（如图 6－3－10 所示），简洁明快。

图 6－3－8　学干货

图 6－3－9　大师联动

图 6－3－10　菜单设计

（8）通过商业广告、品牌推广、电商销售等方法变现，获得商业回报。

案例启发：重视分析用户画像，精准抓住用户需求；精心制作内容；打造差异化优势；多平台布局。

第四节　短视频营销

一、短视频概述

目前，短视频“种草”成为最火的信息传递方式及变现方式。“种草”就是指被别人推荐商品产生购买欲，是“宣传某种商品的优异品质以诱人购买”的行为，泛指“把某一事物推荐给另一个人，让另一个人喜欢这一事物”的过程。

（一）短视频的概念及相关平台特点

短视频，一般是指在互联网新媒体上传播的时长在1分钟以内的视频传播内容，但有些短视频时长已增至15分钟。短视频平台主要有抖音、快手、火山、西瓜视频等。抖音是北京字节跳动网络技术有限公司的产品，是今日头条旗下的一款音乐创意短视频社交软件；快手是北京快手科技有限公司的产品，其前身为GIF快手。

1. 抖音平台的特点

（1）用户分布：一二线城市。

（2）用户特性：女性多于男性，以20～40岁的用户居多。

（3）推荐机制：流量推荐。

（4）推荐视频的方式：最热视频总是在最前方。

（5）用户内容：时尚娱乐、新闻热点。

2. 快手平台的特点

（1）用户分布：三四线城市。

（2）用户特性：男性多于女性，以15～30岁的用户居多。

（3）推荐机制：推荐+关注。

（4）推荐视频的方式：话题在最前方（普通人都可以获得流量）。

（5）用户内容：风土人情、生活百态。

（二）短视频的常见视频类型

短视频的常见视频类型有剧情类（故事短剧、段子）、口播类（出镜、不出镜）、换装类、画面展示类。

1. 剧情类

（1）参考账号。

1）故事短剧型：我是子豪、叶公子、深夜食堂、孟婆十九。

2）段子型：祝晓晗、王宁、许君聪、钟婷、七喜、鑫森。

（2）优点。

1）引流量高。

2）娱乐性、趣味性强。

3）产品植入，观众接受度高。

4）兼容性强，与各行业都可融合。

（3）缺点。

1）脚本要求高。

2）对演员表现力要求高。

3）对拍摄设备要求较高。

2. 口播类

（1）参考账号。

1）出镜型：呗呗兔、跟蒋晖学电商、大王真的很正常等。

2）不出镜型：一直努力的静静、阿晶说电商。

（2）优点。

1）适合技术流，生活分享。

2）形式简单，更直观。

3）对拍摄设备要求较低。

（3）缺点。

1）广告植入形式较硬。

2）镜头过于单调。

3）对演员表现力要求较高。

4）对视频细节要求较高。

3. 换装类

（1）参考账号：刀小刀 sama、四爷、夫人不吃鱼。

（2）优点。

1）内容简单，节奏性强。

2）完播率高。

3）对拍摄设备要求较低。

4）用户接受度高。

（3）缺点。

1）兼容性差，不易与其他领域融合。

2）对演员形体及外貌要求高。

4. 画面展示类

（1）参考账号：海棠起名、柯大聊电商。

（2）优点。

1）形式简单。

2）剪辑方便。

3）对拍摄设备要求较低。

（3）缺点。

1）用户接受度较低。

2）纯图片拼接，平台推荐力度小。

3）能展现的信息较少。

（三）短视频账号的建立及注意事项

1. 建立账号

（1）注册与认证：根据软件要求注册与认证即可。

（2）昵称：既可与内容方向有关，也可无关。

（3）头像：最好是真人头像。

（4）背景图：可以是人物头像，性格鲜明。

（5）简介：简短，突出人物性格，说明人设与定位。

2. 拍摄注意事项

（1）拍摄清晰度要高，分辨率设置为 1 080P，30 帧或 60 帧。

（2）拍摄光线要好，避免强光与逆光。

（3）拍摄背景要干净简洁，整洁度要高。

（4）景别选择包括全景、中景、近景、特写。

（5）录音要保证拍摄主体的声音足够清晰，减少噪声。

（6）拍摄角度正面，眼睛直视摄像头。

（7）Vlog 类别视频都采用横屏拍摄。

（8）以人物上半身为主，以背景为辅，演员在拍摄时保持自然、放松即可。

3. 拍摄内容编辑的注意事项

（1）遵循三秒原则，开场抓人心。

（2）把握视频节奏。

（3）违禁词：不可使用敏感词或危险词。

（4）违规：不可进行私下交易（视频中显示微信号），不可做出在人行横道拍视频等危险动作，不可抽烟喝酒，不可展示二维码及条形码，不可用无指向性的不文明语侮辱或诽谤他人，不可进行地域攻击或特定群体攻击。

（5）作品违规：保证作品的原创性，不可将别人的视频发到自己的账号里，不可使用他人的封面，不可转录他人的内容或做拼接。

4. 视频剪辑的注意事项

（1）横版视频，上下有空余，上部标题，下部字幕。

（2）不可做标题党、封面党（如：这样吃瘦十斤、想得知真相点个关注等）。

（3）视频字幕的字号要大一些，最多一行 20 字，字幕根据语音决定，语音停，字幕停。

（4）封面尽量采用竖屏，也可横屏（横屏封面要求鲜亮），封面风格统一，封面标题不可出框，精简提炼关键字。

（5）封面不可重复使用。

（6）视频背景音乐不可盖过原声。

（7）视频剪辑工具：剪映、快影等。

二、短视频脚本文案的撰写技巧

（一）脚本的概念

脚本是我们拍摄视频的依据，包括在什么时间、地点、画面中出现什么，镜头应该怎么运用，景别是什么样的，服化道的准备，等等。如果没有脚本作为视频拍摄、剪辑的依据，在拍摄时就会出现各种各样的问题，例如：拍到一半时发现场景不对，只能花大量的时间临时重新找场所；拍到一半时发现道具不齐全，演员没有道具辅助，不知道怎么在镜头前表现；拍摄结束后，剪辑师不知道视频需要呈现什么效果，剪辑无从下手。

（二）脚本的作用

对于短视频特别是带货视频来说，脚本最主要的作用有以下两个。

1. 提高视频拍摄效率

脚本其实就是短视频的拍摄提纲和框架。有了这个提纲和框架，就相当于给后续的拍摄、剪辑、道具准备等做了流程指导。就像写文章一样，在开始写之前先列一个提纲，然后根据提纲去拓展创作，这样写起来思路更清晰，效率也更高。

2. 提高视频拍摄质量

带货短视频大多都在 15 秒左右，最长也不会超过 30 秒，因此要想基础流量高、转化率高，就必须对视频里出现的每一个细节进行精雕细琢，包括景别、场景布置，服化道准备，台词、表情设计，音乐的配合，以及最终剪辑效果的呈现，等等。

（三）短视频脚本的写法

短视频常用的脚本以分镜头脚本居多，具体可从以下两大方面入手。

1. 脚本的前期准备

在编写短视频拍摄脚本前，需要构思短视频的整体内容，并确定拍摄流程，主要包括以下几个方面：

（1）拍摄定位。在拍摄前，创作者就要定位内容的表达形式。例如确定是美食制作、服装穿搭还是小剧情。

（2）拍摄主题。在拍摄前，创作者要明确具体的拍摄主题。例如服装穿搭系列，拍摄一组连衣裙的单色搭配，这就是具体的拍摄主题。

（3）拍摄时间。确定拍摄时间有两个目的：一是提前和摄影师约定时间，以免影响拍摄进度；二是确定拍摄时间，制订可落实的拍摄方案，以免出现拖拉等现象。

（4）拍摄地点。明确拍摄地点非常重要。首先要明确拍的是室内场景还是室外场景。例如：野餐美食一般选在青山绿水的地方，菜肴烹饪一般选择室内的厨房或餐厅。

（5）拍摄参照。为避免想要的拍摄效果和最终出来的效果存在差异，创作者可以找到同类的样品和摄影师进行沟通，如哪些场景和镜头的表达是创作者想要的，这样，摄影师才能根据需求进行内容制作。

（6）背景 BGM。BGM 是短视频拍摄的必要构成部分，配合场景选择合适的音乐非常关键。例如：拍摄帅哥美女型网红，就要选择流行和快节奏的音乐；拍摄中国风则要选择节奏偏慢的唯美的 Vlog 音乐；拍摄运动风格的视频，就要选择鼓点清晰的节奏型音乐；拍摄育儿和家庭剧，可以选择轻音乐。

2. 脚本的制作方法

拍摄脚本要对每一个镜头进行细致的设计。

（1）镜头。

镜头景别如图 6－4－1 所示。下面以拍摄人物为例进行说明：

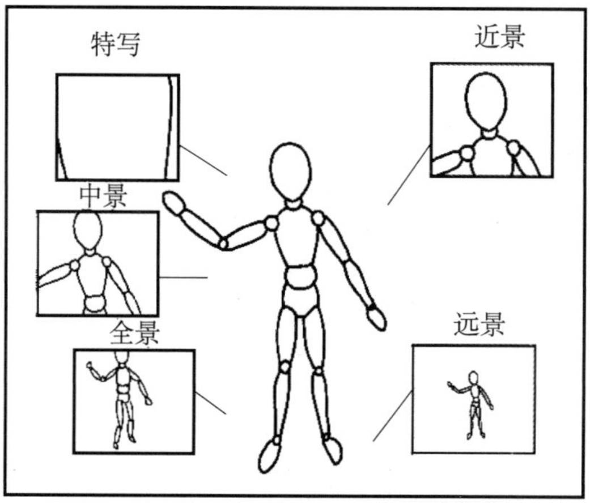

图 6－4－1　镜头景别示意图

1）远景就是把整个人和环境都囊括在画面里，常用来展示事件发生的时间、环境、规模和气氛，如一些战争场景。

2）全景比远景近一点，把人物的身体整个展示在画面里，用来表现人物的全身动作或者人物之间的关系。

3）中景是指拍摄人物膝盖以上至头顶的部分，不仅能够让观众看清人物的表情，而且有利于表现人物的形体动作。

4）近景是指拍摄人物胸部以上至头部的部位，非常有利于表现人物的面部及其表情、神态，甚至是某些细微的动作。

5）特写是指对人物的眼睛、鼻子、嘴、手指、脚趾等部位进行拍摄，适合用来表现需要突出的细节。

（2）内容。

我们要通过各种场景方式来呈现所要表达的内容。具体来讲，就是拆分剧本，把内容拆分在每一个镜头里。

（3）台词。

台词是为了镜头表达准备的，起画龙点睛的作用。60 秒的短视频，台词不要超过 180 个字，不然会让人听起来觉得特别累。

（4）时长。

时长是指单个镜头的时长，要提前标注清楚，以便在剪辑时找到重点，提高剪辑的工作效率。

（5）运镜。

运镜是指镜头的运动方式，如从近到远、平移推进、旋转推进等。下面详细讲解短视频拍摄中经常用到的一些运镜技巧。

1）环绕运镜。拍摄环绕镜头需要保持相机位置不变，以被摄体为中心，手持稳定器进行旋转移动。环绕运镜能够突出主体、渲染情绪，让整个画面更有张力。

2）低角度运镜。低角度运镜通过模拟宠物视角，使镜头以低角度甚至是贴近地面的角度进行拍摄，越贴近地面，所呈现的空间感越强烈。低角度拍摄能够更加聚焦于某一部位，最常见的莫过于腿部行走。

其实，运镜方法有很多，能够熟练使用稳定器后，就可以在基础的运镜动作上加上其他元素，使镜头看起来更加酷炫，更具有动感。

（6）道具。

可以选择的道具有很多种，玩法也非常多，但需要注意的是，道具起的是画龙点睛的作用，不能画蛇添足，别让它抢了主体的风采。

总的来说，撰写短视频脚本要遵循的规则是：在形式上化繁为简，在内容上尽量丰富、完整；要根据短视频的特性，创造出适合自己的短视频脚本。

三、短视频营销

随着短视频用户规模的爆发式增长，各行各业纷纷利用短视频开展营销活动。至此，短视频不仅成了用户的娱乐消遣和购物“新宠”，也成为企业和品牌方的营销“新宠”。

（一）短视频营销的商业价值

1. 短视频+电商：内容电商创造用户购买欲望

短视频内容电商通过重构“人”“货”“场”等要素，将单纯的“购物环境”转变成“社交+购物环境”，并通过搭建多元化场景给用户带来沉浸式购物体验，大大刺激了用户的购买欲望。

2. 短视频+企业：助力企业连接用户

短视频的营销价值还在于企业可以利用短视频搭建起企业和用户之间的桥梁，助力企业连接用户。例如，零食品牌“三只松鼠”在多个短视频平台都打造了官方账号。

3. 短视频+直播：以内容助推“带货”

短视频和直播的结合，使直播能够发挥更大的作用，实现更大的效益增长。

（二）短视频营销的方式

1. 投放平台广告

企业和品牌方可以在短视频平台投放平台广告，平台广告的形式主要有三种：开屏广告、信息流广告和搜索栏广告。

2. 与“达人”合作

各个短视频平台都有很多综合类和垂直类“达人”，这些“达人”往往粉丝数量较多，且对应着某类特定的用户群体。企业和品牌方可以通过与“达人”合作，让“达人”出镜拍摄品牌营销短视频，借助“达人”的人气和热度为营销活动造势，吸引更多用户的注意力，为活动带来更多曝光。与“达人”合作“种草”有以下三种方式：

（1）将营销短视频发布在品牌自身的短视频账号上，@“达人”账号，双方互动。

（2）将营销短视频发布在“达人”的账号上，借助“达人”的人气来带动传播。

（3）将营销短视频以信息流或者开屏广告的形式发布在短视频平台上。

3. 发起活动吸引用户参与

企业和品牌方还可以在短视频平台上发起有奖活动来吸引用户参与，从而实现更大的扩散效应，提高活动的热度和品牌的曝光量。想吸引用户参与活动，一方面要设置较轻松、无门槛的活动，另一方面要设置有吸引力的奖励，以实现更大范围的传播。

4. 自有账号宣传

企业和品牌方可以入驻短视频平台，建立自身的官方账号并做好内容运营和用户维系。官方账号的建立，一方面可以积累精准用户，为自身的短视频营销和直播带来基础流量；另一方面还可以通过账号的粉丝团、店铺商城等功能，实现更直接、更高效的转化。企业可以通过和用户及时互动获取信息反馈，并根据对用户的需求分析制作短视频广告。

（三）短视频营销的基本要素

短视频营销的基本要素包括平台确定、账号选择和内容策划等要素。营销人员在制定完整的营销流程之前，要将这些要素先确定下来。

1. 平台确定

不同平台可能在用户群体上有部分重合，但平台各自有着不同的特点。企业和品牌方只有了解不同平台的特点，才能结合平台特性和产品调性，选出与营销商品或主题相符合的平台，从而达到较为理想的传播效果。企业和品牌方在选择营销平台时，需要重点考虑平台用户画像，平台用户画像如果与品牌或具体营销商品的用户画像较为符合，就可以将该营销平台纳入首要选择。

2. 账号选择

企业和品牌方一般会同时选择多种营销方式，既投放平台广告，又和“达人”合作，同时利用自身账号开展营销推广。除了自身账号以外，企业和品牌方选择账号合作时要考虑“达人”的人设和风格，企业和品牌方要选择人设和风格与品牌调性相符的“达人”，选择与不合适的“达人”合作可能会导致用户对品牌的反感甚至是抵制。

3. 内容策划

平台的确定和账号的选择本质上还是渠道问题，但短视频营销的重点在于短视频本身。短视频营销要遵循“内容为王”的原则，好的内容会促使用户自发传播。短视频营销的内容策划涉及视频主题、表现形式、互动环节，企业和品牌方在考虑了这些因素的基础上再来制作脚本。

（1）视频主题：这决定了视频的内容方向。视频主题需要契合营销主题，企业和品牌方需要明确通过视频要传达怎样的理念、达到怎样的目的。

（2）表现形式：企业和品牌方在策划内容时可以综合考虑营销的表现形式和短视频的表现形式，从而选择出较为合适的主题表现形式。

（3）互动环节：企业和品牌方在策划内容和设计脚本时，还应该考虑预设一些用户互动环节和可以激发用户互动的“梗”。

（四）短视频营销的流程

短视频营销的流程可以按以下五个步骤来开展。

1. 确定目标

短视频营销的每个步骤和动作都必须围绕目标进行，目标确定后才能开始制订营销方案和策划，后续的步骤才能进行。根据企业和品牌方营销目的和营销重点的不同，营销目标也有所不同，但通常为以下四种目标中的一种或几种：

（1）变现目标，具体指企业和品牌方希望通过短视频营销在有限时间内实现多少销量，或者希望销量提升多少，达到怎样的销售额等。

（2）流量目标，即短视频营销各方面的流量数据目标。对于以品牌宣传为目的的短视频营销，流量数据是衡量其宣传目的达到与否的依据，可以表现为短视频营销的扩散程度和触达用户数量，是通过短视频营销争夺用户的重要体现。

（3）影响力目标，即通过短视频营销使品牌或商品达到怎样的排名或者取得怎样的榜单数据，适用于需要在短视频平台做商品搜索引擎优化的企业和品牌方，也适用于想要在电商平台上提升商品或店铺排名的企业和品牌方。

（4）引流目标。对于房产服务、汽车销售、教育培训等服务行业来说，其利用短视频开展营销更多是为了引流获客。

2. 策划内容：短视频脚本创作

短视频脚本创作要在考虑视频主题、表现形式、互动点等基础上进行。这里分别就“爆款”视频的四个原则、框架搭建和分镜头脚本写作展开论述。

（1）“爆款”视频的四个原则。

“爆款”视频之所以“爆”，就是因为其数据比一般视频好。“爆款”视频遵循的四个原则如图 6－4－2 所示。

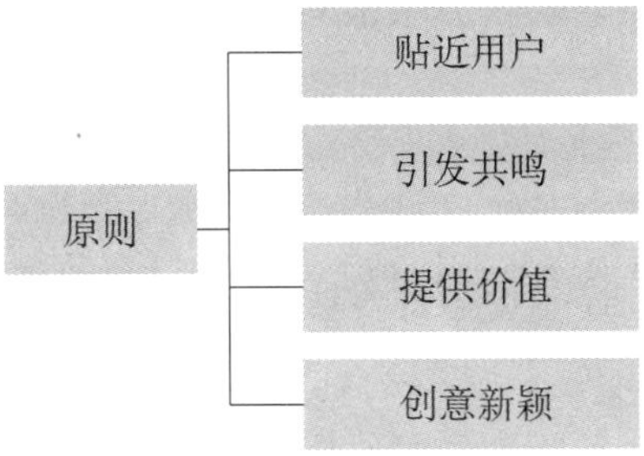

图 6－4－2　“爆款”视频遵循的四个原则

（2）框架搭建。

短视频营销都是以剧情类或故事类的形式展开。在开始脚本写作之前，营销人员要搭建剧情的基本框架：主题定位、人物设置、场景设置、故事线索、影调运用、背景音乐。

（3）分镜头脚本写作。

短视频脚本是短视频创作的关键，是短视频的拍摄大纲和要点规划，用于指导整个短视频的拍摄方向和后期剪辑方向，具有统领全局的作用。

3. 精心制作：拍摄与剪辑

短视频的拍摄与剪辑一般需要专业的拍摄和后期制作团队完成。根据营销需求的不同，短视频拍摄与剪辑的难易程度不一，这里不展开详细论述，仅简要介绍拍摄提纲的写作和视频剪辑软件的相关知识。

（1）拍摄提纲的写作。

在分镜头脚本完成以后，制作团队就可以开始着手拍摄了。根据拍摄的难易程度，制作团队可以在拍摄前写出拍摄提纲。拍摄提纲包含短视频的拍摄要点，对拍摄内容起提示作用，适合在拍摄一些不易掌握和预测的内容时使用。

（2）视频剪辑软件。

借助各类视频剪辑软件，视频制作人员能够轻松实现短视频的合并与剪辑、视频调速、视频调色、添加字幕、设计音频特效等操作。常用的视频剪辑软件包括 PC 端视频剪辑软件和移动端视频剪辑软件。

4. 广泛传播：发布与推广

不同平台的用户特点、热门话题、用户习惯都有所不同。在多个平台同时开展短视频营销，营销人员在发布短视频时要注意发布时间、发布文案与话题、互动与平台活动等问题。

（1）发布时间。

若营销活动是针对特定节假日或特殊日期的，可以在同一天安排全平台同时发布短视频。若是日常活动，则可以依次在不同平台发布短视频。不论是同一时间发布还是分开发布，需要注意的是，不同平台的用户活跃时间段不同。

（2）发布文案与话题。

发布短视频时，营销人员应该根据不同平台的特点有针对性地准备不同的发布文案与话题。营销人员可以根据营销需求的不同，从以下四个角度考虑：简单叙事型文案、设置悬念型文案、引导互动型文案、唤醒情绪型文案。

（3）互动与平台活动。

设置必要的用户参与的活动，营销人员应在官方账号发布的短视频或活动介绍图文中引导用户积极参与，也可以用官方账号与参与活动的用户互动，在一些点赞量高的活动短视频下方评论，吸引新的用户参与活动并关注官方账号。

5. 评估效果：复盘

短视频发布并不意味着短视频营销的结束，营销人员还需要对短视频营销进行复盘，通过复盘找出短视频营销的不足之处，从而查漏补缺，不断地优化营销过程，提高短视频营销的转化效果。一般情况下，短视频营销复盘可分为以下三个部分：

（1）目标回顾。将营销的实际结果与目标进行对比，营销人员就可以明白短视频营销的成绩如何。

（2）分析成败的原因。这是复盘的核心步骤。只有将原因分析到位，整个复盘才是有成效的。通常情况下，营销人员可以从差距入手，连续追问“为什么”，经过多次追问后，往往能找出问题背后的真正原因，从而找出解决办法。

（3）总结经验。分析原因后能认识到一些问题，甚至还能总结出一些经验，讨论出一些方法。这样归纳出来的经验和方法需要进行逻辑推演，符合因果关系的结论，才是可参考的、有指导价值的结论。

第五节 社群营销

一、社群概述

（一）社群的概念

从广义上讲，社群指的是在一定范围内（如某些边界线、地区等）产生作用的所有社会关系。从狭义上讲，社群是指具有共同特性、爱好的个体集合而成的兴趣共同体。在移动互联网时代，我们经常提到的社群指的便是狭义上的社群，它往往通过网络集合的方式得以实现。社区与社群不同，社群强调的是人与人在虚拟网络空间的关系，社区强调的是人与人之间在物理空间中的联系（如图 6-5-1 所示）。社群是熟人社交和强关系，能够实现自组织、自运行，个体进入社群的目的是获得人脉、建立信用。社区是陌生人社交、弱关系，重度依赖管理者（版主）的组织，个体进入社群的主要目的是看内容，写作者进入社群的主要目的是获得名声。

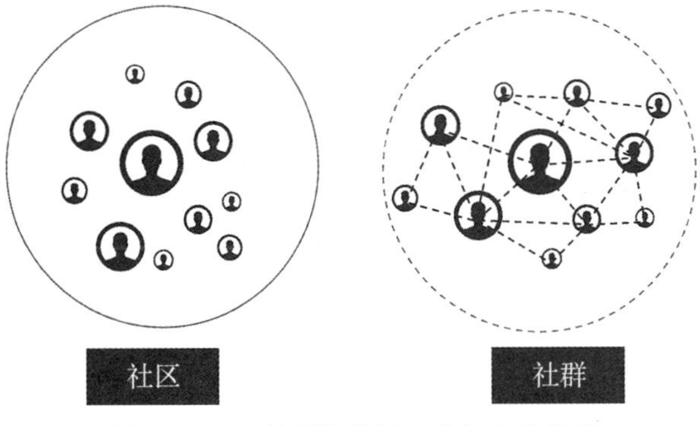

图 6-5-1 社群与社区中人与人的关系

（二）社群的构成元素

社群的五大构成元素（ISOOC）为：同好（Interest）、结构（Structure）、输出（Output）、运营（Operate）、复制（Copy）。同好是社群成立的前提，结构是决定社群存活的关键，输出决定社群的价值，运营决定社群的寿命，复制决定社群的规模。

1. 同好

这是构成社群的第一要素，是社群成立的前提，指群员对某种事物有共同认可。

2. 社群的结构

这是构成社群的第二要素，决定了社群的存活时间，包括群员、交流平台、加入原则、管理规范。社群结构规划、设计做得越好，社群存续的时间就越长。

3. 社群的输出

这是构成社群的第三要素，它决定了社群的价值。没有足够价值的社群迟早会成为“鸡肋”，群主和群员就会选择解散社群或者退群。

4. 社群的运营

这是构成社群的第四要素，决定了社群的生命周期。社群的运营主要是举办一些活动，或者组织讨论、分享，保持群内活跃度，保证群员之间的互动，进而保证社群的凝聚力。

5. 社群的复制

这是构成社群的第五要素，它决定了社群的规模。一个社群如果能够复制出多个平行社群，就会形成巨大的规模。

社群的类型包括：粉丝型组织——通过自发组织建群的方式，将周围的人聚集起来，形成一个具有相似价值观点和心理需求的群体；功能型组织——因特殊人群的需要而形成，主要表现形式就是工作中创立的各种办公群；兴趣型组织——往往源于共同的兴趣和爱好。

（三）社群的搭建

1. 确立社群搭建目标

要搭建一个社群，首先要确立社群搭建目标。社群搭建目标如图 6－5－2 所示。

图 6－5－2 社群搭建目标

2. 确定社群内部角色

（1）创建者。俗称群主，是社群发展方向的决策者，兼有管理者的角色，在社群中具有一定的权威性。

（2）专家。通俗来讲，就是某些专业方面的高手。社群中的人很多，专家其实只需要几位或者十几位就可以。

（3）活跃者。俗称“托儿”。这个角色就像是一个链条，也是一个榜样，吸引大家一起参与。

（4）普通用户。这类用户诉求并不明确，遇到自己感兴趣的话题时会在社群内活跃发言。

3. 选择社群运营平台

（1）微博平台——明星粉丝、兴趣爱好类。

（2）微信平台——圈子类、产品类、内容类。

圈子类：微信中的大部分好友都相熟，甚至为身边的好友。因此，圈子类社群最合适选择微信平台，如服务于教师群体的课程分享品牌等。

产品类：微信平台的产品类社群更加侧重于深度解析，以活动为辅。尤其是对产品较为丰富、产品更新较快的品牌来说，深度测评、解析类文章非常适合在微信平台的产品类社群发布。

内容类：独立挖掘选题、独立编辑，挖掘更深层次、主流媒体不易发现的内容，这是自媒体的主要特征。

（3）QQ 平台——地域类、娱乐消费类、垂直类、强兴趣类。

（4）百度平台——营销类、兴趣类、问答类。

（5）社群 App 平台——知识类、兴趣类、活动类。

（6）其他平台——阿里旺旺、YY。

4. 树立社群形象

（1）确定社群名称。从现成的核心源头延伸出来，根据目标用户着手确定名称。

（2）设计社群 LOGO。围绕社群名称、属性进行视觉设计，如头像、背景、卡片、旗子、胸牌等。对于新建的没有自己品牌的社群，需要从头到尾进行社群 LOGO 的设计，可以将社群核心人物的卡通图形、社群理念文字等作为 LOGO 设计的素材（如图 6－5－3 和图 6－5－4 所示）。

图 6－5－3　LOGO 例子 1

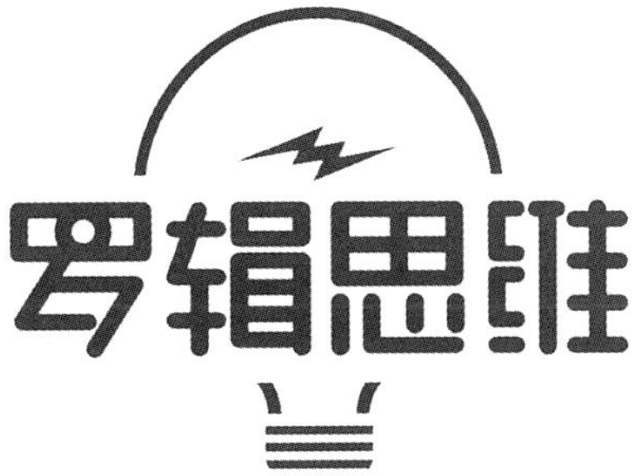

图 6－5－4　LOGO 例子 2

（3）提出社群口号。功能型——阐述社群的特点；利益型——阐述社群能给群成员带来的直接利益；三观型——阐述追求背后的态度、情怀、情感。

5．制定社群规则

社群的规则包括命名规则、言行规则、任务规则、惩罚规则等。

6．吸引种子用户

可以通过真爱吸引、影响力吸引、线上标签筛选、线下场景切入等方法吸引种子用户加入社群。

7．社群活跃度的保持

社群活跃度可以通过以下方式保持：

（1）社群分享。

（2）社群讨论。

（3）社群打卡，就是社群中的成员为了养成某一个好习惯所采取的某一种行为。

（4）发红包。要明确目的、设置金额、定向发放、选择发放时间。

（5）福利分发。福利包括物品类、红包类、荣誉类、学习类、虚拟类等。

（6）建立强关系。群员和群员之间至少建立两个维度的连接，这些连接包括职业圈连接（邮件、微信、QQ），生活圈连接（微信朋友圈、QQ空间），人脉圈连接，兴趣圈连接（俱乐部会员），私密圈连接，血缘圈连接等。连接越多，关系越强。

（7）线下交流。经营较好的社群一般不会满足于单纯的线上运营，都在慢慢从线上走到线下，只有在线下面对面的交流中，人和人之间交叉、多维的关系才会建立起来。

社群活动安排流程如表6-5-1所示。

表6-5-1　社群活动安排流程

序号	工作名称	工作要点
1	提前准备	邀约分享者；准备分享话题；准备分享素材；就话题讨论做预案
2	反复通知	多次播发消息，确定时间，提醒群员按时参加
3	强调规则	提示新群员注意分享规则；宣布规则时群里设置临时禁言；小助手分工明确
4	提前暖场	提前打开群禁言；活跃气氛，吸引群员上线
5	介绍嘉宾	主持人引导、介绍分享者；群员进入倾听
6	诱导互动	设置互动诱导点；耐心等待手机输入；安排热场，带动气氛
7	随时控场	主持人私聊提醒，排除干扰；群小窗沟通直至禁言
8	收尾结束	引导总结；鼓励群员在微博、微信朋友圈分享体会
9	提供福利	向总结好、参与程度高的群员赠送小福利，提升分享参与度
10	打造品牌	整理分享内容，通过微博、微信公众号发布、传播，形成品牌影响力

社群的讨论流程如表 6－5－2 所示。

表 6－5－2　社群的讨论流程

序号	内容	要点
1	开场白	在预告内容基础上修改而成，开场之前再发一次
2	过渡阶段	承上启下，对上总结，对下开启，过渡自然
3	出现无关问题	无关问题大量刷屏时，委婉提醒
4	观点与前面重复	委婉提醒，避免重复
5	诱导互动	提前设置诱导点，避免冷场，耐心等待手机输入成员发表意见
6	结束	对本次讨论做总结，引导群员记录、分享

8. 社群运营绩效评价

结果导向型 KPI 的评价指标有用户新增量、转化率、复购率、活动参与度、朋友圈点赞数等。过程导向型 KPI 的评价指标有活跃度、活动频次等。

二、社群营销及其运营

（一）社群营销的概念

社群搭建之后，就可以选择平台进行各种营销活动。社群营销不仅是一种营销思路，更应该纳入企业的商业模式中。它需要打破很多传统思维，在互联网时代，它是企业生存、发展必不可少的策略。那么，什么是社群营销？社群营销又是怎样操作的呢？

社群营销就是基于相同或相似的兴趣爱好，利用某种载体聚集人气，通过产品或服务满足群体需求而产生的商业形态。社群营销的载体不局限于微信以及各种平台，甚至线下的平台和社区都可以做社群营销。

社群营销就是在互联网数字化社群的社会环境下，充分运用互联网工具，利用群体情绪化的特点，激发社群所蕴藏的巨大能量，达到营销的目的。社群营销的核心是“人”，辅助因素是产品与服务。目的在于通过赋予品牌人格化的特征，努力在品牌和消费者之间形成感情，让消费者保持对品牌的情怀，即情感依恋，从而积极热情地宣传自己偏爱的品牌，甚至直接销售产品。从某种意义上来讲，社群是最好的营销对象。

社群营销的特点：弱中心化、多向互动化、碎片化、情绪化、相对独立和发表性等。

（二）社群营销运营

开展社群营销，首先需要知道有哪些社群、怎样获取社群、有哪些获取社群的渠道，以及如何搭建社群。

1. 社群营销岗位（角色）

（1）群主：负责制定群规划，招募群成员，进行人事安排，发起活动。

（2）管理员：负责邀请群成员、验证群成员、开展活动、屏蔽发言、物色优质群成员。

（3）营销策划师：负责垂直细分市场调研，策划营销活动。

（4）文案美工编辑：负责信息搜索、整理与加工，文案撰写，图文制作，宣传片制作。

（5）内容推送员：适时推送知识信息内容，跟进所推送信息的阅读、反馈情况。

（6）社群（公众号）运营：社群营销数据分析，活动策划。

（7）产品开发经理：负责营销产品的开发、引进。

（8）公关活动：负责友情链接，洽谈合作。

2. 社群营销的主要工作任务

（1）招募群成员：制定群规，同类群拉人、活动拉人，更改群名片，踢人。

（2）话题导聊：根据话题引导群聊，调动气氛，分享推送信息。

（3）信息搜索：搜索与产品或服务相关的信息，并进行梳理和加工。

（4）文案撰写：善于捕捉信息，挖掘和提炼特色，具有一定的文字组织与原创撰写能力，熟悉文字规范。

（5）图文美编：对信息进行图文并茂的加工，懂得一定的文字规范，具有文字编辑能力、计算机图文编撰能力，熟悉拍摄、PS、H5 等技术。

（6）运营策划：负责群运营策划工作。

（7）内容推送：适时推送群搜索并整理有价值的内容（如天气预报、3 分钟早读新闻），推送群原创内容。

（8）数据分析：对群营销效果进行评估。

（9）产品开发：垂直市场分析，适时研发产品或提供服务。

3. 社群营销的主要指标

（1）群容积率＝群成员数/群容量×100%。例如：某群容量为 2 000 人，实际进群 1 800 人，则群容积率＝1 800÷2 000×100%＝0.9%。

（2）活跃度＝活跃群成员数/群成员数×100%。例如：某群群成员数为 1 800 人，活跃群成员为 300 人，则活跃度＝300÷1 800×100%＝16.7%。

（3）跳出率＝已退出数/群成员数×100%。

（4）踢出率＝已踢出数/群成员数×100%。

（5）隐身率＝隐身数/群成员数×100%。

（6）移动端率＝移动端数/群成员数×100%。例如：某群群成员为 1 800 人，使用移动设备的群成员数为 1 500 人，则移动端率＝1 500÷1 800×100%＝83.3%。

（7）PC 端率＝PC 端数/群成员数×100%。

（8）屏蔽群信息率＝设置屏蔽群信息的群成员数/群成员数×100%。

（9）管理员率＝实际管理员数与群主之和/群管理容量与群主之和×100%。例如：某群拥有 10 个管理员名额，实际管理员为 3 个，则管理员率＝(3+1)÷(11+1)×100%＝33.3%。

（10）实名率＝实名群成员数/群成员数×100%。

(11) 月活动量＝每月发起活动的数量。

(12) 日话题量＝每日发起话题的数量。

(13) 邀请率＝群成员邀请的群成员数/群成员数×100%。例如：某群有 1 300 人，通过群成员的邀请进群的群成员有 120 人，则邀请率＝120÷1 300×100%＝9.2%。

(14) 群拥有量，即企业或个人拥有群的数量。

(15) 群平台排名，即群在平台的总排名。

(16) 群平台行业排名，即群在平台行业中的排名。

(17) 百人成本（CPH），即每百名群成员成本。

(18) 群价值（GV）＝（容积率×活跃度×管理员率×实名率×邀请率×活动量×话题量）/（跳出率×隐身率×群平台排名×群平台行业排名×百人成本）。

4. 社群商业变现

(1) 社群服务变现：本质在于给用户提供更加专属、更加有效的价值输出，通过收取会员费的方式来实现。

(2) 社群产品变现：让用户参与到产品的设计和制作等各个环节，并且与用户深入发生关系，产生更强的信任。

(3) 社群广告变现：这是人数较多的社群的主要变现方式，也称流量变现，其实就是卖广告。

(4) 社群合作变现：常见的换粉互推、资源交换、合作产品，都是可以尝试的合作方式。

思考题

1. 总结短视频营销的方式并分析其优缺点。
2. 选择营销账号合作时要考虑哪几点？
3. 短视频营销的基本流程是怎样的？
4. 什么是社群营销？它主要有哪些指标？
5. 小米社群营销成功的原因有哪些？
6. 什么是微博营销？微博营销的策略有哪些？
7. 微信公众号的订阅号与服务号的主要区别在哪里？
8. 微信平台的营销策略有哪些？
9. 什么是短视频脚本？如何编写短视频脚本？

第七章 物流管理

知识要点

(1) 理解并掌握物流的概念、作用。
(2) 了解并掌握电子商务下物流配送的特点。
(3) 了解并掌握供应链管理的结构、特征和管理模式。
(4) 了解并掌握第三方物流及国际物流的特点、构成。

素养目标

(1) 培养学生的创新意识和创新精神。
(2) 增强学生对新鲜事物的好奇心。
(3) 增强学生学习的主动性和自信心。
(4) 引导学生关注前沿科技发展动态。

第一节 电子商务与物流

一、物流概述

（一）物流理论的发展

1915 年，阿奇·萧（Arch Shaw）在《市场流通中的若干问题》一书中就提到了“物流”（Physical Distribution）一词，并指出“物流是与创造需求不同的一个问题”。

第二次世界大战中，后勤理论被应用于战争活动中。所谓后勤，是指将战时物资生产、采购、运输、配给等活动作为一个整体进行统一布置，以求战略物资补给的费用更低、速度更快、服务更好。

1948 年，美国市场营销协会（American Marketing Association）将“物流”定义为从生产点到消费点或使用点对货物移动和处理的行为过程。

20 世纪 50 年代，随着经济的复苏和生产的发展，产品数量急剧增长，生产成本相对下降，而流通成本有相对上升的趋势。于是，人们才开始认真研究各种物流活动的规律，以找出降低流通费用的途径。研究者的目标是降低整个流通过程的费用，因此必须考察和研究物流的全过程（即整个物流系统），研究物流系统内各个环节之间的相互关系，进而使原来处于潜隐状态的物流系统显现出来，并开始以物流系统为中心开展研究活动，从而形成了现代物流科学。

（二）物流实践的发展

物流实践的发展经历了如下几个阶段：

（1）仅有物流的“以物易物”时代。

（2）产生资金流后的物流，以货币为媒介的“一手交钱，一手交货”，商流与物流为一体（信息流开始发挥作用）。

（3）银行的诞生使物流和资金流分离，由此产生了多种交易付款方式。例如：交易前的预先付款，交易中的托收、支票、汇票，交易后的分期付款、延期付款。

（4）随着网络技术和电子技术的发展，信息流发生了变化（电子化）。信息流更多地表现为票据资料的流动，它贯穿商品交易过程的始终，记录整个商务活动的流程，是分析物流、引导资金流、辅助经营决策的重要依据。

（三）物流的概念

物流包含如下三层含义：

（1）物流是一个控制原材料、产成品和信息的系统。

（2）物流是从供给者到需求者的物理运动。

（3）物流是由一系列创造时间价值和空间价值的经济活动组成的。

物流是指物质实体从供应者向需求者的物理移动，由一系列创造时间价值和场所价值的经济活动组成。我国的国家标准《物流术语》（GB/T 18354－2021）中的定义为：物流是根据实际需要，将运输、储存、装卸、搬运、包装、流通加工、配送、信息处理等基本功能实现有机结合，使物品从供应地向接收地进行实体流动的过程。可见，物流具有包装、装卸搬运、运输、储存、流通加工、配送、物流信息管理等七大功能。物流可被看成一条链，贯穿三方（供应方、运输方、销售方），连接四业（生产业、运输业、仓储业、营销业），包括七要素（运输、存储、装卸搬运、包装、流通加工、配送、物流信息）。

二、物流的作用及创造的价值

（一）物流的作用

商品流通的过程是以物流（商品的实际流动）为物质基础、信息流（商品基本信息的流动）贯穿始终、引导资金流（货币的流动）正向流动的动态过程。电子商务一般过程可简述为：寻找产品信息→比较产品信息→谈判交易细节→订购→付款→发货、仓储、运输、加工、配送、收货→售后服务。物流是实现电子商务的重要环节和基本保证。

1. 物流保障生产

生产的全过程从原材料的采购开始，便要求有相应的供应物流；在生产的各工艺流程之间，也需要原材料、半成品的物流过程，即所谓的生产物流；部分余料、可重复利用的物资的回收，需要回收物流；废弃物的处理，则需要废弃物物流。可见，整个生产过程实际上就是系列化的物流活动。

2. 物流服务于商流

在电子商务下，消费者通过网上购物，完成了商品所有权的交割过程，即商流过程。但电子商务活动并未结束，只有商品和服务真正转移到消费者手中，商务活动才告终结。在整个电子商务的交易过程中，物流实际上是以商流的后续者和服务者的姿态出现的。

3. 物流是实现“以客户为中心”理念的根本保证

缺少了现代化的物流技术，便不会产生电子商务给消费者带来的购物便捷，消费者必然会转向他们认为更为安全的传统购物方式，那么网上购物就没有存在的必要。

4. 物流是电子商务最重要、最终的环节

电子商务给传统商务模式带来了巨大冲击，使传统的仓储业、批发业面临挑战。生产企业按照网上收到的订单组织生产，由第三方物流企业提供生产线末端的包装，直至送到消费者手中，物流始终会是商务活动的最后一个环节。

（二）物流创造的价值

1. 时间价值

“物”从供给者到需要者之间有一段时间差，改变这一时间差所创造的价值，称为

“时间价值”。通过物流获得的时间价值有如下几种：

（1）缩短时间差创造价值。缩短物流时间可获得多方面的好处，如减少物流损失、降低物流消耗、增加物质周转、节约资金等。由于物流周期的结束是资本周转的前提条件，这个时间越短，资本周转就越快，资本表现出的增值速度也越快。现代物流学着重研究的一个课题就是如何采取技术的、管理的、系统的方法来尽量缩短物流时间，从而取得更高的时间价值。从全社会物流的总体来看，加快物流速度、缩短物流时间，是物流必须遵循的一条经济规律。

（2）弥补时间差创造价值。在经济社会中，需求和供给之间普遍存在时间差异，这是一种普遍的客观存在，正是有了这个时间差，商品才能取得自身最高价值，才能获得十分理想的效益。商品本身是不会自动弥补这个时间差的，如果没有有效的方法，集中生产出的粮食除了当时的少量消耗外，还会损坏、腐烂，使得在非产出时间，人们没有粮食吃。物流便是以科学的、系统的方法弥补或改变这种时间差。

（3）延长时间差创造价值。物流要遵循“加快物流速度、缩短物流时间”这一规律，以尽量缩小时间差来创造价值。但是，在某些具体的物流中也存在能动地延长物流时间来创造价值的情况。例如：配合待机销售的物流便是一种有意识地通过延长物流时间、增加时间差来创造价值的行为。当然，一般来讲，这是一种特例，不是普遍的整体性现象。

2. 场所价值

“物”从供给者到需求者之间有一段空间差异，供给者和需求者之间往往处于不同的场所。改变这种场所的差别所创造的价值被称为“场所价值”。物流创造场所价值是由现代社会产业结构、社会分工所决定的，主要原因是供给和需求之间存在空间差，商品在不同地理位置有不同的价值。通过物流将商品由低价值区转到高价值区，便可获得“场所价值”。

三、物流的分类

（一）按照活动的空间分类

物流按照活动的空间可分为以下三类：

（1）地区物流：是指存在于某一地区内的物流活动。

（2）国家物流：是指在一个国家内部进行的物流活动。

（3）国际物流：是指不同国家和地区之间的物流。如中欧班列是由中国铁路总公司组织，按照固定车次、线路、班期和全程运行时刻开行，运行于中国与欧洲以及“一带一路”沿线国家间的集装箱铁路国际联运列车。目前，中欧班列铺设有西、中、东三条通道。西部通道由我国中西部经阿拉山口（霍尔果斯）出境，中部通道由我国华北地区经二连浩特出境，东部通道由我国东南部沿海地区经满洲里（绥芬河）出境。中欧班列的运输网络覆盖了亚欧大陆的主要区域。我国开通的中欧班列属于典型的国际物流活动，货物所经国家，需要在通关、货物检验检疫、放行等方面达成一致后才能组织实施。

（二）按照物流的作用分类

物流按照其作用可分为以下五类（如图 7－1－1 所示）：

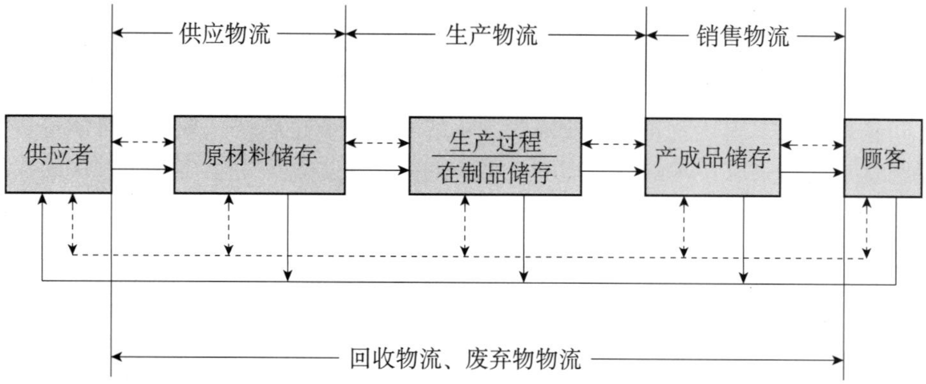

图 7-1-1　企业物流的分类

（1）生产物流。原料、零部件、燃料等辅助材料从企业仓库开始，进入生产线的开始端，再进一步随生产加工过程一个环节一个环节地流转。在流转的过程中，各类材料被加工，同时产生一些废料、余料，直到完成产品生产，产品流转至产成品仓库。

（2）供应物流。供应物流是企业为保证自身节奏，不断组织原材料、零部件、辅助材料供应的物流活动。企业竞争的关键在于：降低供应物流过程的成本，以最低成本和消耗保证产品的供应。企业供应物流必须解决供应网络问题、供应方式问题、零库存问题等。

（3）销售物流。销售物流是企业为保证自身的经营效益，伴随销售活动不断地将产品所有权转移给用户的物流活动。现代社会中，市场是一个完全的买方市场，销售物流活动带有极强的服务性，目标是满足买方的需求，最终实现销售。销售物流的空间范围大，这是销售物流的困难所在。企业销售物流的特点是通过包装、送货、配送等一系列物流实现销售，这就需要研究送货方式、包装水平、运输路线等，并采取各种诸如少批量、多批次、定时、定量配送等特殊的物流方式达到目的，因此，其研究领域很广泛。

（4）回收物流。回收物流是指企业在生产、供应、销售活动中产生的边角余料和废料的回收活动。企业若对回收物品处理不当，则会影响整个生产环境，甚至影响产品质量，也会占用很大空间，造成浪费。

（5）废弃物物流。废弃物物流是指对企业排放的无用物品进行运输、装卸、处理的物流活动。

四、电子商务下的物流

电子商务环境下，物流具有下面的特点。

（一）物流信息化

电子商务时代，物流信息化是电子商务的必然要求。物流信息化表现为物流信息收集的代码化、物流信息处理的电子化、物流信息传递的标准化和实时化、物流信息存储的数字化以及物流信息自身的商品化等。

（二）物流自动化

物流自动化可以增强物流作业能力、提高劳动生产率、减少物流作业的差错等。物流自动化的系统非常多，如条码、语音、射频自动识别系统，自动分拣系统，自动存取系统，自动导向系统，货物自动跟踪系统等。

（三）物流网络化

物流网络化有两层含义：一是计算机的网络化，即物流系统的计算机网络，包括物流中心与上游供应商或制造商联系的计算机网络，以及与下游客户之间联系的计算机网络，如当配送中心向供应商发订单时，就需要使用计算机网络；二是物流组织的网络化，即建立物流组织的内部网，有效地开展物流服务，必须使物流企业的管理电子化、网络化，通过对企业内部流程的重新整合，建立企业的内部网，使企业的内部管理实现网络化。更重要的是，通过内部网的建设，实现物流实体的网络化布局与管理。物流的网络化是物流信息化的必然，是电子商务下物流活动的主要特征之一。当今世界互联网等全球网络资源的可用性及网络技术的普及为物流的网络化提供了良好的外部环境，物流的网络化是必然趋势。

（四）物流智能化

物流智能化是物流自动化、信息化的一种高层次应用，物流作业过程大量的运筹和决策，如库存水平的确定、运输（搬运）路径的选择、自动导向车的运行轨迹和作业控制、自动分拣机的运行、物流配送中心经营管理的决策支持等问题都需要借助大量的知识才能解决。在物流自动化的进程中，物流智能化是不可回避的技术难题。专家系统、机器人等相关技术在国际上已经有比较成熟的研究成果。为了提高物流现代化水平，物流智能化已成为电子商务下物流发展的一个新趋势。

（五）物流柔性化

物流柔性化原是生产领域为实现“以客户为中心”理念而提出的，但要想真正做到柔性化，即真正地能根据客户需求的变化来灵活调节生产工艺，没有配套的柔性化的物流系统是不可能做到的。20 世纪 90 年代，国际生产领域纷纷推出弹性制造系统（Flexible Manufacturing System，FMS）、计算机集成制造系统（Computer Integrated Manufacturing System，CIMS）、企业资源计划（Enterprise Resource Planning，ERP），以及供应链管理的概念和技术。这些概念和技术的实质是要将生产、流通进行集成，根据需求端的需求组织生产，安排物流活动。柔性化物流正是适应生产、流通与消费的需求而发展起来的新型物流模式。它要求物流配送中心根据消费需求“多品种、小批量、多批次、短周期”的特点，灵活组织和实施物流作业。

（六）服务多功能化

在电子商务时代，物流发展到集约化阶段，一体化配送中心不但要提供仓储和运输服务，还必须开展配货、配送和各种提高附加值的流通加工服务项目，以及按客户的需要提供其他服务。现代供应链管理即通过综合从供应者到消费者供应链的运作，使物流达到最优化。从物流的现状来看，物流企业不仅要为本地区提供服务，而且要提供长距离的服务。

（七）竞争全球化

全球化战略的趋势使物流企业和生产企业更紧密地联系在一起，形成了社会大分工。生产企业集中精力制造产品、降低成本、创造价值，物流企业则花费大量的时间、精力从事物流服务。物流企业的满足需求系统比原来更进了一步。

五、现代物流技术

物流技术一般是指与物流要素活动有关的所有专业技术的总称，包括各种操作方法、管理技能等，如流通加工技术、物品包装技术、物品标识技术、物品实时跟踪技术等。物流技术还包括物流规划、物流评价、物流设计、物流策略等。在计算机网络技术的应用普及后，物流技术还综合了许多现代技术。

（一）EDI 技术及其应用

1. EDI 标准

EDI 标准是整个 EDI 技术最关键的部分，由于 EDI 是以事先商定的报文格式进行数据传输和信息交换的，所以制定统一的 EDI 标准至关重要。

EDI 标准主要分为如下几个方面：基础标准、代码标准、报文标准、单证标准、管理标准、应用标准、通信标准、安全保密标准。其中，最主要的是要实现单证标准化。

2. EDI 技术的应用

EDI 技术应用广泛的行业包括：

（1）制造业：通过 EDI 技术的即时响应，减少库存量及生产线待料时间，降低生产成本。

（2）贸易运输业：通过 EDI 技术，快速通关报检，节约运输资源，降低贸易运输成本。

（3）流通业：通过 EDI 技术，快速反应，减少商场库存量与空架率，以加速商品资金周转，降低成本；建立物资配送体系，以完成产、存、运、销一体化的供应链管理。

（4）金融业：通过 EDI 技术实现电子转账支付，减少金融单位与其用户间交通往返的时间与现金流动风险，并缩短资金流动所需的处理时间，提高用户资金调度的弹性。在跨行服务方面，更可使用户享受不同金融单位所提供的服务，以提高金融业的服务品质与项目。

（二）射频技术及其应用

1. 射频技术概述

射频技术的基本原理是电磁理论。射频系统的优点是不局限于视线，识别距离比光学系统远，射频识别卡具有读写能力，可携带大量数据，难以伪造，能够实现智能化。

射频技术适用的领域有物料跟踪、运载工具和货架识别等要求非接触数据采集和交换的场合。由于射频标签具有可读写能力，对于需要频繁改变数据内容的场合尤为适用。

2. 射频技术的应用

我国射频技术的应用也已经开始，一些高速公路的收费站使用射频技术可以实现不停车收费，我国铁路系统使用射频技术记录货车车厢编号已运行了一段时间，一些物流公司也正将射频技术用于物流管理中。

（三）地理信息系统及其应用

1. 地理信息系统概述

地理信息系统（Geographical Information System，GIS）是指采用地理模型分析方法，适时地提供多种空间的和动态的地理信息的系统。GIS 的基本功能是将表格型数据（无论它来自数据库、电子表格文件还是直接在程序中输入）转换为地理图形显示，然后对显示结果进行浏览、操作和分析，其显示范围可以从洲际地图到非常详细的街区地图，显示对象包括人口、销售情况、运输线路等各类内容。

2. 地理信息系统的应用

（1）车辆路线模型。

（2）网络物流模型。

（3）分配集合模型。

（4）设施定位模型。

（四）全球定位技术及其应用

迄今为止，美国、俄罗斯、中国等国家和组织都已经开发了或正在开发和部署全球定位系统。

（1）美国的 GPS 系统。该系统包括三个部分：空间部分——GPS 卫星；地面控制部分——地面监控系统；用户设备部分——GPS 信号接收机。

（2）俄罗斯的 GLONASS 系统。它是最早开始开发和部署的全球定位系统，始于苏联时期，2011 年正式全球运行。

（3）中国的北斗卫星导航系统。2012 年覆盖亚太地区。2020 年 7 月 31 日，北斗三号全球卫星导航系统正式开通。截至 2023 年 7 月，北斗卫星导航系统已服务全球 200 多个国家和地区用户。

（4）欧盟的伽利略全球定位系统。2012 年初步组成网络。

（5）国际海事卫星组织的 INMARSAT 系统。1979 年成立，由缔约国投资兴建，目的是改进海上通信、提高船舶效率和无线电定位能力。

全球定位系统的主要应用有：

（1）用于汽车自动定位、跟踪调度、陆地救援。

（2）用于内河及远洋船队航线的测定，航向的调度、监测及水上救援。

（3）用于空中交通管理、进场着陆、航路导航和监视。

（4）用于铁路运输管理。

（5）用于军事运输。

第二节　供应链管理

一、供应链概述

（一）供应链的定义

供应链（Supply Chain）是围绕核心企业，通过对信息流、物流、资金流的控制，从采购原材料开始，制成中间产品和最终产品，最后由销售网络把产品送到消费者手中，将原材料供应商、制造商、分销商、零售商、最终客户连成一个整体的功能网链结构模式。它是一个范围更广的企业结构模式，包含所有加盟的节点企业，从原材料的供应开始，经过链中不同企业的制造加工、组装、分销等过程直到最终客户。它不仅是一条连接供应商到用户的物料链、信息链、资金链，而且是一条增值链，物料在供应链上因加工、包装、运输等过程而增加其价值，给相关企业带来收益。图 7－2－1 为供应链示意图。

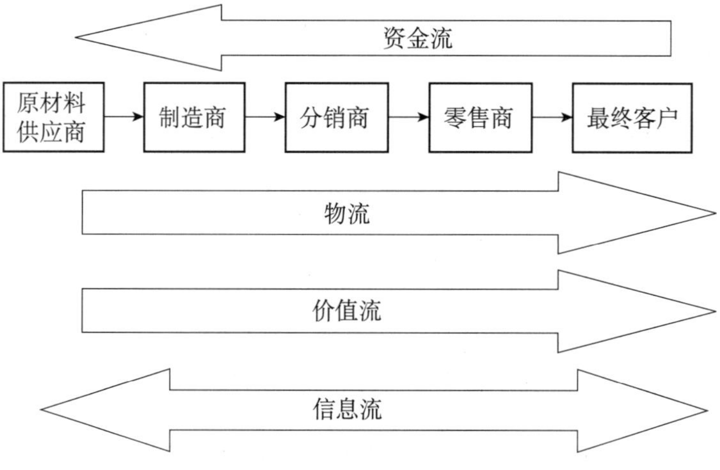

图 7－2－1　供应链示意图

供应链可分为内部供应链和外部供应链。内部供应链是指由企业内部产品生产和流通过程中所涉及的采购部门、生产部门、仓储部门、销售部门等组成的供需网络；外部供应链是指由企业外部的、与企业相关的产品生产和流通过程中涉及的原材料供应商、生产商、储运商、零售商以及最终客户组成的供需网络。

（二）供应链的结构模型

根据以上供应链的定义，其结构可以简单地归纳为图 7-2-2 所示的模型。

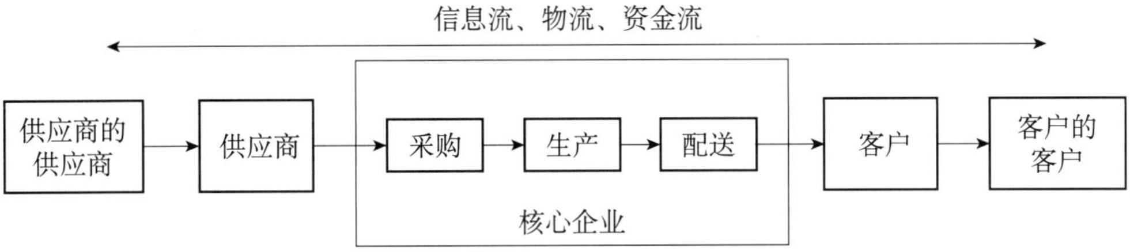

图 7-2-2 供应链结构模型

从图 7-2-2 中可以看出，供应链由所有加盟的节点企业组成，其中一般有一个核心企业（可以是产品制造企业，也可以是大型零售企业），节点企业在需求信息的驱动下，通过供应链的职能分工与合作（生产、分销、零售等），以资金流、物流/服务流为媒介实现整个供应链的不断增值。因此，供应链是指由原材料和零部件的供应商、产品的制造商、分销商和零售商到最终客户组成的价值增值链，如图 7-2-3 所示。

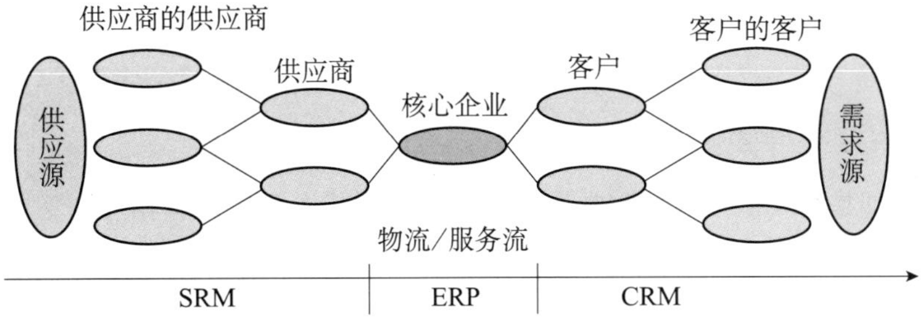

图 7-2-3 供应链价值增值链

（三）供应链的特征

从供应链的结构模型可以看出，供应链是一个网链结构，由围绕核心企业的供应商、供应商的供应商、客户、客户的客户组成。一个企业是一个节点，节点企业和节点企业之间是一种需求与供应关系。供应链具有如下主要特征。

1. 复杂性

因为供应链节点企业组成的跨度（层次）不同，供应链往往由多个、多种类型甚至多国企业构成，所以供应链结构模式比一般单个企业的结构模式更加复杂。

2. 动态性

供应链管理因企业战略和适应市场需求变化的需要，其中的节点企业需要动态地更新，这就使得供应链具有明显的动态性。

3. 面向用户需求

供应链的形成、存在、重构都基于一定的市场需求而发生，并且在供应链的运作过程中，客户的需求拉动是供应链中信息流、物流、资金流运作的驱动源。

4. 交叉性

节点企业可以是这个供应链的成员，同时又是另一个供应链的成员，众多的供应链形成交叉结构，增加了协调管理的难度。

（四）供应链的核心技术

供应链涉及以下三项核心技术：

（1）代码技术。描述商品信息或作为获得其他数据的关键字。

（2）条码技术。对 ID 代码的符号表示，用于对 ID 代码与其他数据的自动输入。

（3）通信技术。在贸易伙伴间交换数据。

要实施有效的供应链管理，首先必须改善供应链的业务流程，然后以较低的成本使这些流程自动化，以进一步降低供应链的成本和时间。将条码扫描技术 POS 系统、EDI 等技术集成起来，在供应链上建立一个高效的供应链集成系统，以确保产品能不间断地由供应商流向最终客户。同时，只有信息流能在开放的供应链中循环流动，才能真正地满足客户对产品和信息的要求。

二、供应链管理概述

（一）供应链管理的概念

供应链管理是指人们在认识和掌握了供应链各环节内在规律和相互联系的基础上，利用管理中的计划、组织、指挥、协调、控制和激励职能，对产品生产和流通过程中各个环节所涉及的物流、信息流、资金流、价值流以及业务流进行合理调控，以期达到最佳组合，发挥最大的效益，以最小的成本为客户提供最大的附加值。

（二）供应链管理的特点

供应链管理与传统的物料控制及储运管理有很大的不同，主要表现在以下四个方面：

（1）将供应链看成一个整体，而不是将供应链看成由采购、制造、分销、销售等构成的一些相互分离的功能块。

（2）依靠先进技术对整个供应链进行战略决策。“供应”是整个供应链上各个功能部门的共同目标，它对整个供应链的成本及供应链的市场份额有重大影响。

（3）供应链管理对库存有不同的看法。从供应链管理的角度来看，库存不一定是必需的，它只是起平衡作用的最后的工具。

（4）供应链管理要求采用系统的、集成化的管理方法来统筹整个供应链的各个功能。为了确保达到共同目标，高层管理部门采取相应的措施消除供应链内各部门之间的目标冲突是十分重要的。

把整个供应链所涉及的所有企业看成一个“广义企业”，类似于一个集生产、运输、市场营销等业务职能于一身的集团公司。原材料供应商、销售渠道供应商（批发商和零售商）以及客户自身都是主要参与者。

通过供应链管理建立起来的“广义企业”与通过电子商务建立起来的“虚拟企业”，其实质是一样的。

（三）供应链管理模式

传统的供应链管理模式称为推销模式，即根据商品的库存情况，有计划地将商品推销给客户。现在流行的供应链管理模式是需求动力模式，客户是该供应链中一切业务的动力源。上述两种供应链管理模式的比较如图 7－2－4 所示。

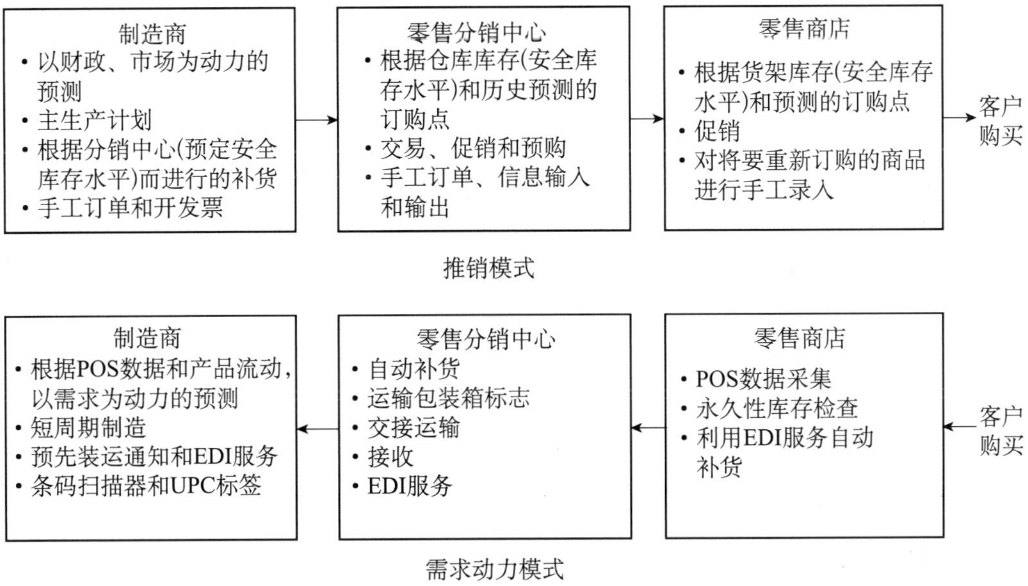

图 7－2－4 两种供应链管理模式的比较

三、供应链管理策略

（一）供应链与电子商务

优化供应链管理，不仅需要高效快速的物流、资金流，更需要快速、正确的信息流，否则优化供应链管理就是一句空话。电子商务的发展为信息流的快速、准确提供了保证。另外，供应链上的各企业还应有效地利用互联网。

（二）供应链管理策略简介

1. 快速反应

快速反应是指零售商、制造商为减少原材料到销售点的时间和整个供应链上的库存，最大限度地提高供应链的运作效率。快速反应的重点是客户需求。

实施快速反应可分为三个阶段：（1）对所有的商品单元进行条码化；（2）在第一阶段

的基础上增加与内部业务处理有关的策略；（3）与贸易伙伴密切合作，采用更高级的快速反应策略。

2. 有效客户反应

有效客户反应是在食品等杂货分销系统中，分销商和供应商为消除系统中不必要的成本和费用，给客户带来更大效益而进行密切合作的一种供应链管理策略。联合整个供应链所涉及的供应商、分销商以及零售商，改善供应链中的业务流程，使其合理有效；然后以较低的成本，使这些业务流程自动化，以进一步降低供应链的成本和时间。

具体来说，实施有效客户反应需要将条码技术、扫描技术、POS 系统和通信技术集成起来，在供应链（由生产线直至付款柜台）之间建立一个无纸系统。

3. 电子订货系统

电子订货系统并非单个零售店与单个批发商组成的系统，而是许多零售店和许多批发商组成的大系统的整体运作方式。电子订货系统能处理从新商品资料的说明直到会计结算等所有商品交易过程中的作业，可以说电子订货系统涵盖了整个商流。在寸土寸金的情况下，零售业已没有许多空间用于存放货物，在要求供货商及时补足售出商品的数量且不能有缺货的情况下，更是必须采用电子订货系统。

图 7－2－5 为某企业的销售订货作业流程，图 7－2－6 为物流作业流程。

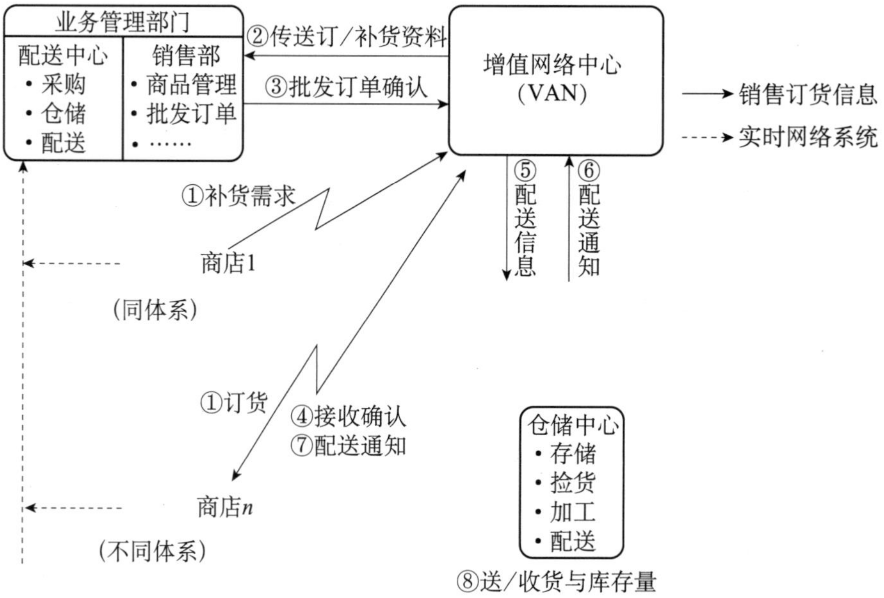

图 7－2－5　销售订货作业流程

4. 企业资源计划

影响企业生存与发展的三股力量是客户、竞争和变化。面对以客户、竞争和变化为特征的外部环境，企业必须进行管理思想上的革命、管理模式与业务流程上的重组和管理手段上的更新。

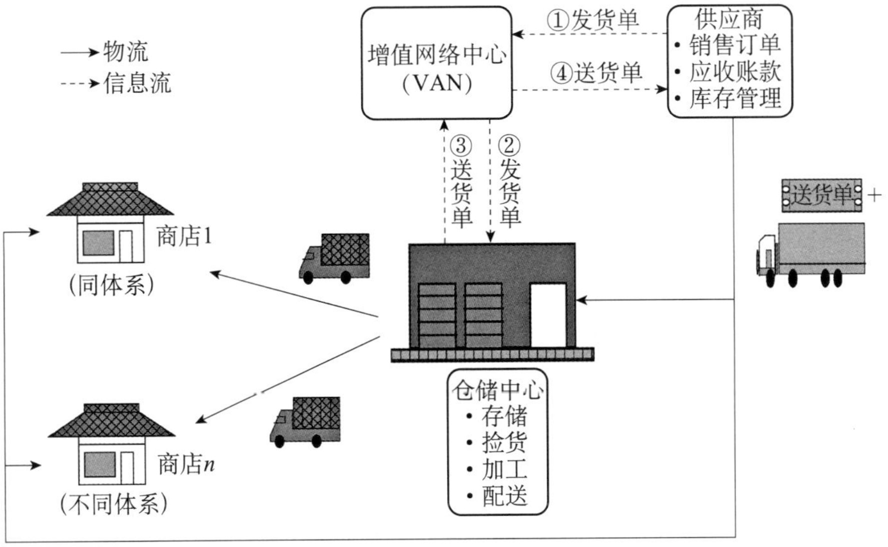

图 7－2－6　物流作业流程

企业资源计划系统的核心管理思想就是实现对整个供应链的有效管理，主要体现在以下三个方面：

（1）体现对整个供应链资源进行管理的思想。

（2）体现精益生产和敏捷制造的思想。精益生产（Lean Production）是由美国麻省理工学院提出的一种企业经营战略体系，即企业按照大批量生产方式组织生产时，把客户、销售代理商、供应商、协作单位纳入生产体系。企业同其销售代理、客户和供应商的关系已不再是简单的业务往来关系，而是利益共享的合作伙伴关系，这种合作伙伴关系组成了企业的一个供应链。敏捷制造（Agile Manufacturing）是指当市场发生变化、企业遇到特定的市场和产品需求时，企业的基本合作伙伴不一定能满足新产品开发生产的要求，这时，企业就会组织一个由特定的供应商和销售渠道组成的短期或一次性供应链，形成虚拟工厂，把供应和协作单位看成企业的一个组成部分，运用同步工程组织生产，用最短的时间将新产品打入市场，时刻保持产品的高质量、多样化和灵活性。

（3）体现事先计划与事中控制的思想。企业资源计划系统中的计划体系主要包括主生产计划、物料需求计划、能力计划、采购计划、销售执行计划、利润计划、财务预算和人力资源计划等，这些计划功能与价值控制功能已完全集成到整个供应链系统当中。

第三节　第三方物流与国际物流

一个国家物流业的发展水平在一定程度上反映了该国的综合国力和企业的市场竞争能力。专业化的第三方物流和国际物流的发展，已成为目前世界各国和大型跨国公司所关注、探讨和实践的热点。

一、第三方物流

（一）第三方物流的概念

第三方物流是指由物流劳务的供方、需方之外的第三方去完成物流服务的物流运作方式。第三方是指向物流交易双方提供部分或全部物流功能的外部服务提供者。在某种意义上可以说，它是物流专业化的一种形式。

第三方物流随着物流业的发展而发展，是物流专业化的重要形式。物流业发展到一定阶段必然会出现第三方物流，而且第三方物流的占有率与物流产业的水平之间有着非常紧密的相关性。西方国家的物流业实证分析证明，当独立的第三方物流至少占社会的50%时，物流产业才能形成。因此，第三方物流的发展程度反映和体现了一个国家物流业发展的整体水平。

（二）物流企业

专业化、社会化的第三方物流的承担者是物流企业。综观国内外物流业现状，物流企业种类繁多。

按照物流企业完成的物流业务范围的大小和所承担的物流功能的不同，物流企业可分为功能性物流企业和综合性物流企业。功能性物流企业也称单一物流企业，即它仅仅承担和完成某一项或几项物流功能。按照其主要从事的物流功能，可将其进一步分为运输企业、仓储企业、流通加工企业等。综合性物流企业能够完成和承担多项乃至所有的物流功能。综合性物流企业一般规模较大、资金雄厚，并且有着良好的物流服务信誉。

按照物流企业是自行完成和承担物流业务还是委托他人进行操作，物流企业可分为物流自理企业和物流代理企业。物流自理企业就是通常所说的物流企业，它可进一步按照业务范围进行划分。物流代理企业同样可以按照物流业务代理的范围分成综合性物流代理企业和功能性物流代理企业。其中，功能性物流代理企业包括运输代理企业（货代公司）、仓储代理企业（仓代公司）和流通加工代理企业等。

（三）第三方物流实践

在西方发达国家第三方物流的实践中，有以下几方面值得注意：

（1）物流业务的范围不断扩大。一方面，商业机构和各大公司面对日趋激烈的竞争，不得不将主要精力放在核心业务上，将运输、仓储等相关业务环节交由更专业的物流企业进行操作，以求节约和高效；另一方面，物流企业为了提高服务质量，也在不断拓宽业务范围，提供配套服务。

（2）很多成功的物流企业根据第一方、第二方的谈判条款，分析比较合理的操作成本和代理费用，灵活运用自理和代理两种方式，向客户提供定制的物流服务。

（3）物流产业的发展潜力巨大，具有广阔的发展前景。采用委托代理的形式，运用自己成熟的物流管理经验和技术，为客户提供高质量的物流服务，这种方式可以概括为以综合物流代理为主的第三方物流运作模式。大力推广和发展综合物流代理运作模式正逢其时。

实践证明，采用第三方物流服务有以下好处：降低物流成本；扩大公司业务能力；集中精力，强化主业；缩短出货至交货的时间；提高车辆效率和减少油耗费用；彻底实施品质管理；避免遇到旺季人手不够的情况。

（四）物流一体化

物流一体化是以物流系统为核心的包括生产企业、物流企业、销售企业乃至消费者供应链在内的整体化和系统化，它是物流业发展的高级和成熟阶段。物流一体化的发展可进一步分为三个层次：物流自身一体化、微观物流一体化和宏观物流一体化。物流一体化是物流产业化的发展趋势，必须以第三方物流充分发展和完善为基础。同时，物流一体化的趋势为第三方物流的发展提供了良好的运作环境和巨大的市场需求。

我国物流业正处于蓬勃发展期，物流一体化和第三方物流已引起了我国物流业界和物流理论界人士的重视和关注。开展物流一体化研究，促进第三方物流，探索符合我国国情的物流运作模式是我们共同面对的课题。

二、国际物流

（一）国际物流的概念

国际物流是指在不同国家间进行货物运输、库存和分销等活动的过程。随着全球化的推进和国际贸易的增长，国际物流变得越来越重要。与国内物流系统相比，国际物流具有国际性、复杂性和风险性等特点。这种物流是国际贸易的一个必要组成部分，各国之间的相互贸易最终必须通过国际物流来实现。国际物流是现代物流系统中重要的物流领域，近十几年来有很大的发展，是一种新的物流形态。国际物流发展的关键要素如下。

1. 跨境电商的崛起

随着电子商务的快速发展，跨境电商成为国际贸易的重要组成部分。跨境电商平台的兴起为消费者提供了更多的选择，并促进了国际物流的发展。物流公司不仅需要提供高效的运输服务，还需要处理跨境贸易中的报表、退货和售后等问题。

2. 供应链的全球化

全球供应链的整合和全球化是国际物流的一个重要趋势。跨国公司越来越倾向于在全球范围内建立供应链网络，以获取更广泛的市场和资源。这意味着物流公司需要提供全球运输、库存和分销解决方案，才能满足跨国公司的需求。

3. 信息技术的应用

信息技术在国际物流中的应用越来越广泛。物流公司采用物联网（IoT）、人类智能（AI）、大数据分析等技术来提高运输效率、跟踪货物、优化线路和管理仓库。同时，电子商务平台和数字化物流解决方案的发展也为国际物流提供了更高效、更可追溯的服务。

4. 可持续发展

可持续发展在国际物流中扮演着越来越重要的角色。减少碳排放、提高能源效率和采用环保包装等措施成为物流公司和国际贸易伙伴的共同关注点。国际组织和政府也在积极推动绿色物流和可持续发展的政策和计划。

国际物流在全球化和数字化的推动下持续发展，同时也要面对新的挑战和机遇。技术创新、可持续发展和安全性将继续成为国际物流关键的发展方向。

（二）国际物流的特点

国际物流的主要服务对象是国际贸易和跨国经营，实现各国物流系统之间的接轨，与国内物流相比，国际物流更加复杂、风险更大。具体来讲，国际物流具有如下特点。

1. 各国物流环境有差异

这是国际物流的一个非常重要的特点，尤其是物流软环境的差异。差异的原因在于国际物流系统的地理范围大，跨越不同国家和地区，运输距离长，运输方式多样。物流环境的差异迫使一个国际物流系统需要在几个不同的法律、人文、习俗、语言、科技、设施的环境下运行，这无疑会大大增加物流的难度和系统的复杂性。

2. 国际物流系统范围广、风险大

国际物流的风险主要包括政治风险、经济风险和自然风险。政治风险主要是指所经过国家政局动荡，使货物受到损害或损失。经济风险包括汇率风险和利率风险，主要是指从事国际物流必然要发生的资金流动的风险。自然风险是指物流过程中，由自然因素所引起的风险。国际物流在采用了现代化系统技术后，其效果才比以前更显著，风险也才有了一定程度的降低。例如：开通某个“大陆桥”之后，国际物流速度会成倍提高，效益也会显著增加。

3. 国际物流要求更高程度的信息系统

国际物流信息系统是国际物流尤其是国际联运非常重要的支持手段。国际物流信息系统管理难度大、投资也巨大，再加上世界各国物流信息水平参差不齐，导致信息水平不均衡，使得信息系统的建立更为困难。

当前国际物流信息系统一个较好的建立办法是和各国海关的公共信息系统联机，以及时掌握各相关港口、机场，以及联运线路、站场的实际状况，为供应或销售物流决策提供支持。国际物流是最早发展电子数据交换的领域。以 EDI 为基础的国际物流将会对物流的国际化产生重大影响。

4. 国际物流的标准化要求更高

为了国际物流的畅通，统一标准非常重要。没有统一的标准，就无法提高国际物流的水平。目前，美国、欧盟基本实现了物流工具和设施标准的统一。在物流信息传递技术方面，欧盟各国不仅实现了企业内部的标准化，而且实现了企业之间及欧盟统一市场的标准化。

（三）国际物流系统的构成

运输和仓储子系统是物流系统的主要组成部分，在国际物流中尤其如此。国际物流最终通过商品的存储和运输，实现其自身的时间和空间效益，满足国际贸易活动和跨国公司经营的要求。其他子系统包括商品的检验、包装、流通加工和其前后的整理、再包装以及国际配送等。

1. 运输子系统

运输的作用是将商品进行空间移动，物流系统依靠运输业解决了商品生产地和需要地的空间距离问题，创造了商品的空间效益。运输费用在国际贸易商品价格中占有很大比重。

2. 仓储子系统

商品存储、保管使商品在其流通过程中处于一种或长或短的相对停滞状态。这种停滞是完全必要的，因为商品流通是一个由分散到集中，再由集中到分散的源源不断的流通过程。从物流角度看，应尽量减少存储时间、存储数量，加速货物和资金周转，实现国际物流的高效率运转。

3. 商品检验子系统

国际贸易和跨国经营具有投资大、风险高、周期长等特点，因此商品检验成为国际物流系统中重要的子系统。通过商品检验，确定交货品质、数量和包装条件是否符合合同规定。如发现问题，可分清责任，向有关方面索赔。在买卖合同中，一般都订有商品检验条款，其主要内容包括检验时间与地点、检验机构、检验标准、检验方法等。

4. 商品包装子系统

杜邦定律（由美国杜邦化学公司提出）认为，63%的消费者根据商品的包装决定是否购买。国际市场上的消费者是通过商品来认识企业的，而商品的商标和包装就是企业的形象，反映了一个国家的综合科技文化水平。

5. 国际物流信息子系统

国际物流信息子系统的主要功能是采集、处理和传递国际物流和商流的信息情报。没有功能完善的信息子系统，国际贸易和跨国经营将寸步难行。

（四）常见的国际物流公司

1. 敦豪航空货运公司（DHL）

DHL 1969 年创立于美国旧金山，现隶属于德国邮政全球网络。

DHL 是全球快递、洲际运输和航空货运的领导者，也是全球最大的海运和合同物流提供商。DHL 是进入中国市场时间最早、经验最为丰富的国际快递公司，与中国对外贸易运输总公司合资成立了中外运敦豪。

（1）DHL 的服务优势：提供全球派送服务，全程可及时、准确、方便地追踪查询，提供包装检验与设计服务、报关代理服务及极强的清关派送服务。

（2）DHL 的价格优势：货物 20 千克以下小货和 21 千克以上大货价格都极为便宜，并且 21 千克以上物品更有单独的大货价格，部分地区大货价格比国际 EMS 低。

（3）DHL 的服务区域：通达 220 个国家和地区的 12 万个目的地，派送网络遍布世界各地。

2. 联合包裹服务公司 （UPS）

UPS 历史悠久，与 FedEx 是竞争对手。

（1）UPS 的服务优势：提供全球货到付款服务、免费及时准确的上网查询服务、加急限时派送服务，具有超强的清关能力。

（2）UPS 的价格优势：UPS 快递货物至美国、加拿大、西欧、北欧、澳大利亚、新西兰等国家和地区，在价格方面有着其独特优势。

（3）UPS 的时效优势：正常情况下，UPS 2～4 个工作日通至全球。特别是美国，48 个小时能到达，全世界 200 多个国家和地区都有网络，查询网站的信息更新极快。

3. TNT

TNT 是全球领先的快递邮政服务供应商，为企业和个人客户提供全方位的快递和邮政服务，公司总部设在荷兰阿姆斯特丹。

（1）TNT 的服务优势：提供全球货到付款服务，通关能力强，无偏远派送附加费。

（2）TNT 的时效优势：2～4 个工作日可通达全球，特别是到西欧仅需 3 个工作日，网络比较全，查询网站信息更新快，遇到问题响应及时。

（3）TNT 的价格优势：在西欧地区价格极低，清关能力极强，并且货通全球。

4. 联邦快递国际快递公司 （FedEx）

FedEx 是一家国际性速递集团，提供隔夜快递、地面快递、重型货物运送、文件复印及物流服务，总部设于美国田纳西州。

（1）FedEx 的服务区域：通达全球 230 多个国家和地区；派送网络遍布世界各地。

（2）FedEx 的服务项目：国际快递预付款服务、免费及时准确的上网查询服务、代理报关服务、上门取件服务，清关能力强。

5. 日本通运公司 （Nippon Express）

Nippon Express 创立于 1937 年，为世界五百强企业之一。该公司主要业务是汽车运输、空运、仓储服务及其他。从业务上来看，汽车运输和仓储服务是该公司核心业务，占比约 70%。

6. 马士基物流 （Maersk）

Maersk 1904 年成立于丹麦，目前在全球 130 多个国家拥有办事处，它也是全球最大的集装箱运输公司。

思考题

1. 物流主要解决什么问题？

2. 第三方物流的优势有哪些?

3. 物流中心的作用有哪些?怎样才能建立一个好的物流中心?

4. 供应链管理是怎样对用户需求实现快速反应的?

5. 常见的国际快递物流公司有哪些?

参考文献

［1］陈月波．电子商务概论［M］．北京：清华大学出版社，北京交通大学出版社，2004.

［2］陈月波．电子商务实务［M］．北京：清华大学出版社，2010.

［3］白东蕊，岳云康．电子商务概论［M］．5 版．北京：人民邮电出版社，2022.

［4］叶小鱼，勾俊伟．新媒体文案创作与传播［M］．2 版．北京：人民邮电出版社，2021.

［5］李远博．从零开始做短视频：视频策划、拍摄与剪辑［M］．北京：电子工业出版社，2021.

［6］陈月波．互联网（移动互联网）商业模式研究［M］．北京：中国人民大学出版社，2020.

［7］余兰亭，万润泽．H5 设计与运营：视频指导版［M］．北京：人民邮电出版社，2020.

［8］陈道志，哈默．内容电商［M］．北京：人民邮电出版社，2018.

浙江省高职院校“十四五”重点教材

“十二五”职业教育国家规划教材
经全国职业教育教材审定委员会审定

新编21世纪高等职业教育精品教材·电子商务类

电子商务实务活页实训手册

（第七版）

主　编 / 陈月波
副主编 / 张　颖

立德树人　案例生动　内容丰富　资源立体

中国人民大学出版社
·北京·

目　录

项目一　移动商务平台实训

任务一　拼多多平台入驻

实训目标

（1）掌握拼多多手机开店的全过程。

（2）掌握拼多多商业模式的特点。

任务实践

拼多多是国内移动互联网的主流电子商务应用产品之一，是专注于C2M拼团购物的第三方社交电商平台。拼多多成立于2015年，用户通过发起和朋友、家人、邻居等的拼团，可以以更低的价格拼团购买优质商品。拼多多旨在凝聚更多人的力量，用更低的价格买到更好的东西，体会更多的实惠和乐趣。通过沟通分享，拼多多形成了独特的新社交电商思维。

本实训使用的操作环境为鸿蒙操作系统（3.0.0.206），采用的手机为华为Mate40 Pro，拼多多商家版软件版本为V5.6.4。

（1）下载并安装“拼多多商家版”（注册、登录）（如图1-1-1和图1-1-2所示）。

（2）设置店铺名称，完成认证，如图1-1-3所示。

（3）选择店铺类型，如图1-1-4所示。店铺类型包括个人店和企业店。企业店适用于企业入驻，需提供企业营业执照等。

1）个人店：无营业执照，想以个人身份开店。

2）个体工商户：有营业执照，想以个体工商户身份开店。

3）普通企业店：以企业主体开店且无自有品牌或品牌授权可申请。

4）旗舰店：自有品牌或持有品牌一级独占授权书可申请。

5）专卖店：自有品牌或持有品牌一/二级授权书可申请。

6）专营店：想经营一个及以上品牌可申请。

图 1-1-1　拼多多商家版

图 1-1-2　拼多多商家版登录页

图 1-1-3　设置店铺名称

图 1-1-4　店铺类型选择

（4）选择“个人店入驻”（如图 1-1-5 所示）。输入“店铺名称”（店铺名称和主营类目审核通过后无法修改），选择“主营类目”（一个店铺只能选择一个主营类目，不可修改，普通类目入驻后，可以补充资质发布除医药健康之外的所有类目商品）。

（5）选择“前往填写资料”，在“填写入驻人信息页面”如图 1－1－6 所示上传个人身份证照片等。

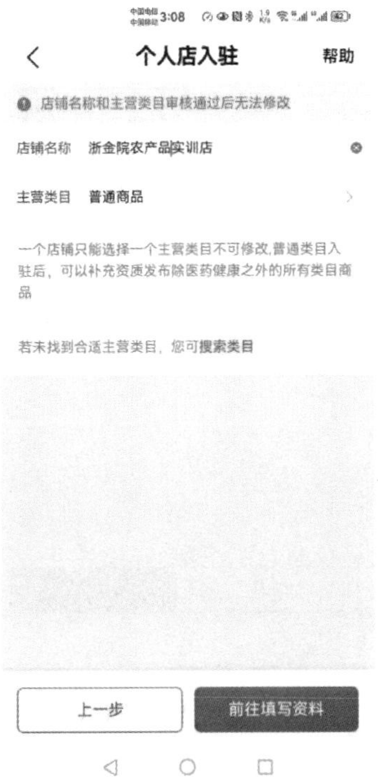

图 1－1－5　个人店入驻

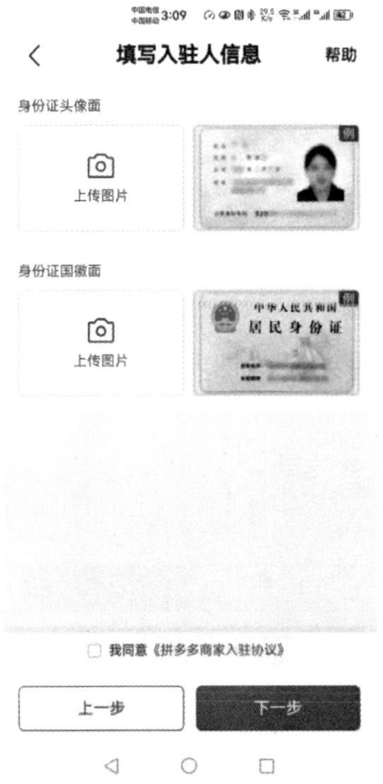

图 1－1－6　填写入驻人信息

（6）选中“拼多多商家入驻协议”（见书后的附件 2），点击“下一步”（选择“个体工商户”入驻如图 1－1－7 所示，选择“普通企业店”入驻如图 1－1－8 所示，选择“旗舰店”入驻如图 1－1－9 所示，选择“专卖店”入驻如图 1－1－10 所示，选择“专营店”入驻如图 1－1－11 所示）。点击“立即认证”，上传证件照，即可完成开店。

（7）缴纳店铺保证金（如图 1－1－12 所示）。

为降低经营门槛，不缴纳保证金也可上传部分类目商品并获得订单（暂不适用于选择仅售卖完税一般贸易进口商品作为经营方式入驻的店铺）。但为了保障消费者权益，在未缴纳店铺保证金的情况下，店铺的经营将受到以下限制：

1）无法新建推广计划，提现不能超过 3 次。

2）店铺可用资金＜300 元时，拼单订单总额不能超过 2 500 元。

3）拼单累计订单数不能超过 100 单。

4）店铺违规次数不能超过 2 次。

5）店铺违规订单不能超过 10 单。

6）限制发布虚拟商品及其他需要额外保证金的商品。

7）如达到上述 3）、4）、5）、6）条的上限，系统会自动将商品全部下架、店铺禁止上新、禁止上架。建议尽快缴纳店铺保证金，立即解除上述七条经营限制。

（8）完成注册入驻认证以后，可以进入商家登录页面（如图 1－1－13 所示）。

图 1-1-7　个体工商户入驻

图 1-1-8　普通企业店入驻

图 1-1-9　旗舰店入驻

图 1-1-10　专卖店入驻

图 1-1-11　专营店入驻

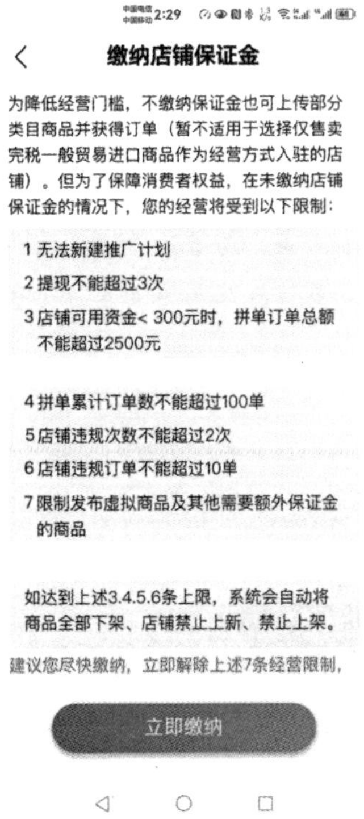

图 1-1-12　缴纳店铺保证金

图 1-1-13　商家登录页面

思考与练习题

1. 拼多多平台的盈利模式有哪些？
2. 想以个人身份在拼多多开店可以吗？
3. 个体工商户与普通企业店有什么区别？
4. 拼多多旗舰店与专卖店、专营店有何不同？

任务二　抖音电商平台入驻

实训目标

（1）掌握抖音开店的全过程。

（2）了解抖音的兴趣电商商业模式的特点。

任务实践

在手机上下载抖店 App，或者在电脑上搜索“抖店”，用手机号码验证登录，接下来的入驻流程将全部在抖店平台完成。抖店是抖音电商商家的得力工具，可以实现商品交易、店铺管理、支付和售后数据查询等操作。

店铺入驻流程可以总结为“填写资质信息－平台审核－账户验证－缴纳保证金”四个步骤，按照指引逐步完成即可。在填写信息时，务必确保相关信息准确无误。

（1）手机上下载抖店 App 并安装。手机抖店登录和入驻方向选择如图 1－2－1 和图 1－2－2 所示。

（2）电脑端抖店入驻类型选择如图 1－2－3 所示，主体入驻方向选择如图 1－2－4 所示。

（3）个体工商户/企业抖店入驻资料准备：营业执照＋账户信息＋身份证信息。

1）营业执照：需提供三证合一的营业执照原件扫描件或加盖公司公章的营业执照复印件，新办理的营业执照，因国家市场监督管理总局信息更新有延迟，建议办理成功后至少等待 14 个工作日后再入驻抖店平台。

2）账户信息：须提供银行账户的名称、开户行和账号；企业须提供开户主体与营业执照主体一致的对公账户。

3）身份证信息：根据身份归属地，提供相应的经营者身份证件。

图 1-2-1　手机抖店登录

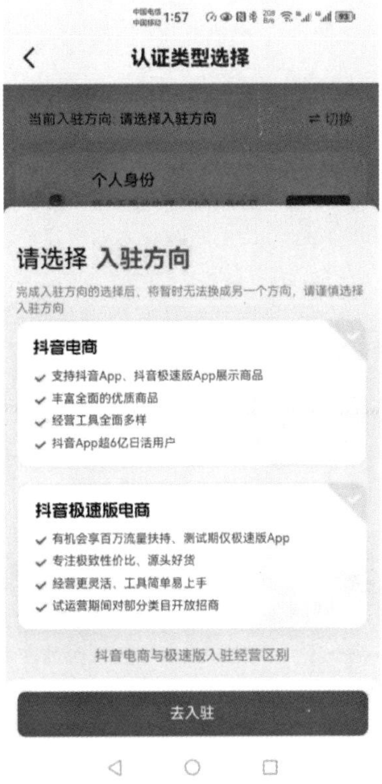

图 1-2-2　入驻方向选择

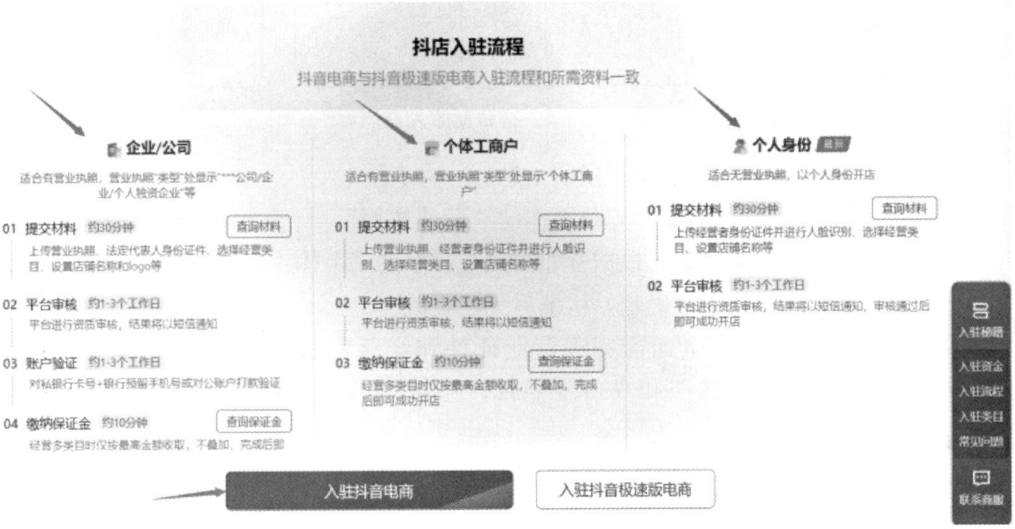

图 1-2-3　电脑端抖店入驻类型选择

图 1-2-4　主体类型选择

（4）个体工商户/企业抖音商家入驻流程。

商家入驻分为四步，如图 1-2-5 所示。

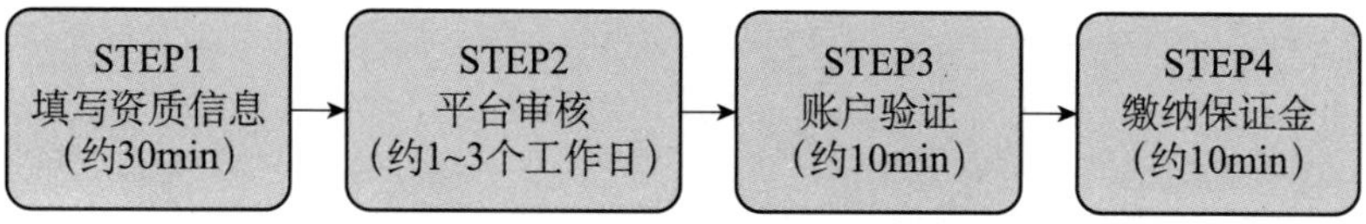

图 1-2-5　抖音商家入驻流程

第一步：个体工商户/企业填写资质信息。

1）选择主体：选择主体前，先查看你的“营业执照”，App 上需要选择的主体类型和营业执照上的“类型”须一致。根据营业执照上显示的“个体工商户”或“企业”来做相应的主体选择。主体类型一旦确定，认证后无法更改。

2）填写主体信息：该页面需完善营业证件和经营者信息（个体）/法人信息（企业）。在该页面上传营业执照和身份证照片，系统将自动识别信息，做好信息核对和完善。

3）填写店铺信息：该页面需完善店铺信息：名称＋店铺类型＋店铺 logo＋经营类目。店铺类型可根据主体类型做选择，其中个体工商户仅可选“个体店”，企业可选“企业店”“专营店”“专卖店”“旗舰店”“官方旗舰店”。如果商家不知道经营类目选什么，输入售卖的商品，系统将帮助商家匹配；有些类目需要上传许可证，商家按照要求上传即可。

第二步：个体工商户/企业平台审核。

国内一般类目商家：平台将在1～3个工作日内进行审核；定准类目商家，审核时长为11～13个工作日。审核结果以短信形式通知商家。

第三步：个体工商户/企业账户验证。

审核通过后，商家即可登录抖店进行账户验证。个体工商户人脸识别即可验证，企业可通过打款验证。

第四步：个体工商户/企业缴纳保证金。

完成验证后，商家按照对应类目的要求缴纳保证金即可。

保证金的作用在于督促商家遵守平台规则和协议，确保商品和服务的质量。需要缴纳的保证金金额和商家的经营类目以及商家类型有关。

商家通过“抖店后台—资产—店铺资产—充值—支付宝扫码/网银支付”，就可以完成保证金的缴纳（见图1-2-6）。

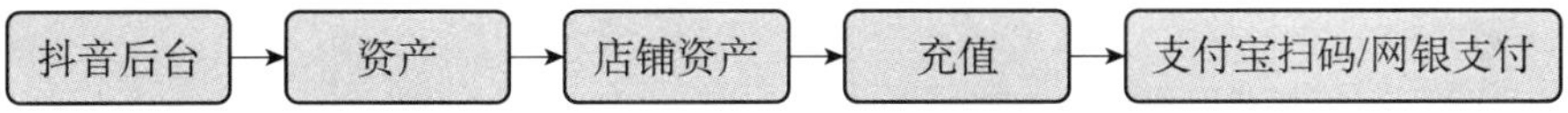

图1-2-6 保证金缴纳路径

如果出现关店或者实缴金额大于应缴金额的情况，平台会退回对应金额的保证金。

（5）个人身份入驻抖音。

没有个体工商户/企业营业执照，账号为个人所有，请选择“个人身份”（见图1-2-7），并准备以下材料完成资质认证：

1）个人身份证：仅支持二代身份证入驻，须提供经营者二代身份证的正反面照片；提供有效期限范围内的证件，且证件须露出四角，请勿遮挡或模糊，保持信息清晰可见。

2）个人需要提供本人身份证正反面照片（支持PNG、JPG、JPEG格式，大小不超过5MB）。

3）个人银行卡（个人需要提供本人名下银行卡，请提前获取开户行名称及开户行地址）。

4）身份信息账户验证：可以通过人脸识别完成验证，需要经营者本人进行验证，如图1-2-8和图1-2-9所示。

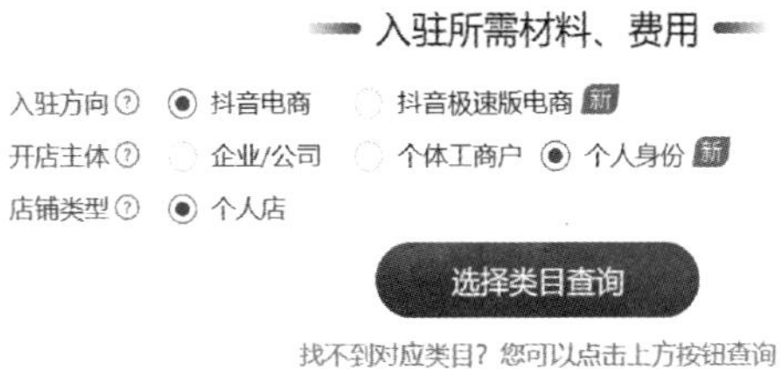

图1-2-7 个人入驻资料

图 1-2-8　个人身份资质认证 1

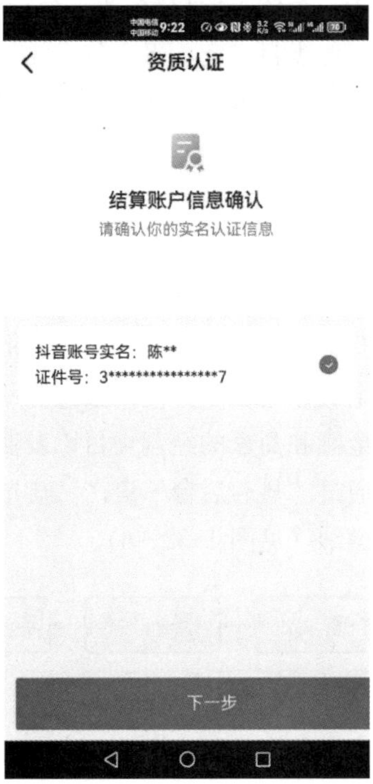

图 1-2-9　个人身份资质认证 2

5）个人店选择经营类目与保证金缴纳数额如图 1-2-10 所示。

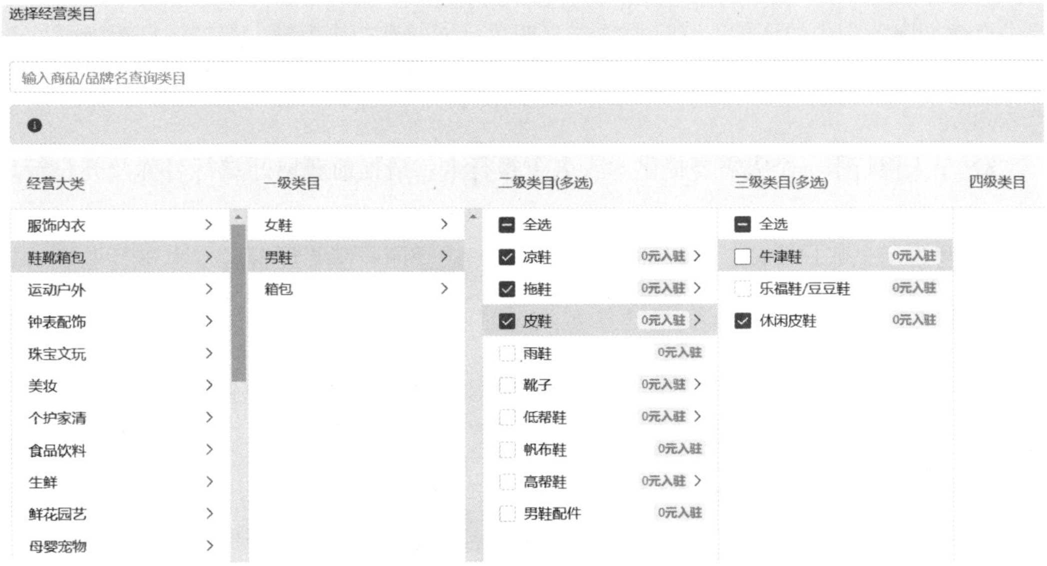

图 1-2-10　经营类目与保证金缴纳数额

6）个人店完成资质验证以后，即可以完成入驻登录，如图 1－2－11 所示。

图 1－2－11　抖音电商入驻页

抖音的学习中心链接为 https：//school. jinritemai. com/doudian/web？from＝douyinofficial_table，首页如图 1－2－12 所示。

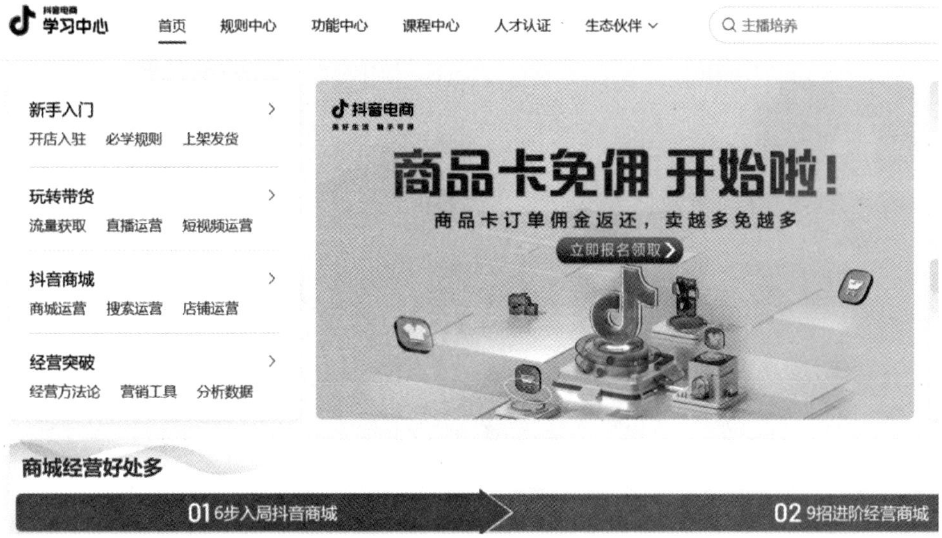

图 1－2－12　抖音学习中心首页

思考与练习题

1. 抖音平台的盈利模式有哪些？
2. 想以个人身份在抖音开店可以吗？个人店要缴纳保证金吗？
3. 个体工商户抖音店与企业抖音店的区别是什么？

任务三　头条号自媒体创业

实训目标

（1）掌握头条号创业的全过程。
（2）了解自媒体创业的特点。
（3）掌握自媒体的种类及各类自媒体的特点。

任务实践

在手机上下载今日头条 App，或者在电脑上登录网页版可以选择登录方式。

（1）登录电脑网页版（https：//mp. toutiao. com/ ），如图 1－3－1 所示。

图 1－3－1　电脑网页版登录

（2）用手机今日头条扫描二维码登录，登录以后的页面如图 1－3－2 所示。

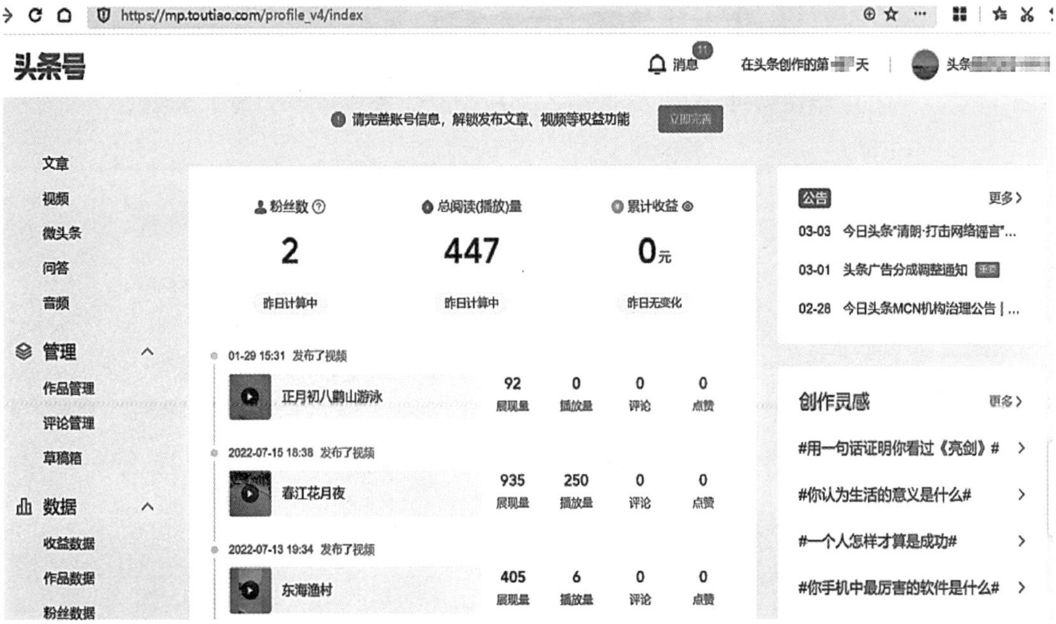

图 1-3-2　头条号登录以后的页面

（3）点击图 1-3-2 中的“立即完善”，出现二维码，使用手机扫描，进入头条认证手机页面（见图 1-3-3）。首先进行实名认证，如图 1-3-4 所示，上传身份证正反面。接着进行职业认证（见图 1-3-5）和兴趣认证（见图 1-3-6）。

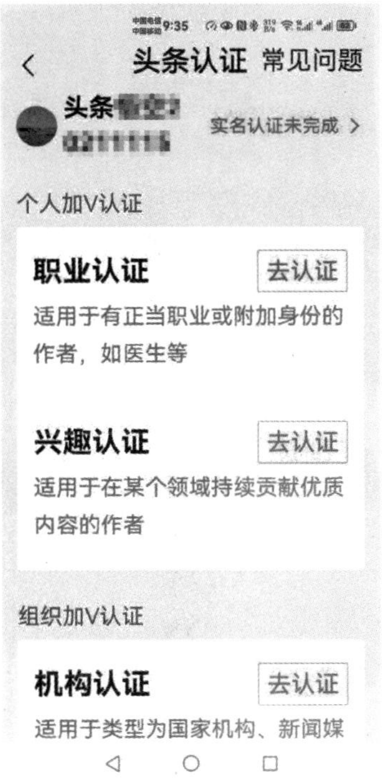

图 1-3-3　头条认证手机页面

图 1-3-4　上传身份证正反面

图 1－3－5　职业认证

图 1－3－6　兴趣认证

（4）上传身份证正反面以后，进入人脸检测，如图 1－3－7 所示。人脸检测通过以后出现认证成功页面，如图 1－3－8 所示，电脑页出现“账号信息已完善”信息，如图 1－3－9 所示。

图 1－3－7　人脸检测

图 1－3－8　人脸认证成功

图 1-3-9　账号信息已完善

（5）登录电脑头条号页面，可以发布文章（见图 1-3-10）、视频（见图 1-3-11 和图 1-3-12）等内容。

图 1-3-10　头条号发布文章

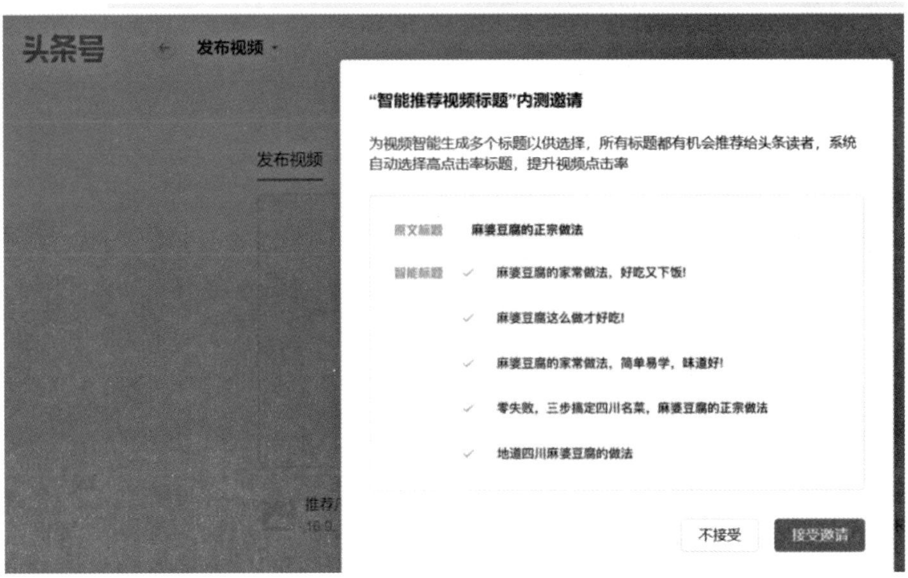

图 1-3-11　头条号发布视频（可以接受智能推荐视频标题邀请）

图 1－3－12　头条号发布视频页

（6）发布微头条，如图 1－3－13 所示。

图 1－3－13　发布微头条

（7）发布问答（选择自己擅长的方向），如图 1－3－14 所示，问答案例如图 1－3－15 所示。

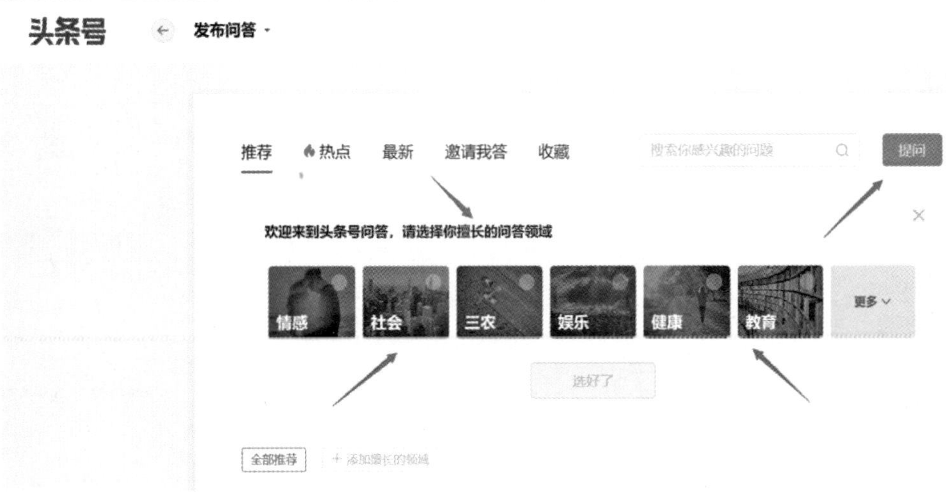

图 1－3－14　发布问答（选择自己擅长的方向）

图 1－3－15　问答案例

（8）头条号作品管理如图 1－3－16 所示。

图 1-3-16　头条号作品管理

（9）创作训练营如图 1-3-17 所示。

图 1-3-17　创作训练营

（10）头条直播。选择“直播工具”，如图 1-3-18 所示，进入抖音如图 1-3-19 所示的直播伴侣（https：//streamingtool. douyin. com/）；通过“使用指南”可以进入直播伴侣帮助中心，如图 1-3-20 所示。

图 1-3-18　选择“直播工具”

图 1-3-19　抖音直播伴侣

（11）点击图 1-3-19 中的“立即下载”可下载抖音直播伴侣并安装在电脑上；点击图1-3-20中的“安装开播工具”，可在手机上安装“抖音直播伴侣”。打开抖音直播伴侣，如图 1-3-21 所示；点击“添加直播画面”，可以选择点击如图 1-3-22 所示的摄像头开始直播。

图 1－3－20　直播伴侣帮助中心页面

图 1－3－21　打开抖音直播伴侣

图 1-3-22　添加素材开始直播

思考与练习题

开通百度百家号自媒体账号。

背景资料：百度百家号作为后起之秀，依托百度庞大的用户群体，为内容创作者提供平台，输出内容给真正有需求的用户。很多自媒体人纷纷入驻百度百家号，希望通过百度百家号获取收益。

如何注册百度百家号？创业者如果已有百度旗下其他平台的账号，可以在百度百家号平台直接登录已有账号；如果没有百度旗下其他平台的账号，则需要注册。登录百度百家号后（如图 1-3-23 所示），即进入选择账号类型的页面。百度百家号有以下五种类型：

（1）个人：适合垂直领域专家、自媒体人及站长等申请。

（2）媒体：适合有媒体资质的网站、报刊、电视台等申请。

（3）企业：适合公司、分支机构等类型的组织申请。

（4）政府：适合政府机关、事业单位、参公管理的社团组织申请。

（5）其他组织：适合公益机构、学校、民间组织等申请。

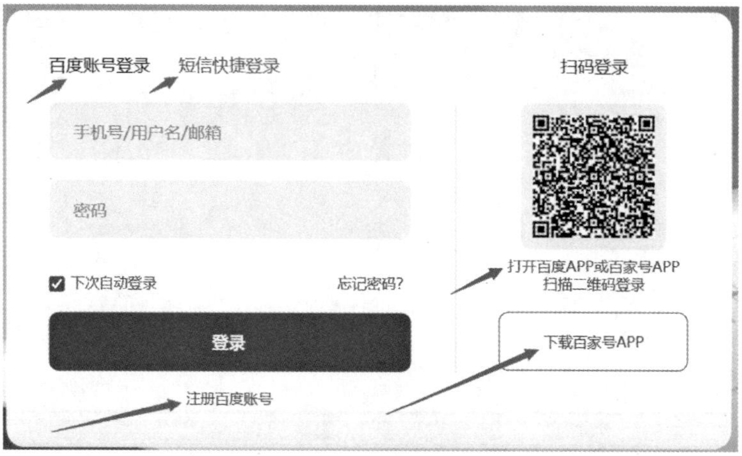

图 1-3-23　登录百度百家号页面

任务四　生意参谋数据分析

实训目标

考取阿里巴巴的生意参谋分析专员证书。

任务实践

生意参谋是淘宝店铺开店的一个很好的工具，商家相关人员通过阿里认证平台可以考取生意参谋分析专员证书。

（1）打开电脑的阿里认证首页，生意参谋数据分析专员认证页面（https：//alicert.taobao.com/cert-ali/quality/1686/intro）如图 1-4-1 所示；网站上的课程经生意参谋官方认证，主要包含品类罗盘、流量纵横、市场竞争、服务洞察、内容分析、数据作战室六大模块，可帮助店铺掌握生意参谋的基础使用方法，学会基础店铺数据分析。

（2）可以使用支付宝或者淘宝账号登录相关学习页面（如图 1-4-2 所示）。

（3）学习完成以后可以进入考试，考试通过以后的页面如图 1-4-3 所示。

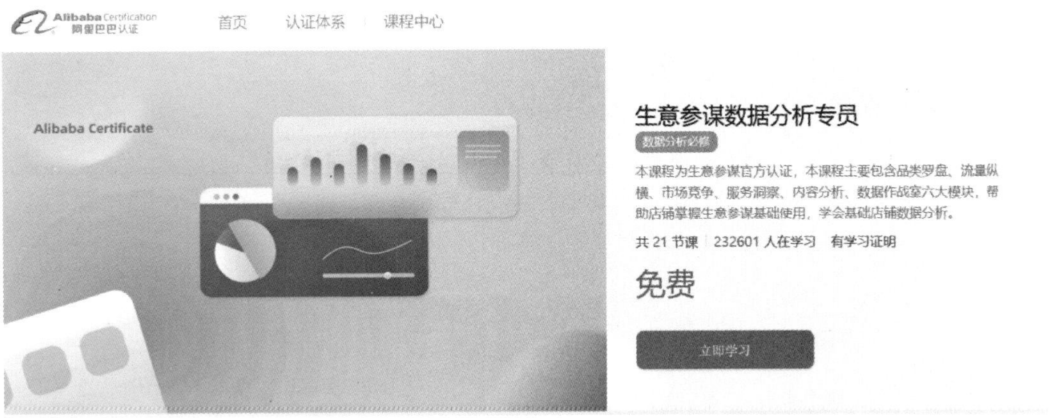

图 1-4-1　生意参谋数据分析专员认证页面

图 1-4-2　生意参谋数据分析专员学习页面

图 1-4-3　通过考试页面

（4）点击头像可以查看获得的证书，如图 1-4-4 所示。

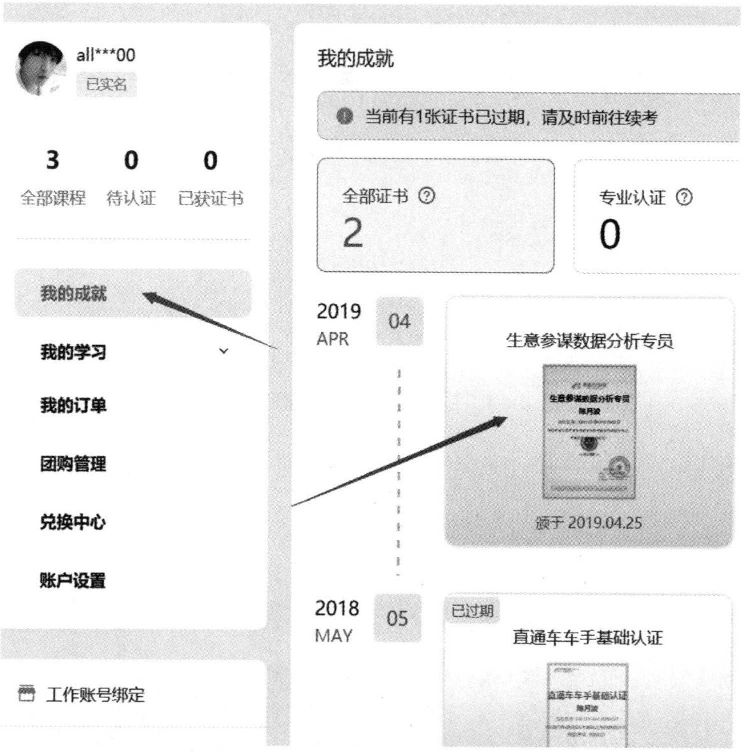

图 1-4-4　查看认证证书

思考与练习题

1. 如何开展头条号自媒体创业？头条号自媒体平台与其他平台比有什么特殊要求？
2. 请你尝试开通百家号自媒体账号，并发布一个原创内容。
3. 请按教材提供的方法参加生意参谋证书的考试。

项目二　直播与短视频营销实训

任务一　直播团队组建与分工

实训目标

（1）掌握直播基本操作流程和直播间直播方法。

（2）掌握直播带货的技巧。

（3）掌握直播团队组建方法。

任务实践

1. 直播团队人员分工与职责

（1）导演，其工作职责：直播间的总负责人，组织指挥团队的所有创作人员和技术人员。

（2）主播，其工作职责：担当主持人工作，同时负责参与策划、编辑、录制、观众互动等一系列工作。

（3）主播助理，其工作职责：为直播的顺利进行做充分准备。助理需要充分了解本次直播的所有产品，与主播一起制定直播策略，确定发放优惠券的方式和时间点，并提前确认直播场地和灯光布置；针对粉丝会提到的问题，写好互动话术等。

（4）摄影师，其工作职责：现场拍摄，把直播呈现给大家；有能力解决直播中途遇到的直播延迟、卡顿、画面不清晰等问题。

（5）后勤，其工作职责：帮助主播、主播助理、摄影师、导演等完成直播。如产品的上传、下架、修改价格等。

直播团队的人员组成和职责如图 2－1－1 所示。

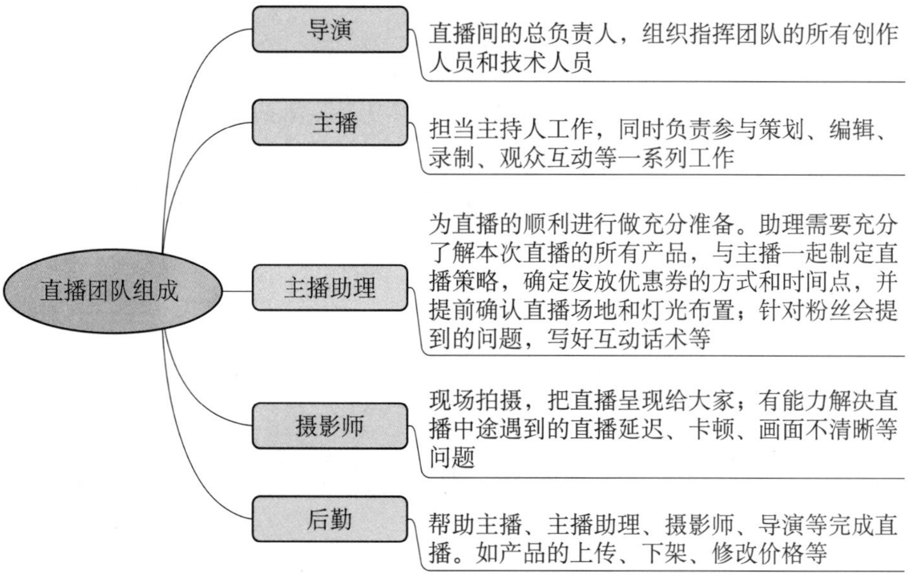

图 2-1-1　直播团队的人员组成和职责

2. 直播营销的整体思路设计

任何一场直播都必须围绕直播目的展开，直播团队可以通过产品分析、用户分析、营销目标三个层面提炼直播目的，如图 2-1-2 所示。

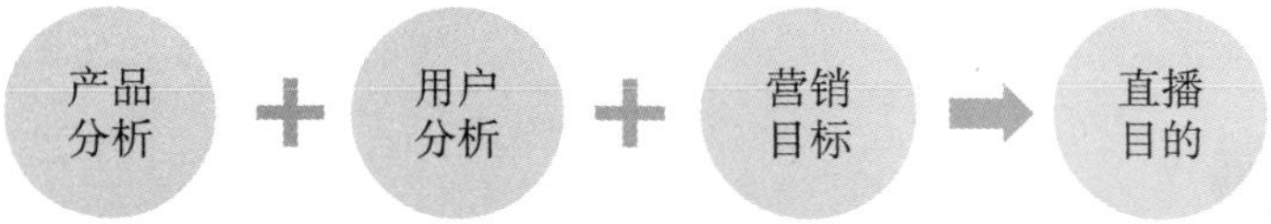

图 2-1-2　三个层面提炼直播目的

直播团队梳理企业营销目标时，要尽可能科学化、规范化、明确化，运用好 SMART 原则，如图 2-1-3 所示。

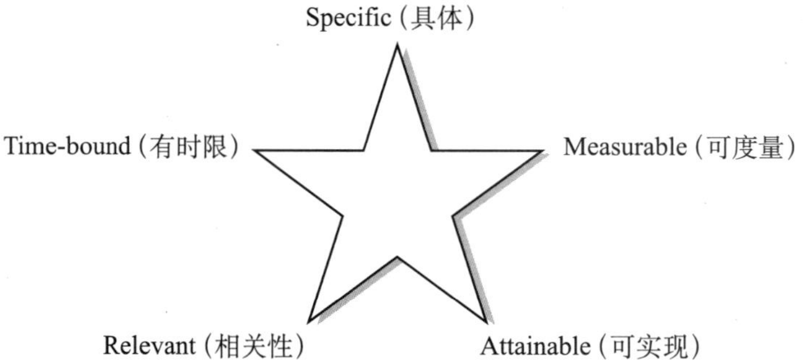

图 2-1-3　SMART 原则

3. 直播营销方式及选择

在选择直播营销方式时，直播团队需要从用户角度挑选或组合出合适的直播营销方式。直播带货营销流程如图 2－1－4 所示。

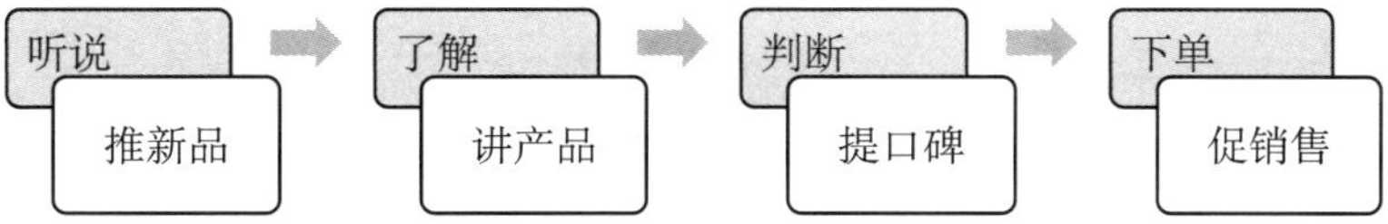

图 2－1－4　直播带货营销流程

4. 直播营销策略组合

直播团队在设计直播营销的策略组合时，要注意到人物、场景、产品和创意会影响直播的整体效果（如图 2－1－5 所示），因此要将这几个要素有机结合起来，具体案例如表 2－1－1 所示。

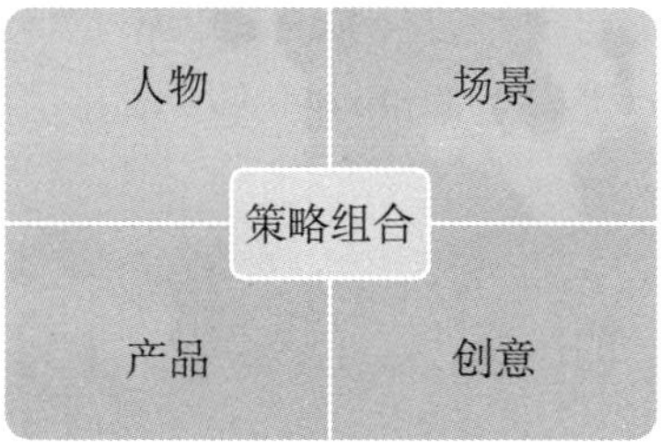

图 2－1－5　直播营销的策略组合

表 2－1－1　直播营销的策略组合案例

策略组合	人物	场景	产品	创意
A	主播 1 出场	档口	产品 A	实际使用
B	主播 2 出场	室内	产品 B	全方位展示

思考与练习题

1. 直播团队由哪些成员组成？他们各自的职责与分工是怎样的？
2. 直播有哪些环节？
3. 请在抖音或者快手等平台尝试直播（主题自定）。
4. 仿真直播录播（3～5 分钟）。

（1）实训目的：掌握直播基本操作流程和直播间直播方法，学习直播带货的技巧。

（2）实训要求：请选择一种自己喜欢的商品，在自己熟悉的平台上完成 3 分钟左右的直播带货录播内容。根据直播带货内容完成直播主题、直播方法、直播体会与总结。要求直播富有创意，能激发用户购买欲，具有较强的带货感染力。

（3）实训内容：直播间准备；人员分工；直播带货商品选择；直播；总结。

任务二　短视频脚本与拍摄

实训目标

（1）掌握短视频脚本编写以及短视频制作的流程、方法。

（2）学习短视频拍摄技巧。

（3）学习下载剪映、快剪辑、来画动画、必剪、巧影等 App。

（4）团队合作完成脚本编写与拍摄，视频时长 30～60 秒。

（5）根据拍摄的效果进行改进、后期编辑处理，撰写拍摄体会与总结。

（6）编写拍摄提纲。

（7）完成分镜头脚本编写。

（8）完成人员的分工、演员的准备。

（9）按照脚本要求进行拍摄。

任务实践

（1）确定拍摄主题。拟定作品名称，构思拍摄思路。

（2）撰写拍摄提纲。

拍摄提纲是短视频拍摄要点，用来提示各种拍摄内容，适用于对不容易预测的场景的拍摄，如采访热门事件的当事人。

拍摄提纲一般包括以下六个方面：

1）拍摄定位。在拍摄前期，我们就要定位内容的表达形式，比如，是美食制作、服装穿搭还是小剧情。

2）拍摄主题。主题是赋予内容定义的，比如服装穿搭系列，拍摄一个连衣裙的单色搭配，这就是具体的拍摄主题。

3）拍摄时间。确定拍摄时间有两个目的：一是提前和摄影师约定时间，不然会影响拍摄进度；二是确定好拍摄时间，做成可落地的拍摄方案，这样就不会产生拖拉的问题。

4）拍摄地点。拍摄地点非常重要，要确定拍的是室内场景还是室外场景。比如野餐美食要选择青山绿水的地方，室内场景要选择家庭厨房。

5）拍摄参照。有时候我们想要的拍摄效果和最终呈现的效果是存在差异的，我们可以找到同类的样品和摄影师进行沟通，让摄影师了解哪些场景和镜头的表达是我们想要的，这样摄影师才能根据需求进行拍摄。

6）背景音乐。背景音乐是一个短视频拍摄必要的构成部分，配合场景选择合适的音乐非常关键。这方面需要多多积累，学习别人是怎么选择背景音乐的。

（3）撰写拍摄脚本：分镜头脚本编写。

分镜头脚本是前期拍摄的脚本，也是后期制作的依据，也可以作为视频长度和经费预算的参考。每个分镜头脚本对应的视频时长为 3～10 秒，拍摄者要根据具体的情节来决定。分镜头脚本要十分细致，每一个画面都要在掌控中，包括每一个镜头的长短和细节。

分镜头脚本通常包括画面内容、景别、拍摄技法、时长、音效等。分镜头脚本模板如表 2－2－1 和表 2－2－2 所示。

表 2－2－1　分镜头脚本模板一

镜头	时长(秒)	景别	拍摄技法	画面内容	音效
1	3	全景	切入　淡出	一辆面包车停在小区门前，司机整装待发	
2	3	中景	推　切出	车内摆放了“暖宝宝”、防霾口罩和食品	
3	4	全景	切入　移　切出	街道上行人步履匆匆，天空一片灰蒙蒙	
4	4	中景	切入　推　切出	环卫工龚大爷穿着不太暖和的橙色工服，弯着腰吃力地扫地，手和脸都冻得通红	
5	5	近景	切入　切出	记者拿出物品送给龚大爷，紧紧握住他的手：“龚大爷，您辛苦了。”	
6	3	特写	特写　定格	龚大爷的表情特写，注意眼神的捕捉	《一百万个可能》

表 2－2－2　分镜头脚本模板二

镜头	拍摄技法	时长	画面内容	解说	音效	字幕	备注
1	采用全景，背景为昏暗的楼梯，机器不动	4 秒	两个女孩 A、B 忙碌了一天，拖着疲惫的身体爬楼梯	背景是傍晚昏暗的楼道，凸显主人公的疲惫	《×××》插曲	××××××××	女孩侧面镜头，距镜头 5 米左右
2							
3							

（4）开始拍摄。

根据脚本安排，逐一开始拍摄工作。

（5）剪辑。

对拍摄的视频进行编辑与剪辑。

（6）发布与推广。

在对应的平台上（如抖音、快手、拼多多、淘宝等）进行发布。

（7）对发布的短视频进行效果评估，即复盘。

（8）拍摄小提示。

1）画面+声音+文字。抖音视频是一项“画面+声音+文字”的艺术，除了传统声画外，大家一定要注意标题和画面文案的协调搭配。

2）情绪表达。反转只是情绪表达的一种形式，如果视频中的情绪表达足够到位，足够引起共鸣，不一定非要费尽心思做反转。

3）结尾引导关注。视频结尾尽量做一个引导关注，这对拉粉很有帮助。

思考与练习题

1. 总结短视频营销的方式，并分析不同方式的优缺点。
2. 选择营销账号合作时要考虑哪些方面？
3. 短视频营销的基本流程是怎样的？

项目三　新媒体营销实训

任务一　H5（易企秀）制作实训

实训目标

（1）了解 H5 营销的应用场景。

（2）了解常用的 H5 制作工具。

（3）掌握易企秀的使用方法。

任务实践

H5 即 HTML5，是第五代 HTML 技术，基于该技术生成的营销页面在互动性和可视化效果方面具有独特优势，可实现图片、音频、视频、动画等多种媒介元素的无缝融合，适用于移动设备和 PC 端，目前被广泛应用于互联网营销、数字媒体、品牌宣传等领域。常见的 H5 制作工具包括易企秀、MAKA 和兔展等。

易企秀是一个一体化创意设计营销平台，涵盖 H5、海报、长页、表单、互动、视频等创意设计工具，可帮助用户迅速做出一个炫酷创意作品，满足组织、团队、个人的全媒体、多场景在线创意设计和营销增长需求，用户通过简单操作就可以快速生成 H5、海报图片、营销长页、问卷表单、互动抽奖小游戏、特效视频等，并可一键分发到社交媒体。

1. 登录易企秀

电脑登录易企秀官方平台（建议使用 Chrome 浏览器），网址为 www. eqxiu. com，点击图 3－1－1 所示页面右上角的“注册/登录”按钮，手机扫描二维码注册登录。

2. 选择创意设计和模板

（1）在图 3－1－2 所示页面左侧的导航栏中，根据实际需求选择创意设计类型，包括：H5、海报、长页、表单、互动、电子画册、视频等。

图 3-1-1　易企秀的登录页面

图 3-1-2　易企秀的模板选择页面

（2）选好创意设计类型后（本实训以 H5 为例），根据 H5 营销的用途、行业及其他（节假、风格、功能等）选项作进一步筛选。当然，也可在顶部的搜索栏中输入关键词进行检索。

3. 编辑 H5

选中模板后，在如图 3-1-3 所示页面选择“非商用”，点击“免费制作”按钮即可进入编辑页面。非商用版本的部分功能会受到限制，为获得更佳的营销效果，可以付费使用企业商用和个人商用版本。

图 3-1-3　版本选择页面

编辑页面如图 3-1-4 所示，顶部为组件区，可添加文本、图片、音乐、视频以及智能组件和特效等。左侧为素材区，用鼠标点击素材，就可以将其添加至 H5 页面中。右侧为管理区，可进行页面设置（如翻页方式）、图层管理（如组件顺序调整和增删）和页面管理（如页面顺序调整和增删）。中间为 H5 页面的制作区，与大多数在线编辑器一样，操作方式是所见即所得的。

易企秀的内置模板一般都具有完整的行业结构逻辑，一般稍作修改就可投放使用。调整的方法也较简单，例如想设置文字属性，只需先选中该组件，然后在弹出的“组件设置”对话框中对样式、动画、触发等进行进一步的设置。

4. 发布 H5

点击编辑页面右上角的“预览和设置”按钮，在后续页面中，进行“分享设置”和“作品设置”，最后点击“发布”按钮完成制作，如图 3-1-5 所示。可以通过二维码、超链接等形式将 H5 分享至微信、QQ 或嵌入官方网站中。

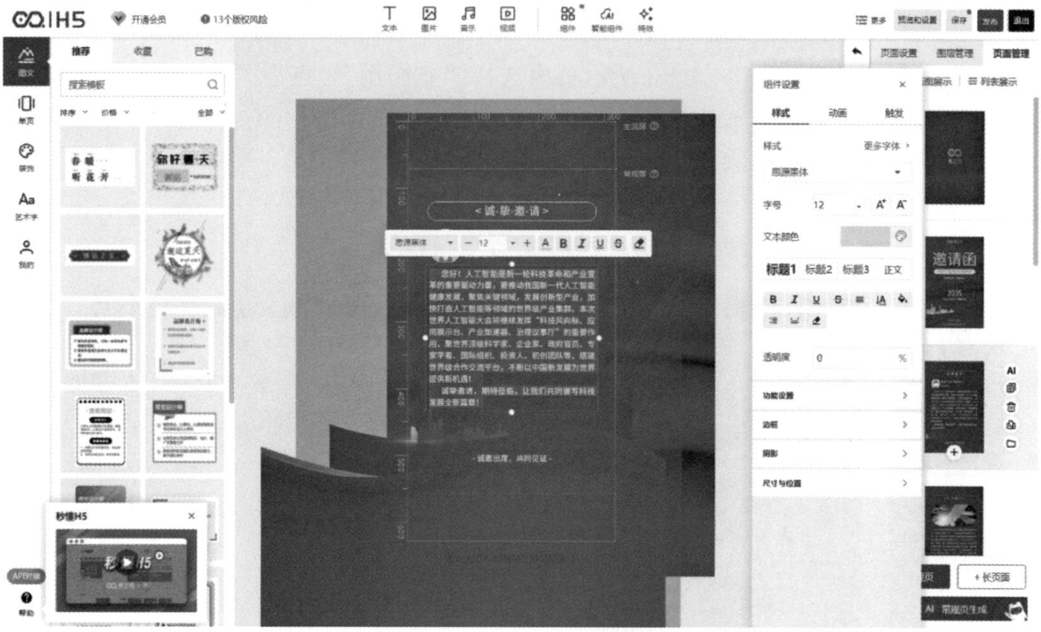

图 3-1-4　易企秀的编辑页面

图 3-1-5　易企秀的发布页面

5. 数据收集与分析

易企秀提供了数据收集和分析的功能。营销人员可在如图 3-1-6 所示的数据后台监测 UV（用户访问数）、PV（页面访问数）、转发数等营销指标，也可掌握用户的行为画像和信息的传播脉络，还可收集和整理用户报名信息等表单数据，以此优化营销策略并完成营销方案。

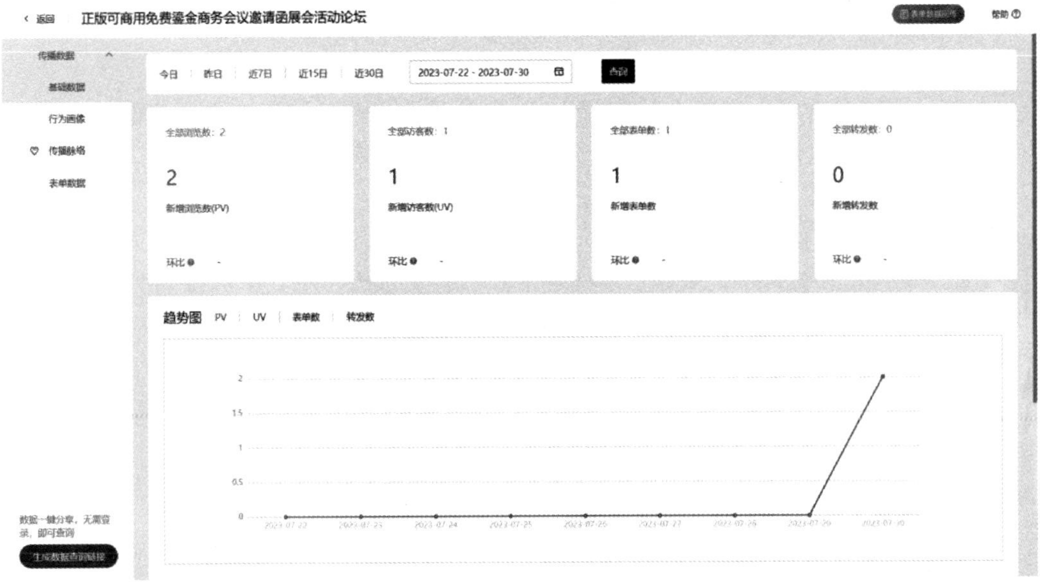

图 3－1－6　易企秀的数据分析页面

思考与练习题

1. H5 页面的设计技巧有哪些？
2. H5 的营销价值有哪些？
3. 如何提升 H5 的营销效果？
4. 请使用易企秀制作一份婚礼邀请函。

任务二　企业微博营销

实训目标

（1）了解微博认证类型及申请条件。
（2）掌握微博博文的发布方法。
（3）掌握微博营销的互动方法。

任务实践

微博营销是指通过微博平台为商家、个人等创造价值而采用的一种营销方式，也是指商家或个人通过微博平台发现并满足用户的各类需求的商业行为方式。微博营销以微博作为营销平台，每一个听众（粉丝）都是潜在的营销对象，企业通过更新自己的微博博文向网友传播企业信息、产品信息，树立良好的企业形象和产品形象。

1. 注册并认证账号

微博认证将赋予账号独有的身份标识，提升账号形象和品牌影响力。认证类型主要分为个人认证和机构认证，其中个人认证包含身份认证、兴趣认证、超话认证、金V认证、视频认证和文章问答认证等六种类型。

微博认证有一定的申请条件，以个人身份认证为例，要满足以下两个条件：(1) 绑定手机、有清晰头像、粉丝数不低于50、关注数不低于50、至少2个互粉橙V好友；(2) 发布过微博内容且能体现活跃的真实个人。在微博设置菜单中找到V认证，如图3-2-1所示，并在后续申请页面中点击“立即申请”开始认证。

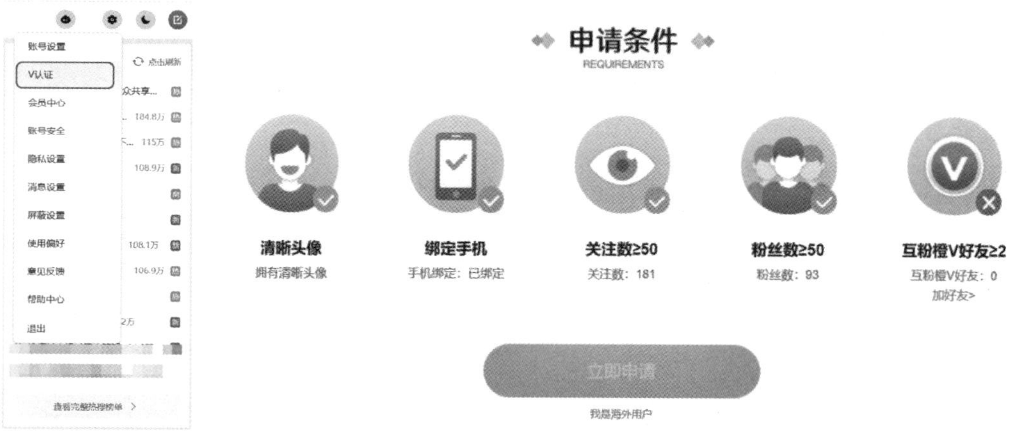

图3-2-1　个人认证申请

2. 设置账号

账号设置主要是完成账号头像、背景和简介等信息的初始化。在电脑端，在微博顶栏的菜单中点击“账号设置”，设置界面如图3-2-2 (1) 所示，图3-2-2 (2) 为小米手机的微博账号信息，供参考。

(1)　　(2)

图3-2-2　账号设置界面及样例

3. 发布博文

微博博文发布界面如图 3-2-3 所示，先点击右上角的发布按钮，在弹出的快捷发布界面中输入正文内容，输入结束后点击“发送”按钮完成博文发布。

图 3-2-3 微博博文发布界面

微博博文的选题方向要保持稳定，且能契合受众的需求与喜好，内容要有趣、有用、有利，图文结合。图片支持单图、多图（最多 18 张）或拼图（最多拼 9 张）的形式。其中，图片既可以是常规尺寸的图片，也可以是长图或动图。有效利用@和＃功能，@用于提醒其他用户查看消息并进行互动，＃让博文出现在热点话题列表中提升曝光度。图 3-2-4 所示为小米手机的某条博文，该博文@了导演郭帆，并用＃关联了郭帆小米机器人实验室话题。

图 3-2-4 小米微博内容

4. 粉丝互动

转发抽奖是线上微博活动较为常见的形式，一般表现为转发、点赞、评论三种方式，还可通过关注、@好友（最多 3 位）、关键词筛选以及同时关注他人（最多支持 1 人）对抽奖结果进行筛选。发起挑战一般表现为由发起人确定挑战项目，用@或点名的形式，邀请下一位用户参与挑战，被邀请用户完成挑战后，还可继续邀请其他用户参与，也可以在发起挑战时设置奖品，吸引用户发布挑战视频或图片，宣传推广产品或品牌。除此之外，发起人还可以通过发起投票和用户互动增加热度，掌握用户需求。图 3-2-5 所示为小米手机通过微博投票与粉丝互动，收集他们对雷军年度演讲内容的需求信息。

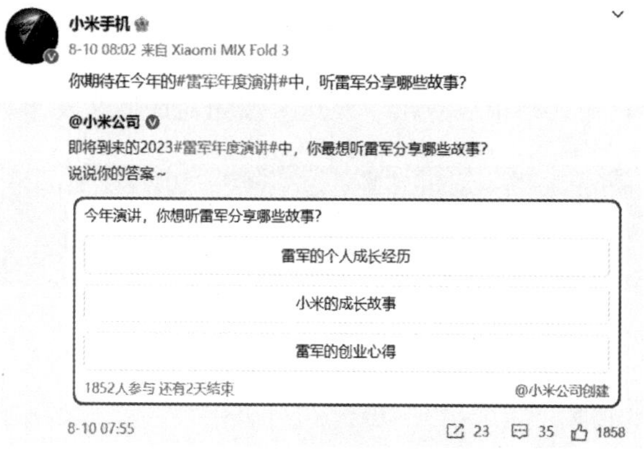

图 3-2-5　小米微博的粉丝互动

5. 数据监测

微博运营者可利用“创作者中心”的“数据助手”功能实时监控微博运营的数据表现，包括粉丝、博文、互动等方面的指标，从而诊断运营问题，优化运营策略。手机端的进入路径如图 3-2-6 所示，电脑端可直接访问“创作中心—数据助手”。

（1）　　　　（2）　　　　（3）

图 3-2-6　微博数据助手进入路径

思考与练习题

1. 如何规划微博博文的发送时间和次数？

2. 研究一个微博账号，发现其运营优点。
3. 卖家如何利用微博提升自己的品牌形象和销量？

任务三　微信公众号创建与推文

实训目标

微信营销

（1）了解公众号的功能。
（2）掌握公众号（订阅号）的创建和设置方法。
（3）掌握公众号（订阅号）的推文管理方法。

任务实践

（1）创建账号。进入微信公众平台（https：//mp. weixin. qq. com/），注册公众平台账号。在如图 3－3－1 所示的页面中，填写信息并创建账号。

图 3－3－1　创建账号

（2）激活账号。进入注册时使用的邮箱，点击激活邮件中的链接，完成账号激活，如图 3－3－2 所示。

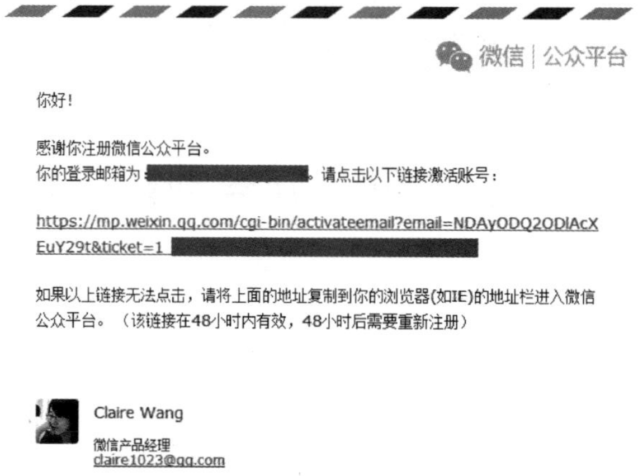

图 3-3-2　激活账号

（3）选择公众号类型。公众号分为四种：服务号、订阅号、小程序和企业微信（原企业号），如图 3-3-3 所示。

图 3-3-3　公众号类型选择

服务号主要用于服务交互，认证前后都是每个月可群发 4 条消息。

订阅号主要用于为用户传达资讯（类似报纸杂志），认证前后都是每天只可以群发一条消息。

小程序类似于 App，但不用安装，可做到随用随走，也可以在微信内被便捷地获取和传播，同时具有出色的使用体验。

企业微信是企业的专业办公管理工具，申请时需要提供资质证明文件、对公账户或法定代表人扫脸验证、企业规模认证公函等资料。

（4）信息登记。微信公众平台致力于打造真实、合法、有效的品牌推广平台，有志与诚信守约、进取担当的第三方合作伙伴携手并进，建立和维护良性互动、健康有序的平台秩序。为了更好地保障广大微信用户的利益，账号申请人需要认真填写如图 3－3－4 所示页面中要求申请人填写的相关信息。

图 3－3－4　信息登记

（5）公众号信息设置。根据实际情况，设置公众号相关信息（注意：账号名称一经设置就不能更改），然后点击“完成”按钮完成公众号的创建。相关页面如图 3－3－5 所示。

图 3－3－5　公众号信息设置

（6）登录平台。打开微信公众平台主页（https：//mp. weixin. qq. com/），使用之前申请的账号进入管理后台，点击左侧导航中的“素材管理”，打开素材管理面板，如图 3－3－6 所示。

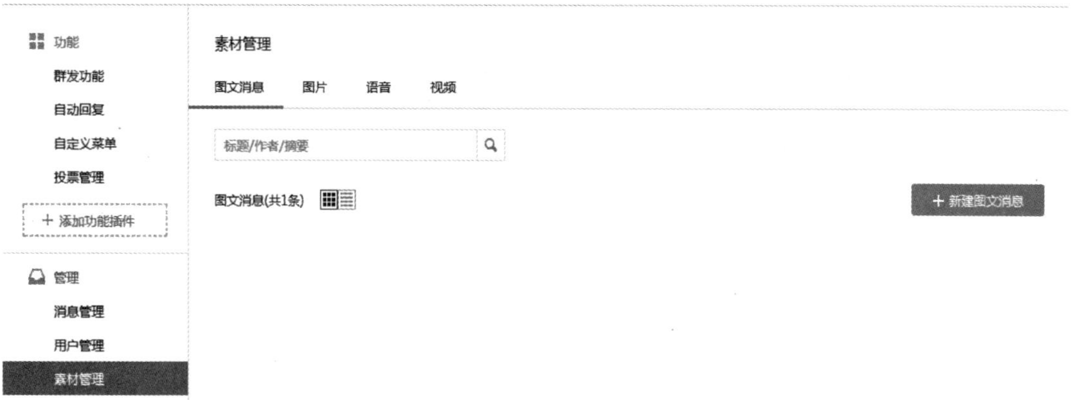

图 3－3－6　订阅号素材管理页面

（7）编辑图文消息。点击图 3－3－6 中的“新建图文消息”按钮，打开图文消息编辑页面，如图 3－3－7 所示。根据提示，在对应的方框内，分别输入标题、作者和正文。文章中所需插入的图片、视频和音乐等，均可通过右侧的任务栏进行添加。文章编辑完成后，将鼠标往下拉，可看到“原文链接”，如果想添加原文链接，可勾选“原文链接”前面的小方框，此时就会出现一个文本框，将原文链接放入即可。上传封面图片时要注意图片尺寸为900像素×500像素，这样可避免上传的图片变形。文章摘要为选填部分，可填可不填。如果想发送更多图文，可点击左侧文本框下面的“+”号，按照以上步骤，添加另一篇文章。编辑好内容后，可点击“预览”，检查一下格式和内容，确认无误后点击“保存”。

图 3-3-7　图文信息编辑页面

(8) 使用“群发功能”发布消息。卖家可以通过“群发功能”发布订阅号消息。群发功能页面如图 3-3-8 所示。

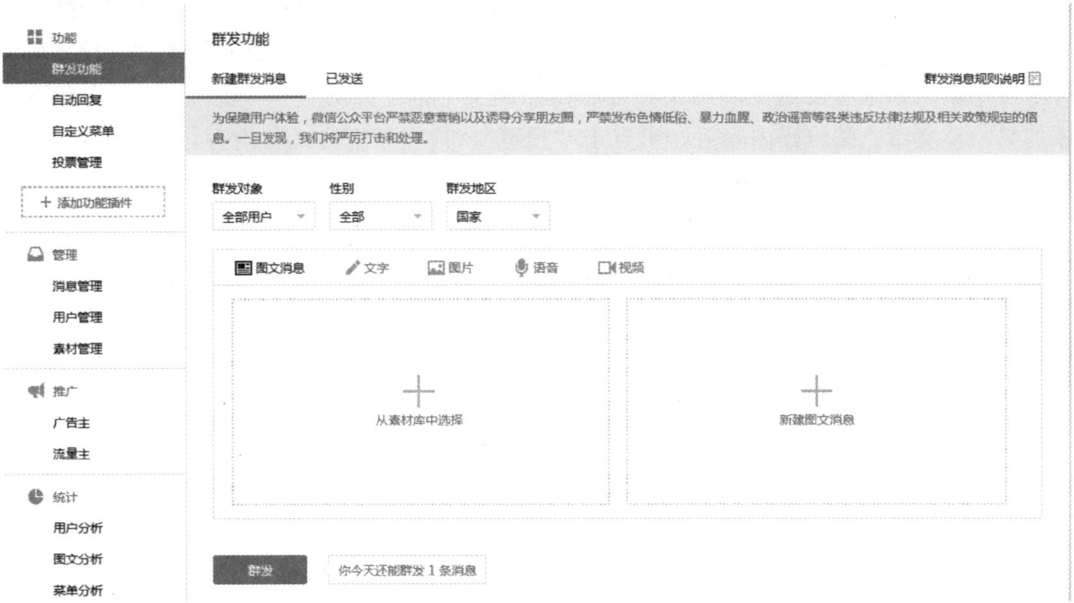

图 3-3-8　群发功能页面

点击图 3-3-8 中的“从素材库中选择”，从素材库中选择上一步设置好的图文消息，如图 3-3-9 所示，也可点击“新建图文消息”新建消息。注意：订阅号（认证用户、非认证用户）在 1 天内只能群发 1 条消息（每天 0 点更新，次数不累加）。

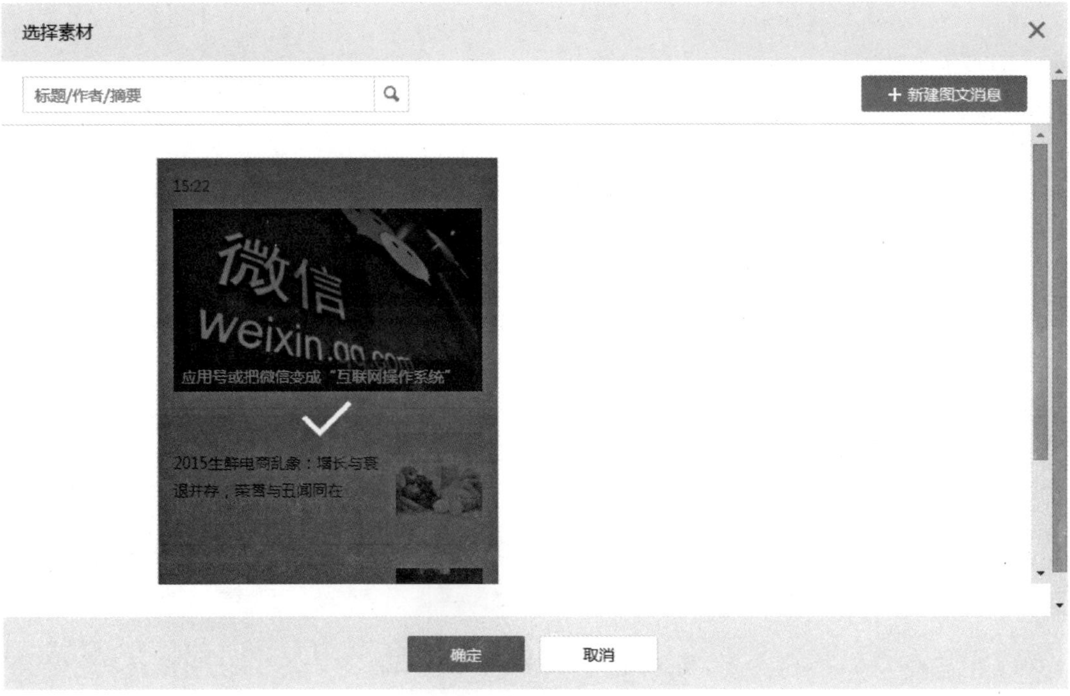

图 3-3-9　选择图文消息

最后，点击图 3－3－8 中的“群发”按钮群发消息。关注该订阅号的用户将会收到如图 3－3－10 所示消息。

图 3－3－10　订阅号用户收到的消息

(9) 使用“关键词自动回复”发布消息。除了群发功能外，还可以使用“关键词自动回复”功能发布消息。只要订阅号用户发送的消息内有商家设置的关键字，即可把商家设置在此规则名中回复的内容自动发送给订阅用户。点击图 3－3－11 中的“自动回复”，在右侧自动回复面板中选择“关键词自动回复”进行自动回复设置。

图 3－3－11　关键词自动回复设置页面

点击“添加规则”按钮，在图 3－3－12 所示页面中设置规则名、关键词及回复。关键词若选择了“全匹配”，在编辑页面则会显示“已全匹配”，对方发送的内容与设置的关键词须完全一样，才会触发关键词回复。若没有选择“全匹配”，编辑页面则会显示“未全匹配”，只要对方发送内容包含设置的完整关键词，就会触发关键词回复给对方。回复可使用文字、图片、语音、视频和图文，此处使用“图文”，并选择前文所设置的图文消息作为回复内容。

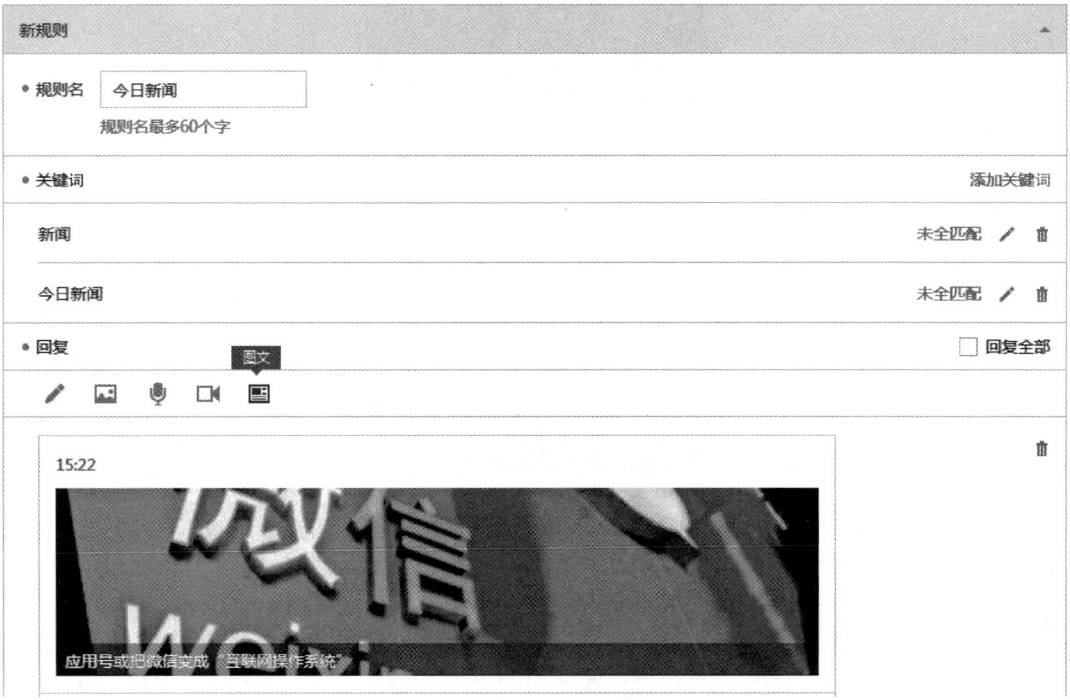

图 3－3－12　规则设置页面

（10）使用“自定义菜单”发布消息，可在图 3－3－13 所示页面中进行设置。注意：最多创建 3 个一级菜单，一级菜单名称不多于 4 个汉字或 8 个字母。每个一级菜单下最多可创建 5 个子菜单，子菜单名称不多于 8 个汉字或 16 个字母。

在子菜单下可设置动作：“发送信息”——可发送信息类型包括文字、图片、语音、视频和图文消息等，但未认证订阅号暂时不支持文字类型；“跳转到网页”——所有公众账号均可在自定义菜单中直接选择素材库中的图文消息作为跳转到网页的对象。认证订阅和服务号还可直接输入网址。

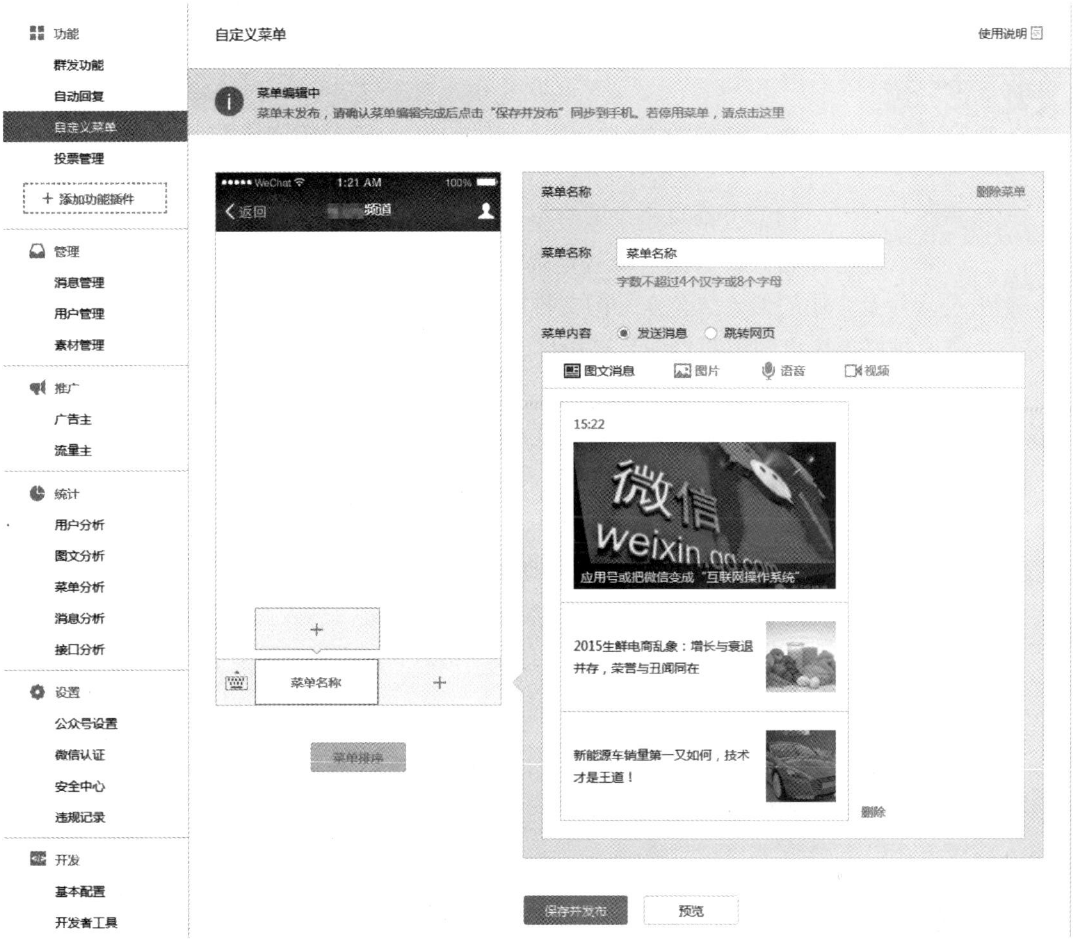

图 3-3-13　自定义菜单设置页面

思考与练习题

1. 三种公众号的区别是什么？
2. 如何实现订阅号自动回复？
3. 订阅号内容发送频度是怎样的？

任务四　微信公众号图文排版

实训目标

（1）了解常用的公众号图文排版工具。

微信公众号
内容建设

（2）了解公众号文章的构成要素。

（3）熟练进行公众号图文排版。

任务实践

微信公众号是个人、企业和组织开展业务服务与用户管理的全新服务平台。优秀的公众号排版能带来良好的阅读体验，聚集更多的忠实粉丝，提升公众号及企业的形象。公众号图文排版可以直接在公众号管理后台进行，也可以先在 Word 中排好再拷贝到编辑器中，还可以使用第三方编辑器（如秀米、135 编辑器、i 排版等）。与公众号所提供的编辑器相比，第三方编辑器拥有更多的排版功能、更丰富的图文素材。本任务以秀米编辑器为例讲解公众号图文排版的方法和技巧。

1. 登录秀米

打开浏览器，输入秀米网址 http：//xiumi. us，使用微信、QQ、微博等账号登录。登录后，可使用“保存”“生成长图”等更多功能。

在首页选择“图文排版”，然后点击“添加新的 2.0 图文”进入图文排版编辑界面。编辑界面主要有三个部分，分别是左边素材区、右边编辑区和顶部菜单区，如图 3－4－1 所示。

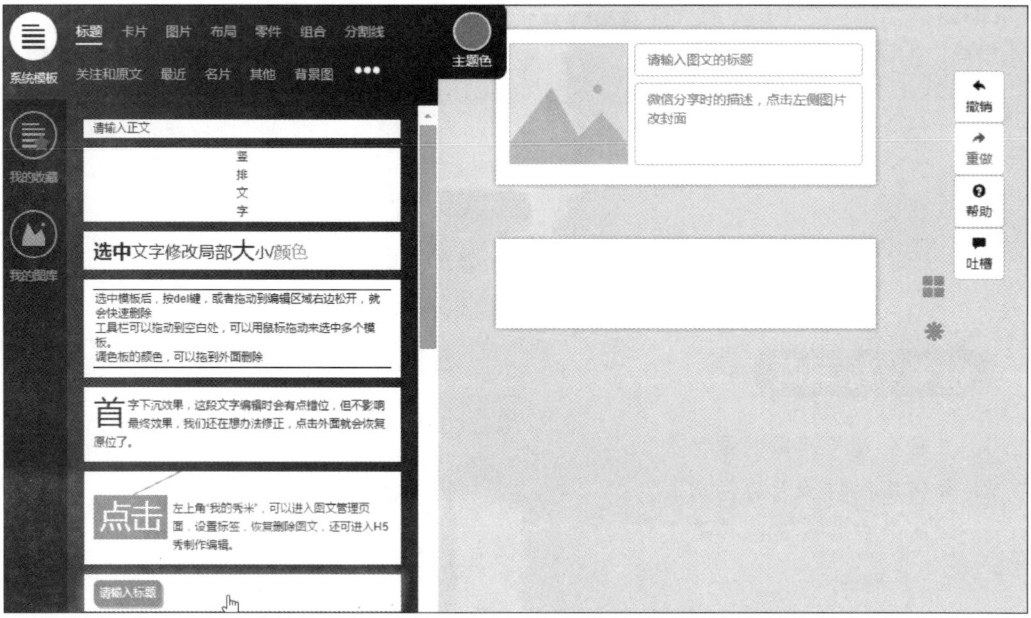

图 3－4－1　秀米编辑器界面

2. 插入、编辑和删除内容

一篇完整的公众号文章往往由封面、导语、正文、结束语、拓展阅读、关注等几个部分构成。在图文编辑中，常会有插入内容、编辑内容和删除内容等操作。

（1）插入内容。在秀米编辑区插入内容有以下几种方式：点击左侧模板，直接加到现有内容的最后；先选中编辑区的一个模板，再点击左侧模板，加到选中内容的后面；从左侧拖动模板，插入指定的位置；等等。

（2）编辑内容。选中一个对象后，秀米会显示对应的编辑工具条（如图片工具条、文字工具条、模块工具条等），列出各项编辑功能。图 3-4-2 所示为选中某一编辑模块后出现的模块工具条。

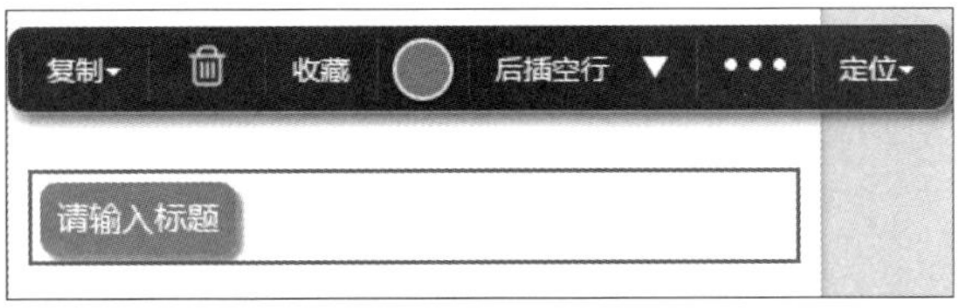

图3-4-2　模块工具条

（3）删除内容。点击基本工具条上的删除图标，可以删除当前选中的内容。选中要删除的内容，拖到右边松开，就删除了。如果不小心拖错了内容，可以拖回左边松开，就还原了。如果删除后想撤销，可以按编辑区右边的撤销键。

3. 保存并同步至微信公众号

秀米定期会保存当前的编辑内容到服务器。如果当前图文没有标题，会取名为“草稿”，在“我的秀米”中可以看到。自动保存是系统默认的，可以在“设置”按钮中选择是否自动保存。

图文内容编排好后，在复制粘贴至后台编辑器中时很容易出现预览不对、图片不显示等情况。为了解决这一问题，可以使用秀米的同步功能，将图文等内容同步到微信后台的素材库，确保文章能被正常浏览。

（1）在图文编辑页面，点击右上角的“绑定公众号”，如图 3-4-3 所示，打开授权二维码页面。用公众号绑定的微信号扫描二维码进行授权，也可以授权多个公众号，通过点击公众号旁边的小垃圾桶解除，如图 3-4-4 所示。

图3-4-3　工具栏“绑定公众号”按钮

图3-4-4　公众号授权界面

（2）点击工具栏上的“√”按钮打开下拉菜单，选择“同步到公众号并预览”进行同步，如图 3-4-5 所示。

图 3-4-5　同步操作

4. 公众号排版小技巧

（1）标题不要太长，尽量为一行。
（2）封面图为 900 像素×500 像素，背景干净，元素突出，居中摆放。
（3）小标题宜比正文大 2～3 个字号，标题样式统一。
（4）文字和图片之间空一行。
（5）图片尺寸、风格要统一。
（6）段落之间空一行，段落最长不超过一屏。
（7）行间距以 1.5～1.75 倍为宜。
（8）全文使用的样式、字号、颜色不超过 3 种。

思考与练习题

1. 公众号图文编辑方法有哪几种？
2. 公众号图文编辑有哪些小技巧？
3. 如何在秀米编辑器中实现同步至公众号的操作？

任务五　软文营销

实训目标

（1）掌握软文的相关知识。
（2）掌握软文的写作方法和技巧。
（3）掌握使用软文推广的方法。

任务实践

1. 学习软文案例

阅读以下范文，找到标题中“数字”“品类、知识技巧”“好处”三大要素。

掌握这七点，再也不怕买到劣质瓷砖了！

瓷砖作为装修中的重要材料，不仅能够起到装饰的作用，清洁起来也非常方便，因此被广泛运用于客厅、厨房、卫生间等各个空间，但是不少消费者在选购瓷砖的过程中还存在不少误区。下面讲解一下怎样才能买到质量过硬的瓷砖。

（1）查验标签。

产品包装箱上要有厂名、厂址、产品名称、售后服务电话、规格、数量、商标、生产日期和所执行的标准。对于瓷质砖，需检查3C认证标志；室内设计装饰/装修的瓷砖，宜选择放射性核素符合A类要求的产品。

（2）细看外观。

质量好的瓷砖釉面应平滑、细腻，光泽釉晶莹亮泽，亚光釉柔和舒适。在充足的自然光线或日光灯照射下，将砖放在1米处垂直观察，应看不到明显的釉面缺陷。有花纹的瓷砖的花色图案应细腻、逼真，没有明显的缺色、断线、错位等缺陷。质量上乘的陶瓷产品背面的底纹、商标等清晰、完整，少有釉迹或缺损。

（3）拼接效果。

好的瓷砖尺寸偏差较小，将一批产品垂直放在一个平面上，看看有没有参差不齐的现象。再看平整程度，可将两块砖的边紧靠在一起，看看有没有缝隙。好的产品变形小，铺贴后砖面平整、美观。拿几块瓷砖拼放在一起，在充足的光线下仔细查看，以判断产品是否存在色差。

（4）敲击听音。

轻轻敲击瓷砖，细听其声音，质量较好的产品听上去清脆悦耳，质量差的产品因原料配方不当、制作周期短，在敲击时声音沉闷。

（5）掂量轻重。

掂一掂瓷砖的重量，一般来讲，相同规格的瓷砖，重量大的吸水率低，内在质量也较好。

（6）对比品种。

按照釉面状况，地砖分为有釉地砖和无釉地砖。有釉地砖主要用于卫生间、厨房的地面装饰，与内墙砖配套使用。地砖大多经过表面抛光处理，称为抛光砖。大多数抛光砖的吸水率小于0.1%，也称玻化砖。抛光砖的表面光洁如镜，是高档的陶瓷产品。

（7）看瓷砖边角。

在铺装瓷砖时，很多消费者和工人都遇到过边角难以对齐的难题，这说明瓷砖的平直度可能不过关。在挑选瓷砖时，随机挑选几块，用目光沿瓷砖的边缘和对角线分别打量，如果发现“翘边”现象，就说明瓷砖的平直度不够；如果没有，就说明瓷砖的平直度基本过关。

如果你能掌握以上七个选瓷砖的小窍门，相信选瓷砖这个问题以后就难不倒你了！

2. 撰写软文

采用借力式，发挥热点效应写一篇软文。

找出《2016马拉松，你不知道的跑鞋数据都在这里》中的热点事件或知名人物以及广告类别等要素。

模仿上面的范文，先撰写一个标题，内容要求包含小米手机。

撰写软文的具体要求如下：

（1）软文要求原创（标题和内容）。

（2）标题新颖且吸引眼球，能让消费者一看就有点击查看的冲动。

（3）字数以500～800字为佳，内容导向性强，能让消费者一看就产生购买欲望。

（4）软文内容要融入产品信息，题材契合当前的时事热点、网络热门事件；图文并茂，可读性强；要显得自然、富有趣味，无广告味，以利于软文的推广与传播。

（5）软文适合在新闻门户网站、论坛、博客、社区等媒体上发布。

思考与练习题

1. 什么是软文？

2. 如何开展软文营销？

项目四　社交电商活动方案设计实训

任务一　新人专享活动设计

实训目标

（1）掌握新人专享活动设计的基本方法。

（2）能够进行主流的新人专享活动设计。

（3）能够对当前一些新的获客方法进行简单分析。

任务实践

近年来，随着互联网的普及及快速发展，网购各类商品在人们的日常生活中变得不可或缺。为了更好地吸引消费者，提升客户的回购率，各大电商平台纷纷推出了各种促销活动。对于网络新客户，各大电商平台也推出了种类繁多的揽客手段。因为大家都知道，新客预示着平台的未来，虽然现在获取一个新客户，从单次 ROI 的角度来看是入不敷出的，但无论卖家愿不愿意接受新客的获取成本，“重视新人、偏爱新人”的电商时代已经到来。

目前电商平台对平台新人主要推出了如下几种吸引消费者的获客模式。

1. 注册有礼

平台通过一些不错的权益，吸引用户注册。这种方式简单粗暴，平台可以迅速拿到想要的结果。比如京东的注册有礼，新用户注册会给 188 元的大礼包，礼包包含了各类有一定时效的优惠券，通过优惠券形式增强新人对平台的熟悉度，或者是给新用户一些优惠商品，这些优惠仅仅对新用户有效。平台运营要去匹配一些适合新人的商品。什么样的商品才是适合新人的商品，需要平台方通过大数据来判断，最终给出合理的价位让利区间及对应的商品品类分布。

2. 推荐有礼

推荐有礼的拉新活动有一个很清晰的规定，那就是老用户可以通过分享和邀请朋友来获得奖励，当用户的数量达到一定程度的时候，就可以得到相应的奖励。

推荐有礼的加入门槛比较低，主要是为了吸引新用户，让新用户参与。让新用户加入之后，可以直接引导其参与砍价助力活动。由于参与门槛低，新用户参与效果衰减较慢，更容易形成裂变循环。

推荐有礼这种活动最大的问题是参与门槛太低、传播速度太快，导致用户质量不高、定位不够精准，所以更适合普通商品。另外，推荐有礼也会极大地消耗使用者的人脉，导致长期效应降低。

3. 分享红包

共享和互惠模式差不多，都是新老用户一起享受，而那些老用户得到的好处也会更多。之所以被称为“分享”，是因为它的包装和传播方式更注重对新用户的好处。很多时候，卖家都是通过发红包或者优惠券来吸引更多的新用户，吸引更多的人。砍价、组队、邀请、赠送是目前市场上最常见的拉新方式，其拉新规模、效率逐渐降低，但用户精准度、质量逐渐提升，在实际应用中一般采用多活动矩阵的形式，多个不同类型的拉新活动并存，给予用户选择，覆盖更多老用户，发挥其拉新价值。

4. 拼团等其他方法拉新

在这类拉新活动中，新用户在完成特定的团队任务的时候，都会得到一笔丰厚的奖励，这是一种互帮互助，而不是单向的。与打折活动相比，组队的门槛更高了，大部分新用户都会支付一定的费用，而新用户的数量和质量都会得到相应的提升。

一个成熟的电商经营者，都应该知道如下三个方面：

（1）规模和利润的平衡，一定是来自新用户成本，卖家专注于老用户能获取到相对较高的 ROI，但时间一长用户的增长一定会乏力，而如果获取新用户，短期内可能会给卖家带来营销成本的提升，但长期来看，想要规模和利润的平衡，卖家一定是要重视新用户。

（2）掌握新用户才能掌握未来，只有新用户才会对卖家的产品提出新要求，从而让卖家发现做什么才能适应日新月异的市场，相反，老用户的诉求是比较稳定的，所以未来来自于新用户。

（3）对于卖家而言，不争取新用户，新用户就会去竞争对手那里。

请围绕农村电商及电商助农，突出销售某一种或一类农产品，按表 4－1－1 所示设计相关平台新用户专享活动方案。

表 4－1－1　新用户专享活动方案

相关设计	具体方案	预期效果
注册有礼（新用户专享）		
推荐有礼		
分享红包		
拼团等其他方法		

思考与练习题

1. 如果你要为一家卖柚子的农户进行网上推广，你将如何通过新人专享活动来获客？

2. 农产品存在季节性差异，为了避免平台新人流失，你会采用什么手段留住用户？

3. 除了注册有礼、分享有礼、推荐有礼等新人专享活动方案，你还有哪些新的互联网揽客手段？

任务二 VIP 专区活动设计

实训目标

（1）掌握 VIP 活动设计的基本方法。

（2）能够进行主流的 VIP 活动设计。

（3）能够对当前一些新的 VIP 层级设定进行简单分析。

任务实践

当前，电商行业竞争日益加剧，VIP 会员对于企业的重要性日益提升。VIP 会员作为“高忠诚”的消费者，可谓电商企业的重要资产。在激烈的市场竞争中，电商企业都会采取各种营销手段来吸引消费者，让其成为企业的忠实会员。

一般而言，电商企业会构建一套符合自身特性，涵盖会员分级、会员权益、成长规则等各个维度的会员等级体系，通过精细化营销方式激励会员自我成长，与会员建立一种长期关系，提升会员忠诚度，从而构建企业品牌护城河。具体来说，VIP 专区活动可以通过如下几个方面来设计。

1. 会员等级

会员等级要按照梯度层级来设计，不同层级会员对品牌认可度及贡献值不同，且各层级之间具备上下兼容的可发展空间，因此，品牌可依照金字塔模型（按会员贡献价值）来设计，会员等级根据品牌需求设计 3～5 级即可。

2. 会员权益

只有符合会员需求的会员权益才能激发会员兴趣，进而增加会员参与度，提升会员忠诚度。会员权益一般可设置为以下六种类型：免费、折扣、升级、特权、福利、积分；权益随等级而增加；品牌在不同渠道可设置会员专区，通过专属界面、专属功能、专属活动和专属服务等为会员打造专属感。

3. 会员成长规则

设计会员成长规则可以让会员清晰地掌握“投入”与“回报”机制，以奖励和更多权益的获得，吸引会员与品牌高频互动，促使会员向更高级别的会员层级晋级，提升会员价值。在 VIP 会员定价上，京东 PLUS、亚马逊等都推出了免费试用。为了刺激用户试用到期后办理正式会员，京东试用会员在试用期间获得的 10 倍京豆（积分），在会员正式办卡后才到账。

小红书采用的是另外一种定价模式。小红书年卡是 264 元，每月的费用是 22 元，小红书月卡是 36 元，虽然性价比不如年卡，但需要支付的费用比年卡低。另外，为了解决性价比的问题，小红书又推出连续包月的功能，连续包月的价格是 19.9 元，比年卡的 22 元/月还要便宜。

在异业优惠上，淘宝、京东、网易等都设置了联名会员来吸引用户办理付费会员。比如花 88 元办理了淘宝 88VIP，就可同时得到饿了么、优酷、淘票票等 6 个平台的会员，联名会员年费总和达到 795 元，远超办一张会员卡的金额。

请围绕农村电商及电商助农，突出销售某一种或某一类农产品，完善下述 VIP 会员体系设计模型（如表 4-2-1 所示）。

表 4-2-1　VIP 会员体系设计模型

	VIP 会员费	VIP 开卡礼	购物反馈（VIP 升级）	VIP 其他特权
具体方案				
预期效果				
相关关注点	用户接受能力、权益成本和筛选用户群	低成本 高感知价值 一定用得上 免费抵扣现金	消费得越多、省得越多（满减券等）	本省+异业优惠

思考与练习题

1. 如果你是一位卖柚子的农户，在网上开设了专营店，你将如何通过 VIP 专区活动设计来让消费者成为店铺的忠实会员？

2. 如果你是一位卖柚子的农户，在网上开设了专营店，并且也开了线下店铺，你认为线上 VIP 专区活动和线下活动的差异在哪里？

任务三　平台的其他活动设计

实训目标

（1）熟练掌握电商平台的各类促销方法。

（2）能够设计电商平台的各类促销方法。

(3) 能够对前沿的电商平台促销方法进行简单分析。

任务实践

当前，电商平台促销活动多种多样，从促销活动的范围来看，分为营销活动、商品促销活动、店铺促销活动及优惠券促销活动。营销活动又分为营销工具与营销方式。营销工具包括抽奖、秒杀、团购等；营销方式包括满减、优惠券、免运费等。

电商平台上的商家通过平台的各类活动，希望能够达到以下目标：(1) 增加曝光率。设置满减活动，能够提升平台的排名优先级，获得更多的曝光量。(2) 提升进店转化率。通过活动促使还在犹豫的用户购买，从而提升店铺单量，提升转化率。(3) 提高客单价。平台活动可以刺激用户购买更多的商品。用户为了达到一定的条件，享受更多的活动优惠，往往会购买更多的商品，从而提高了客单价。(4) 增多订单量。合理的平台活动能激发顾客的购买欲望，这样也就会直接提高下单数量。

主流的电商平台促销活动类型包括如下几个：

(1) 秒杀活动。秒杀是非常常见的抢购类活动，在电商活动、店铺活动中，人们经常能看到一元秒杀、限时秒杀之类的营销活动。秒杀活动增强了消费者的购买欲望和紧迫感，同时可以提高平台的销售额。

(2) 抽奖活动。配置具体的营销活动，设置活动的开始和结束时间，设置奖项、奖品名称、奖品数量等，根据既定的规则计算出中奖用户，用户填写个人收货信息，活动结束后进行奖品发放。

(3) 满减活动。满减活动是电商平台最常用的促销活动之一。它可以激发消费者的购买欲望，促进销售量的提升。在满减活动中，消费者只需要在购买商品时达到一定的金额，便可以享受折扣优惠。例如“满 100 元减 20 元”“满 200 元减 50 元”等。

(4) 组合优惠：组合优惠活动是电商平台的一种常用促销手段。在这种促销活动中，消费者需要购买一定数量或一定组合的商品才能享受优惠折扣，例如“买一送一”“满 58 元免邮”等。这种促销活动的好处是可以促使消费者购买更多的商品，提升平台的销售量和用户忠诚度。

(5) 优惠券。配置优惠券信息、优惠券使用规则或有效期；一张优惠券仅限于单笔订单抵用，一个订单不可使用多张优惠券，一张券不可分次使用；订单取消后，优惠券返还账户；优惠券仅可用来支付订单商品金额，不能支付运费，退款结算按照实际结算金额退款，优惠券不退，不予兑现。

请围绕农村电商及电商助农，突出销售某一种或某一类农产品，设计多个电商活动预案，填入表 4-3-1。

表 4-3-1　电商活动预案

活动名称	活动目的	活动详情设计	活动效果预计	备注
秒杀活动				
抽奖活动				
满减活动				

续表

活动名称	活动目的	活动详情设计	活动效果预计	备注
组合优惠				
优惠券				
其他（如有）				

思考与练习题

1. 如果你是一位卖柚子的农户，在网上开设了专营店，你认为电商平台哪种促销活动最适合农村电商且效果最好？为什么？

2. 当前主流的电商平台上还有哪些好的促销方法？

项目五　电子（移动）支付实训

任务一　网上银行的使用

实训目标

（1）熟悉中国建设银行网上银行。

（2）掌握中国建设银行网上银行的使用方法。

任务实践

不同的银行对网上业务的管理方法有所不同，本实训以中国建设银行网上银行为例进行操作，主要介绍个人网上银行的使用方法。

1. 个人网上银行登录与常用的后台管理操作

（1）中国建设银行网上银行（www. ccb. com）首页和服务页面如图 5－1－1 和图 5－1－2 所示。要开通中国建设银行网上银行，必须持有效证件和中国建设银行的龙卡或者活期存折到中国建设银行营业网点的柜台办理。

（2）打开个人网上银行登录页面，如图 5－1－3 所示，输入身份证号码和登录密码。密码输入宜采用软键盘输入，这样可以防止木马盗取密码。

（3）“个人网上银行”常用后台管理操作。

1）“我的网银”显示网上银行的全部账户和“近期活动记录”，如图 5－1－4 所示。

2）“账户查询”页面如图 5－1－5 所示。

3）“定活互转”页面如图 5－1－6 所示。

4）“批量缴费”页面如图 5－1－7 所示。

5）“银证转账”页面如图 5－1－8 所示。

6）“修改密码”页面如图 5－1－9 所示。

图 5－1－1　中国建设银行网上银行首页

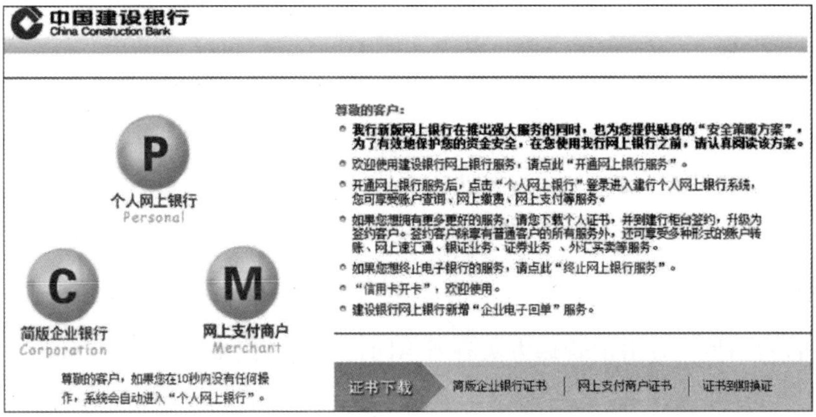

图 5－1－2　中国建设银行服务页面

图 5－1－3　建行网银登录页面

图 5－1－4 “我的网银”页面

图 5－1－5 “账户查询”页面

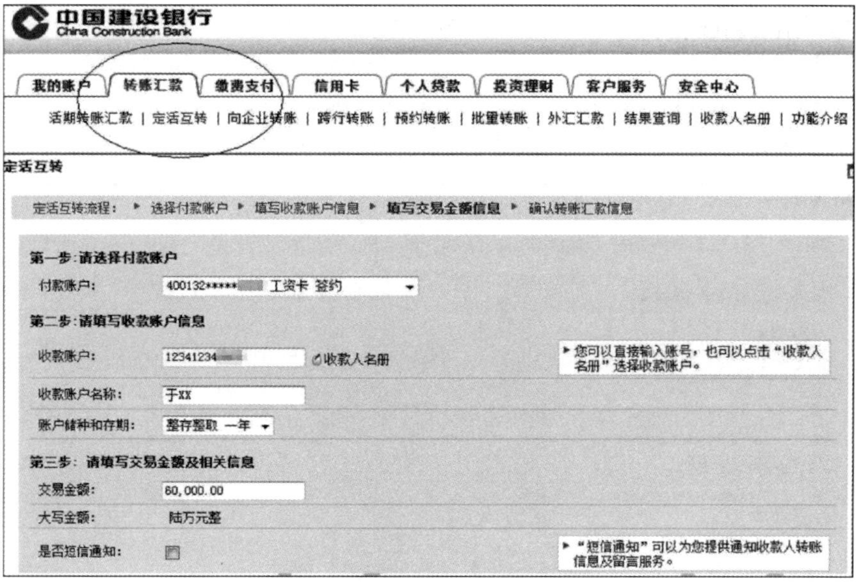

图 5-1-6 “定活互转”页面

图 5-1-7 “批量缴费”页面

图 5-1-8 “银证转账”页面

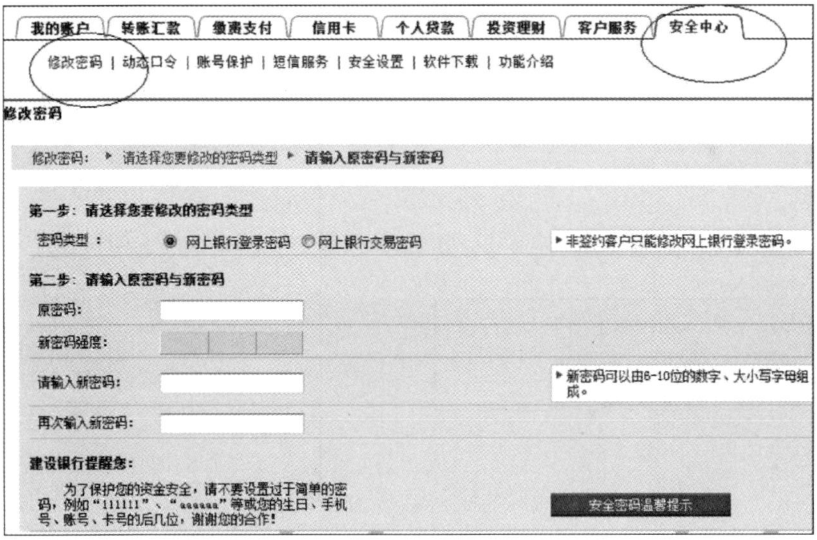

图 5-1-9 “修改密码”页面

2. 申办个人网上银行

（1）办理条件。

1）本人留有密码的实名制账户，包括各种龙卡、定期存折、活期存折、一折通或一本通账户。

2）与实名制账户预留证件相符的有效证件，包括身份证、护照、军官证等。

3）能联网的计算机。

（2）开通程序。中国建设银行网上银行系统提供以下两种开通服务的方式：

1）先网上注册后柜台签约方式。先网上注册后柜台签约方式的流程如图5－1－10所示。

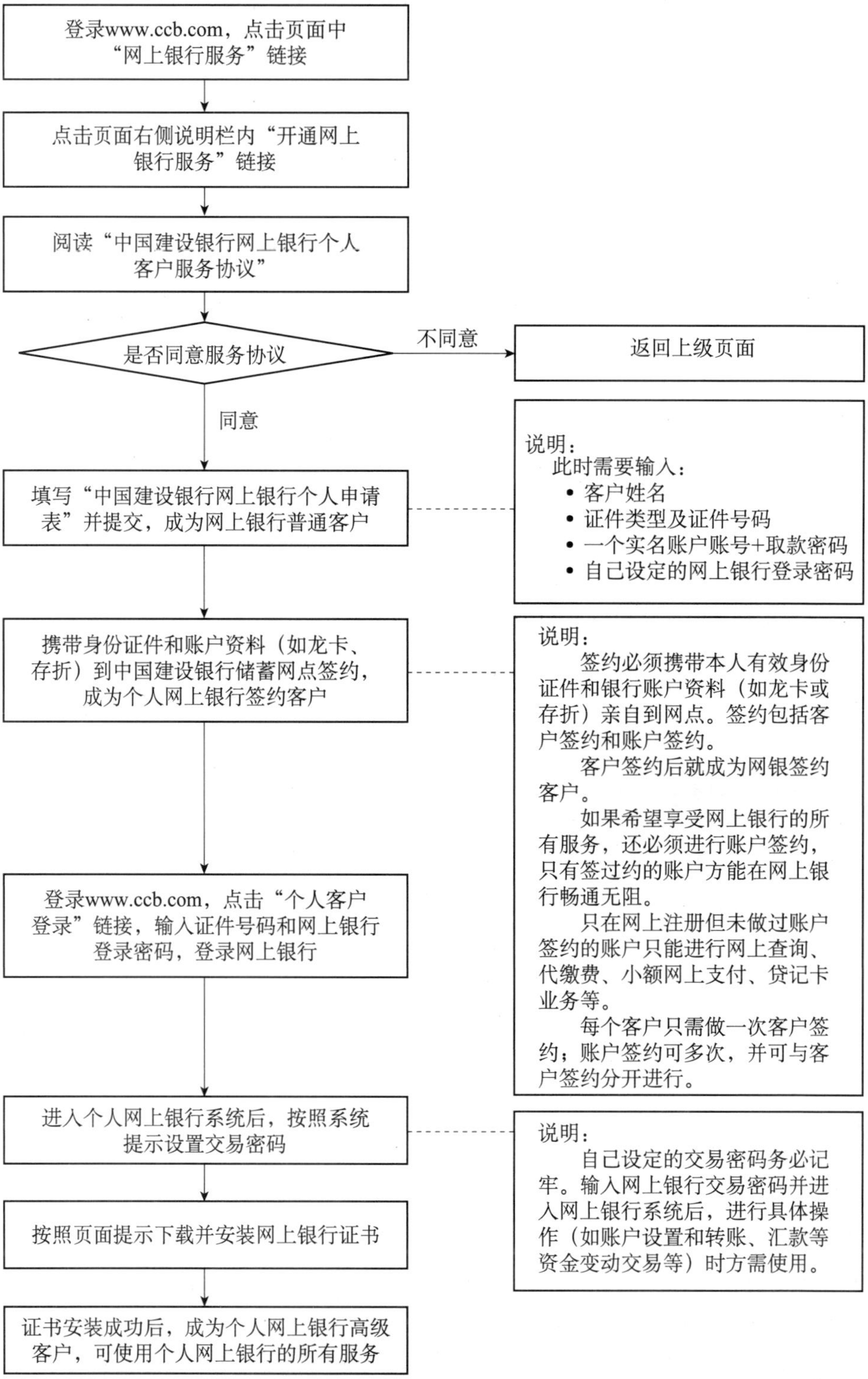

图5－1－10　先网上注册后柜台签约方式的流程

2）先柜台签约后网上激活方式。先柜台签约后网上激活方式的流程如图 5－1－11 所示。

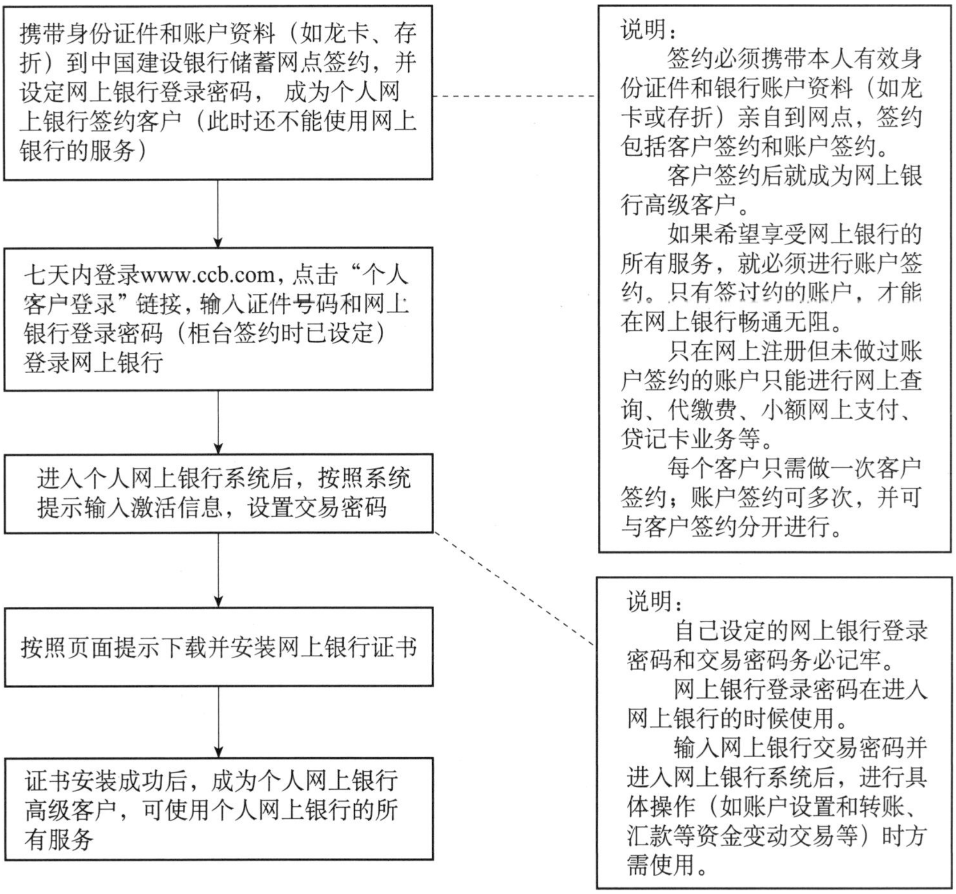

图 5－1－11 先柜台签约后网上激活方式的流程

3．安装数字证书

数字证书是用户在互联网上办理安全交易的保证。如何备份数字证书呢？如果要在其他计算机上使用网上银行，如何安装数字证书呢？下面以 IE 浏览器为例，详细介绍证书的导出、导入功能。

（1）证书的导出和备份。

1）打开 Internet 选项，选择“内容”选项卡，单击“证书”按钮，导出已有证书，如图 5－1－12 所示。

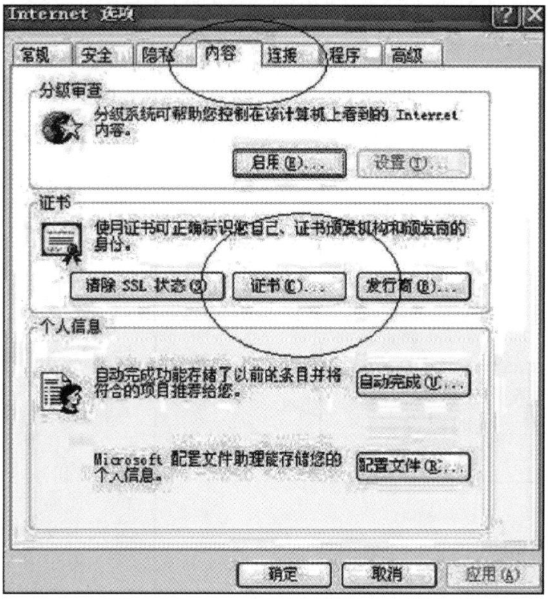

图 5-1-12　Internet 选项

2）选择需导出的个人证书后，单击“导出”按钮，如图 5-1-13 所示。

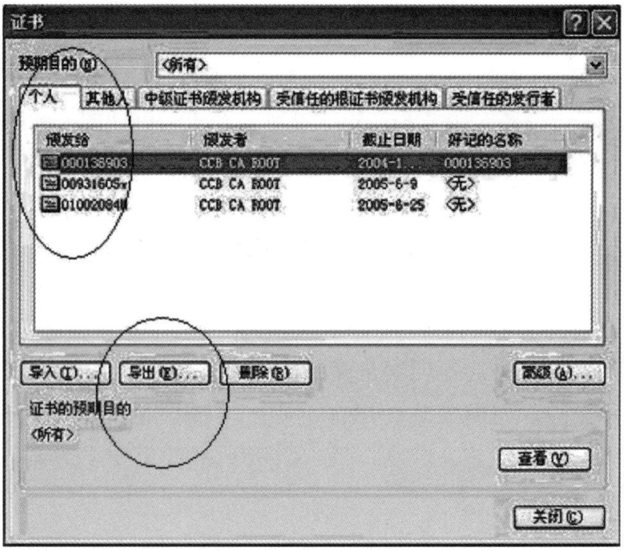

图 5-1-13　导出证书

3）单击“下一步”按钮。

4）IE 提示是否导出证书私钥，选择“是，导出私钥”单选按钮，如图 5-1-14 所示。注意：如果选择不导出私钥，则该证书在计算机导入后为无效证书。

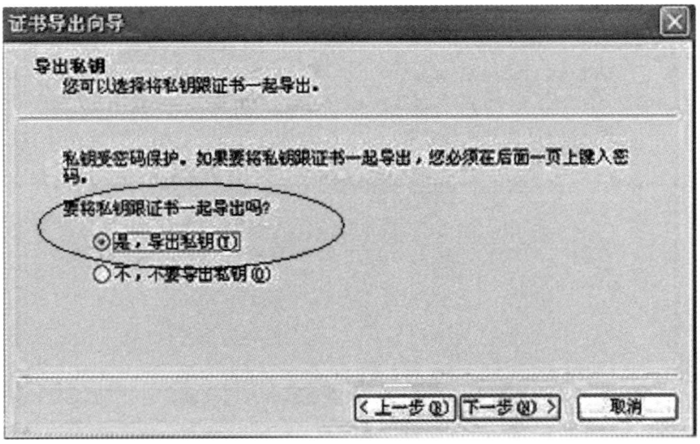

图 5-1-14　选择导出证书私钥

5）IE 提示导出后私钥的使用方式，可同时选择多项。注意：选择“启用加强保护”，则导出后的证书只可在限定 IE 版本或更高级别版本下使用，用户可根据需要选择计算机的 IE 版本；选择“如果导出成功，删除密钥”复选框，则本次证书导出成功后本计算机不保留该证书私钥，如果用户不再需要在本计算机使用证书，可选择该项，为确保证书安全，请用户在本机“证书导出向导”对话框中删除用户的证书，如图 5-1-15 所示。

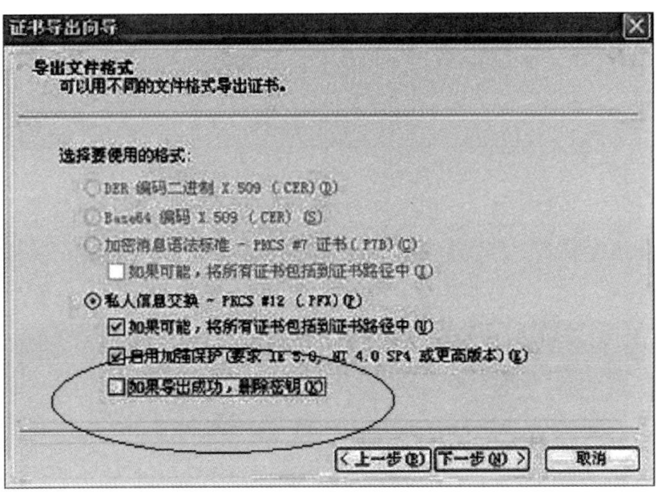

图 5-1-15　“证书导出向导”对话框

6）输入证书导入密码，该密码由用户自行确定，当用户导入证书时需输入此密码，如图 5-1-16 所示。

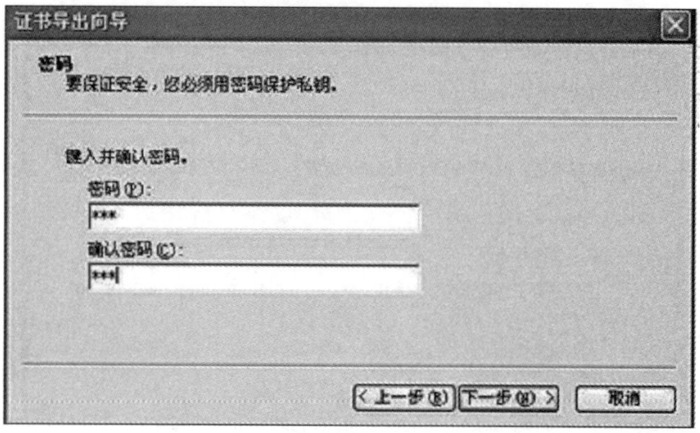

图 5-1-16　输入证书导入密码

7）可通过“浏览”的方式选择导出证书存放目录，确认无误后单击“下一步”按钮，如图 5-1-17 所示。建议将证书备份在 U 盘或其他存储设备中。

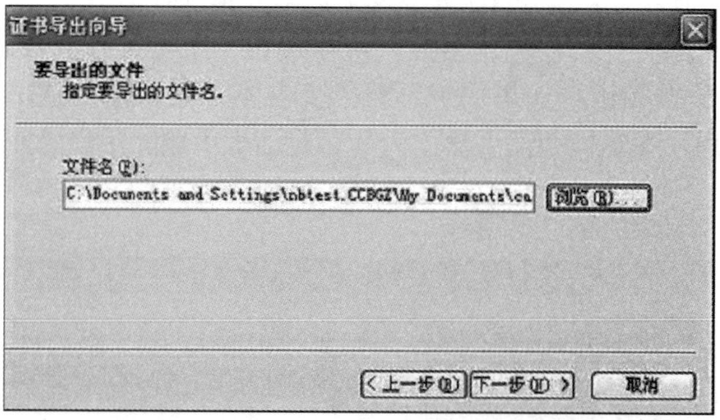

图 5-1-17　选择证书存放目录

8）单击“下一步”按钮完成证书导出，如图 5-1-18 所示。

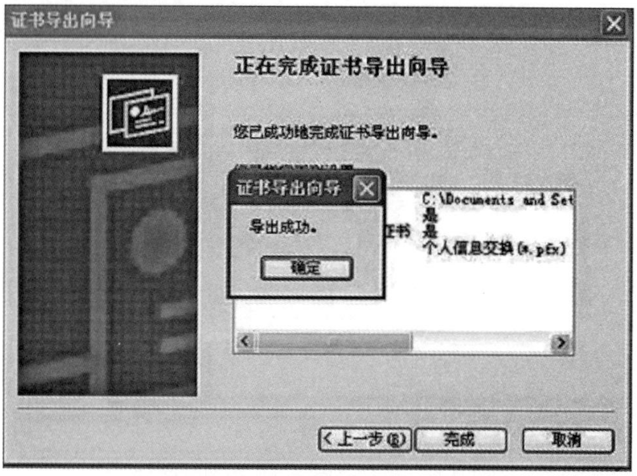

图 5-1-18　完成证书导出

（2）证书导入和安装。

1）用户可直接导入已存放于磁盘中的数字证书文件，对话框如图 5－1－19 所示。

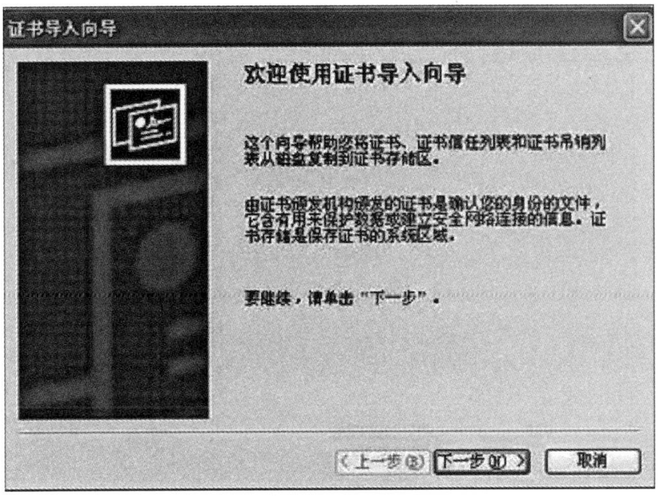

图 5－1－19　“证书导入向导”对话框

2）单击“下一步”按钮，显示证书文件存放目录，如图 5－1－20 所示。

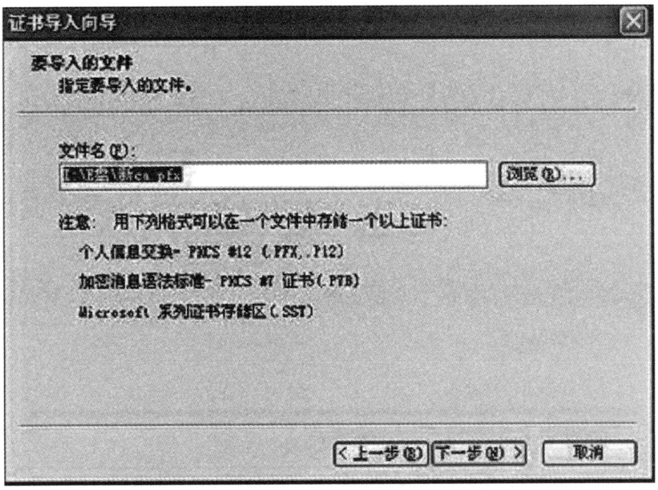

图 5－1－20　显示证书文件存放目录

3）单击“下一步”按钮，输入用户在证书导出时自行设定的密码，如图 5－1－21 所示。

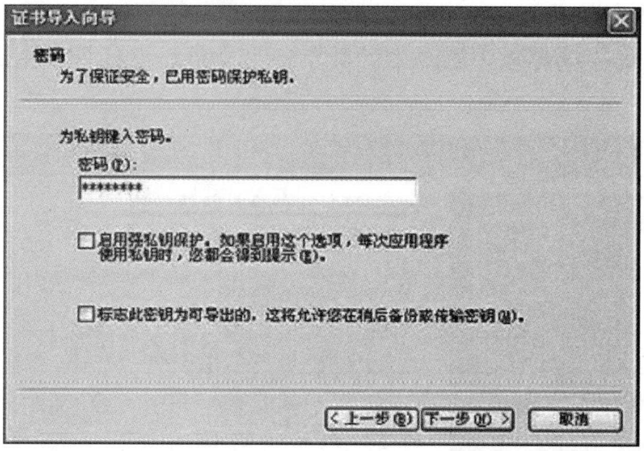

图 5-1-21　输入用户在证书导出时自行设定的密码

4）按需要，选择后单击“下一步”按钮，直至系统提示“完成”，如图 5-1-22 至图 5-1-24 所示。

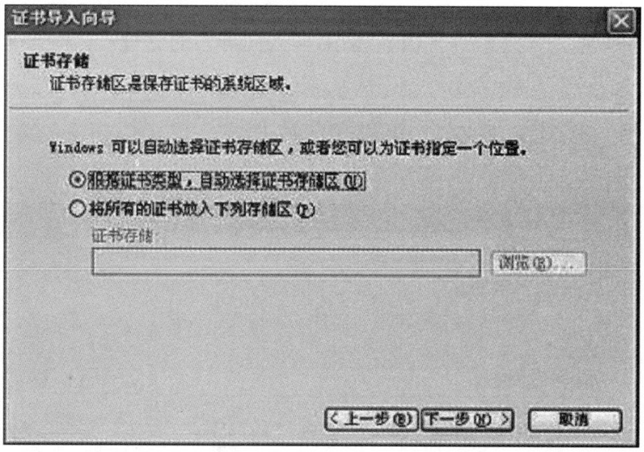

图 5-1-22　单击“下一步”按钮

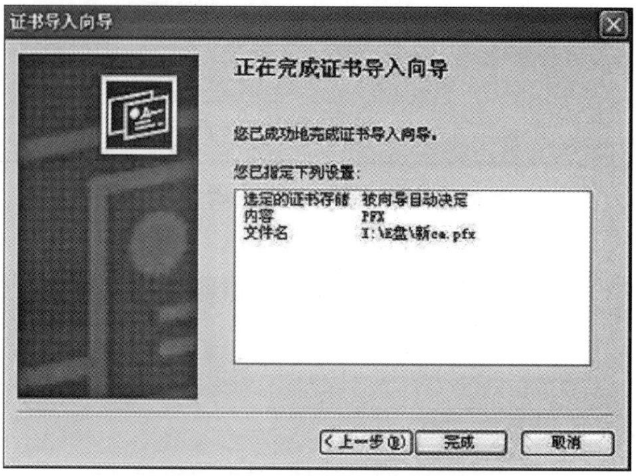

图 5-1-23　单击“完成”按钮

图 5－1－24　“导入成功”对话框

用户可通过“Internet 选项（控制面板）”→“内容”→“证书”选项，查看证书是否已成功导入，成功导入后即可在本机上使用专业版网上银行。

4. 简易版企业网上银行

（1）简易版企业网上银行的功能。

1）查询会计存款账户的余额信息。

2）查询会计存款账户的交易记录明细。

3）对下级单位在中国建设银行全国范围内开立的账户进行实时查询、实时监控。

4）提供 24 小时服务。

（2）办理条件。

1）具有在中国建设银行营业机构开立的企业账户。

2）具有营业执照或全国组织机构代码证。

3）具有能联网的计算机。

（3）办理流程。简易版企业网上银行办理流程如图 5－1－25 所示。

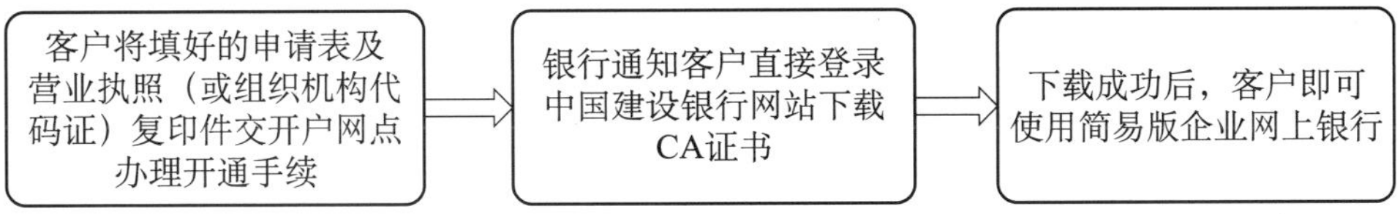

图 5－1－25　简易版企业网上银行办理流程

5. 高级版企业网上银行

（1）高级版企业网上银行的功能。

高级版企业网上银行的功能如表 5－1－1 所示。

表 5-1-1　中国建设银行高级版企业网银功能

功能	描述
查询——实时、动态掌握账务信息	查询企业存款账户的余额信息
	查询企业存款账户的明细交易记录信息
	下载企业存款账户明细进行财务分析
资金划转——足不出户，资金任意调度	主动付款：可由中国建设银行签约账户向全国任何一个商业银行的账户进行转账
	主动收款：经过对方授权可以主动收取国内中国建设银行其他机构企业用户的资金
	实现中国建设银行账户之间的资金调拨，实时到账
	实现网上批量代发工资
	实现企业电子商务，组建网上商城
资金管理——强大的企业理财功能	对下级单位账户进行实时监控
	进行定时、定金额、定余额、零余额等各种方式的自动归集
	集团理财功能为集团用户建立网上结算中心
财务内控管理——内部管理好帮手	财务人员根据职责分配不同的角色和权限
	不同额度转账流程控制
	集团理财功能为集团用户建立网上结算中心
方便快捷——更体贴的功能设计	可进行批量制单、批量复核
	可预先定制交易（7 个工作日内）、设置重复交易频率
	全天 24 小时提供服务
	提供用户端软件，支持离线制单、凭证打印等个性化功能
	提供系统直联功能，用户使用自身财务软件就可对银行账户进行一系列操作

（2）办理条件。

1）具有在中国建设银行营业机构开立的企业账户。

2）具有营业执照或全国组织机构代码证。

3）具有能联网的计算机。

（3）办理流程。

高级版企业网上银行办理流程如图 5-1-26 所示。

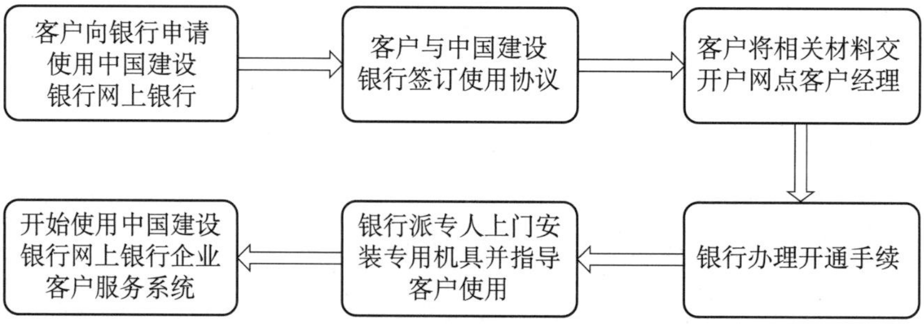

图 5-1-26　高级版企业网上银行办理流程

思考与练习题

1. 中国建设银行网上银行能够提供哪些服务？
2. 与现实中的银行相比，网上银行服务有什么优势和劣势？
3. 网上银行的安全措施主要有哪些？

任务二 手机银行的使用

实训目标

掌握中国建设银行手机银行的基本功能。

任务实践

不同的手机银行对业务的管理方法有所不同，本实训以安卓系统手机安装中国建设银行手机银行为例，主要介绍个人手机银行的操作。在下载手机银行 App 之前，请先到柜台开通手机银行。

（1）下载安装个人手机银行并登录。在安卓应用市场或小米应用商店查找“建设银行”，如图 5－2－1 所示。安装以后打开，出现如图 5－2－2 所示的隐私政策页面，点击“同意”。

（2）手机健康检查，如图 5－2－3 和图 5－2－4 所示。

图 5－2－1 在应用商店查找“建设银行”

图 5－2－2 隐私政策

图 5-2-3　手机健康检查

图 5-2-4　检查结果

（3）登录或者开通手机银行，如图 5-2-5 和图 5-2-6 所示。

图 5-2-5　登录、开通手机银行账户

图 5-2-6　“开通手机银行”页面

（4）登录手机银行，登录后页面如图 5－2－7 所示。

（5）点击“账户”，页面如图 5－2－8 所示。

图 5－2－7　登录手机银行后的页面

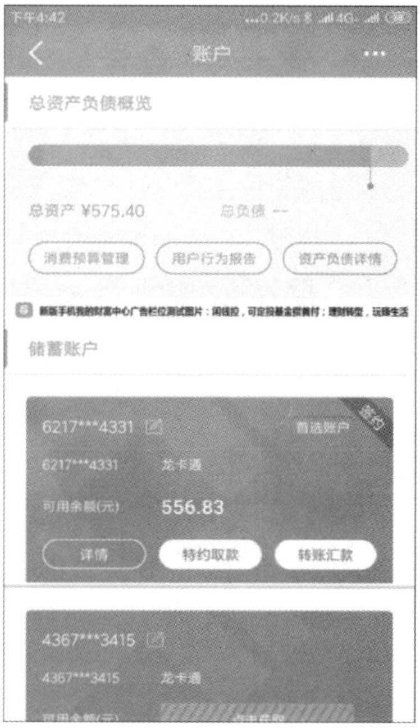

图 5－2－8　点击“账户”显示页面

（6）点击“═”菜单栏，页面如图 5－2－9 所示，菜单栏包括“安全中心”“小程序”“设置”等内容。

图 5－2－9　点击“菜单栏”显示页面

（7）点击“转账”并进行相应操作，如图 5－2－10 和图 5－2－11 所示。

图 5－2－10 “转账”页面

图 5－2－11 对应“转账”内容输入页面

思考与练习题

1. 中国建设银行手机银行与网上银行有何不同？二者都能够提供哪些服务？
2. 与网上银行对比，手机银行有什么优势和劣势？
3. 手机银行的安全措施主要有哪些？

任务三　穿戴支付——智能手环支付

实训目标

（1）理解穿戴支付的本质。
（2）掌握智能手环绑定支付宝的方法。
（3）掌握智能手环近场支付的方法。

任务实践

（1）准备一台安装了支付宝 App 9.2 以上版本的智能手机，一个支持支付宝绑定支付的智能手环，如图 5－3－1 所示。

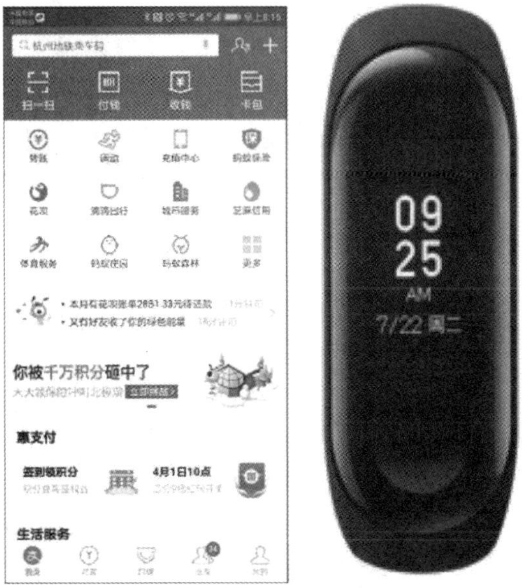

图 5－3－1　使用智能手环支付的条件

（2）打开支付宝并点击首页右下角“我的”，在弹出的界面中点击“设置”，接着在弹出的界面中点击“支付设置”，如图 5－3－2 所示。

图 5－3－2　打开支付的相关设置

（3）在“支付设置”界面中，点击“智能手环”，接着在弹出的界面中点击“同意协议并绑定”，然后界面会弹出扫描框，扫描智能手环的二维绑定码，如图 5-3-3 所示。

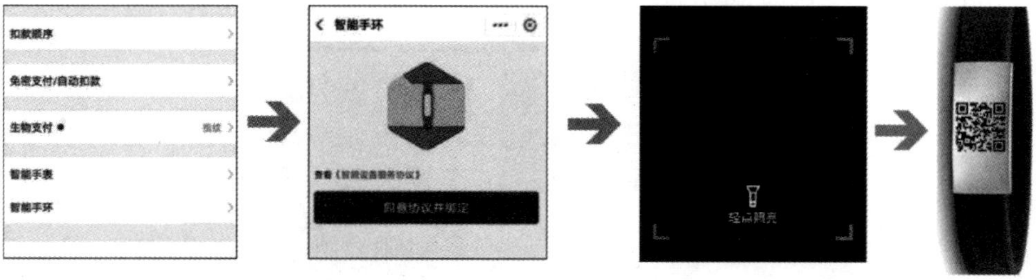

图 5-3-3　支付宝扫描二维绑定码

（4）支付宝获取智能手环的绑定码后就开始进行绑定，绑定完成后还需对智能手环进行命名，接着点击界面中的“下一步”，然后在弹出的界面再点击“确认开通”，如图 5-3-4 所示。

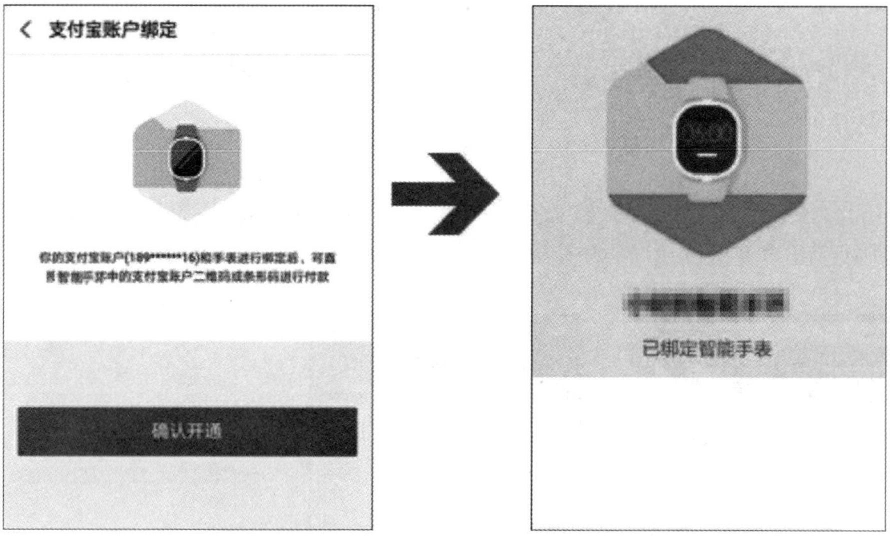

图 5-3-4　支付宝绑定智能手环

（5）输入支付宝支付密码，确认绑定智能手环（见图 5-3-5），如果出现“解除绑定”界面，则表明智能手环支付绑定成功。

（6）使用智能手环支付时，只需打开智能手环的支付条码并出示给收银员扫码就可以完成近场支付，如图 5-3-6 所示。

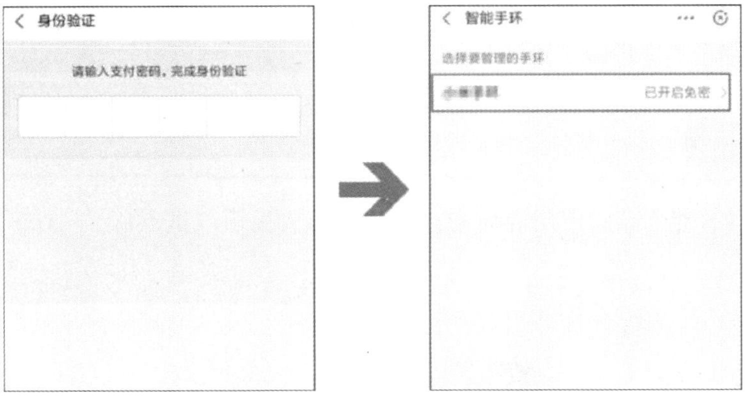

图 5-3-5　支付宝成功绑定智能手环

图 5-3-6　智能手环支付界面

思考与练习题

1. 与手机支付相比，智能手环支付有哪些优缺点?
2. 除了智能手环，还有哪些可穿戴的支付设备?
3. 你认为智能手环支付会成为未来主流的支付方式吗？为什么?

任务四　数字人民币支付

实训目标

（1）掌握数字人民币 App 的下载与安装操作。

（2）掌握数字人民币软钱包的开通操作。

（3）掌握数字人民币的支付操作。

任务实践

（1）在移动智能终端的应用商店中搜索“数字人民币（试点版）”App 并下载（见图 5-4-1）。

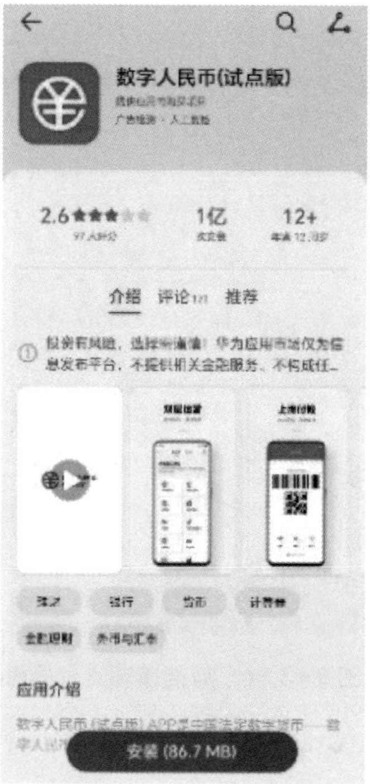

图 5-4-1　数字人民币（试点版）App

（2）安装完成后，打开 App 并点击“新用户注册”按钮，如图 5-4-2 所示。需要注意的是，注册用户必须在数字人民币的试点区域，点击“同意并继续注册”，如图 5-4-3 所示。然后，注册用户输入自己的手机号，并通过短信验证码校验身份和设置登录密码，如图 5-4-4 所示。

（3）登录密码设置完成后，App 将弹出“开通数字钱包”界面，数字人民币需要通过数字钱包进行收款和支付应用，如图 5-4-5 所示。点击“开通数字钱包”按钮，然后 App 将会弹出“软钱包”下面的“开通匿名钱包”界面，如图 5-4-6 所示。开通匿名钱包需要绑定自己的银行卡才能够进行数字人民币的充值和提现操作，选择一家银行进行绑定。

图 5-4-2　用户注册

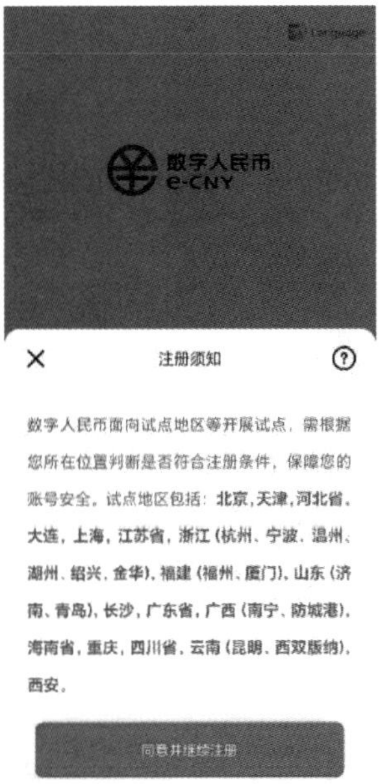

图 5-4-3　用户须知

图 5-4-4　注册需要手机号

图 5-4-5　开通数字钱包

图 5-4-6　开通匿名钱包

（4）数字人民币充值的方式有两种：一种是从已有的银行卡中进行充值；另一种则是进行线下充值。线下充值需要到实体网点进行操作，通过扫描二维码并输入充值金额的方式，完成数字人民币的充值。在绑好银行卡后，回到数字人民币 App 首页面就可以看到完成绑卡的软数字钱包，如图 5-4-7 所示。点击“充钱包”，就可以使用绑定银行卡内的余额给数字人民币钱包充值，如图 5－4－8 所示。充值完成后的界面如图 5－4－9 所示。

图 5－4－7　绑卡的软数字钱包

图 5－4－8　软数字钱包充值

图 5－4－9　软数字钱包充值成功

（5）成功充值后，用户就可以在支持数字人民币支付的商家那里使用数字人民币进行支付，也可以在 App 中进行数字人民币的收款和转账等操作。数字人民币提供了丰富多样的支付方式，常见的付钱码如图 5－4－10 所示。

图 5－4－10　数字人民币的付钱码

思考与练习题

1. 数字人民币为什么要采用试点推广的方式？
2. 与支付宝等第三方支付相比，数字人民币的支付优势有哪些？

项目六　商业模式与互联网思维实训

任务一　NovaMind 思维导图制作

实训目标

（1）掌握思维导图的思想。

（2）掌握思维导图、幻灯片的制作和使用流程。

任务实践

NovaMind 是一款非常优秀的思维导图软件，它将思维导图和 PPT 融合在一起，支持思维导图放映演示，支持直接导出思维导图为 PDF、PNG、Word、PowerPoint、MindManager、纯文本等文件。与目前常用思维导图软件 MindManager 相比，NovaMind 在功能上更加完善，设置更加人性化。其新颖的手段和交互性弥补了 PPT 上下文联系不强，不易突出逻辑结构的问题，被誉为 PPT 的替代者，其解决了传统思维导图无法演示的问题，支持自由遍历，支持演示时的编辑模式。

（1）下载安装好 NovaMind 软件（略）。

（2）点击桌面图标，打开 NovaMind 思维导图软件（如图 6-1-1 所示）。

（3）点击“文件”（如图 6-1-2 所示），选择“新建文档”，可以选择“从现有文件创建”，也可以选择下面的一个“模板”开始创建，还可以“自定义模板”。

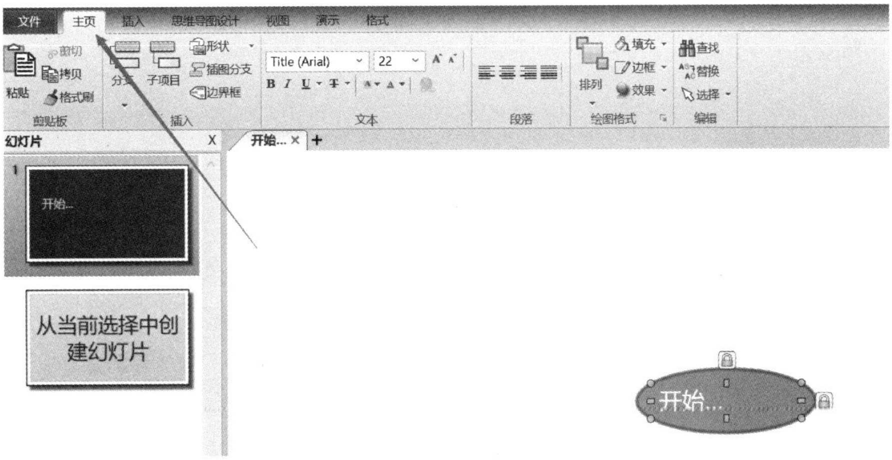

图 6-1-1　NovaMind 打开页面

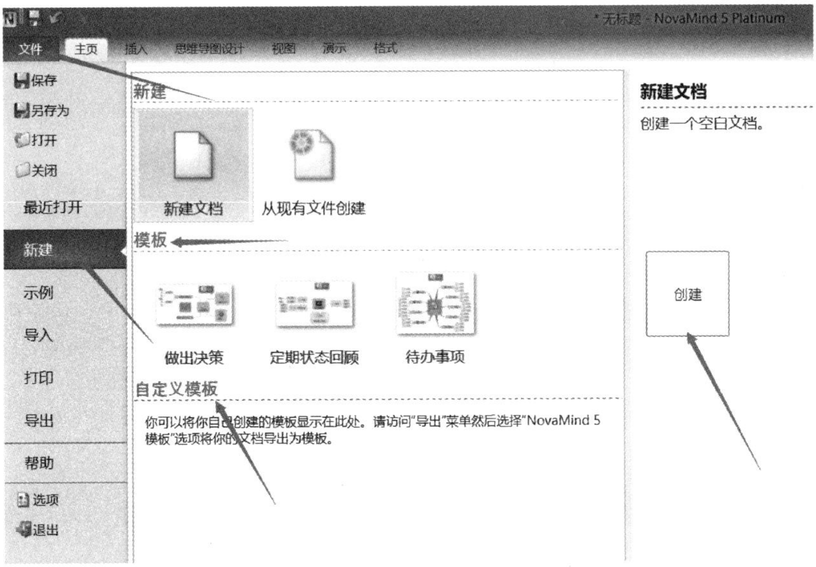

图 6-1-2　“新建文档”页面

(4) 选择“新建文档”，在“开始……”框选择输入“电子商务实务”，然后回车，子项目自动增加，需要几个子项目，就打几个回车（如图 6-1-3 所示）。

(5) 创建子项目 A，在主页的菜单栏点击“子项目”，可以添加子项目，然后回车，如图 6-1-4 所示。同时鼠标点“+”可以调整子项目的位置。

(6) 创建子项目 B，在主页的菜单栏点击“子项目”，可以添加子项目，然后回车。同理再增加若干个子项目 B 的子项目，如图 6-1-5 所示。同时鼠标点“+”可以调整子项目的位置。

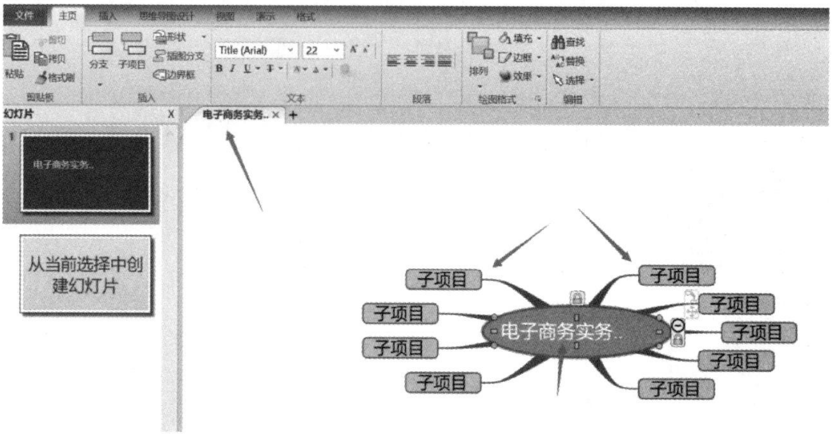

图 6-1-3　输入“电子商务实务”项目内容，然后回车创建子项目

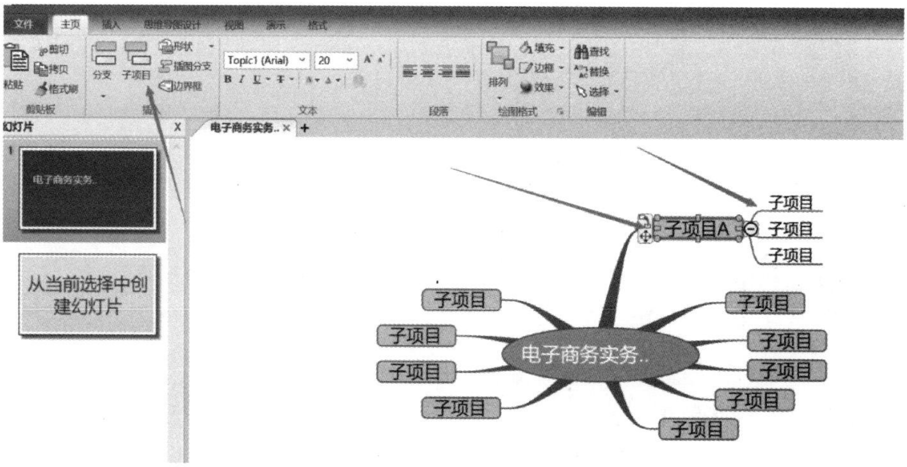

图 6-1-4　创建子项目 A 和若干子项目

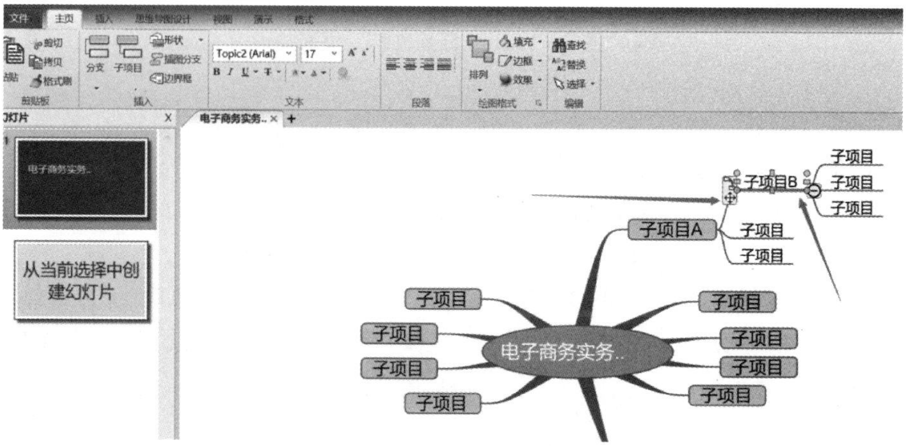

图 6-1-5　创建子项目 B 及其若干子项目

（7）在主菜单的“思维导图设计”栏，可以选择自己喜欢的思维导图样式，如图 6－1－6 所示。

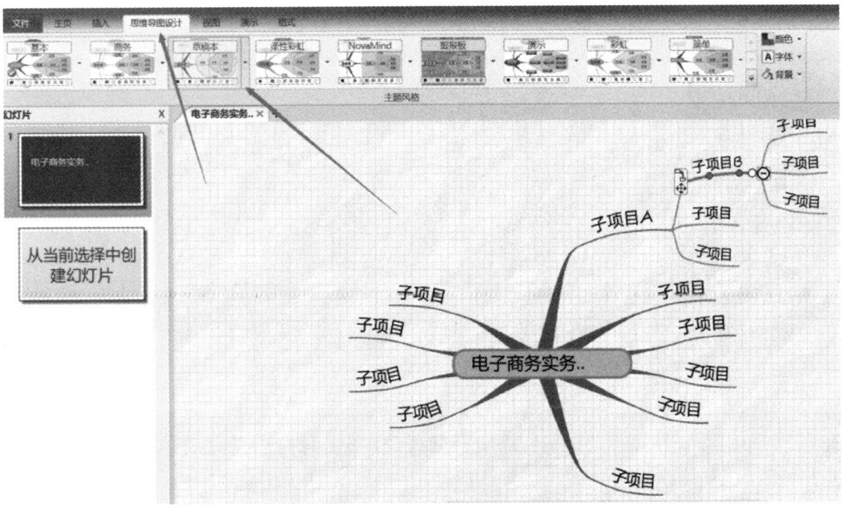

图 6－1－6　“思维导图设计”样式选择

（8）点击主菜单栏的“视图”，点击“详细信息级别”可以选择“展开一级”“展开二级”“展开全部”等来调整思维导图的显示方式，如图 6－1－7 所示。

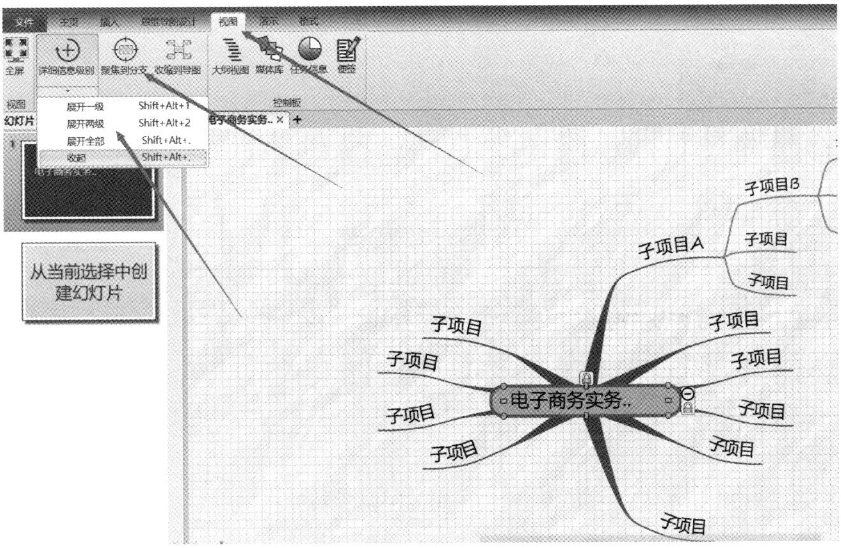

图 6－1－7　“详细信息级别”可以选择“展开一级”等

（9）点击主菜单栏的“视图”，点击“详细信息级别”，选择“收起”，如图 6－1－8 所示，点击左边的“从当前选择中创建幻灯片”，创建第一张幻灯片。

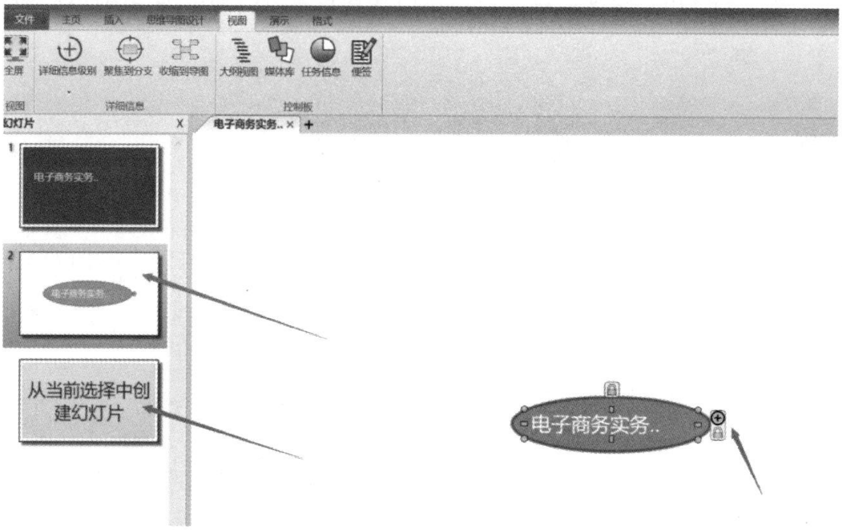

图 6－1－8　创建第一张幻灯片

（10）点击“详细信息级别”，选择“展开二级”，如图 6－1－9 所示，点击左边的“从当前选择中创建幻灯片”，创建第二张幻灯片。其他幻灯片创建方法依此类推。

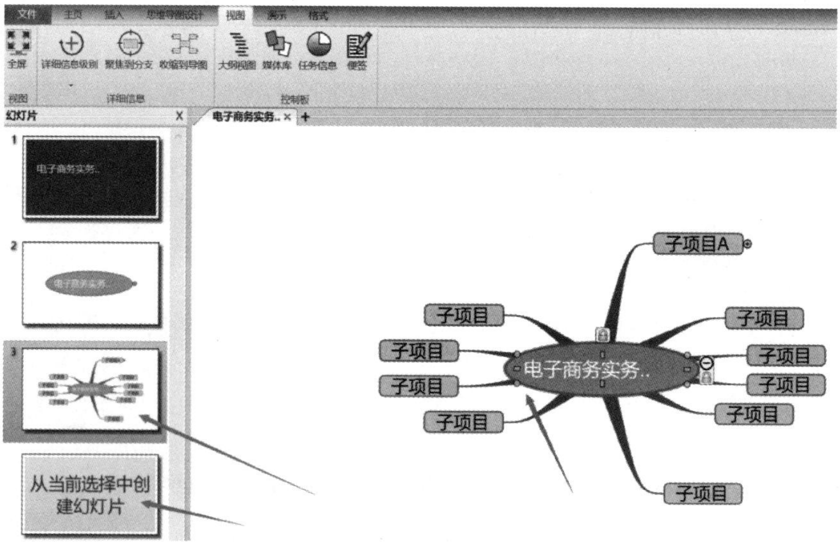

图 6－1－9　创建第二张幻灯片

思考与练习题

1. 使用 NovaMind 制作本教材第二章至第六章的思维导图。
2. 请说说不同思维导图软件各自的特点。

任务二 商业模式画布制作

实训目标

（1）掌握商业模式画布（BMC）的概念。

（2）掌握商业模式的九大模块（Customer Segments、Customer Relationships、Channels、Value Propositions、Key Resources、Key Activities、Key Partnerships、Cost Structure、Revenue Streams）。

（3）制作具体企业的 BMC。

任务实践

（1）学习商业模式画布，了解商业模式九大模块构成（如图 6－2－1 所示）。

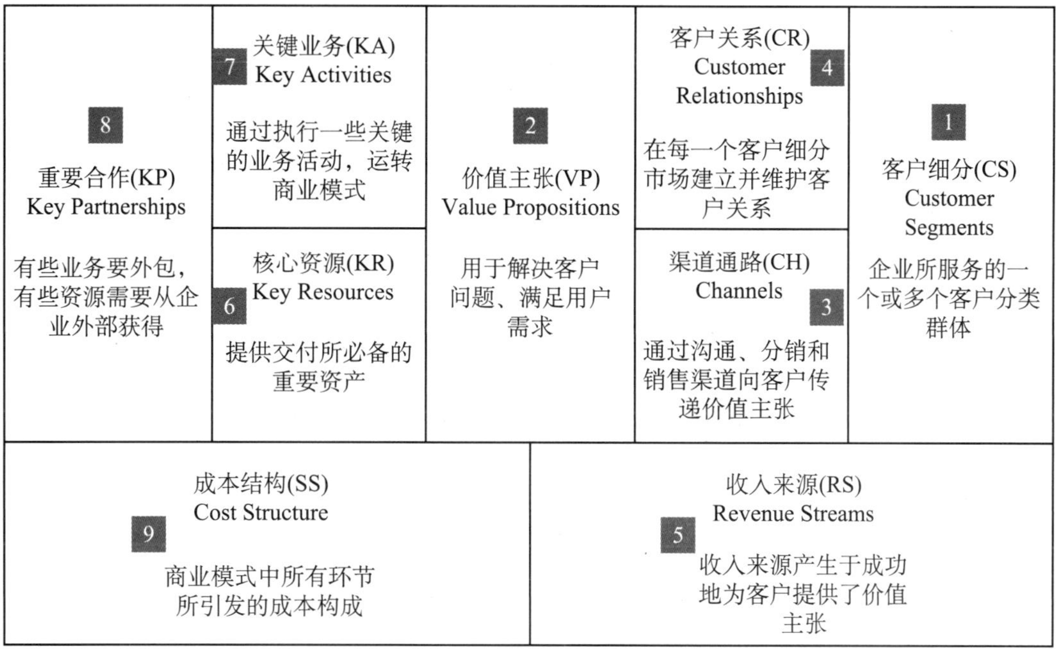

图 6－2－1 商业模式九大模块构成

（2）分析短租公寓爱彼迎（airbnb）的 BMC，如图 6－2－2 所示。

（3）假如你是一家企业的营销人员，请你绘制出本企业的 BMC（填写图 6－2－3 所示的 BMC 内容）。

<table>
<tr><th>关键业务(KA)</th><th>重要合作(KP)</th><th>价值主张(VP)</th><th>客户关系(CR)</th><th>客户细分(CS)</th></tr>
<tr><td rowspan="3">最主要的是：营销、社区运营和产品开发</td><td>• 与世界各地的社群合作
• 酒店预订平台
• 航空公司
• 投资人
• 摄影师</td><td rowspan="3">• 风险抑制因素：有图有真相+实名认证+审查评级
• 便利性/可达性因素：快速预订+与房主直接联系
• 价格因素：价格低廉</td><td>• 与出租者的关系：经营出租者社群
• 与租客的关系：提供安全的客户体验</td><td rowspan="3">出租方
• 有空房间，想赚钱的人
• 想结交新朋友的人
租用方
• 旅行度假者
• 商务旅行者</td></tr>
<tr><th>核心资源(KR)</th><th>渠道通路(CH)</th></tr>
<tr><td>• 创始人
• 房源
• 团队</td><td>• 通过沟通和销售渠道向租客传递企业价值主张</td></tr>
<tr><th colspan="3">成本结构(CS)</th><th colspan="2">收入来源(RS)</th></tr>
<tr><td colspan="3">• 技术：包括顶级程序员的成本，以及服务器空间和他们许可的许多软件
• 营销：包括付费广告和公关
• 销售：包括他们在所有大市场中维护的国家经理及团队</td><td colspan="2">以佣金为主
• 向房东收取3%的交易费
• 向租客收取6%～12%的服务费</td></tr>
</table>

图 6－2－2　爱彼迎的 BMC

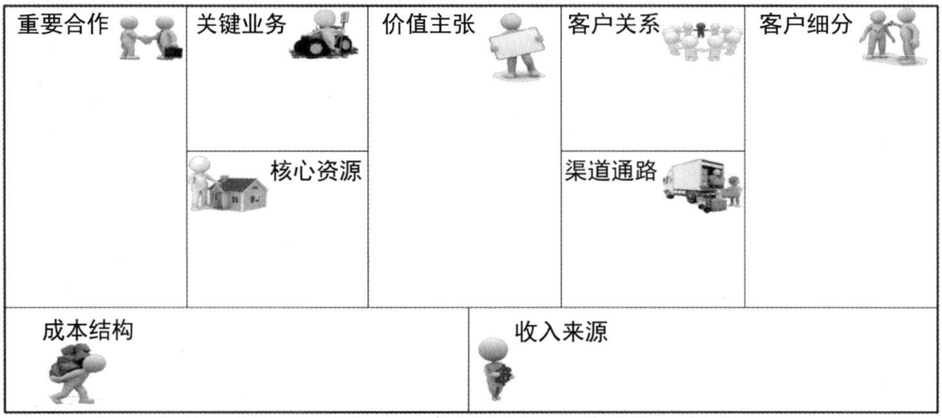

图 6－2－3　画出本企业的 BMC

思考与练习题

1. 画出拼多多的商业模式画布，并做必要的说明。
2. 画出抖音的商业模式画布，并做必要的说明。

任务三 个性化定制服务

(一) 产品个性化定制

实训目标

(1) 掌握电子商务个性化定制服务的概念。

(2) 了解并体验产品个性化定制服务。

(3) 掌握产品个性化定制的过程。

任务实践

本任务以 NIKE 官网产品定制为例介绍产品个性化定制。

1. 登录网站

登录 NIKE 官网 www. nike. com. cn，在导航条 NIKEiD 的下拉面板中选择所需定制的产品类目。

2. 选择定制

选择所需定制的产品，如图 6 - 3 - 1 所示。点击“开始设计”开始全新定制。当然，也可以基于某个设计灵感进行设计，如图 6 - 3 - 2 所示。

3. 进行细节定制

完成鞋面、鞋舌等球鞋部件以及个性签名的定制工作，包括鞋面设计（见图 6 - 3 - 3)、鞋头设计、鞋眼设计、鞋舌设计、标识设计、鞋跟设计（见图 6 - 3 - 4)、鞋带设计、内衬设计、中底设计、外底设计等。

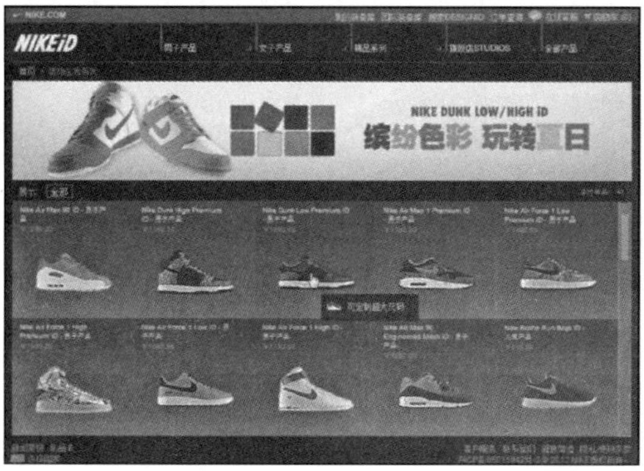

图 6 - 3 - 1 定制产品选择

图 6－3－2　设计灵感选择

图 6－3－3　鞋面设计

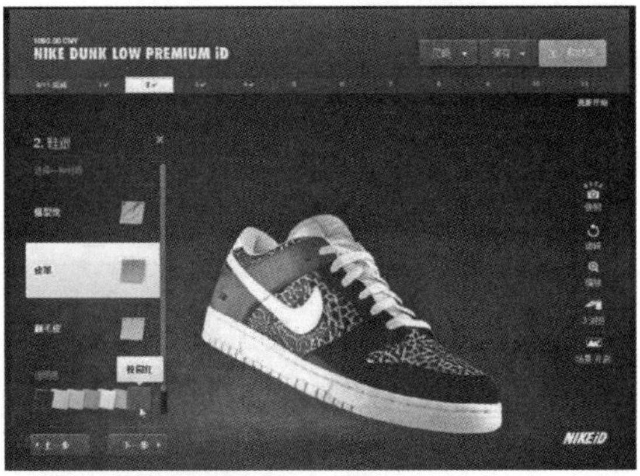

图 6－3－4　鞋跟设计

4. 选择附加信息及下单

选择性别、鞋码和数量，加入购物车（见图 6－3－5）并支付结算（见图 6－3－6）。NIKE 官网支持支付宝、VISA、MasterCard 等支付方式。

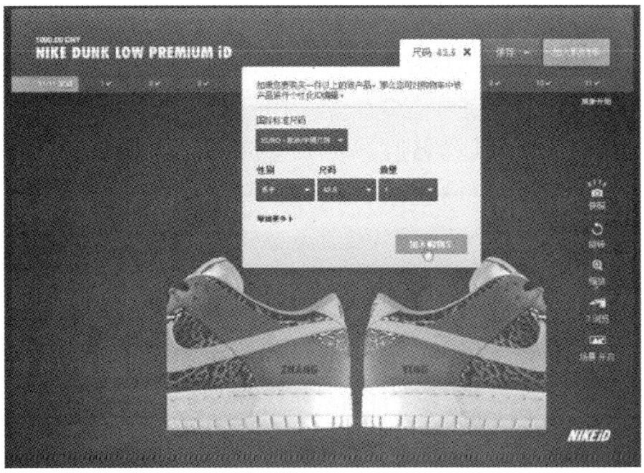

图 6－3－5　加入购物车

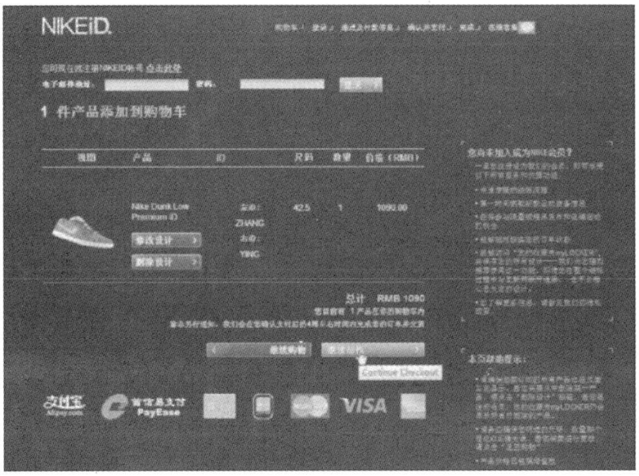

图 6－3－6　支付结算

（二）服务个性化定制

实训目标

（1）了解旅游电商、网络团购、电子保险等电子商务模式。

（2）掌握旅游电商、网络团购、电子保险等的使用方法。

（3）能够根据需求制定个性化服务方案。

任务实践

长沙的 Z 先生喜欢旅游，他计划金秋十月去杭州游玩，时间为 4 天。他准备通过网络预订往返机票、酒店、餐饮、门票以及租车和购买保险。其具体要求如下：

● 机票为经济舱，早上抵杭，晚上离杭。

● 酒店要求在西湖附近，日均价格为 200～300 元。

● 预订两顿晚餐，其中一顿为自助晚餐（可以远眺西湖），另一顿为桌菜（4 人，体现杭帮菜特色）。

● 预订景点门票，游览杭州风景名胜，如灵隐寺、西溪湿地、雷峰塔等。

● 租车自驾出行，小型或紧凑型车型，租车时间为 1 天。

● 购买一份旅游险。

各类信息至少查询两个网站，将查询结果及最终方案填入表 6－3－1。

表 6－3－1　自助旅行方案

<table>
<tr><td colspan="9">长沙—杭州机票信息查询</td></tr>
<tr><td>网站名称</td><td>路线</td><td>日期</td><td>航班号</td><td>起抵时间</td><td>机型</td><td>机场建设费及燃油附加费</td><td>全价</td><td>折扣</td></tr>
<tr><td rowspan="2"></td><td>去程</td><td></td><td></td><td></td><td></td><td></td><td></td><td></td></tr>
<tr><td>返程</td><td></td><td></td><td></td><td></td><td></td><td></td><td></td></tr>
<tr><td rowspan="2"></td><td>去程</td><td></td><td></td><td></td><td></td><td></td><td></td><td></td></tr>
<tr><td>返程</td><td></td><td></td><td></td><td></td><td></td><td></td><td></td></tr>
<tr><td colspan="9">杭州酒店信息查询</td></tr>
<tr><td colspan="2">网站名称</td><td>酒店名称</td><td>位置</td><td>房间类型</td><td>均价</td><td>是否含早餐</td><td colspan="2">备注</td></tr>
<tr><td colspan="2"></td><td></td><td></td><td></td><td></td><td></td><td colspan="2"></td></tr>
<tr><td colspan="2"></td><td></td><td></td><td></td><td></td><td></td><td colspan="2"></td></tr>
<tr><td colspan="9">团购一顿自助晚餐、一顿桌菜（晚饭，4 人）</td></tr>
<tr><td colspan="2">自助晚餐网站名称</td><td>餐厅名称</td><td>价格</td><td>特色</td><td colspan="2">位置</td><td colspan="2">备注</td></tr>
<tr><td colspan="2"></td><td></td><td></td><td></td><td colspan="2"></td><td colspan="2"></td></tr>
<tr><td colspan="2"></td><td></td><td></td><td></td><td colspan="2"></td><td colspan="2"></td></tr>
<tr><td colspan="2">桌菜网站名称</td><td>餐厅名称</td><td>价格</td><td>特色</td><td colspan="2">位置</td><td colspan="2">备注</td></tr>
<tr><td colspan="2"></td><td></td><td></td><td></td><td colspan="2"></td><td colspan="2"></td></tr>
<tr><td colspan="2"></td><td></td><td></td><td></td><td colspan="2"></td><td colspan="2"></td></tr>
<tr><td colspan="9">杭州旅游门票</td></tr>
<tr><td colspan="2">网站名称</td><td>游览景点</td><td>原价</td><td>网购优惠价</td><td colspan="2">位置</td><td colspan="2">备注</td></tr>
<tr><td colspan="2"></td><td></td><td></td><td></td><td colspan="2"></td><td colspan="2"></td></tr>
<tr><td colspan="2"></td><td></td><td></td><td></td><td colspan="2"></td><td colspan="2"></td></tr>
<tr><td colspan="2"></td><td></td><td></td><td></td><td colspan="2"></td><td colspan="2"></td></tr>
<tr><td colspan="9">租车自驾</td></tr>
<tr><td colspan="2">网站名称</td><td>车型</td><td>价格</td><td colspan="5">备注</td></tr>
<tr><td colspan="2"></td><td></td><td></td><td colspan="5"></td></tr>
<tr><td colspan="2"></td><td></td><td></td><td colspan="5"></td></tr>
<tr><td colspan="9">购买出行保险</td></tr>
<tr><td colspan="2">保险公司</td><td colspan="2">价格</td><td colspan="5">备注</td></tr>
<tr><td colspan="2"></td><td colspan="2"></td><td colspan="5"></td></tr>
<tr><td colspan="2"></td><td colspan="2"></td><td colspan="5"></td></tr>
<tr><td>旅游方案</td><td colspan="8"></td></tr>
</table>

1. 机票预订

携程是中国领先的在线票务服务公司。携程旅行网有国内外五千余家会员酒店可供预订，是中国领先的酒店预订服务中心。在机票预订方面，携程旅行网是中国领先的机票预订服务平台，覆盖国内外所有重要航线。

（1）选择出发和到达城市及往返时间。

（2）根据机票价格微调往返日期。选择最早一班航班抵杭，最晚一班航班离杭。

（3）填写机票信息、配送方式和支付方式，完成机票预订。

2. 酒店预订

美团酒店的发展历史显示其在酒店预订市场的迅速崛起。例如，2018 年 3 月，美团酒店的间夜量首次超过携程系；2019 年，美团酒店全年国内酒店间夜量持续超过携程系总和。这些成就标志着美团酒店在在线酒店预订市场的领先地位。美团酒店是美团旗下的一个综合住宿服务平台，提供广泛的酒店预订服务。它以其便捷的预订流程、多样化的酒店选择和竞争力的价格而受到用户的欢迎。

美团酒店的特点如下：

（1）综合住宿服务：美团酒店提供从经济型到豪华型的各种酒店选择，满足不同用户的需求。

（2）用户评价系统：用户在消费后才能进行评价，确保所有评价的真实性和可信度。

（3）退款政策：如果计划有变或消费不满意，美团酒店提供随时退款的服务。

（4）信息准确性：拥有专业的商家数据中心，提供准确及时的酒店信息。

（5）特色项目：提供更多品质酒店选择，支持手机支付和快速秒杀等。

3. 餐饮预订

大众点评网是中国领先的本地生活信息及交易平台，同时也是全球最早建立的独立第三方消费点评网站。它为用户提供包括商户信息、消费点评、消费优惠等信息服务，并提供团购、餐厅预订、外卖及电子会员卡等 O2O 交易服务。在餐厅预订方面，大众点评提供的服务不仅方便了用户，也为商家带来了诸多好处。用户可以通过网站或应用程序选择想要预订的餐厅和时间，提交预订信息后，系统会自动处理这些信息并通知餐厅。这种自动化的预订流程减少了传统呼叫中心的人工成本，提高了预订效率。

大众点评还提供了多种功能来增强用户体验和商家的曝光度。例如，它的“必吃榜”功能增加了品牌知名度和权威性，着重引导消费；“霸王餐”作为平台用户福利，同时也是一种商家引流手段；而“VIP 特权”则为用户提供折扣，增加了用户的忠诚度和对商家的正面评价。

4. 门票预订

“去哪儿”是中国领先的旅游搜索引擎，致力于为中国旅游消费者提供全面、准确的旅游信息服务，促进中国旅游行业在线化发展、移动化发展。“去哪儿”为消费者提供机票、酒店、度假产品的实时搜索，并提供旅游产品团购以及其他旅游信息服务，为旅游行业合作伙伴提供在线技术、移动技术解决方案。

（1）搜索景点。

（2）点击“预订”按钮，购买门票。

5. 网上租车

神州租车作为中国汽车租赁行业的领跑者，积极借鉴国际成熟市场成功的汽车租赁模式，并结合中国客户的消费习惯，为广大消费者提供短租、长租及融资租赁等专业化的汽车租赁服务，以及GPS导航、道路救援等完善的配套服务。

（1）选择租还车日期及地点。

（2）选择级别为“紧凑型轿车”，点击“租车”按钮进行租车。如所需车型在该门店不可租用，可点击“换门店看看”按钮去其他门店租车。

（3）完成租车。选择服务并确认订单后，完成租车。

6. 购买保险

（1）进入中国工商银行首页，选择导航中的“保险”。

（2）选择“旅游险”，将会列出中国工商银行收录的各家保险公司的旅游险产品。根据需要，选择“e—神州逍遥游”，点击购买。

（3）进入产品发行公司“人保”页面，进行产品购买。保险购买共有四个步骤：选择方案、填写投保信息、确认投保、支付。

思考与练习题

1. 什么是个性化定制？
2. 哪些产品适合个性化定制服务？
3. 简述旅游电商、网络团购、电子保险等电商模式的优势。
4. 简述携程、去哪儿、飞猪三个平台BMC的异同点。

项目七　电子商务安全技术实训

任务一　加密与解密

实训目标

（1）掌握对源文件进行 Base64 编码和解码的整个过程。

（2）熟悉利用对称加密的方法对文件进行加密和解密的过程。

（3）熟悉利用 RSA 非对称密钥对文件进行加密和解密的方法。

任务实践

本实训利用 OpenSSL 开放源程序，采用命令方式进行操作，必须具备的实训条件如下：个人计算机一台，预装 Windows 2000 或者 Windows XP 以上版本的操作系统和浏览器。

1. 对源文件进行 Base64 编码和解码

（1）下载和安装 OpenSSL 安装包。

1）下载 OpenSSL 安装包（下载地址：http：//admin. myelp. com/openssl. rar）。

2）解压缩软件包至 C 盘根目录下，自动生成 openssl 文件夹。

3）选择“开始”→“程序”→“附件”→“命令提示符”命令，打开“命令提示符”窗口。

4）在 C：\ Documents and Settings \ owner〉后输入“cd C：\ openssl \ out32dll”，输入后按回车，进入 C：\ openssl \ out32dll 目录下。

（2）对源文件进行 Base64 编码和解码。

1）生成源文件。用记事本创建文本文件（即源文件），文件名为 name. txt，内容为学生的名字和学号，保存在 C：\ openssl \ out32dll 文件夹下。

2）对源文件进行 Base64 编码。在命令提示符窗口，用键盘输入命令“openssl enc-base64-in name. txt-out outname. txt”，输入后按回车键。执行完上述命令后，系统在 C：\

openssl \ out32dll 目录下自动生成一个经过 Base64 编码后的 outname. txt 文件。

3）查看编码后的文件内容。在命令提示符窗口中输入命令“type outname. txt”，查看 outname. txt 文件的内容。

4）对加密文件进行 Base64 解码。在命令提示符窗口中输入命令“openssl enc-base64-d-in outname. txt-out newname. txt”，对 outname. txt 文件内容进行解码。

5）比较解码后的文件和源文件。在命令提示符窗口中输入命令“type newname. txt”，查看解码后的文件内容，判断与源文件的内容是否一致。

2. 利用对称加密法对文件进行加密和解密

（1）生成源文件。用记事本创建一个文本文件，文件名为学生的学号，内容为学生的名字和学号，保存在 C：\ openssl \ out32dll 文件夹下。

（2）对源文件进行对称加密。在命令提示符窗口中输入命令“openssl enc-des3-in 60609001. txt-out out60609001. des”，输入后按回车键。在加密过程中系统会提示输入保护密码，输入密码后按回车键，系统会再次要求输入密码进行确认（注：输入密码时屏幕无任何显示）。执行完上述命令后，系统会在 C：\ openssl \ out32dll 目录下自动生成一个用 des3 算法加密后的 out60609001. des 文件。

（3）查看加密后的文件，在命令提示符窗口中输入命令“type out60609001. des”，查看加密后的“out60609001. des”文件的内容。

（4）对加密文件进行解密。在命令提示符窗口中输入命令“openssl enc-des3-d-in out60609001. des-out new60609001. txt”，并根据提示输入解密密码，对“out60609001. des”文件内容进行解码。

（5）比较解密后的文件和源文件。在命令提示符窗口中输入“type new60609001. txt”查看解密后的文件内容，判断与源文件 60609001. txt 的内容是否一致。

3. 利用 RSA 非对称密钥对文件进行加密和解密

（1）产生和查看 RSA 非对称密钥。

1）生成源文件。用记事本创建一个文本文件，文件名为学生的学号，内容为学生的名字和学号，保存在 C：\ openssl \ out32dll 文件夹下。

2）产生一个私钥。在命令提示符窗口中输入命令“openssl genrsa-des3-out myrsaCA. key 1024”，输入后按回车键，系统会提示用户输入保护密码。输入密码后按回车键，系统会再次要求用户输入密码进行确认。执行完上述命令后，系统会在 C：\ openssl \ out32dll 目录下自动生成一个用于存放 RSA 私钥的文件 myrsa. key。

3）查看私钥内容。在命令提示符窗口中输入“openssl rsa-in myrsaCA. key-text-noout”，然后根据提示输入先前设定的保护密码，查看私有密钥文件中私钥的内容。

4）导出公共密钥。在命令提示符窗口中输入命令“openssl rsa-in myrsaCA. key-pubout-out myrsapubkey. pem”，然后根据提示输入原先设定的保护密码，产生一个存放公钥的文件 myrsapubkey. pem。

5）查看公钥内容，在命令提示符窗口中输入命令“type myrsapubkey. pem”查看文件 myrsapubkey. pem 中的公钥内容。

(2) 用公钥对文件加密和用私钥对文件解密。

1) 用公钥对文件加密。在命令提示符窗口中输入命令“openssl rsautl-encrypt-in 60609001. txt-inkey myrsaCA. key-out pub60609001. enc”后，系统会提示输入保护密码，输入密码后按回车键完成加密。

2) 用私钥对加密文件解密。输入命令“openssl rsautl-decrypt-in pub60609001. encin-key mysraCA. key-out newpub60609001. txt”，然后根据提示输入原先设定的保护密码，即完成对加密文件的解密。

3) 查看解密后的文件 newpub60609001. txt 的内容。在命令提示符窗口中输入“type newpub60609001. txt”，按回车键后便可查看文件内容，判断与源文件 60609001. txt 的内容是否一致。

(3) 用私钥对文件加密（即签名）和用公钥对文件解密。

1) 用私钥对文件 60609001. txt 加密。在命令提示符窗口中输入命令“openssl rsautl-sign-in 60609001. txt-inkey myrsaCA. key-out pri60609001. enc”，然后按回车键，系统会提示输入原先设定的保护密码（注：文件 60609001. txt 不能太大，大了就会出错），输入密码后按回车键完成对文件的加密。

2) 用公钥对文件 pri60609001. enc 解密（类似对签名进行验证），命令为“openssl rsautl-verify-in pti60609001. enc-inkey myrsaCA. key-out newpri60609001. txt”，输入完毕后按回车键，同样需要输入原先设定的保护密码。

3) 查看解密后的文件 newpri60609001. txt 的内容，在命令提示符窗口中输入“type newpri60609001. txt”，按回车键后便可查看文件的内容，然后判断与源文件 60609001. txt 的内容是否一致。

思考与练习题

1. 简述对源文件进行 Base64 编码和解码的基本步骤。
2. 简述利用对称加密法对文件进行加密和解密的主要步骤。
3. 简述利用 RSA 非对称密钥对文件加密和解密的主要步骤。
4. 简述公共密钥体制的基本原理。

任务二　移动数字证书安装

实训目标

(1) 掌握数字证书的概念。

(2) 了解 ZJCA 移动证书及其使用方法。

（3）掌握支付宝数字证书的安装方法。

任务实践

1. 数字证书的安装与使用

当前移动应用领域中，身份认证应用最多的安全保护措施是通过账号密码、手势、指纹和刷脸等方式。但上述方式只能初步解决部分身份真实性问题，却无法实际解决数据的完整性、数据的保密性、数据的不可抵赖性，只有通过使用更高级安全的数字证书方式才可以实现。在传统模式下，数字证书（密钥）是需要通过硬件保护的，这也是使用硬件U-KEY的意义；但在大部分移动应用场景下，U-KEY在用户体验以及和手机等移动终端匹配等方面都已经不被接受，如果只是简单地将数字证书（密钥）以文件证书的形式放到业务应用App中显然存在安全等级过低、容易被复制和篡改以及更严重的密钥泄露等安全性问题，并且也不符合合规性要求。移动证书应用服务平台则可以很好地解决上述问题。通过提供基础密码服务，在手机等移动设备上完成传统硬件U-KEY功能的密码技术，不依赖硬件密码芯片，用软件实现可靠的密码设备、密码运算和CA数字证书等全部功能，是实现移动应用安全的核心技术。浙江CA数字认证中心产品架构如图7-2-1所示。

（1）身份认证。

移动应用平台为移动端提供基于PKI证书和电子签名的身份认证方式，认证强度远高于口令和动态密码等认证手段，可有效防止用户身份被伪造。

（2）电子签名。

移动应用平台为移动端提供文件、关键的业务数据进行电子签名存证，可以保证数据的完整性，防止数据被篡改。电子签名形成电子取证证据链中最关键的一环，是明确法律责任并帮助完成责任追溯的基础。

（3）数据加密。

移动应用平台提供分组加密和流加密能力，可以为移动端提供数据的本地加密和传输加密保护，防止机密信息被窃取。

（4）证书与密钥管理。

移动应用平台提供密钥的生成、安全存储、更新、销毁，以及证书的申请、签发、更新、撤销等管理功能，对用户在移动终端上的核心数据进行安全保护，确保用户密钥数据安全。

（5）可信时间服务。

移动应用平台连接国家授时中心提供的时间服务，为移动应用提供权威、可信的时间。

2. ZJCA移动证书的移动端下载安装

（1）在电脑上打开www.zjca.com.cn，在“下载专区”点击“ZJCA移动证书app”

（见图 7－2－2），进入“ZJCA 移动证书”下载页面，如图 7－2－3 所示。

（2）根据手机操作系统类型选择下载 App，点击“安卓下载”，如图 7－2－4 所示，使用手机扫描二维码可以下载。

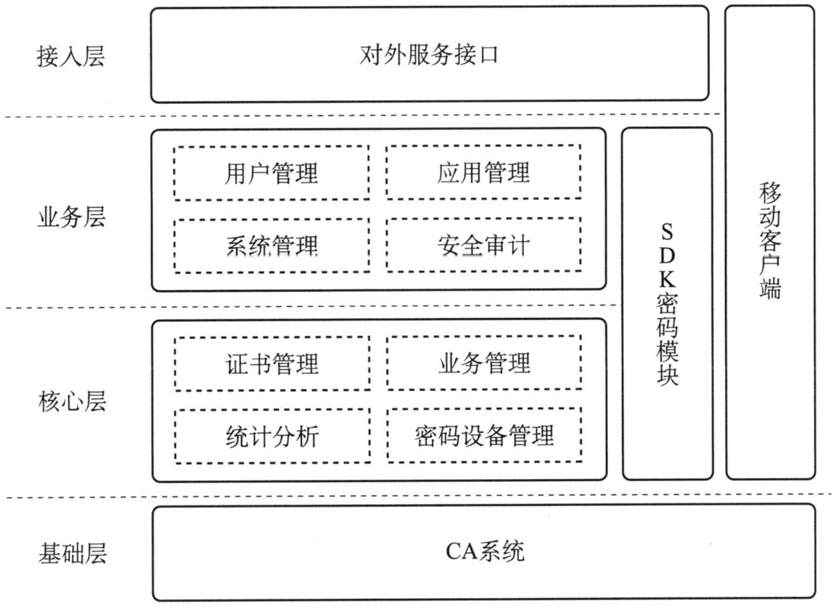

图 7－2－1　浙江 CA 数字认证中心产品架构

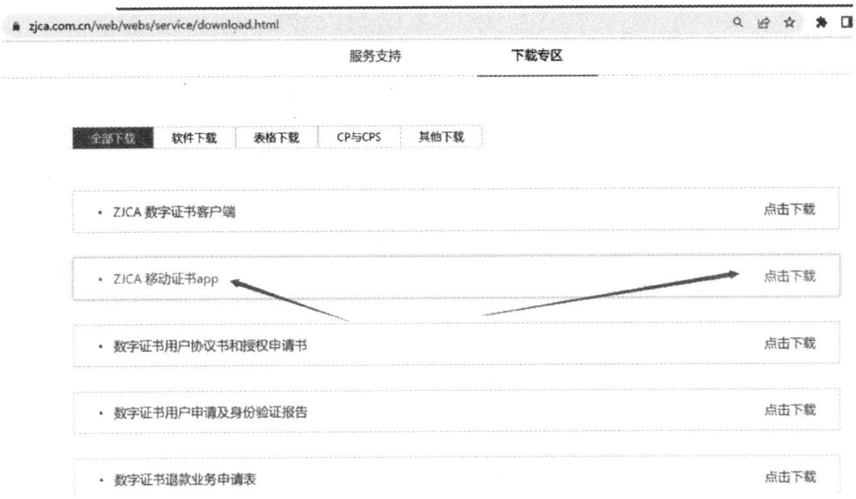

图 7－2－2　ZJCA 移动证书 App 点击下载

图 7－2－3 “ZJCA 移动证书”下载页面

图 7－2－4 ZJCA 移动证书下载二维码

（3）在手机上安装好 ZJCA 应用并注册，具体如图 7－2－5～图 7－2－8 所示。

图 7－2－5　手机 ZJCA 点击下载图

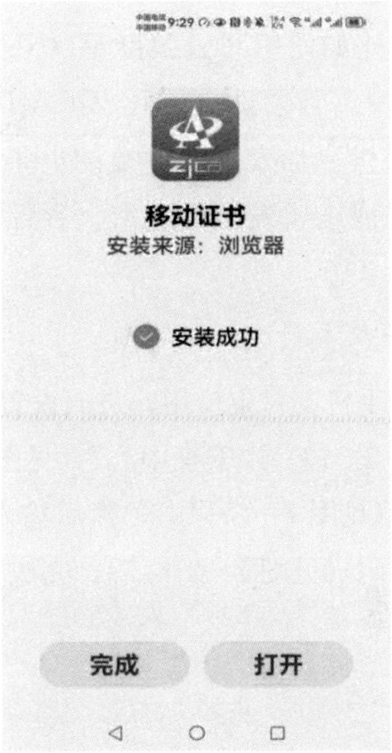

图 7－2－6　手机 ZJCA 安装完成页

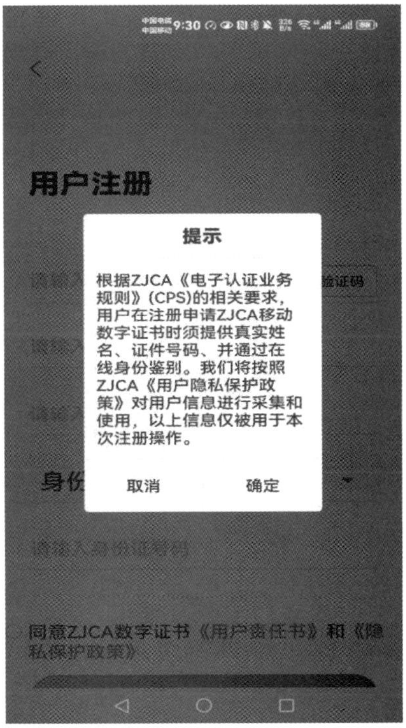

图 7－2－7　打开 ZJCA 用户注册提示

图 7－2－8　手机 ZJCA 用户注册

（4）ZJCA 的应用。当用户需要在网上营业厅报税的时候，需要通过证书认证身份。用户可以通过 ZJCA 认证身份，从而提交申报。

（5）比如使用“云票助手”（一款提供电子发票领取、管理、查询等服务的手机应用程序）。云票助手使用 ZJCA 认证，是将数字证书与云票助手的电子发票服务相结合，提供更加安全、便捷的电子发票管理方案。通过 ZJCA 认证，用户可以在云票助手中完成电子发票的领取、存储、管理、查询等操作，并且具有更高的安全性和可信度。

3. 手机支付宝证书安装

打开手机支付宝应用，进入设置页面，如图 7－2－9 所示；依次点击“账号与安全”（见图 7－2－10）、“安全中心”（见图 7－2－11）、“数字证书”（见图 7－2－12）、“安装数字证书”（见图 7－2－13），然后输入身份证号码，验证身份证号（见图 7－2－14），输入手机验证码（见图 7－2－15），完成支付宝数字证书的安装（见图 7－2－16）。

图 7－2－9　支付宝设置页面

图 7－2－10　“账号与安全”页面

图 7-2-11　“安全中心”页面

图 7-2-12　“数字证书”页面

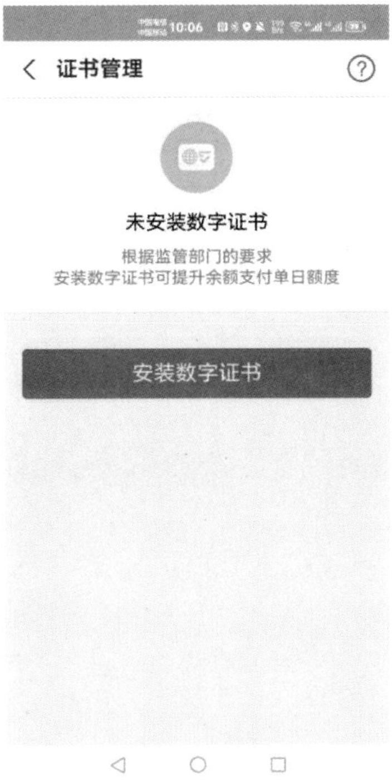

图 7-2-13　“安装数字证书”页面

图 7-2-14　验证身份证号

图 7-2-15　输入手机验证码页面

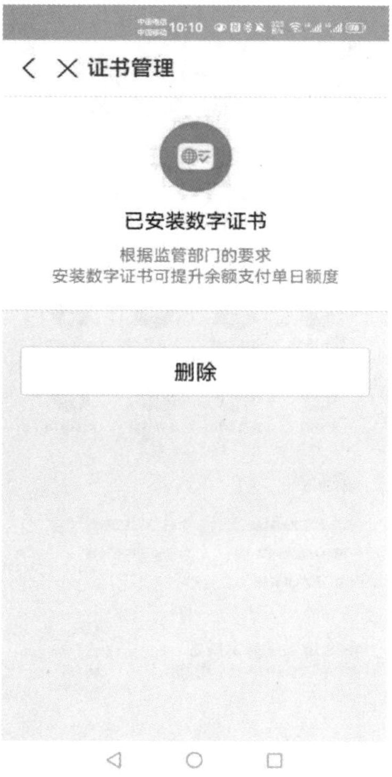

图 7-2-16　支付宝数字证书安装完成页面

思考与练习题

1. 什么是数字证书？
2. 什么是数字签名？如何实现？
3. 安装 ZJCA 数字证书有什么作用？

附 件

附件 1：ZJCA 数字证书用户责任书

浙江省数字安全证书管理有限公司（以下简称 ZJCA）作为权威的、公正的第三方机构，为网络用户（以下简称用户）签发证书。为确保在网上作业中，电子签名认证证书能正常使用，所有用户在申请和使用证书时必须严格遵循以下规程。

除非您已充分阅读、完全理解并接受本用户责任书所有条款，否则您无权下载、安装或使用本软件和/或相关服务。您点击“同意”“下一步”或您的申请、安装、使用、登录等行为或者您以其他任何明示或者默示方式表示接受本用户责任书的，即视为您已阅读并同意本用户责任书的约束，本协议即在您与 ZJCA 之间产生法律效力，成为对双方均具有约束力的法律文件。

一、用户在申请数字证书前，必须仔细阅读 ZJCA 电子认证业务规则（CPS），并同意接受 CPS 中的所有条款。

二、用户有义务缴纳电子认证服务相关费用，具体可按办理业务时的收费标准缴纳。

三、用户在任何时候都有义务和保证向 ZJCA 提供准确的和完整的证书申请信息，包括：证书请求文件、身份证明材料等 ZJCA 要求的与签发证书类型相应的资料。

四、由于不可抗力因素致使 ZJCA 无法履行相应义务的，ZJCA 不承担任何责任。

五、用户在证书受理点办理电子签名认证证书时，故意或过失提供不真实资料，导致 ZJCA 签发证书错误，导致他人损失的，由用户承担一切责任。

六、用户在任何时候都有责任并承诺采取有力的措施来保证证书私钥的安全，证书私钥必须有专人保管，不得外泄，并保管好私钥密码。如因故意、过失导致他人知道私钥或证书被盗用、冒用、伪造或者篡改的，由此产生的一切责任均由用户自行承担。

七、如发生第五条或第六条所述的情况，或者用户不希望继续使用电子签名认证证书时，应当立即到当地证书受理点废除证书。废除手续遵循各受理点的规定。ZJCA 在接到受理点的废除申请后，在 24 小时内正式废除用户的证书。用户必须自行承担在电子签名认证证书正式废除之前所有使用证书造成的责任。

八、用户应在证书失效前 30 天提出证书更新申请，证书逾期失效所造成的后果自行承担。

九、ZJCA对于下列情况之一，有权主动废除或冻结所签发的电子签名认证证书，并追究法律责任：

1. 新的密钥对替代旧的密钥对。

2. 申请初始注册时，提供不真实材料。

3. 没有按照规定缴纳电子签名认证证书相关费用。

4. 违反国家有关法律、法规、规章或其他规范性文件的规定，不应签发电子签名认证证书的。

5. 盗用、冒用、伪造或者篡改他人证书的。

6. 证书持有者不履行或已经不能履行安全电子业务应承担责任和义务的。

7. 其他情况。这些情况可以是因法律或政策的要求ZJCA采取的临时作废措施等。

十、如果用户死亡或单位解散，法定责任人需要携带相关证明文件及原电子签名认证证书，向ZJCA请求废除用户证书。相关责任人应当承担其证书在废除前产生的相关责任。

十一、用户有责任和保证在收到证书后检查和核实证书内容的准确性。用户在获得电子签名认证证书文件后，请在一周内验证证书的有效性。

十二、投诉方式

如果您对本用户责任书或本服务有意见或建议，可通过客服电话（0571－85800758）、投诉邮箱（tousu@zjca.com.cn）、投诉电话（0571－85800770－666）等联系我们，我们将尽快审核所涉问题，并在法律法规规定的期限内回复您的请求。

十三、本责任书如有修订，ZJCA会在WWW.ZJCA.COM.CN网站更新，不另行单独通知。

浙江省数字安全证书管理有限公司

附件2：拼多多商家入驻协议